华章文渊

管理学系列

社会创业

理论与实践

Social Entrepreneurship

Theory and Practice

[加] 斯晓夫

刘志阳 林嵩 吕力

等编著

机械工业出版社

China Machine Press

图书在版编目（CIP）数据

社会创业：理论与实践 /（加）斯晓夫等编著 . —北京：机械工业出版社，2019.2
（华章文渊 · 管理学系列）

ISBN 978-7-111-61933-8

I. 社… II. 斯… III. 创业 – 研究 – 中国 IV. F249.2

中国版本图书馆 CIP 数据核字（2019）第 019794 号

本书版权登记号：图字：01-2018-8790

在新时代，中国社会主要矛盾已经转化为人民日益增长的美好生活需要和不平衡、不充分发展之间的矛盾，要解决这样的矛盾，就需要推动国家实现包容性增长与可持续发展。显然，社会创业是一个重要且有效的路径。从创业角度去解决社会问题，可以同时实现经济效益和社会效益，从而可持续地解决社会问题。基于社会创业的重大意义，本书专门讨论了社会创业与可持续发展、生态环境、减少贫穷的关系等，以鼓励大家去关注中国转型发展关键时期所需要解决的关键管理问题。

本书可以作为管理学和经济学专业本科生、研究生的教材，还可供政府和非营利组织相关人员工作参考。

出版发行：机械工业出版社（北京市西城区百万庄大街 22 号 邮政编码：100037）

责任编辑：岳小月　　责任校对：李秋荣

印　刷：中国电影出版社印刷厂　　版　次：2019 年 3 月第 1 版第 1 次印刷

开　本：185mm × 260mm 1/16　　印　张：20.75

书　号：ISBN 978-7-111-61933-8　　定　价：45.00 元

凡购本书，如有缺页、倒页、脱页，由本社发行部调换

客服热线：(010) 88379210 88361066　　投稿热线：(010) 88379007

购书热线：(010) 68326294 88379649 68995259　　读者信箱：hzjg@hzbook.com

华章文渊

管理学系列

师道文宗

笔墨渊海

文渊

文渊阁 位于故宫东华门内文华殿后，是紫禁城中贮藏图书的地方，世界上最大的丛书《四库全书》曾经藏在这里，阁内悬有乾隆御书“汇流澄鉴”四字匾。

华章文渊 管理学系列

作者简介

斯晓夫 浙江大学求是讲座教授，浙江大学创业研究所所长，美国宾夕法尼亚布鲁姆斯堡大学管理学院终身教授。在*AMP*、*JAP*、*JBV*、*SEJ*，以及《管理世界》等期刊上发表论文100余篇。近期担任*JBV*、*SEJ*、*ERD*、*APJM*等创业期刊的客座主编。斯晓夫是20世纪80年代初就开始在我国从事管理领域研究的资深学者和实践者。

刘志阳 上海财经大学商学院副院长、创业学院执行副院长、中国社会创业研究中心主任，教授、博士生导师，经济学博士。教育部高等学校创新创业教育指导委员会委员、上海行为科学学会副会长、全国财经院校创新创业联盟秘书长等。主要研究方向为社会创业、创新创业管理和新兴产业发展，在*SBE*等期刊上发表论文数十篇，著有《创业管理》《创业修炼》《创业画布》创业教育三步曲。

林嵩 中央财经大学商学院副院长，教授、博士生导师，管理学博士。入选教育部新世纪优秀人才支持计划。在*AMJ*、*SBE*、*IEMJ*、*MD*等SSCI管理期刊上发表了大量管理/创业学术研究论文。主要讲授创业学、企业战略管理、管理研究方法等课程。

吕力 武汉工程大学管理学院副院长，教授，《中国文化与管理》执行主编。中国本土管理研究青年论坛常务理事、副理事长，中国企业管理伦理论坛常务理事、副理事长，首届中国管理50人论坛成员，第十届（2017）中国管理模式杰出奖评选专家等。

前　言

商业创业与社会创业平衡协调发展，犹如鸟之两翼。在社会创业中，创新无处不在，我们的社会正是由无数创新创业活动推动着向前发展。社会创业的意义与作用是发现和解决社会问题，增加社会财富。理论上，社会创业着重研究社会的公平公正问题和资源配置的合理性与最优化问题。但现实社会中，任何影响美好社会建设的人与事，特别是改善和提高一个社会整体素质的人与事，都与社会创业的目标相一致。通过社会创业使人类生活更美好，使我们的社会更美好，这是社会创业的意义与价值所在。社会创业有以下三大基本特征。

（1）社会性特征。社会性是社会创业区别于商业创业的显著特征。社会创业以解决社会问题为导向，社会问题的存在是社会创业存在的前提和土壤。

（2）创新性特征。创新性是创业者必须具备的显著特征和运营方式，也是社会创业的重要特征之一。社会创业必须应用具有创新性和持续性的方式去使整个社会获益，这要求社会创业者必须用创新的方式，调动想法、能力、资源和社会力量，改善或弥补现有社会福利系统的不足。

（3）市场与价值特征。社会创业需要借助而非抵制市场的力量，需要重视创业机会的识别、发现与开发过程。

除上述三大基本特征外，社会创业常常是很多因素相互/共同作用而产生的结果，具有综合性特征。例如，社会创业与商业创业经常是互相作用的，很多时候需要运用商业创业的模式去做社会创业的事情，尽管两者的侧重点和目标不一样。社会创业不仅需要结合商业因素，还需要结合体制与机制、法律与法规等。

正是基于社会创业的重大意义，浙江大学与中央财经大学、上海财经大学、香港城市大学、上海大学、中国政法大学、北京师范大学、湖南大学等兄弟院校的社会创业教授共同完成了这本社会创业教科书，希望能为我国社会创业的理论建设与实践探索做出一点小小的贡献。

浙江大学管理学院院长魏江教授为本书撰写了序。本书的编写与分工如下：

第 1 章　社会创业概述　斯晓夫（浙江大学）、刘婉（案例撰写）

第 2 章　法律与社会创业　王玲（中国政法大学）

第 3 章　团队与社会创业　魏峰（同济大学）

第 4 章　资源与社会创业　刘振（山东大学）

第 5 章　机会与社会创业　傅颖（浙江工商大学）

第 6 章　商业模式与商业计划书　林嵩（中央财经大学）

第 7 章　社会企业的运营和管理　吕力（武汉工程大学）

第 8 章　公益创投　刘志阳（上海财经大学）

第 9 章　社会创业及其可持续发展　于晓宇（上海大学）

第 10 章　社会创业环境　汪忠（湖南大学）

第 11 章　社会创业与减少贫穷　斯晓夫（浙江大学）、陈卉（浙江大学）；刘婉、严雨姗（案例撰写与文献评述）

第 12 章　社会创业的国际维度　焦豪（北京师范大学）、邬爱其（浙江大学）

第 13 章　精益社会创业　孙洪义（香港城市大学）

第 14 章　公司社会创业　戴维奇（浙江财经大学）

第 15 章　社会创业的质化研究　厉杰（上海大学）

本书在撰写过程中得到了很多学者与企业家的帮助，例如，第 1 章的撰写过程中，傅颖、王颂两位老师为本章提供了宝贵资料。对于全书，我们要感谢美国天主教大学布鲁顿（Garry D. Bruton）教授，美国明尼苏达大学扎赫拉（Shaker A.Zahra）教授，中国工程院院士、中国工程院工程管理学部刘人怀教授，美国乔治・华盛顿大学斯华龄教授，浙江大学吴晓波教授等，他们对本书的完成提出了很多有价值的建议，在此表示深深的感谢。由于社会创业教育在我国属于起步阶段，我们的学识、理论水平尚有限，加之时间仓促，书中难免有不尽如人意的地方甚至错误，也希望得到专家与读者的指正。最后，特别感谢机械工业出版社吴亚军老师为本书的完成和出版所提供的宝贵建议与指导。

斯晓夫

2018 年 12 月 1 日于浙江大学紫金港校区

目 录

第1章　社会创业概述

学习目标

- ☑ 理解社会创业的概念
- ☑ 了解社会创业者的概念
- ☑ 了解社会创业的分类
- ☑ 理解社会创业的核心内容
- ☑ 掌握社会创业的作用与意义

本章纲要

- ☑ 社会创业的定义
- ☑ 社会创业特征与维度
- ☑ 社会创业者
- ☑ 社会创业分类
- ☑ 社会创业的价值与意义

开篇案例

智　能　袜

为了让爷爷不再走丢，15岁华裔少年造出了让美国人惊叹的最温暖的发明。Kenneth Shinozuka是生活在美国纽约的华裔男孩，只有15岁，喜欢发明的他最近成了一位智能产品发明家。从他发明智能产品的过程看，他自己也未必知道他做的事情是与社会创业实践联系在一起的。他的故事可以从他去TED做的一次演讲开始。这次演讲，Kenneth首先向现场的观众问道："你们知道威胁人健康的疾病中，哪个上升速度最快吗？"在大家的印象里，可能是癌症、心脏病或糖尿病。结果却出人意料，答案是"阿尔茨海默症"，民间俗称"老年痴呆症"。每隔67秒，美国就有一人被诊断出患有老年痴呆症。而这个数量到2050年还会翻三倍。老年痴呆症给患者家庭带来的痛苦是巨大的，这一点，15岁的Kenneth有深刻体会。他生长在一个三代同堂的家庭，从小和爷爷十分亲近。他4岁时爷爷在公园散步后失踪的经历让家人清楚地意识到爷爷患上了老年痴呆症，全家在南加利福尼亚的生活就此改变。十多年来，Kenneth爷爷的病症愈加严重，

全家人都担心着爷爷的“出走”和“失踪”。爷爷经常半夜下床乱走动，为此家人时常夜不能寐，只能陪夜盯着爷爷。在一个Kenneth照顾爷爷的晚上，13岁的少年看到爷爷正要下床，爷爷的脚触碰地面的那一刻，创造少年萌发了在爷爷的脚后跟放一个压力传感器的想法。当脚着地时，传感器就能检测到体重造成的压力，然后利用无线传输警报信号给看护人，这样就不用时时盯着爷爷。设计这样一个小小的装置能极大地保障看护人的健康和爷爷的安全。他开始花大把时间来看YouTube上的极客视频，并且从图书馆借了一堆物理书来研究。当计划逐步展开，他意识到这比他一开始想的要难得多。Kenneth要发明一个可穿戴的传感器，必须足够轻薄灵活。除此之外，他还要设计一个足够小的传感器和一个App。他用电子墨水打印出了薄膜式传感器，并成功制作出了一个体积极小的电路系统。他花了几个月的时间，自学代码，创建一个操控蓝牙设备的App，把手机变成远程遥控器。通过蓝牙与一个智能手机应用连接，同时发出警报声。一个薄膜感应器+一个App，这就是Kenneth想象中的压力感应装备。就这样他成功地做出了两个模型，一个是嵌入式的放在袜子里，另一个是可拆卸的放在病人的脚底（见图1-1）。

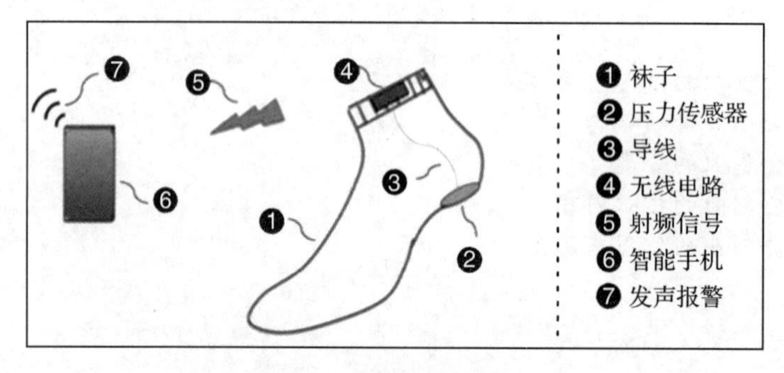

图1-1　智能袜作用原理

他在爷爷身上进行了实验，一年时间内成功捕获了爷爷超过900次的发病情况，几乎是100%的准确率。再后来，美国加州的一些护理院开始找他试用该设备，这样就可以大大提高医院的看护效率。为什么一个十几岁的小孩能有这样天才的发明创造呢？用他自己的话说：“我永远忘不了这双袜子第一次检测到爷爷下床的时刻，我深深地感受到了科技的力量，让生活更美好的力量。人们可以健康快乐地生活，这是我的梦想。”从他发明智能产品的过程看，他自己也未必知道他做的事情是与社会创业实践联系在一起的，但是他梦想的出发点和社会创业的本质是相同的，即让整个世界更美好。这就是少年创客，用自己的创造力与技能实现梦想。

资料来源：作者根据Ted演讲官方网站Kenneth的演讲内容整理。

上述案例告诉我们，创业不仅可以产生经济价值，而且可以产生社会价值。商业创业与社会创业平衡协调发展，犹如鸟之两翼。在社会创业中，创新无处不在。无论是30多年前的微软、思科，还是现在的谷歌、优步，或者是我国的阿里巴巴、华为、腾讯，无不是先发现有一种重要需求存在，然后它们通过创新产品与服务填补了市场的需求与大众的需要。创新与创业的结合，尤其是与社会创业的结合，常常有一个特点：发现痛点，通过创新与实践社会创业解决社会中存在的种种问题。在浙江大学建校120周年创业高端论坛上，洛可可/洛客公司创始人贾伟介绍他设计的55度杯，就是源自他女儿被烫伤的痛点。想到我们这个社会有多少儿童被开水烫伤的痛，自然这样的痛点或问题也是经济与社会创业的机会与潜在的市场所在。开篇案例中这位 15 岁华裔少年的创新，也是源自他亲爱的爷爷患上老年痴呆症的痛，怀着这种痛，产生了灵感。某一天在灵光一现下，具体的创意出现了，并进一步与机会联系上了，从而创造出了新的产品为老年痴呆症服务。这一案例说明，我们的社会正是无数这样的创业创新推动人类生活更美好，让我们的社会更美好，这正是社会创业的意义与价值所在。

早在 18 世纪，亚当·斯密在《道德情操论》中就提出，市场经济的繁荣并不会伴随着社会公益的增长。近几十年，世人过分追逐经济的发展，给社会的持续发展带来了问题，如环境污染、气候变暖、贫富分化等。然而，越来越多的现象证明，仅仅依赖于商业创业的成功，诸多的社会问题，无论是政府还是企业，都是难以有效解决的。因此，在推进发展商业创业的同时，相应的社会创业必不可少。尤其在经济欠发达的发展中国家，社会福利体系不完善的情况下，社会问题会显得更加严峻。当然，由于现在的机制、体制以及现状已经很难满足人们日益增长的社会需求，因此社会迫切需要通过各种创新的模式来填补市场空缺，这些为社会创业的发展提供了大量空间与社会创业机会。

1.1　社会创业的概念

1.1.1　社会创业的兴起

社会创业的英文“social entrepreneurship”一词由阿育王基金会（Ashoka）的创始人比尔·德雷顿（Bill Drayton）在 20 世纪 80 年代创造，[⊖]之后格利高里·迪斯（Gregory Dees）又在《社会企业家的含义》一文中对该词进行了最早的解释。社会创业可以溯源到 18 世纪的“博爱事业”（philanthropic business），那时它便与慈善机构、非营利部门、自愿组织这些名词联系在一起。在这一阶段，社会创业定义强调社会利益，所有为了实现社会目标而不是私人利益而创立的实体都属于社会创业（Shaw，2007）。社会创业最早出现在美国，由于美国政府在 20 世纪 80 年代以来采取了以市场作为主要资源调节机制的新自由主义经济政策，政府对非营利组织的直接资助逐年减少，对福利事业的资助也大为削减。同时，政府出台了更多鼓励公民积极参与社会创业的税收优惠政策，这些政策的出台为社会创业的诞生营造了良好的外部环境。这种外部环境推动了社会创业成为 20 世纪 90 年代以来在全球范围内兴起的一种新的创业形式，这一创业形式先是在公共服务领域出现，并逐渐超越民间非营利组织的范畴，成长为一种不同于商业创业和非营利组织的混合商业模式，它被很多人 / 组织认为是一种解决社会问题的社会创新模式。由此可见，社会创业的兴起与美国当时的社会经济背景密不可分。一般而言，社会创业是一种存在已久的社会现象，它的解释与定义会因国家、政治、经济、企业与文化等方面的不同而不同，也会随着时代的发展而发展。

1.1.2　社会创业的定义

社会创业由于从定义的提出到现在的间距时间并不长，一个普遍现象是人们从不同的

⊖ 比尔·德雷顿于 1980 年成立了名为“阿育王”的全球性非营利组织，致力于在全球范围内推广为公众利益的创业活动。在国内，也有学者将“social entrepreneurship”译为“公益创业”。

角度来了解与定义社会创业，这样的背景特点，使得目前社会创业的定义具有多样化的特征。21世纪以来有关社会创业定义的文献层出不穷，在近5年的社会创业文献中，有关社会创业概念的文章在减少，并不是说社会创业的定义就盖棺论定了，而是学者尤其是社会创业实践者开始认识到，定义或许不是最重要的。我们本着学术研究的态度，为了充分体现这种定义方面的多样化特征，在表1-1中列举了从1997年以来一些比较权威的，基于经典文献与研究前沿的社会创业的定义。

表1-1　社会创业的定义

来　源	定　义
Leadbetter（1997）	社会创业是指利用创业的行为为社会目标服务，这些服务并不以利润为目标，而是针对特定的弱势群体
Mort 等人（2002）	社会创业是一个多维的构念，通过善良的创业行为达到社会使命的目的，具有识别社会价值和创造创业机会的能力，其关键决策特征是创新性、先动性和风险承担性
Shaw（2004）	社会创业是社区、志愿者、公共组织以及私人企业为整个社会工作，而不仅仅为了经济利润
Stern（2005）	利用创业的和商业的技能去创造新的社会问题解决方式的过程，它既要收获非经济目标，也应具有自我可持续性
Mair 和 Marti（2006）	利用创新的方式整合资源实现社会价值目标的过程，通过探索和利用创业机会来促进社会变革和满足社会需求
Austin 等人（2006）	社会创业是社会目标下的创新活动
Martin 和 Osberg（2007）	社会创业需要识别机会以创造社会价值，从而锻造一个新的、稳定的社会平衡，帮助和减少弱势群体，建立一个稳定的系统以有更好和更均衡的社会
Zahra et al.（2009）	社会创业包括通过一系列的活动和过程来发现、定义、利用机会来增加社会财富，可以通过创立新的实体，也可在现有的组织中实行新的创新模式

上述社会创业定义是建立在大量文献基础上的。社会创业的基本点是发现和解决社会问题，增加社会财富。在理论上，一是研究社会的公平公正，二是研究资源配置合理性与最优化。但在现实社会中，其实任何美好社会建设的人与事，特别是改善和提高一个社会中人的素质的人与事，都可能或者可以用社会创业的理论来解释。

在近5年最新的社会创业文献中，比较有影响力的有关社会创业的定义讨论文献是Choi和Majumdar（2014）发表在《商业研究杂志》（*Journal of Business Venturing*）上的社会创业研究论文。他们认为社会创业的领域过于宽泛，需要细分。社会创业属于一个“群概念”，如何细分？他们认为，社会创业研究领域包含五大方面：社会价值创造、社会创业者、社会创业组织、市场导向、社会创新。但在中国，我们更认同Dorado和Ventresca（2013）的观点，社会创业就是利用创业来解决复杂的社会问题，达到国家的成长与发展。事实上，Choi和Majumdar提到的这五大方面，在解决社会复杂问题时其实是相辅相成的，撇开任一个方面都不能解决复杂的社会问题。在目前的中国社会创业实践，我们认为更加应该关心的是：社会创业到底可以为中国带来哪些成长与发展？然而，从定义出发，一般而言，社会创业是指组织或个人（团队）在社会使命的驱动下，借助市场力量解决社会问题或满足某种社会需求。社会创业追求社会价值和经济价值的双重价值目标，目的是通过解决社会问题使我们的社会更美好，使社会朝着人们希望的目标改变。例如，Leadbetter（1997）提出，社会创业是利用创业的行为为社会目标服务。这些服务并不是以利润为目标，而是为了服务特定的弱势群体。Shaw（2004）提出，社会创业是社区、志愿者、公共组织以及私人企业为了整个社会工作，而不仅仅为了经济利润。除了解决社会问题之外，越来越多的研究者强调发展和传递创新等因素。例如，Mair 和 Marti（2006）指出，社会创业是利用创新的方式整合资源实现社会价值目标的过程，通过探索和利用创业机会来促进社会变革和满足社会需求。

1.2　社会创业的特征与维度

1.2.1　社会创业特征

社会创业有以下三大基本特征。

（1）社会性。社会性是社会创业区别于商业创业的显著特征。社会创业是以解决社会问题为导向，社会问题的存在是社会创业存在的前提和土壤。在非社会企业商业创业中，也可能会有诸如捐赠、采用环保材料等企业行为，但这些行为并不直接地面对社会问题。相反，社会创业源自于发现一些未被解决的社会问题，直面没有满足的社会需求。解决社会问题是社会创业者的使命和终极目的，社会创业者是为解决社会问题，如雇用弱势群体人员或者销售公共产品和服务，这些直接与他们的使命相关。社会创业主要受社会回报的驱动，其追求的是问题解决的社会影响最大化，用以动员更广泛的力量投入社会问题的解决。这一点上，它与商业创业的侧重点明显不同。一般而言，社会创业可能促进社会一些或大或小的变革，社会创业必须要有显著的社会目标和社会愿景，而商业价值只是社会价值的副产品。

（2）创新性。创新性是创业者必须具备的显著特征和运营方式，也是社会创业的重要特征之一，社会创业必须用具有创新性和持续性的方式去使整个社会获益。现有社会福利系统的不完善是社会创业机会的重要来源之一，资源和情境性的限制成为政府和社会创业者实现社会收益的障碍。这要求社会创业者能够创造出新的方式，调动想法、能力、资源和社会力量，改善或弥补现有社会福利系统的不足。

（3）市场与价值性。社会创业需要借助而非抵制市场的力量，同样需要重视创业机会的识别、发现与开发过程。Mort 等人（2002）指出，识别社会价值和创造创业机会是社会创业的关键维度，社会创业包括通过一系列的活动和过程来发现、定义、利用机会去增加社会财富（Zahra et al.，2009）。社会机会起始于发现一些未被解决的社会问题，通过机会的评估与开发找到解决问题的新方法。当社会创业者把目前所存在的社会需求和满足这些需求的方法有机结合的时候，他们就可能发现创业机会。

社会创业不以经济利益为目的，但社会创业以产生社会绩效为导向。它的社会性特征最直接的体现是创造社会价值，社会创业具有显著的社会目的性和使命驱动性。社会创业的使命表明，社会创业者或组织采取创新的业务模式去解决相应的社会问题。因此，社会创业者或机构在社会部门中扮演着变革代理的角色，而履行这一角色的手段就是选择一项使命去创造和维持社会价值。与商业创业相比，利润（经济价值）虽然是一个目标，但不是主要目标，利润是被再投入于使命之中而不是分配给股东。经济价值是社会创业的副产品。创造与使命相关的社会价值多少（而不是利润），是衡量一个社会创业者成功的主要标准。

除上述三大基本特征外，社会创业常常是很多因素相互 / 共同作用而产生的结果，它是一种综合性特征。例如，社会创业与商业创业经常是互相作用的，很多时候需要运用商业创业的模式做社会创业的事，尽管两者的侧重点或目标是不一样的。社会创业不仅需要结合经济因素，很多时候还要结合体制与机制，法律与法规等共同进行而实现社会创业的目的。社会创业是一项涉及创业学习、社会创新、非营利组织管理等众多领域和部门的研究活动，解决社会问题迫切需要一种跨部门协作的新型方式来实现。事实上，目前商业和公益事业之间的界限正逐渐被打破。

1.2.2 社会创业的维度

当今世界面临着贫富分化、环境污染等社会难题的挑战。从创业角度而言，推动社会创业的发展成为解决上述问题的重要模式之一。越来越多的证据表明，社会创业能够在以下三个方面为我们的社会提供帮助。

1. 减少贫困

虽然我国通过改革开放政策在减少贫困方面取得了举世瞩目的成就，但全国农村仍有近 1 亿贫困人口，贫困地区基础设施建设和社会文化事业发展仍严重滞后。对部分已解决温饱问题的群众而言，因病、因灾返贫问题也很突出。过去的研究往往通过宏观经济、社会来研究减少贫困的方法，而现在，通过创业的方式尤其是社会创业的方式来减少贫困也正在成为研究热点。学术上，《亚太管理杂志》（*Asia Pacific Journal of Management*）2015 年重点论述过创业对减少贫困的重要贡献；实践上，有格莱珉银行、义乌的创业减少贫困模式。以浙江义乌为例，在早期极端贫穷的情境下，义乌地区资源缺乏，农民一般没有机会迁移到资源丰富的地方去发展。斯晓夫等人（2015）的研究表明，当地的脱贫模式并非以往简单的买卖盈利模式，而是采用具有创造性的“鸡毛换糖、以物易物”的商业模式，通过商品交换，改善生产环境并获取薄利。义乌农民在后续的发展过程中，不断将外地不同的生产资料等带入义乌，义乌由此成为世界最大的小商品市场，而这个模式随后在中国其他地方以及很多非洲国家都在被借鉴与采用。

2. 环境保护与优化

自然环境是人类繁衍、生存的基础，保护和改善自然环境是人类维护生存和发展的前提。然而，过度追逐经济发展使自然环境受到极大的破坏。以中国为例，短短 40 年间，中国一跃成为世界第二大经济体，但同时也付出了过大的资源环境代价。过高的资源消耗量、严重的环境污染等问题，都为中国未来的发展埋下了隐患。如今，越来越多的创业者开始关注环境问题，通过创新的模式服务于社会，为环境保护和优化提供新的治理方式、资源整合方式和解决方案。例如，2004 年 6 月 5 日，中国近百位企业家发起的荒漠化防治民间组织阿拉善 SEE 生态协会，就致力于阿拉善地区的荒漠化治理和生态保护，并且正在打造社会、企业家和生态治理的社会创业新模式。

3. 社会的可持续发展

社会的可持续发展有助于经济结构日趋合理与优化，并使得资源消耗越来越少，生态环境的破坏越来越小，总体效益越来越好。可持续发展的实现，依赖于经济发展与生态发展的有机融合和均衡（栗战书，2011）。在主流经济学和环境经济学基础上，社会创业为实现社会可持续发展提供了一个新视角。环境经济学认为环境的退化是由于市场失灵所致，而市场的失灵正是创业机会的重要来源。Dean 和 McMullen（2007）认为，创业者如果能够抓住这些机会，全面审视整个系统，依靠系统的创新和变革，创业就能够实现在全球的社会经济系统中解决环境的问题。社会创业弥补了以往商业创业在环境等方面可能存在的不足，有助于实现社会的可持续发展。

1.2.3　社会创业与商业创业的区别

除了上述的三大维度，Austin 等人（2006）在美国《创业理论与实践》(*Entrepreneurship Theory and Practice*) 杂志撰文阐述了社会创业与商业创业在四个维度上的区别，分别是市场失灵、使命、资源调动以及绩效测度。从中我们可以看出社会创业和商业创业的不同：

- 市场失灵。市场的失灵能给社会创业和商业创业产生出不同的机会，社会创业更多的是去弥补原本公共产品的不足。
- 使命。社会创业提供更多的公共产品是为了增加社会价值，促进社会进步。社会创业者的企业管理和个人创业动机与商业创业者是不同的。
- 资源调动。社会创业的一些员工并不拿薪酬，而且社会创业获得的利润和财务资本也不像商业创业那样直接分配给股东，而是继续投入到社会企业中。
- 绩效测度。社会创业的绩效并不像商业创业一样容易测度，它更看重对社会的影响，因此其测度更加具有不可量化性、多重因果性、时效性和主观感知的差异性。

1.3　社会创业者

1.3.1　社会创业者的定义

社会利益与每个人的日常生活都息息相关。当看到贫困、环境污染、不良社区时，有同情心的个人，包括政府公务员、教师、非政府组织成员、教会成员、商人等，在社会责任感的驱动下，都有可能伸出援手，共同解决上述问题。当他们真正着手去实现和经营社会企业时，他们便成了“社会创业者”（social entrepreneur）。南非前总统曼德拉曾经如此形容社会创业者：“这些社会创业者的故事将鼓舞和激励许多人——那些寻求创建一个更好世界的人。”表 1-2 列举了一些学者对社会创业者的描述。

表 1-2　社会创业者的定义

来　源	定　义
Thake 和 Zadek（1997）	社会创业者被社会公正的目标驱动，希望他们的行动能改善低质量人们的生活，并致力于为持续的财务、组织、社会和环境的改善提供方案
Thompson 等人（2000）	社会创业者是那些能够意识到某些活动是国家福利体系不能满足的人，他们能够运用有限的资源来改变现状
Drayton（2002）	社会创业者是重要（社会）变革促进者，核心价值是识别、处理和解决社会问题

（续）

来　源	定　义
Harding（2004）	社会创业者受社会目标的引动，进而实行新的社会活动或创业
Martin 和 Osberg（2007）	社会创业者与商业创业者有一致性，机会识别、使命和经济回报都是他们的动机，但是社会创业者对于获取的财务价值看得更轻，他们倾向把财务价值更多地回报社会
陈劲和王皓白（2007）	社会创业者是那些具有正确价值观，能够将伟大而具有前瞻性的愿景与现实问题相结合的创业者，他们对目标群体有高度的责任感，并在社会、经济和政治环境下持续通过社会创业来创造社会价值
赵丽缦等人（2014）	社会创业者是指那些采用一定的组织模式来解决复杂、持续的社会问题，进而对所在社区或整个社会做出多种重要贡献的企业家

基于针对的社会问题的大小，社会创业者可以细分为三种类型：社会修理工（social bricoleur）、社会建构者（social constructionist）和社会工程师（social engineer）。具体如表 1-3 所示。

表 1-3　Zahra 等人对社会创业者做的分类

社会创业者的分类	定　义
社会修理工	社会创业者发现和处理小规模的当地社会需求
社会建构者	发现市场失灵和其他一些创业机会，通过改革和创新现有的社会系统来处理这些问题
社会工程师	识别现存社会结构系统的社会问题，通过革命性的社会变革去处理这些问题

资料来源：Zahra S A, Gedajlovic E, Neubaum D O, et al. A typology of social entrepreneurs: Motives, search processes and ethical challenges[J]. Journal of Business Venturing, 2009, 24(5): 519-532.

总的来说，社会创业者是那些致力于解决社会问题的人，他们用商业的眼光看待社会问题，发现机会以寻找突破口；用商业的规则去解决那些问题，所得的盈余用于帮扶弱势群体，促进社区发展以及用于社会企业本身的投资。他们重视社会价值多于企业盈利。社会创业者往往能够：

- 持有一种信念去创造并维护社会价值，而不是个人价值；
- 发现并不懈追求服务于这种使命的机会；
- 不断地学习、调整和创新，推动社会企业持续发展；
- 采取相应的行动以突破现有资源、情境的限制；
- 对所有利益相关者有着高度的责任意识。

1.3.2　社会创业者特质

社会创业者与商业创业者的核心差异不在于性格或能力，而在于创业的使命。社会创业者同样具有警觉性、外向性、成功的渴望、风险承担倾向等特质。不同之处在于，虽然如今的社会创业者同样以商业的眼光看待社会问题，用商业的规则去解决社会问题，但是他们所得的盈余，用于扶助弱势群体，促进社区发展和社会企业本身的投资，他们重视社会价值多于企业盈利。美国作者戴维·伯恩斯坦所著的畅销书《如何改变世界：社会企业家和新思想的威力》对此有着生动形象的描述：商业创业者的目的在于建立世界上最大的

“跑鞋公司”，而社会创业者则梦想为世界上所有的孩子接种牛痘疫苗。虽然这些梦想可能有夸大成分（Bornstein，2004），但是不可否认，社会创业者在他们从事的事业与活动中，绝大部分行为属于利他而非利己（Dacin et al.，2011；Roberts and Woods，2005；Tan et al.，2005）。

那么，究竟是什么样的因素会促发个体进行社会创业，而非追求自身利益最大化的商业创业？早在 18 世纪，亚当・斯密就指出，同情心⊖是“利他”的基础。有同情心的创业者，容易与受害者形成情绪连接，进而激发创业者综合思考以及分析，找寻一种创新有效的方式去帮助受害者乃至整个社会（Miller et al.，2012）。图 1-2 阐述了同情心与社会创业的关系。

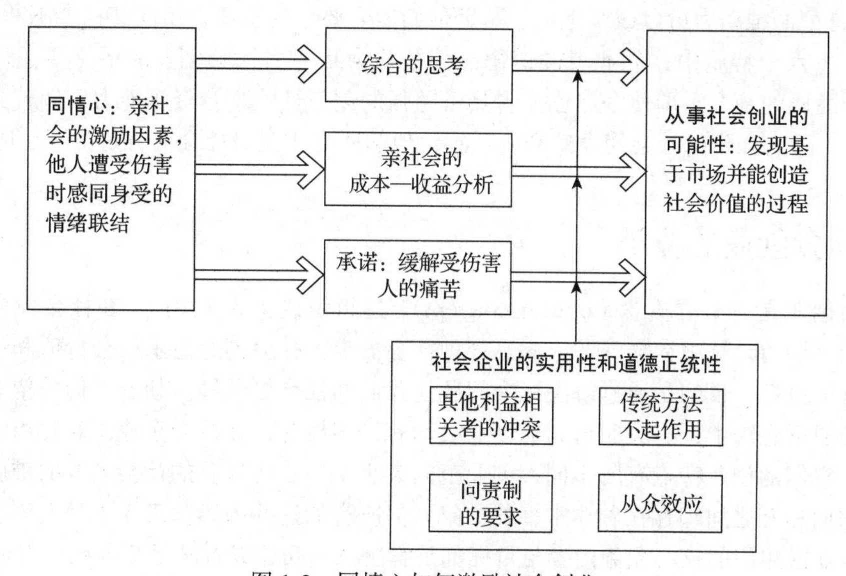

图 1-2　同情心如何激励社会创业

资料来源：Miller T L，Grimes M G, McMullen J S, et al. Venturing for others with heart and head: How compassion encourages social entrepreneurship[J]. Academy of Management Review, 2012, 37(4): 616-640.

除去同情心外，社会创业者被认为还应该包含以下六大特质（Bornstein，2004）。

（1）乐于自我纠正。首先，任何一个创业项目都是一个不断试错和修正的过程，敢于说“这是行不通的”或“我们的设想是错的”，既需要有冷静的头脑，也需要谦卑和勇气；其次，随着组织的不断成长壮大，社会创业者往往容易出现乐观和盲目的情绪，只有乐于自我纠正的社会创业者，才能够实现不断发展和进步。

（2）乐于分享荣誉。社会创业者与人分享的荣誉越多，就有越多的人愿意帮助他们。当社会创业者不在乎荣誉会归谁时，他能获得的成就是没有限度的。对社会创业者来说，乐于分享荣誉是通向胜利的必由之路。

（3）乐于自我突破。社会创业者可以通过改变现存组织的方向来造成变革。社会创业者面临的现实和理想之间的较大差距，使得他们必须能够自我突破，超越自身领域的正统观念去看待事物，从而能够发现解决社会问题的方法和手段，并能去试验和推广新想法。

（4）乐于超越边界。社会创业者要摆脱那些主导概念的控制，也需要以新的方式组合

⊖　在亚当・斯密 1759 年出版的《道德情操论》中，中文译为“同情心”，他使用的单词是 sympathy。

资源的自由。面对一些整体系统性问题，社会创业者能超越边界，将不同领域、有各种各样经验与技能的人们召集在一起，创建可行的解决方法。

（5）乐于默默无闻地工作。许多社会创业者花费几十年的时间，坚持不懈地去实践他们的理想，他们以一组或一对一的方式去影响他人。一个人必须具有非常纯粹的动机，才能长久地甘于寂寞，去实践一种理想。社会创业者必须是那些能花费时间去寻找地点和机会，以期对重大进程产生影响的人。

（6）强大的道德推动力。与商业上的企业家相比，道德准则是社会创业的基石。在讨论社会创业者时，如果不考虑其动机的道德性质是没有意义的。社会创业者的经历不是来自利润，而是“来自建立一个私人王朝的欲望，在竞争的角斗中征服的意志和进行创造的欢乐”。道德的推动力可以鼓励他们、帮助他们做需要做的事情，从而使社会不断发展。

在上述六个特质中，创业者的道德品德被认为是一名社会创业者的必要品质，也是其他一切品质的基石。即使一名创业者具备超强的创新性、整合资源能力，倘若其动机不纯、不正，没有强烈的社会使命感和责任感，他的所有成就对社会而言是微不足道的。

1.4 社会创业的分类

社会创业是一个群概念（cluster concept），是组织或个人（团队）在社会使命的驱动下，借助市场力量解决社会问题或满足某种社会需求。社会创业追求社会价值和经济价值的双重价值目标，目的是通过解决社会问题使我们的社会更美好，朝着人们希望的目标改变。在普通读者眼中，有关非盈利的创业活动有许多概念，如社会企业、慈善组织、公益创业等，它们的创业特点有所不同，创业范围大小不一，所涉及的社会创业的维度也不一样，但它们相互之间却存在着非常多的交集。但所有的这些内容都隶属于社会创业这个群概念，企业或组织的核心业务内容与目标都是解决社会问题或者满足某种社会需求。

前文已经述及德雷顿在1980年成立了名为阿育王的全球性非营利组织，致力于在全球范围内推广为公众利益服务的创业活动。在国内，也有学者将“social entrepreneurship”译为“公益创业”。如果从学术研究来看，“公益创业”和“社会创业”即social entrepreneurship，没有区别。但“公益创业”的翻译容易引起误解，因为“公益”是个人或组织自愿通过做好事、行善举而提供给社会公众公共产品的活动，加上在我们脑海中“公益组织”通常指合法的、非政府的、非营利的、非党派性质的、非成员组织的、实行自主管理的民间志愿性的社会中介组织。就这点来说，即使存在“公益组织创业”的这个概念，事实上，它所重点突出的是上述我们提到的社会创业社会性的维度。也就是说，它依然属于社会创业的范畴。

上述有关社会创业和“公益”创业的澄清，事实上可能只是普通读者对社会创业模糊认知的一个方面，为了让读者对社会创业的理解更为深刻，本书在这部分将重点比较社会企业与慈善组织以及“社会责任型企业”的区别。

社会创业着重于创造社会收益，但是并不意味着完全忽视经济收益。如今，大多数社会企业介于纯慈善组织与纯商业组织之间，能够实现部分自给自足，而不再是全面依靠捐赠。Dees（1998）因此提出了“社会企业光谱”的概念，表1-4从动机、方式和目标以及主要利益相关者的角度，分析了社会企业与传统慈善组织及纯商业组织区别。如今，大多数社会企业介于纯慈善组织与纯商业组织之间，能够实现部分自给自足，而慈善组织则全面依靠捐赠。

表 1-4　Dees 的社会企业光谱

		选择的连续体 ←→		
		纯慈善性质	混合性质	纯商业性质
	动机 方式 目标	诉诸善意 愿景驱动 创造社会价值	混合动机 愿景与市场驱动 创造社会价值和经济价值	诉诸自我利益 市场驱动 创造经济价值
主要利益相关者	受益人	免费获得	补助金方式、全额支付以及免费	按市场价格付费
	资本	捐款与补助	低于市场价格的资本或捐款与市场价格资本形成的混合资本	市场价格的资本
	劳动力	志愿者	低于市场行情的工资，或者同时有志愿者与全薪酬员工	按市场行情付薪
	供应者	捐赠物品	特殊折扣、物品捐赠以及全价供货	完全按市场价格收费

Alter（2007）绘制了一幅更为详细的可持续发展光谱图，如图 1-3 所示。传统的非营利企业在社会变革环境下，尽管初始的目标有所差异，但是为了实现可持续发展战略，两种组织形式最终还是向中间状态“社会企业”或“社会负责型企业”靠拢。此外，一家承担社会责任的企业不应混同于社会企业。社会责任往往是公司坚持一种“尝试—检验模式”，并且它们的责任往往更多被看成一种“附加责任”。但是，社会企业则是企业出于内心地从事道德商业活动，而非一种附加责任。

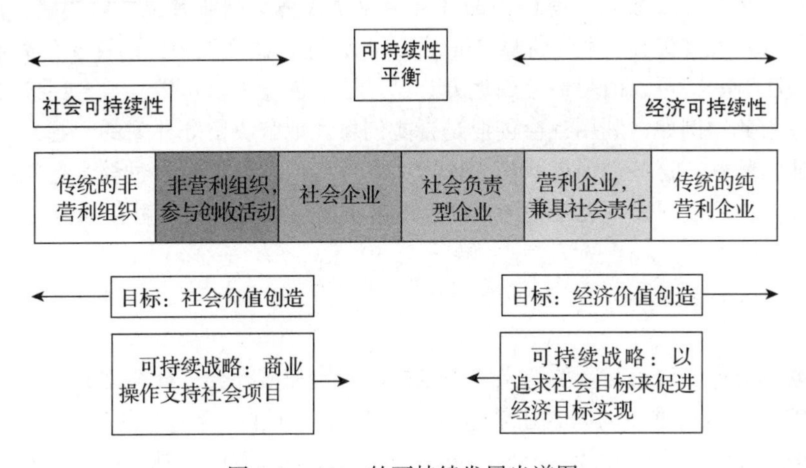

图 1-3　Alter 的可持续发展光谱图

1.5　社会创业对当下中国发展的价值与意义

1.5.1　提高公民素质

社会创业的本质追求是整个社会的进步。社会创业的本质是为了创造社会价值，而经济价值只是社会价值的一部分。无论是社会进步、社会价值创造还是美好生活的蓝图，其中最关键的因素是人或公民。人的素质的整体提高，公民素质的整体改善，是社会创业的最大意义所在，社会创业的作用就在于此。在社会经济发展过程中，政治腐败、价值观缺乏核心内容、利益分配不公正合理、贫富悬殊太大、人际关系恶化等，都会影响公民素质的整体提高，以及产生一定的社会道德危机。社会创业可以引导更多的组织和个人重新审视我们赖以生存的社会和我们所面临的种种社会问题，培养公民的社会责任感和使命感，着力于解决社会发展过程中出现的社会问题。近期很多研究指出，中国经过 40 多年的经济发展，现在与西方发达国家相比，落后比较明显的不是国家的 GDP，也不是具体的技术，而是公民素质之间的整体差距。这种差距不是短期内可以马上解决的，它需要一个国家的长期努力，而通过社会创业来实现一个国家公民素质的整体提高，促进人的全面发展，被实践证明是一条有效的途径。具体地说，就是在发现、分析、解决社会问题的同时，提高公民的整体素质。另外，在相对贫穷地区，如何提高人的素质更是攸关我国整体公民素质的一个重要问题。在西方社会创业发达的国家都比较重视社会创业与教育的关系。在学术研究方面，也有许多的学者注意到了社会创业与教育的关系（Dees and Anderson, 2006；Renko, 2013；Alvare and Barney, 2014；Battilana and Lee, 2014）。

社会企业所涉及的教育问题主要有两个方面。一是过往的研究已经证实对贫困人群进行教育，会对他们的创业意向和创业成功（Renko, 2013; Millán et al., 2014）起到帮助。目前有许多基金会的教育项目在发展中国家与地区通过增加人们的创业知识，使当地居民做到自我雇用、发现创业机会乃至创造创业机会（Alvare and Barney，2014）。这在中国也是一样，在许许多多的中国欠发达地区，可以引导一些社会企业扶贫与职业教育相结合，鼓励职业院校和技工学校招收贫困家庭子女，确保贫困家庭劳动力至少掌握一门致富技能，实现靠自我雇用的技能脱贫。有能力的社会企业家或精英创业者也可以构建出创业机会，引领边缘的贫困人群实现创业（斯晓夫等，2016），这方面诸如中国的许多“淘宝村”“淘宝县”的做法有一些可以值得借鉴的地方。二是社会创业不仅可以以教育促进创业，还能做其他一些服务，例如，利用社会创业是否能创新性地解决留守儿童的问题，解决山村学校教师短缺的问题，这些都值得我们去探索、思考与创新。如何通过教育有效进行社会创业，并解决上述社会问题，也是我国提高公民素质的途径与需要思考和创新的问题。

1.5.2 构建和谐社会

社会创业的重要价值与重要意义之一是推动构建和谐社会。社会创业的和谐社会建设涉及很多因素，但最重要的因素还是坚持以人为本。通过社会创业的和谐社会研究发现，不和谐的根源在于社会问题较多，如环境污染问题、弱势群体问题、社会不公问题、就业问题、人口老龄化问题、教育问题、食品安全问题等。这些问题无一例外地需要寻求新的方法和途径来有效解决，而社会创业与社会创新能很好地解决商业与公益、经济利益和社会价值之间的关系，这正是构建和谐社会所需要的创业与创新范式。例如，社会福利机制的形成与完善，如何通过社会创业来动员社会资本以解决社会问题，社会创业提供了构建自主性福利模式的有效途径。自主性福利模式是相对被动型福利模式而言的。自主性福利模式鼓励服务对象主动对自己的生活负责，而不是把福利当成一种权益，使社会福利最大限度地关注穷人，而不是帮助懒人。并且主张通过社会创业来动员社会资本以解决社会问题，这样可以使弱势群体直接参与价值创造，也可以使受益者成为社会创业的积极参与者，进而有效推动自主性福利模式的构建。

由以上可见，对于我国如何在建设和谐社会中解决各种各样的社会问题，积极推行社会创业和社会创新活动是一种重要的途径与方案。另外，公共服务也是建设和谐社会的一个重要因素。放眼世界上社会和谐的国家，有一个共同特征就是它们的公共服务建设做得很好，促进了社会的和谐。当前，我国民众对于公共服务的需求较以往任何时候都旺盛，但政府在公共服务的提供方面尚显不足，这就需要一种新的模式来化解这个矛盾。显然，这为社会创业者或社会创业企业提供了创业机会，为社会创新提供了解决社会问题的创新机会。这方面的例子很多，如保护生态环境、弱势群体就业、养老服务等领域。因此，如果社会创业在这些公共服务领域得到大量民间力量的参与，得到政府在政策上和制度上的支持，形成政府与各级民间组织的合作与互动，社会创业个人和组织将作为一种重要的力量参与社会管理，有效弥补政府公共服务供给不足，提升全社会公共服务水平，这对于建设和谐社会具有重大的价值和作用。

1.5.3 社会与经济共生共长

社会创业不是与商业创业相对立的，社会创业在解决社会问题和促进社会变革的同时，一个很重要的功能与目标是刺激经济发展。一个国家经济发展时，很多经济问题的解决同样需要社会创业来支持。在社会创业最为发达的英国有一个统计数据，英国5.5万个社会企业每年营业额达270亿英镑，并对GDP产生84亿英镑的贡献，大约占英国GDP的1%。目前，这一数字正呈上升趋势。而且由于社会创业显著的“社会性”特征，它在推动经济发展上不符合边际报酬递减的经济规律。因此，社会企业创造的经济价值（金钱）的边际效用比商业企业要高。这在一定程度上对推动社会经济的发展具有更强的可持续性，社会创业企业将在促进社会及经济发展中发挥着越来越重要的作用。另外，创业有生存性创业与创新性创业之分，对很多发展中国家而言，生存性创业属于地区和经济发展的重中之重。生存性创业是国家或组织通过创业的途径帮助底层劳动者得到就业机会，体现一个国家社会经济的共生共长。从发达国家的情况看，社会领域的创业也是解决就业的重要途径，而非营利部门的就业速度较经济部门要快。有研究显示，社会创业在推动经济发展的同时，能为社会创造现实的就业机会，增加有价值的产出。大多数参与人员在社会创业过程中获得了更多的技能，变得更加独立自主。中国改革开放40年，最伟大的成就是将原来7亿左右的贫困人口减少到几千万。通过社会创业与商业创业相结合的途径帮助底层劳动者得到就业机会，是世界公认的有效解决贫困问题的中国方案之一。我国登记注册的社会组织总量在不断上升，可以预见，社会企业领域将越来越成为吸纳就业的热门行业。因此，鼓励发展社会创业，不但能吸引更多的人参与公益，也可以通过社会创业创造就业岗位，帮助更多的人实现就业，进而进一步发展经济，使社会创业与商业创业有效结合，实现社会经济共生共长。

1.5.4 建设美丽乡村

近年来，我国进行城市化建设，但在建设城市的同时如何发展农村？近年来，我国农村很多地方年轻人几乎全部离开，农村荒草丛生，生态环境问题日益严重。造成这种现象的原因是资源与政策过度倾向城市，忽略了农村的城市化建设。社会创业是社会问题导向性的研究与实践，它可以帮助解决以上农村问题。新生代农民工由于自身和社会的原因，融入城市难度大，在推进美丽乡村建设的背景下，他们和农村走出去的大学生群体，将成为农村社会创业的生力军，可以成为我国农村社会创业的力量。他们可以返回父辈的农村，接受地方政府的创业教育，提高其创业能力和素质，开展创业活动。“新生代农民创业者”所能开展的创业活动在时代背景下势必层出不穷。例如，互联网背景下的电子商务社会创业，它们可以依托本土化的农产品资源，积极开展农村电商专业村的创建，推动本土化农产品的流出；又如，在美丽乡村背景下，“新生代农民创业者”可以积极开展农家乐休闲旅游项目，靠着好风景好空气，成为生态“房东”。

我国有很多地方建设的实践证明，农民创业与社会创业方面的工作与美丽乡村建设是高度相关的。例如浙江农村，这些年的城市化建设不仅缩小了城乡差别，也没有出现年轻人大量离开到外地打工的情形，绿水青山在浙江农村依然到处可见。浙江这种经济与社会创业兼顾的模式对我国其他一些省份应该是有借鉴作用的，对于其他亚非拉国家的发展与建设也可能是非常宝贵的经验。向世界分享这些浙商创业的经验，也是中国对世界在创业理论与实践方面的贡献。

本章小结

- 社会创业的本质追求是整个社会的进步。社会创业的本质是为了创造社会价值，而经济价值只是社会价值的副产品。社会创业者是那些致力于解决社会问题的人，他们用商业的眼光看待社会问题，发现机会以寻找突破口，用商业的规则去解决问题。
- 社会创业具有社会性、创新性、市场与价值性特征。
- 社会创业的主要维度表现在减少贫困、环境保护和优化，以及实现可持续发展。
- 社会创业对当下中国发展的价值与意义，包括提高公民素质、构建和谐社会、促进社会与经济共生共长、美丽乡村建设。

复习思考题

1. 你怎么理解社会创业、慈善组织和商业创业？
2. 阐述社会创业者的特征。
3. 你觉得社会创业能如何改变中国？

讨论案例

孟加拉格莱珉银行

一、格莱珉银行

穆罕默德·尤努斯（Muhammad Yunus），孟加拉国经济学家，孟加拉乡村银行（Grameen Bank，也译作“格莱珉银行”）的创始人，有“穷人的银行家”之称。1940年，尤努斯出生于孟加拉国吉大港一个富庶的伊斯兰教家庭，毕业于达卡大学，获得经济学学士和硕士学位，毕业后任教于吉大港大学。1976年，尤努斯博士尝试发放小额贷款给穷人，让他们有资金从事生产劳动，改善生活状况。1979年，他在国有商业银行体系内部创立了“格莱珉”（意为“乡村”）分行，开始为贫困的孟加拉国妇女提供小额贷款业务。1983年，经国会通过，孟加拉国政府特许尤努斯博士创建格莱珉银行，在农村全面开展小额信贷业务。格莱珉银行的主要目的是使孟加拉国的穷人摆脱高利贷的影响。这套不同于传统金融机构的新型模式一直坚持着三条信念：接纳被银行拒绝的所有穷人；贷款者都是诚实可信的；穷人本身具有生产价值。

目前，孟加拉国“乡村银行”模式已经为797万名借款者提供了贷款，累计发放小额信贷4 983.11亿孟加拉塔卡（含房贷），拥有2 562个分支机构，创造了资金回收率100%的奇迹，是国际上公认的最成功的信贷扶贫模式之一。它扶贫面广，扶贫效果显著，而且银行自身按市场机制运作，持续发展，显示出极强的生命力。至今，小额信贷的成功模式已经在全球100多个国家得到推广，数百万贫困人口得以成功脱贫。

二、格莱珉银行的小额信贷制度

孟加拉格莱珉银行推广的小额短期信贷方式，不需要客户提供任何担保，同时贷款资金直接下发到客户手中，操作便捷。其小额贷款制度可以做如下归纳。

1. 成立还贷小组和选拔监督人

在申请贷款之前，每位贷款者必须加入一个由相同社会背景、相似目的的人组成的五人小组，小组成员多为女性。小组中每位代理人履行监督和被监督的义务。这种制度一方面降低了银行的监督成本，用由内产生的激励制度替代了抵押担保；另一方面也激发了贷款人的竞争意识和相互扶持意识，从而提高了还贷率。

2. 将顺序放贷与分期还款相结合

格莱珉银行对小组采用2-2-1的顺序进行放贷，首先由小组内两名成员获得贷款，在确定这两名成员还款情况良好后，再对其他两名成员发放贷款。小组组长最后取得贷款，并监督其他成员的还贷情况。用这种方式，让小组组长成为免费的监督者和风险控制者。此外，这种小额贷款的期限一般为一年，采用每周还款的方式，在借款人还清上次借贷之后才有资格申请新的贷款。

3. 联系人定期开会

除了小组组长以外，每个中心还要选出相应的主任和助理，并与银行保持紧密联系。这些联系人需要定期开会，提出还款意见，总结还款进度，再将情况上报给银行，使银行准确掌握贷款人信息，增加贷款回收率。

4. "贷款者""存款者""持股者"三位一体化

在格莱珉银行中，贷款者同样也可以是银行的存款者。对贷款者来说，他们在每周偿还一笔小额贷款后，可以存入一笔金额更小的存款，积少成多，逐步改善自身的经济状况。另外，他们还可以购买格莱珉银行的股份，成为银行股东，既可以投票选董事会，也有资格成为董事会成员。这种把"贷款者""存款者""持股者"三位一体化的制度将客户与银行紧密联系在一起，提高了客户的忠诚度。

三、格莱珉模式样本：贷款者穆菲亚的脱贫

成千上万赤贫的人从格莱珉银行中获得了贷款，过上了有尊严的生活。我们来看一个贷款者的样本。

穆菲亚被丈夫抛弃，以乞讨为生。但她一整天只能讨来几盎司米，还不够她和三个孩子吃。一天，她乞讨到一个女人家里，那个女人开家庭作坊，制售篮子、席子和其他竹制品，她借给穆菲亚15孟加拉塔卡，让穆菲亚买些竹子去市场上卖。穆菲亚照着做了，事后她不仅偿还了借款，还赚了10孟加拉塔卡，她用这10孟加拉塔卡给孩子们买了一些食物。在以后的几年中，这样的事又有过几次，但后来那个女人不再借钱给穆菲亚了，于是她又被迫去做乞丐了。

饥荒差点让穆菲亚活活饿死，暴风雨也把她的住所毁掉，但转机出现了——穆菲亚加入了格莱珉银行，借了500孟加拉塔卡，重新开始了她的竹制品加工生活。当她偿还了首批贷款时，她感到自己得到了重生。她得到的第二批贷款是1 500孟加拉塔卡。虽然有时在竹制品销售淡季她会错过分期还款，但在收割季节经济状况好转时，她总是能补上。

在加入格莱珉银行的头18个月里，穆菲亚为自己和孩子们买了价值330孟加拉塔卡的衣服，还有价值105孟加拉塔卡的厨具。这些都是她离婚15年来从没有拥有过的奢侈品。她和孩子们能够有规律地吃上饭，食物也更有营养了。她们从来不吃肉，但常常能吃上蔬菜，偶尔地，穆菲亚会从市场买点干鱼来开开斋。

四、格莱珉案例分析

（一）格莱珉模式成功路径分析

2006年，尤努斯教授及其创办的格莱珉银行获得了诺贝尔和平奖，评审委员会认为小额贷款概念是一股"重要的社会力量，突破了社会和经济条件的束缚"。格莱

珉模式颠覆了几百年银行业的法典：借贷给无抵押担保的穷人，同时能够盈利、可持续发展。社会创业的新领域把格莱珉银行视为一种基本模式：识别能够创造社会价值的机会，进而通过机会开发实现社会价值的创造。格莱珉银行用成功的事实说明了它的能力和正确性，那么它的成功路径有哪些呢？

1. 有效的目标客户定位和筛选系统

据资料显示，孟加拉国仍然是世界上50个最不发达国家之一。2016年孟加拉国人均GDP为1 330多美元，按照上贫困线标准来测算，有50%的人口属于贫困人口；按照下贫困线标准来测算，有34%的人口属于贫困人口。正因为如此，格莱珉银行将自己的目标客户定位为最贫穷的人，也因此有了广大的客户群体，能够专业化地为这些贫困人口提供适合的金融和非金融服务。

同时，格莱珉银行利用各种目标客户筛选系统，比较准确地定位了目标客户，也为格莱珉模式的推广和运行奠定了良好的基础。

2. 持续不断的培训

格莱珉银行对其会员的培训是一个持续的过程，不仅在贷款申请前要接受10天左右的培训，而且在贷款得到贷款后也需要保证参与中心活动，接受格莱珉银行的培训；同时，格莱珉对员工的培训也是一个持续的过程，尤其是信贷员，格莱珉的信贷员正式入职前需要接受长达一年的各种培训。

格莱珉银行的培训使参与者充分了解和理解它的信贷产品和服务，使格莱珉的理念深入人心，保证了格莱珉银行的业务顺利开展。

3. 强大的外界支持

在国内法律政策方面，制定了一系列专门的法律、法规，以确保格莱珉银行的独立自主，尤其是允许接收存款。

在资金方面，1985～1996年格莱珉银行接受了1 600万美元的直接捐赠、8 100万美元的软贷款（低息贷款）和4 700万美元的权益投资，同时所有者追加了2 700万美元的贷款损失准备金。

4. 领导者的个人能力和魅力

尤努斯不仅与国内各个阶层保持良好的关系，也与国外有着很好的沟通，最初的资金支持主要来源于美国。

宗教因素也比较明显，孟加拉国有88.3%的民众信仰伊斯兰教，尤努斯已经成为他们的宗教精神领袖。

（二）格莱珉模式对中国发展小微信贷的启示

格莱珉银行的成功运作为我们提供了良好的经验借鉴，虽然中国与孟加拉国在社会文化背景、经济发展程度、信用体制状况等方面有诸多不同，但社会资本发生作用的机理是相通的。格莱珉模式带给我们的不仅是一种小微信贷操作模式，更重要的是我们要从其创新途径上有所启发。

1. 改变穷人不能贷款、无抵押不能贷款的观念

尤努斯的格莱珉银行及其观念，对中国社会的现实有十分重要的启示。第一，贷款是一种生存权利。要彻底改变穷人不能贷款的观念，不是穷人没有信用，没有还款能力，而在于是否有一个有效的金融组织及一个能够帮助穷人走出困境的金融机构。第二，无抵押（担保）也能贷款。格莱珉银行的小额贷款不要求任何担保抵押物。格莱珉不打算将任何未能还款的贷款者送上法庭，也不要求贷款者签署任何法律文件。尽管每个贷款者都必须属于一个5人小组，但小组并不需要为成员的贷款提供任何担保。偿还贷款是每位贷款者个人的责任，而小组与中心要以负责任的方式关注每个人的行为，以确保不会有人发生不偿付贷款的问题。没有任何连带责任，即组员不承担为其他有拖欠行为的组员偿付的责任。

2. 大力发展产权清晰的社区金融机构

格莱珉银行从1983年成立至今已走过35年历程，它从小到大，由弱到强，久盛不衰，其影响已波及世界范围。究其原因，与它的产权制度和治理结构的规范化相关。它的产权结构是明晰的，即建立以借款人为主体的股份制，并以此为基础建立了比较完善的法人治理结构，构建贴近农民的

银行管理体制和运行机制，广大贫困农民群众把它当成自己的“穷人银行”，它深深地扎根在群众之中，人民赋予它强大的生命力。同时，格莱珉模式的经验表明，可以充分地利用“农村社区”自身的社会网络和圈层结构，发挥社会资本的作用，吸收存款，同时凭借“乡村社区”信息的高度流通性和乡村社会的声誉作用保证贷款的安全性，进而实现较低的交易成本以及稳定的利润。因此，我们可以在农村社区大力发展社区金融机构来满足农村金融的需求。同时，由于社区金融机构组织构架简单，可以针对农户提供灵活便捷、多样化的金融服务，必定会赢得农户的认可和支持。另外，社区金融机构的产权结构优势、低交易成本优势、信息优势以及经营灵活、适应性强的特点，与农村经济主体的小型化、个性化和特色化具有天然的匹配性。因此，农村为社区金融机构提供了生长的土壤，而社区金融机构的天然优势又优化了农村社区金融生态环境。

3. 真正做到“以农户为中心”的服务

格莱珉模式的成功和它“以农户为中心”的服务理念分不开。传统银行职员以办公室为中心开展业务，客户来银行办理业务，以银行职员为中心。而对穷人来说，办公室让他们畏惧，疏远了和银行的距离，难以体现“以客户为中心”的服务宗旨。格莱珉银行职员的工作不是坐办公室，而是到客户的家门口去办理业务，稳步推进贷款项目，做好贷款前期的调查研究和准备工作，充满耐心，绝不盲目，坚持严格的贷款流程，充分调动银行员工的工作积极性，通过银行员工的身体力行、勤勉工作，使客户对银行建立起充分的信任，努力营造令客户尊敬的经营环境，真正做到“以农户为中心”。

4. 利率市场化是发展小额信贷的关键

格莱珉银行可持续发展的一个重要原因是，它的存贷款利率是市场化的灵活利率，利率可以覆盖成本，并略有盈利，银行因此能生存发展。我国农村金融市场的利率，限制还是比较严格的，不利于发展小额信贷业务。因此，发展小额信贷业务，要积极推进利率市场化的改革，降低小额贷款的运营成本。小额信贷由于额度小，贷款对象分散，相对管理成本较大，属于典型的零售业务。小额贷款的发放面涉及千家万户，操作成本高于商业银行一般贷款操作成本，国外成功经验表明，小额贷款利率应超出资金成本8%～15%。按目前我国农信社的资金成本3.5%左右的水平计算，小额贷款利率应在11%～13.5%，而目前我国农户小额贷款利率一般在6.9%左右，大大低于国际上通行的小额贷款的利率区间。小额信贷业务要走向良性循环，关键是利率问题，只有放开利率，小额信贷业务的发展才可以持续。

资料来源：专访曹国岭副所长：以普惠金融力量助力小微企业成长 http://www.sohu.com/a/226093516_425991；穆罕穆德·尤努斯.我们为什么要给穷人提供贷款[N].新华日报，2017-04-18(015)；白彦壮，张璐，薛杨.社会网络对社会创业机会识别与开发的作用——以格莱珉银行为例[J].技术经济，2016，35(10)：79-85；常晓萌.我国小额信贷机构可持续发展研究[D].首都经济贸易大学，2017.

讨论题：

1. 格莱珉银行是如何改变穷人不能贷款、无抵押不能贷款观念的？
2. 从社会创业的视角分析孟加拉格莱珉银行推广的小额短期信贷方式：不需要客户提供任何担保，同时贷款资金直接下发到客户手中，操作便捷。其小额贷款制度是如何促进发展中国家与地区社会创业的？
3. 社会上总有一种声音，认为社会企业所出售的产品或服务向社会大众收费是不合适的。从这个案例谈谈格莱珉银行是如何处理这一问题，并真正做到“以农户为中心”服务的。
4. 从社会创业者的角度看，格莱珉银行模式对中国发展小微信贷的启示是什么？

文献研读

Social and Commercial Entrepreneurship: Same, Different, or Both

【文献摘要】Article Summary: Social entrepreneurship, or entrepreneurial activity with an embedded social purpose, has been on the rise in recent decades. A partial indicator of this surge is revealed by the growth in the number of nonprofit organizations, which increased 31% between 1987 and 1997 to 1.2 million, exceeding the 26% rate of new business formation (*The New Nonprofit Almanac and Desk Reference*, 2002). However, the dynamic is even more robust, as other forms of social entrepreneurship, beyond that occurring within the nonprofit sector, have also flourished in recent years. The recent boom in social entrepreneurial activity makes a comparative analysis between commercial and social entrepreneurship timely. Social entrepreneurship is still emerging as an area for academic inquiry. Its theoretical underpinnings have not been adequately explored, and the need for contributions to theory and practice are pressing. This article aims to open up some avenues of exploration for social entrepreneurship theory development and practice by presenting an exploratory comparative analysis of the extent to which elements applicable to business entrepreneurship, which has been more extensively studied, are transferable to social entrepreneurship. To a lesser degree, we will also explore the reverse applicability or the ways in which insights from social entrepreneurship can contribute to a deeper understanding of business entrepreneurship. We offer a comparative analysis that identifies common and differentiating features between commercial and social entrepreneurship. This exploration develops new insights about social entrepreneurship and points to opportunities for further elaboration by researchers, as well as to practical implications for social entrepreneurs and funders on how to approach social entrepreneurship more systematically and effectively. In the next section, we discuss some of the key distinctions between social and commercial entrepreneurship as a modest step toward the development of a body of theory on social entrepreneurship. To analyze these theoretical propositions in depth and to draw out lessons for managers, we will then set forth one prevailing model used to examine commercial entrepreneurship and to explore new ideas that emerge when it is applied to social entrepreneurship. The article concludes by presenting implications for social entrepreneurial practice and research.

【文献评述】本篇文献提供了一个比较分析的思路。为更好地研究社会创业，作者在PDCO模型的基础上提出了SVP模型，为学者和创业者提供了有关社会创业新的研究思路。

文献首先梳理了有关社会创业的相关概念。最初，社会创业指的是有着社会性目标的创新活动，这类创业可以是有着社会性目标的商业活动，也可以是在非营利领域或交叉领域。从狭义上来讲，社会创业是非营利机构用创新的方式，应用商业技能并获取收入；从广义上来讲，社会创业是以创新为目的增加社会价值的过程，而不是简单对现有企业行为的复制。社会创业发展的核心源于未被满足的社会问题，因此社会创业可能发生在商业部门、非营利组织和政府机构等多个领域。此篇经典文献采用的社会创业的定义，是在非营利部门或政府部门产生的能够增加社会价值的创新性活动。

文献还阐述了社会创业与商业创业四个维度上的区别，分别是市场失灵、使命、资源调动和绩效测度。从文献中的分析我们可以看出，社会创业和商业创业两者并不是完全对立的，即使对完全的商业创业活动来说仍会产生社会价值，纯粹的社会创业仍会反映商业创业的性质。本章的这

一思路为社会创业与商业创业的对比分析提供了思路。

文献最有价值的部分在于将Sahlman 1996年提出的商业创业模型应用到社会创业领域。本篇文献将商业创业的PCDO模型应用到社会创业领域，指出了两者的联系和区别。并且，为更好地解释社会创业的影响因素，在PDCO模型的基础上做了修改。

（1）PDCO模型在社会创业领域的应用。该模型强调了影响商业创业的四个因素：人（people）、情景（context）、交易（deal）、机会（opportunity）。因为这个模型中的四个因素相互独立又为创业情景所决定，所以创业者必须要很好地把握创业活动和这四个因素的契合。作者指出，机会在商业创业和社会创业领域都是指创业者投资稀缺资源以求获得回报，两类创业的最大不同在于商业创业要求的是经济回报，社会创业要求的是社会回报。

（2）SVP模型。根据作者的分析，虽然商业创业和社会创业在很多地方有相同之处，但是为了让学者和创业者更好地研究社会创业，作者在PCDO模型的基础上提出了SVP（social-value proposition）模型，这个模型可以更好地反映社会创业产生社会价值的属性。在SVP模型中，作者更加强调了在社会创业中内部资源和外部环境的协调。模型中内部资源最上方的变量是机会，这是创业开始的直接动因，下面两变量分别是机会和资本。三个动因相互交叉又相互独立。中间交叉的部分为SVP，作为内部资源的综合变量。外部情境变量（如税收、宏观经济、政策因素等）影响着社会创业的内部资源多寡，需要社会创业者尤其注意。

【文献出处】 Austin J, Stevenson H, Wei-Skillern J. Social and Commercial Entrepreneurship: Same, Different, or Both?[J]. Entrepreneurship Theory and Practice, 2006, 30 (1): 1-22.

本章作者

斯晓夫，浙江大学求是讲座教授，管理学博士。主要研究方向包括社会创业、包容性创业、创新管理等，讲授“创业管理”“创新管理”等课程。

本章案例撰写：刘婉（浙江大学创业管理博士研究生）、斯晓夫。

本章文献评述：斯晓夫、刘婉。

注：本章撰写过程中，傅颖、王颂两位老师提供了宝贵的资料。

参考文献

[1] Allison T H, McKenny A F, Short J C. The effect of entrepreneurship rhetoric on microlending investment: An examination of the warm-glow effect[J]. Journal of Business Venturing, 2013, 28（6）.

[2] Anderson S E, Coffey B S, Dixon-Fowler H. The empty bowls project: Creating, leading, and sustaining a social enterprise[J]. Entrepreneurship Theory and Practice, 2014, 38（5）: 1237-1245.

[3] Alvarez S A, Barney J B. Entrepreneurial opportunities and poverty alleviation[J]. Entrepreneurship Theory and Practice, 2014, 38（1）: 159-184.

[4] Alvarez S A, Barney J B, Newman A M B. The poverty problem and the industrialization solution[J]. Asia Pacific Journal of Management, 2015, 32（1）: 23-37.

[5] Arend R J. A heart-mind-opportunity nexus: Distinguishing social entrepreneurship for entrepreneurs[J]. Academy of Management Review, 2013, 38（2）: 313-315.

[6] Austin J, Stevenson H, Wei Skillern J . Social and commercial entrepreneurship: same, different, or both? [J]. Entrepreneurship Theory and Practice, 2006, 3（1）: 1-22.

[7] Autio E, Fu K. Economic and political institutions and entry into formal and informal

entrepreneurship[J]. Asia Pacific Journal of Management, 2015, 32（1）: 67-94.

[8] Bacq S, Janssen F. The multiple faces of social entrepreneurship: A review of definitional issues based on geographical and thematic criteria[J]. Entrepreneurship & Regional Development, 2011, 23（5-6）: 373-403.

[9] Battilana Julie, Lee Matthew. Advancing research on hybrid organizing-insights from the study of social enterprises[J]. The Academy of Management Annals, 2014, 8（1）: 397-441.

[10] Battilana J, Sengul M, Pache A C, et al. Harnessing productive tensions in hybrid organizations: The case of work integration social enterprises[J]. Academy of Management Journal, 2015, 58（6）: 1658-1685.

[11] Blatt R. Resilience in entrepreneurial teams: Developing the capacity to pull through[J]. Frontiers of Entrepreneurship Research, 2009, 29（11）: 1-14.

[12] Bornstein D. Access to the global highway[C]. European Business Forum, 2004, 19: 27-28.

[13] Boschee J. Social entrepreneurship: Some non-profits are not only thinking about the unthinkable, they're doing it—Running a profit[J]. Across the Board, The Conference Board Magazine, 1995, 32（3）: 20-25.

[14] Boschee J, J McClurg. Toward a better understanding of social entrepreneurship: Some important distinctions, [EB/OL]. https: //www.law.berkeley.edu/php-programs/courses/fileDL. php?fID=7289, 2003.

[15] Brannon D L, Wiklund J, Haynie J M. The varying effects of family relationships in entrepreneurial teams[J]. Entrepreneurship Theory and Practice, 2013, 37（1）: 107-132.

[16] Bruton G D, Ketchen D J, Ireland R D. Entrepreneurship as a solution to poverty[J]. Journal of Business Venturing, 2013, 28（6）: 683-689.

[17] Bruton G D, Ahlstrom D, Si S. Entrepreneurship, poverty, and Asia: Moving beyond subsistence entrepreneurship[J]. Asia Pacific Journal of Management, 2015, 32（1）: 1-22.

[18] Casson M. The entrepreneur: An economic theory[M]. Rowman & Littlefield, 1982.

[19] Choi N, Majumdar S. Social entrepreneurship as an essentially contested concept: Opening a new avenue for systematic future research[J]. Journal of Business Venturing, 2014, 29（3）: 363-376.

[20] Corner P D, Ho M. How opportunities develop in social entrepreneurship[J]. Entrepreneurship Theory and Practice, 2010, 34（4）: 635-659.

[21] Cruz C, Nordqvist M. Entrepreneurial orientation in family firms: A generational perspective[J]. Small Business Economics, 2012, 38（1）: 33-49.

[22] Dacin M T, Dacin P A, Tracey P. Social entrepreneurship: A critique and future directions[J]. Organization Science, 2011, 22（5）: 1203-1213.

[23] Dacin P A, Dacin M T, Matear M. Social entrepreneurship: Why we don't need a new theory and how we move forward from here[J]. The Academy of Management Perspectives, 2010, 24（3）: 37-57.

[24] Datta P B, Gailey R. Empowering women through social entrepreneurship: Case study of a women's cooperative in India[J]. Entrepreneurship Theory and Practice, 2012, 36（3）: 569-587.

[25] Dean T J, McMullen J S. Toward a theory of sustainable entrepreneurship: Reducing environmental degradation through entrepreneurial action[J]. Journal of Business Venturing, 2007, 22(1): 50-76.

[26] Dees J G . Enterprising nonprofits [J]. Harvard Business Review, 1998, 76: 54-69.

[27] Dees J G, Anderson B B. Framing a theory of social entrepreneurship: Building on two schools of practice and thought[J]. Research on social entrepreneurship: Understanding and contributing to an emerging field, 2006, 1（3）: 39-66.

[28] Desa G. Resource Mobilization in international social entrepreneurship: Bricolage as a mechanism of institutional transformation[J]. Entrepreneurship Theory and Practice, 2012, 36（4）: 727-751.

[29] Desa G, Basu S. Optimization or bricolage? Overcoming resource constraints in global social entrepreneurship[J]. Strategic Entrepreneurship Journal, 2013, 7（1）: 26-49.

[30] Drayton, W. The citizen sector: Becoming as entrepreneurial and competitive as business [J]. California Management Review, 44（3）, 2002, 120-132.

[31] Dorado S, Ventresca M J. Crescive entrepreneurship in complex social problems: Institutional conditions for entrepreneurial engagement[J]. Journal of Business Venturing, 2013, 28（1）: 69-82.

[32] Estrin S, Mickiewicz T, Stephan U. Entrepreneurship, social capital, and institutions: Social and commercial entrepreneurship across nations[J]. Entrepreneurship Theory and Practice, 2013, 37（3）: 479-504.

[33] George G, Rao-Nicholson R, Corbishley C, et al. Institutional entrepreneurship, governance, and poverty: Insights from emergency medical response services in India[J]. Asia Pacific Journal of Management, 2015, 32（1）: 39-65.

[34] Gras D, Mendoza-Abarca K I. Risky business? The survival implications of exploiting commercial opportunities by nonprofits[J]. Journal of Business Venturing, 2014, 29（3）: 392-404.

[35] Grimes M G, McMullen J S, Vogus T J, et al. Studying the origins of social entrepreneurship: compassion and the role of embedded agency[J]. Academy of Management Review, 2013, 38（3）: 460-463.

[36] Harding, R. Social enterprise: The new economic engine? [J] Business Strategy Review, 2004, 15（4）, 39-43.

[37] Harper D A. Towards a theory of entrepreneurial teams[J]. Journal of Business Venturing, 2008, 23（6）: 613-626.

[38] Hockerts K. Determinants of social entrepreneurial intentions[J]. Entrepreneurship Theory and Practice, 2015: Epub ahead of print September, DOI: 10.1111/etap.12171.

[39] Im J, Sun S L. Profits and outreach to the poor: The institutional logics of microfinance institutions[J]. Asia Pacific Journal of Management, 2015, 32（1）: 95-117.

[40] Katre A, Salipante P. Start-up social ventures: Blending fine-grained behaviors from two institutions for entrepreneurial success[J]. Entrepreneurship Theory and Practice, 2012, 36（5）: 967-994.

[41] Kent D, Dacin M T. Bankers at the gate: Microfinance and the high cost of borrowed logics[J]. Journal of Business Venturing, 2013, 28（6）: 759-773.

[42] Khavul S, Chavez H, Bruton G D. When institutional change outruns the change agent: The contested terrain of entrepreneurial microfinance for those in poverty[J]. Journal of Business Venturing, 2013, 28（1）: 30-50.

[43] Kirzner I M. Discovery and the capitalist process[M]. University of Chicago Press, 1985.

[44] Kistruck G M, Webb J W, Sutter C J, et al. Microfranchising in base-of-the-pyramid markets: Institutional challenges and adaptations to the franchise model[J]. Entrepreneurship Theory and

Practice, 2011, 35（3）: 503-531.

[45] Kistruck G M, Webb J W, Sutter C J, et al. The double-edged sword of legitimacy in base-of-the-pyramid markets[J]. Journal of Business Venturing, 2015, 30（3）: 436-451.

[46] Knight F H. Risk, uncertainty and profit[M]. New York: Hart, Schaffner and Marx, 1921.

[47] Liao J, Welsch H, Tan W. Venture gestation paths of nascent entrepreneurs: Exploring the temporal patterns [J]. Journal of High Technology Management Research, 2005, 16（1）, 1-22.

[48] Liu G, Eng T, Takeda S. An investigation of marketing capabilities and social enterprise performance in the UK and Japan[J]. Entrepreneurship Theory and Practice, 2015, 39（2）: 267-298.

[49] Mair J, Marti I. Social entrepreneurship research: A source of explanation, prediction, and delight[J]. Journal of World Business, 2006, 41（1）: 36-44.

[50] Martin R L, Osberg S. Social entrepreneurship: The case for definition[J]. Stanford Social Innovation Review, 2007, 5（2）: 28-39.

[51] Mendoza-Abarca K I, Anokhin S, Zamudio C. Uncovering the influence of social venture creation on commercial venture creation: A population ecology perspective[J]. Journal of Business Venturing, 2015, 30（6）: 793-807.

[52] Millan J M, Congregado E, Roman C, et al. The value of an educated population for an individual's entrepreneurship success[J]. Journal of Business Venturing, 2014, 29（5）: 612-632.

[53] Miller T L, Grimes M G, McMullen J S, et al. Venturing for others with heart and head: How compassion encourages social entrepreneurship[J]. Academy of Management Review, 2012, 37（4）: 616-640.

[54] Morris M H, Webb J W, Franklin R J. Understanding the manifestation of entrepreneurial orientation in the nonprofit context[J]. Entrepreneurship Theory and Practice, 2011, 35（5）: 947-971.

[55] Murphy P J, Coombes S M. A model of social entrepreneurial discovery[J]. Journal of Business Ethics, 2009, 87（3）: 325-336.

[56] Nelson T, Ingols C, Christian-Murtie J, et al. Susan murcott and pure home water: Building a sustainable mission-driven enterprise in northern Ghana[J]. Entrepreneurship Theory and Practice, 2013, 37（4）: 961-979.

[57] Renko M. Early challenges of nascent social entrepreneurs[J]. Entrepreneurship Theory and Practice, 2013, 37（5）: 1045-1069.

[58] Rocha H O, & Sternberg, R. Entrepreneurship: The role of clusters theoretical perspectives and empirical evidence from Germany [J]. Small Business Economics, 2005, 24（3）, 267-292.

[59] Roberts D, Woods C. Changing the world on a shoestring: The concept of social entrepreneurship [J]. University of Auckland Business Review, 2005, 7（1）, 45-51.

[60] Ruebottom T. The microstructures of rhetorical strategy in social entrepreneurship: Building legitimacy through heroes and villains[J]. Journal of Business Venturing, 2013, 28（1）: 98-116.

[61] Seelos C, Mair J. Social entrepreneurship: Creating new business models to serve the poor[J]. Business Horizons, 2005, 48（3）: 241-246.

[62] Short J C, Moss T W, Lumpkin G T. Research in social entrepreneurship: Past contributions and future opportunities[J]. Strategic Entrepreneurship Journal, 2009, 3（2）: 161-194.

[63] Shane S. Prior knowledge and the discovery of entrepreneurial opportunities [J]. Organization

Science, 2000, 11（4）: 448-469.

[64] E.Marketing in the social enterprise context: Is it entrepreneurial? [J]. Qualitative Market Research: An International Journal, 2004, 7（3）: 194-205.

[65] Shaw E, Carter S. Social entrepreneurship: Theoretical antecedents and empirical analysis of entrepreneurial processes and outcomes [J]. Journal of Small Business and Enterprise Development, 2007, 14（3）: 418-434.

[66] Si S, Yu X, Wu A, et al. Entrepreneurship and poverty reduction: A case study of Yiwu, China[J]. Asia Pacific Journal of Management, 2015, 32（1）: 119-143.

[67] Suddaby R, Bruton G D, Si S X. Entrepreneurship through a qualitative lens: Insights on the construction and/or discovery of entrepreneurial opportunity[J]. Journal of Business Venturing, 2015, 30（1）: 1-10.

[68] Sullivan Mort G, Weerawardena J, Carnegie K. Social entrepreneurship: Towards concep-tualization[J]. International Journal of Nonprofit and Voluntary Sector Marketing, 2003, 8（1）: 76-88.

[69] Stevens R, Moray N, Bruneel J. The social and economic mission of social enterprises: Dimensions, measurement, validation, and relation[J]. Entrepreneurship Theory and Practice, 2015, 39（5）: 1051-1082.

[70] Thompson, J, Alvy, G, Lees, A. Social entrepreneurship-a new look at the people and the potential [J]. Management Decision, 2000, 38（5）, 328-338.

[71] Tobias J M, Mair J, Barbosa-Leiker C. Toward a theory of transformative entrepreneuring: Poverty reduction and conflict resolution in Rwanda's entrepreneurial coffee sector[J]. Journal of Business Venturing, 2013, 28（6）: 728-742.

[72] Tracey P, Phillips N. The distinctive challenge of educating social entrepreneurs: A postscript and rejoinder to the special issue on entrepreneurship education[J]. Academy of Management Learning & Education, 2007, 6（2）: 264-271.

[73] Waddock S A, Post J E. Social entrepreneurs and catalytic change[J]. Public Administration Review, 1991: 393-401.

[74] Wry T and York J. An identity based approach to social enterprise[J]. Academy of Management Review, 2015, Epub ahead of print 8 September. DOI: 10.5465/amr.2013.0506.

[75] Yang T, Aldrich H E. Who's the boss? Explaining gender inequality in entrepreneurial teams[J]. American Sociological Review, 2014, 79（2）: 303-327.

[76] Zadek S, Thake S. Send in the social entrepreneurs [J]. New Statesman, 1997, 26（7339）, 31.

[77] Zahra S A, Rawhouser H N, Bhawe N, et al. Globalization of social entrepreneurship opportunities[J]. Strategic Entrepreneurship Journal, 2008, 2（2）: 117-131.

[78] Zahra S A, Gedajlovic E, Neubaum D O, et al. A typology of social entrepreneurs: Motives, search processes and ethical challenges[J]. Journal of Business Venturing, 2009, 24（5）: 519-532.

[79] Zahra S A, Newey L R, Li Y. On the frontiers: The implications of social entrepreneurship for international entrepreneurship[J]. Entrepreneurship Theory and Practice, 2014, 38（1）: 137-158.

[80] 陈劲，王皓白 . 社会创业与社会创业者的概念界定与研究视角探讨 [J]. 外国经济与管理，2007, 29（8）: 10-15.

[81] 胡祖光，朱明伟 . 东方管理学十三篇 [M]. 北京：中国经济出版社，2002.

[82] 陆亚东 . 中国管理学理论研究的窘境与未来 [J]. 外国经济与管理，2015, 37（3）: 3-15.

[83] 栗战书 . 文明激励结构分析：基于三个发展角度 [J]. 管理世界，2011（05）：1-10.
[84] 斯晓夫，傅颖 . 创业如何从“多乱难”到“一定成”[N]. 解放日报，2015-08-23（6）.
[85] 斯晓夫，王颂，傅颖 . 创业机会从何而来：发现，构建还是发现 + 构建？——创业机会的理论前沿研究 [J]. 管理世界，2016（3）：115-127.
[86] 徐淑英，石小竹 . 论有同情心的学术：我们为何要关爱——美国管理学会 2012 年会主席致辞 [J]. 商业评论，2012，（11）：96-111.
[87] 徐淑英 . 科学精神和对社会负责的学术 [J]. 管理世界，2015（1）：156-163.
[88] 赵丽缦，顾庆良 . 国际社会创业研究前沿探析：基于情境分析视角 [J]. 外国经济与管理，2014，36（5）：12-22.

第2章 法律与社会创业

学习目标

☑ 理解社会创业的合法性问题
☑ 掌握社会创业组织的法律形式
☑ 了解国外社会企业的立法模式
☑ 了解社会企业的监督机制
☑ 理解我国社会企业法律法规的完善

本章纲要

☑ 社会创业的合法性问题
☑ 社会企业的立法比较
☑ 社会企业运营的保障与监督机制
☑ 我国社会企业法律法规的完善

开篇案例

科学松鼠会合法性的组织转型

科学松鼠会成立于2008年4月，早期是松散的会员制互益性组织，成员主要来自国内外各院校一线科研工作者，以及活跃在各大媒体科学版的科学作家等。自成立以来，科学松鼠会先后被100多家媒体报道。《南方周末》评价说："科学松鼠会的文字作品兼具科学精神和人文精神，已经成为本土科普作品的重要来源。"科学松鼠会汇聚了一批当代最优秀的华语青年科学传播者，以"严谨有容，独立客观"为价值理念，致力于"剥开科学的坚果，帮助人们领略科学之美妙"，让科学流行起来。这群试图"剥开科学坚果"的年轻人，虽然能够借助高涨的网络人气和社会认知度运作，但受限于身份的合法性和资源依赖的双重困境，只能艰难地维持着科学松鼠会的各项活动。最终，通过工商注册、天使投资等方式建立了一家定位为"泛科技新媒体"的果壳互动科技传媒有限公司，营运"果壳网"与"果壳阅读"，同时创建了民政注册的非政府组织（NGO）——哈赛科技传播中心（简称"哈赛"），通过果壳传媒的商业运营收益反哺科学松鼠会的各项科普公益活动，从而确立了一条"果壳"养"松鼠"的全新商业反哺公

益的道路。科学松鼠会在转型过程中经历了五大阶段，组织结构或形式演变经历了五种类型，分别是网络型创业团队、松散的协会组织、未登记或转登记的NGO、开展市场运作的NGO和社会企业（见表2-1）。

表2-1　科学松鼠会的组织结构和资金来源变化

发展阶段	重要事件	组织形式	资金来源
第一阶段（组织萌芽）	科学群博“科学松鼠会”	网络型创业团队	10万元初始投资
第二阶段（初始组织）	知名度提升：在“汶川大地震”“三聚氰胺事件”中辟谣成名，推出奥运专辑，线下频繁活动	草根NGO：松散的协会组织	稿费（约11万/月），借助各种资源少花钱或不花钱
第三阶段（解冻）	官方转型受阻：申请NGO资格，工商注册成立“一群松鼠文化传播有限公司”	工商注册的NGO	稿费、写科普书的少量收入（3%左右的策划费用，版税归作者所有）
第四阶段（实施）	艰难维系：专职CEO赚外快缓解资金困境；举办科学嘉年华；市场经理离职（运营成本剧增，人才流失）	工商注册的NGO：市场运作+公益服务	为企业撰写报告，给电视栏目组做科学策划；股东追加投资，接零散项目
第五阶段（重新冻结）	接受天使投资：原公司更名为“果壳互动科技传媒有限公司”；创建民政注册NGO——哈赛科技传播中心	混合型社会组织：社会企业	哈赛发起经费，部分运营经费由果壳支持；政府拨款，中国科协支持；外部资金支持

资料来源：王洛忠，张艺君．新制度主义视野下草根NGO转型的“交叉”模式——基于科学松鼠会的案例研究[J]．学习与探索，2016(6).

上述案例中的科学松鼠会早期是基于网络形成的松散性会员制互益性组织，没有真正的实体依托机构，是典型的“草根NGO”（指民间慈善公益组织）。与当时众多草根NGO相似，科学松鼠会由于受到登记管理体制的约束，难以获取业务主管单位和行政主管单位的双重接纳，使得组织无法受到政策保障，这意味着松鼠会不能获得政府的直接资金资助，并几乎丧失独立制定募捐政策的能力。在此背景下，姬十三等人也想通过获取NGO“准生证”来吸引政府拨款或向基金会募捐等方式解决资金问题，但最终只能通过工商注册的方式生存。至此，科学松鼠会从群博网站转为协会组织，进而又注册为企业，逐渐由一个松散的无组织的群体转变为一个名义上的商业实体机构（王洛忠等，2016）。

“夹缝求生”式的政策合法性不同于传统的较为成熟的NGO ⊖；同时也有别于纯粹以市场驱动的营利企业模式。草根NGO通过工商注册获得合法性主要有两方面的考虑。一是体制内公益身份的合法性困境。由于登记审批手续复杂、程序严格、门槛较高，大多数草根NGO被拒之于合法登记之外，只能以工商注册、名义挂靠在党政系统的某个单位之下，或者不进行登记注册来开展活动。二是体制外的市场运作可以为草根NGO提供相应的资金支持，工商注册成为草根NGO市场运作的关键门槛。相比之下，工商注册虽略带“夹缝求生”下的“非公益”属性，却也是草根NGO对管理体制缺陷的被动回应，工商注册使草根NGO获得了政策合法性并赋予其合适的权威参与市场竞争，因而缓解了双重困境（王洛忠等，2016）。

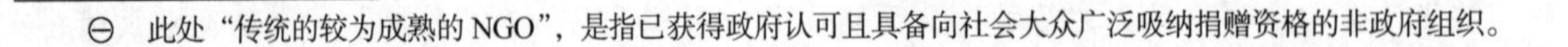
⊖ 此处“传统的较为成熟的NGO”，是指已获得政府认可且具备向社会大众广泛吸纳捐赠资格的非政府组织。

科学松鼠会的合法性组织转型具有非常典型的创新意义。面对身份和资源的双重困境，虽未经政府许可但得到社会广泛认同，科学松鼠会在组织转型中创新地采用了一种独具特色的“交叉”模式，通过在现有公益项目外创建相关的商业项目来推动组织发展。由此案例可见，合法性是草根NGO生存和转型的逻辑起点和动力。

在社会创业中，法律具有强化组织形式、促进企业推广、保护消费者权利等功能，能为社会企业提供一个独特且易于识别的法律身份，是社会企业生存强有力的后盾；同时，政府政策、专业机构、行业协会等相关部门所制定的规章制度，能使企业通过规范自身的行为以获得更多社会认可和资源支持，是社会企业发展的重要条件。本章将从法律法规、制度建设等角度，探讨社会企业的法律组织形式（不同国家和地区的立法界定）、经营活动领域（福利、健康、教育、文化、环境保护、文化遗产发展、旅游、学识及后学识教育、文化服务等）、利润分配问题（有关分红和利率限制）、剩余资产处理等。

2.1　社会创业的合法性问题

2.1.1　社会企业的出现

社会企业在美国最早出现于20世纪六七十年代，并于80年代获得迅速发展。社会企业兼具社会目标和盈利目标，它的产生与福利国家的社会危机相关，能够弥补其公共政策上的缺陷，在创新社会服务机制、改进公共服务供给、减小贫富分化、促进社会就业、缓解社会矛盾等众多方面发挥了独特作用。有观点认为，追求利润和股东利益最大化的传统企业经营目标引发了经济危机、环境恶化等众多恶果，现代社会面临着包括环保、人权、贫穷、教育等更加多样而广泛的挑战，进一步证实了市场作用的失灵。政府和NGO曾被认为是处理社会问题的最佳人选，但实践证明行政效率低下、特殊利益集团的影响使得政府缚手缚脚，NGO则受到禁止分配、资产锁定等多重原则限制，这些因其自身性质的局限而难以有效地应对市场经济的缺陷。社会企业作为一种创新思维模式和解决方案，从以商业活动支持慈善公益事业的NGO，到以市场策略有效实现社会和经济双重目的营利性组织，社会企业的概念和边界在不断发展（郑夏蕾，2015）。

“社会企业”一词最早由经济合作与发展组织（OECD）于1994年提出，并于1999年将其定义为：“任何为公共利益而进行的私人活动，其依据的是企业战略，但主要目的不是利润最大化，而是实现一定的经济目标和社会目标，并且有能力提出解决社会排斥和失业问题的创新性办法。”同营利性企业一样，社会企业和NGO也需要支付运营成本、雇用员工、吸引投资、扩大事业规模，社会企业是借助市场力量实现社会目标的创新试验。与纯粹的市场化运作不同，社会企业的价值在于通过持续的社会创新来解决社会问题；与NGO不同，社会企业能够以更优化的企业效益增进其社会目标的实现。最初，学者对于社会企业的界定主要基于志愿失灵的视角，认为社会企业是介于传统NGO和营利性企业的中间组织。在此基础上逐渐形成了两大学派：一是以Skloot为代表的盈利派，认为社会企业的收入应更多地来源于咨询或商业公司，通过商业化的方式实现组织创收行为；二是以Dees为代表的社会创新学院派，提出“社会企业光谱”概念，强调NGO中的企业家利用创新方法实现社会变革（Dees，1998）。两大学派均聚焦于解决组织的可持续发展问题（王洛忠等，2016）。目前，对于社会企业的定位标准，学术界尚未形成统一的准则。

Semarks 认为，社会企业要具备明确的社会目标、独立的组织架构、至少 50% 的收入来自市场、至少 50% 的利润用于社会等重要属性；Yunus 也认为，社会企业不能派分红利，利润主要用于发展和扩张，并提出社会企业必须致力于解决社会问题（Yunus，2015）。

社会企业运动引起了全球的关注，Defourny 和 Nyssens（2008）提到，“12 年前，社会企业的概念还鲜有人讨论，但现在它已经在大西洋两岸，尤其是在欧洲和美国，取得了突破性的进展”。以美国为例，各州在法律层面予以认可，目前已经产生的社会企业法律组织形式包括：共益公司（Benefit Corporation，该法案已在 27 个州通过，另有 14 个州正处于立法进程之中）、低利润有限责任公司（Low-profit Limited Liability Company，目前有 11 个州及联邦管辖下的一个辖区、一个印第安部落通过了立法）、弹性目标公司（Flexible Purpose Company，目前加利福尼亚州通过立法）和社会目的公司（Social Purpose Company，目前华盛顿州通过立法）四种（郑夏蕾，2015）。

2.1.2 社会创业的合法性研究

组织需要在其生存的环境中建立并维护合法性。合法性对于组织的发展至关重要，具备合法性的组织可以获取资源以及持续的支持（Ashforth，1990）。合法性影响到组织的生存率和失败率，那些具备合法性的组织失败率通常较低，那些不具备合法性的组织失败率较高，甚至在创立之初就面临生存困境。从组织的利益相关者角度，合法性直接影响其是否认可组织以及能否理解组织的活动和战略，具备合法性的组织往往更值得信赖。正如斯科特所言，与缺少管制、规范和文化认可的组织相比，那些能获得法律机构认可、规范性机构支持，且实施在文化上得到认可的行动或战略的组织更可能生存下来（Scott，2000）。

目前，国内外学者已对组织合法性形成机制开展了大量研究，学者们按照斯科特（Scott）的规制（regulative）、规范（normative）和认知（cognitive）合法性来考察组织与正式法律、社会标准及价值系统的一致性程度。其中，规制合法性指组织对政府机构所制定的律例法规的依从程度；规范合法性反映组织的行为与道德规范、社会价值观、惯例习俗等的一致性程度；认知合法性体现社会公众对组织接纳与认同程度。这三类合法性分别意味着创业企业对政府、社会和利益相关者需求与期望的满足水平。另一种代表性观点是萨奇曼（Suchman）基于理性和工具性视角提出实用（pragmatical）合法性，用来描述组织对关键利益者的利益需求与期望的满足程度（Suchman，1995）；同时，为弥补实用合法性过于重视市场机制所产生的道德背离问题，他又提出了道德（moral）合法性，用来反应组织的行为活动与社会信仰、社会福利的一致性程度。萨奇曼认为，实用合法性、道德合法性与认知合法性共同构成组织的整体合法性（厉杰等，2018）。

国内外学者针对社会创业合法性的研究内容繁杂、结论不一，对社会创业合法性的特征及其构建的诠释尚未形成体系。相对于商业创业，社会创业在实践中受到更多的合法性约束。社会创业合法性通常指社会创业组织的行为方式与现有规制、规范和文化的符合程度。社会企业由于自身资源有限，需要外部提供各种资源助力其发展，而合法性就是外部对其价值观、规范性、能力、效率等的判断，进而决定是否投入资源。社会创业不仅在产品或服务上有所创新，在组织形式上也有其独特性，这些独特性同样受制于合法性的约束。由于社会创业运用创新的手法解决社会问题，而创新所造成的信息不对称会使社会公众对创业活动缺乏认识与理解，从而降低社会创业的合法性认知。社会创业合法化是社会创业组织不容忽视的社会历程，关乎对社会价值与经济利益能否一体化的理解与判断。

以上所提的合法性问题更多围绕合法性（legitimacy）和合法化（legitimation）展开，社会创业合法化的情境变量体现在组织结构、内外部环境及治理机制等多方面（焦豪等，2012）。从合法律性（legality）角度，林莉红（2006）指出，如果把民间组织的合法性问题作为一个法律问题提出，其合法性含义即“合法律性”，可从宗旨合法性、活动合法性和组织合法性三个角度加以分析；田勇军（2010）则认为，把民间组织合法性的三项标准定为宗旨不违法性、活动不违法性和组织合法性更为合理。本章将聚焦规制合法性问题，从合法律性对社会创业及社会企业的要求进行分析。

2.2 社会企业的立法比较

社会企业是通过商业手段实现社会目的的组织，因具有“公益性”和“经营性”双重身份，常常被公众质疑。为了使社会企业被社会认可，并受到相应的法律保护和接受有关部门的监管，有必要通过立法手段对其进行界定，以便在实践中确立具体的认定标准。自20世纪90年代开始，意大利、法国、波兰、芬兰、英国、美国、加拿大、比利时和韩国都制定了专门的法律来对社会企业进行规范。

社会企业立法的关键是如何对社会企业进行界定以及采取何种法律组织形式，由于历史传统和经济社会发展背景的不同，不同国家的立法对社会企业的界定不同，其区别主要在于如何体现社会企业的“社会目的”：有的国家立法通过限定社会企业的活动范围来体现其社会目的，还有的国家通过立法限定社会企业的利润分配、剩余资产处理等以体现其社会目的。

2.2.1 合作社形式的社会企业立法

欧洲国家普遍具有悠久的合作社传统，绝大多数国家（如意大利、法国、波兰、芬兰等）的社会企业形式主要表现为社会合作社。在立法界定时，通常会对社会企业的组织目标、经营范围和利润分配等做出规定，从而体现社会企业与普通营利性企业的区别。

1. 意大利：社会合作社

意大利是欧洲最早进行社会企业立法的国家，于1991年颁布第381号法律创立的社会合作社（Social Co-operative），成为该国一种最主要的社会企业形式。该法律颁布实施后，意大利的社会合作社数量以每年15%～30%的速度增长，对意大利的经济社会发展起到了重要的推动作用（董蕾红，2017）。按照立法界定，意大利的社会合作社具有以下几个特点：首先，在社会目的方面，普通合作社仅仅服务于其内部会员的利益，是一定范围内的互益性非营利组织，而社会合作社追求的是整个社会的公共利益；其次，在组织利润分配方面，社会合作社必须将年度盈余的至少30%交给政府主管的“义务储备基金”，此外还必须将年度盈余的3%交给Marconi基金[⊖]；最后，在剩余资产处置方面，为了防止组织的“互益化”，社会合作社解散时不能向会员分配任何资产，而应将资产交给其他社

⊖ 该基金是由社会合作社行业组织进行管理的共同基金，其用途是促进和培育社会合作社的发展。

会合作社进行使用（Defourny and Nyssens，2008）。

根据社会目的不同，意大利的社会合作社又可分成两类：一类是针对不同的社会群体提供社会福利、健康、文化、教育和研究等商品或服务，或者为其他社会企业提供支持；另一类则是帮助弱势群体就业或就业庇护型组织，法律要求该类社会合作社员工中的弱势群体成员[㊀]占比必须在 30% 以上，政府对该类社会合作社给予免缴社会保险税等优惠和补贴。

2. 法国：集体利益合作社

法国于 2002 年 7 月颁布第 624 号法律创立了“集体利益合作社”（Collective Interest Cooperative Society）。按照第 624 号法律的规定，在社会目的方面，集体利益合作社是指生产或销售具有社会效用特征的产品或服务组织，如满足社会的新兴需求、促进社会融合和职业发展等；在利润分配方面，要先将年度盈余的 57.5% 上交给政府主管的法定储备金，然后才能进行分配。为了防止集体利益合作社成员通过提高薪酬等方式进行变相的利润分配，法律规定其成员薪酬不得超过法国经济部公布的私营企业的平均报酬；在剩余资产处置方面，集体利益合作社解散时，除去补偿成员的资本贡献（即成员收回自己的投资），剩余资产不得用于分配（OECD，2009）。

3. 波兰：社会合作社

波兰于 2006 年 4 月通过了《社会合作社法》，该法律的颁布是在当时社会转型时期的高失业率、社会排斥和贫困问题以及政府公共福利支出减少的背景之下。根据《社会合作社法》的规定，社会合作社是由失业者等弱势群体[㊁]建立，组成人员在 5～50 人，致力于社会以及社员的重新融合。波兰法律不允许社会合作社开展经济活动，只能开展包括社会、教育、文化以及社会和职业整合活动等的“非经济性”活动。由于波兰法律并未对“经济活动”做出明确的界定，因此社会合作社仍然可以生产商品和提供服务；在利润分配方面，要求社会合作社不能向会员分配盈余，其盈余只能用于社会合作社的业务活动；在剩余资产处置方面，社会合作社解散时，清偿完债务之后的剩余财产社员只能分配其中的 20%，其余的剩余资产由政府收回，投入专门设立的“工作基金”，用以支持和培育新的社会合作社。因此，波兰的社会合作具备明显的非营利性特征（OECD，2009）。

4. 芬兰：工作整合型企业

20 世纪 90 年代初，全球经济危机导致芬兰发生了严峻的就业问题，同时，财政来源的减少也影响了政府对残障人士工作中心和庇护工场的资金投入能力。于是，在失业者群体及其社团中产生了自助性质的工作整合型企业（Work Integration Social Enterprises）（董蕾红，2017）。为了鼓励其他类型的企业雇用更多的残障人士和长期失业者，2003 年 12 月，芬兰议会通过了《社会企业法》，同时规定社会企业是指通过市场手段为残障人士和长期失业者提供工作机会的企业。与欧洲其他很多国家的社会企业不同，芬兰的社会企业是市场导向的；与普通企业不同，芬兰的社会企业主要是为残障人士和长期失业者提供工作机会，通过雇用残障人士和长期失业者实现对社会的贡献；与营利性企业相同，芬兰社会企业的运营目标是获取更多的利润，依据集体协议向员工支付工资。但是，法律也做了一些特殊要求，比如标准是残障人士或长期失业者占企业全体员工的 30% 以上；由于芬兰社

㊀ 这里的弱势群体成员是指有身体或学习障碍的人、盲人、精神疾病患者、毒品成瘾者、酗酒者、刑满释放者等。

㊁ 这里的弱势群体包括流浪者、酗酒者、吸毒者、精神疾病患者、刑满释放者以及难民。

会企业的立法定位是就业导向型企业，因此必须在劳工部进行登记。法律对社会企业的利润分配未做限制，这有别于其他国家合作社形式的社会企业。

2.2.2　公司形式的社会企业立法

1. 英国：社区利益公司

2002 年 9 月，英国首相内阁办公室在《私人行动、公共利益》(Private Action，Public Benefit) 报告中提出，有必要改革现行非营利部门的法律和制度框架，创建“社区利益公司”(Community Interest Company，CIC)。2004 年 10 月，英国议会通过《公司（审计、调查和社区企业）法案》，修正了“公司应为其股东谋取最大利益”的传统公司法理念，允许公司与社区分享利润，并进一步提出创制“社区利益公司”的法律组织形式。依据该法，英国议会 2005 年 7 月 1 日通过了《社区利益公司规章》(Community Interest Company Regulations)。在上述规章中，社区利益公司被界定为，拥有主要的社会目标，利润主要再投资于企业本身或社区，不受股东或所有者利润最大化驱动的一种公司形式。

社区利益公司与普通营利性公司的本质区别在于，它的社会目的是为了实现社区利益，因此对于“社区”的界定至关重要。根据 2004 年《公司（审计、调查和社区企业）法案》的规定，任何一个可定义和区分的部门或人群都属于社区利益公司中的“社区”，它既包括老年社区居民、学习障碍者、失业者、患某种疾病的人群及失业工人等具体的人群，还可以指环境污染研究、湿地保护、语言文化保护、博物馆、社区支持等服务于社区利益的活动；在活动的区域范围上，它既可以是区域性的小型公司，也可以是大型的跨国公司。立法对“社区”的宽松界定使得社区利益公司很容易获得注册和认证，截至 2012 年 1 月，英国已经有超过 6 000 家组织注册为社区利益公司，这些企业在其名称中必须包含“CIC”。

在利润分配方面，2005 年《社区利益公司规章》规定了 CIC 的分红上限，即公司向股东分配的利润总额不得超过公司可分配利润总额的 35%；如果是上市公司，在股票分红时每股分红不超过英国央行基准贷款利率的 1.05 倍，未达当年上限的分红可以累积到第二年进行分红；公司股东在赎回或回购自己的股票时，或者在社区利益公司解散或终止时，只能按照票面价格赎回或回购自己的股票，而不是上涨之后的股票价格，这样能保证公司资本的增长归属于社区利益公司本身而不是公司股东，公司股东能够得到的只是相当于利息的投资回报。此外，CIC 还应遵循“资产锁定”(asset lock) 原则，即在公司解散时，清算后的剩余资产不能在股东之间分配，而应转移给其他社区利益公司或慈善组织，从而确保社区利益公司的资产真正服务于社区利益（董蕾红，2017）。

2. 美国：四种社会企业法律组织形式

美国社会企业立法的最大价值就在于改变了英美传统公司法中原有的关于公司必须以股东利益最大化为目标的限定，使得公司可以在营利性公司的框架下同时实现利润目标和社会目标。美国社会企业在活动范围、利润分配等方面并没有特别的限制，可以同时具备普通商业企业和非营利性组织的优势，它们既可以从传统资本市场寻求投资，也可以获得基金会的投资，而且在实现社会目标的过程中，公司董事可基于社会利益进行决策而不必担心遭到股东的诉讼；与普通营利性企业相同，股东有权得到公司的利润分配和价值增值；因为在美国，这些社会企业形式不属于非营利组织，因此企业本身不享受任何优惠或政府补贴，但是这些社会企业却可基于其内涵的道德价值和社会目标而获得市场和消费者更高程度的认可。作为典型的联邦制国家，社会企业立法属于美国各个州的立法权限范围。2008 年以来，美国多个州在法规中增加了“低利润有限责任公司”“共益公司”“弹性目标公司”“社会目的公司”四种社会企业法律组织形式。

（1）低利润有限责任公司。2008 年 5 月，佛蒙特州修订了本州的《有限责任公司法》，增设低利润有限责任公司（Low-profit Limited Liability Company，L3C）这一法律组织形式；随后两年，伊利诺伊州、路易斯安那州和北卡罗来纳州等七个州也通过了相关法案（董蕾红，2017）。L3C 兼具非营利性机构的慈善目标和营利性机构的治理结构，但因同时追求经济目标和社会目标而被称为“具有非营利灵魂的营利性机构”。L3C 必须是为了实现某种慈善目的而建立的，而且这一目标要高于它的利润目标。L3C 的投资主要来源于美国大量存在的私人基金会的“项目相关投资”㊀，但是其对投资人的投资回报率一般低于 5%。L3C 创立的初衷便是为了鼓励和促进私人基金会对普通营利性企业的投资，因为美国联邦税法要求私人基金会作为免税的慈善组织每年应至少将总资产的 5% 用于慈善，否则将会因为未达到标准而受到严厉的税收处罚，严重者将丧失慈善组织的免税资格。私人基金会既可以通过向公共慈善机构进行捐赠以达到这一标准，也可以通过提供借款担保、低价租赁及股权投资等方式进行项目相关投资来满足该要求。

私人基金会通过投资 L3C 不仅可以收回投资并获得一定的回报，还能实现自身的慈善目标，从而保持免税地位，因此私人基金会有很大的热情投资于此。L3C 对于私人基金会之外的普通投资者同样具有吸引力，因为其既具有有限责任公司的灵活所有权和治理结构，又能保持合理的风险水平且提供稳健的投资回报。L3C 所具有的慈善目的和社会目标使得其他市场主体和普通消费者更愿意与其进行交易，因此低利润有限责任公司具有普通有限责任公司所不具备的竞争优势。

（2）共益公司。2010 年马里兰州和佛蒙特州通过相关法案最先设立了共益公司（Benefit Corporation，BC），2011 年加利福尼亚州、纽约州等五个州也相继设立。按照规定，共益公司是指在追求公司经济利润的同时还必须创造一般公共利益或特定社会目标的公司。共益公司追求的一般公共利益被界定为任何能够对社会或环境产生的积极影响；追求特定社会目标包括为低收入群体提供产品或服务，促进生态环境保护，促进医疗卫生事业的发展，促进文学、艺术或科技的进步，促进对具有公共利益目的的实体的投资，以及其他任何增进社会公共福利的事项（Clark & Babson，2012）。此外，共益公司在结构和治理方面与普通营利性公司相同，同样追求经济利润和股东的投资收益，但董事会在进行决策时既要考虑公司的经济利润，还要考虑如何实现公司章程中载明的社会目的。

为了确保共益公司真正追求社会公共利益，相关法案对其有较高的透明度要求。共益公司每年必须向社会公众和股东提交其创造社会利益和环境价值的详细报告，首先，该报告应当阐述公司追求的一般公共利益和特定社会目标是什么；其次，详细描述共益公司为了追求该目标所做的工作以及产生的效果；最后，还应分析在实现目标的过程中遇到的障

㊀ “项目相关投资”是为了实现私人基金会的特定慈善目的（如促进宗教传播以及科学、艺术或教育事业等），并非是实现私人基金会资产的增值。

碍和不足，以及今后如何改进。但是，现有的法律制度仍然存在缺陷，对公共利益的界定过于抽象、缺乏具体的判定标准；现有的共益公司的治理机制不足以推动社会和利润双重目标的实现；现有的共益公司法律框架还不足以使董事会、管理者或投资人真正实现公司追求的社会目的（董蕾红，2017）。

（3）弹性目标公司。弹性目标公司（Flexible Purpose Company，FPC）是美国加利福尼亚州独有的社会企业组织形式，设立该类公司的目的是为了给那些追求社会目的或环境目标的公司提供法律保障。按照法律规定，弹性目标公司必须追求特定的社会目标，并且一旦设定之后，公司必须在特定的时间内实现这些社会目标。公司追求的社会目标包括慈善事业以及其他服务于社会公共福利的活动，如发展教育事业、促进环境保护等对社会具有积极影响的活动。但与 L3C 不同的是，法律并未要求弹性目标公司的董事将慈善目标置于利润目标之上。

为了确保弹性目标公司能真正服务于特定的社会目标，法律对弹性目标公司有较高的透明度要求，必须向公司股东以及社会公众提供年度报告，内容包括：公司追求的特定社会目标是什么，公司采取了哪些措施来实现特定社会目标，公司为实现特定社会目标所支出的资金等。

（4）社会目的公司。2012 年 3 月，美国华盛顿州修订《公司法》，设立社会目的公司（Social Purpose Company，SPC）。与前面三种社会企业组织形式不同的是，法律并没有对 SPC 追求的社会目的进行限定，公司有权自主决定公司追求的社会目的。但是，SPC 必须在其章程中明确载明公司追求的社会目的和使命，并对"可能与利润最大化相反"的行为做出解释。为了确保社会目的公司能真正追求社会目的，法律要求其必须向州务卿办公室提交年度报告，该年度报告应详细阐述公司为实现社会目标实施的行为并且在公司网站上公开。

美国的四种社会企业形式得到了很多支持，但也引发了广泛的质疑：首先，质疑者认为这些新的企业法律形式在现实中的意义不大，因为如果没有股东的反对，公司在追求利润回报的同时追求社会利益并不会遭遇障碍，现有的营利性公司法律制度完全可以承载社会企业模式；其次，这些社会企业无法获得免税资格，社会对它们的捐赠也无法获得税收豁免待遇，在没有法律和政策优惠支持的情况下，如果对义务的设置较高，会在一定程度上影响创办社会企业的积极性；最后，由于法律要求这些社会企业形式要追求并实现社会公共利益，在此过程中必然会稀释公司的利润回报率，因此会影响社会企业在资本市场上融资，导致公司无法吸引到足够的投资（董蕾红，2017）。

3. 加拿大：社区贡献公司或社区利益公司

加拿大的社会企业立法及社会企业形式在很大程度上借鉴了英国的社区利益公司制度。例如，不列颠哥伦比亚省于 2012 年修改了《商业公司法》，增设了社区贡献公司（Community Contribution Company）；新斯科舍省 2012 年通过了《社区利益公司法》。

按照相关法律规定，加拿大社区贡献公司是指在经营过程和业务活动中同时追求利润和特定社区目标的公司，它们不仅要提供解决社区问题的服务或产品，还被要求把公司利润的一部分用于服务社区。与英国立法对"社区"的规定相似，社区贡献公司追求的"社区目标"同样是一个非常广泛的概念，包括提供健康、环境、文化、教育和其他服务。社区贡献公司在利润分配方面受到限制，除了股东是依法登记的慈善组织外，每年向股东分配的利润不能超过公司年利润总额的 40%；在剩余资产处置方面，社区贡献公司解散时法律允许其向股东分配 40% 的资产，剩下的 60% 必须转交给其他社区贡献公司、慈善组织或非营利性组织。此外，社区贡献公司每年必须向监管机关提交“社区贡献报告”，内容包括社区贡献公司的业务收入和支出情况、资产变动、利润分配情况（尤其是获得利润分配的股东身份信息，以及薪酬超过 7.5 万美元的人员列表）。社区贡献报告及公司的财务报表还要在公司网站上公开，并向社会公众开放。

4. 比利时：社会目的公司

早在 1995 年以前，比利时就存在大量以服务社会目的而运作的商业实体，如为失业者提供工作机会以及为老人、儿童和残疾人等提供社区服务的组织。为了规范和扶持这些社会组织的发展，比利时于 1995 年 4 月对《公司法典》进行修订，设立了“社会目的公司”。根据法律界定，社会目的公司是服务于社区居民而非追求利润、拥有独立的管理制度和民主的决策程序、在利润的分配上劳动者优先于资本的公司。公司在利润分配方面受到严格限制，社会目的公司的股东能够获得的资本投资的分红上限为 6%。此外，在社会目的公司解散时，公司的剩余资产必须转交给具有相同使命的组织，不能在投资者之间进行分配。

5. 韩国：社会企业

韩国是亚洲唯一颁布专门为社会企业立法的国家，于 2006 年 12 月通过了《社会企业促进法》。按照法律规定，社会企业是指为弱势群体提供社会服务和就业岗位，在实现提高居民生活水平等社会目标的同时，进行商品生产、销售及服务等盈利活动，并得到劳动部认证的企业。韩国社会企业一般以公司为组织形式，以提供就业岗位为主要目标（金仁仙，2015）。该法律的颁布和实施对韩国社会企业的发展起到了至关重要的作用，之前政府为社会弱势群体提供就业岗位的公共劳动事业和社会事业等实体，都转变为具有法律保障和支持的社会企业。韩国社会企业的规模都不大，约 95% 的社会企业员工人数少于 100 人。被认定的社会企业多数属于为社会弱势群体提供工作机会的工作整合型社会企业（Park and Wilding，2013）。

为了推动社会企业的发展，韩国政府还专门成立了“社会企业促进中心”，而且还建立了社会企业认证制度，对社会企业进行有选择性的、集中式的扶持。有意向开办社会企业的人，需接受韩国劳动部的审议和认证，未获得劳动部认证的组织不得使用“社会企业”名称。获得认证的社会企业可享受非常广泛的优惠和扶持，例如，设立及运营社会企业所需的经营补助及社会保险费补助、培养社会企业专业人才的培训费用、在政府采购中获得政府的优先采购、业务活动中的税费减免优惠，以及为社会提供服务过程中的资金补贴等（金仁仙，2016）。在利润分配方面，韩国法律允许社会企业将年利润的 1/3 用于分配；剩余资产处置方面，韩国社会企业终止时，企业清算后剩余资产的 1/3 可以被投资者收回，这种利润分配和剩余资产处置模式与加拿大的社区贡献公司类似。

2.2.3 过渡形式的社会企业立法

部分国家或地区虽然没有制定专门的法律对社会企业进行界定，但是其国内的社会企业以不同形式存在，发挥着为公共利益服务的作用。

以日本为例。1998 年，日本颁布《特定非营利活动促进法》，赋予市民活动团体以法人资格，允许其在社会福利领域开展盈利活动，因此日本虽然没有社会企业的明确称谓，但存在社会企业的组织形式。日本社会企业的主要表现形式为特定非营利性公司，是依赖自身的营业收入维持自身运作和生存的非营利性组织；除特定非营利公司外，日本也出现了不分配利润的合作社，这些兼具营利性组织形式和非营利性组织目的的混合型组织形式可被界定为日本的社会企业，主要包括老年人照护型、工作整合型与社区商业型。

（1）老年人照护型企业。日本是一个老龄化非常严重的国家，大量失能老年人需要政府提供照护，而政府由于资源和能力的限制无法独自承担这一职责，于是政府鼓励社会组织和个人利用自有的房屋建立社区性老年照护机构。这些居民住房改建成社区老年照护机构所产生的房屋装修和设计费用由政府承担。当然，老年照护机构要向入住的老年人收取费用维持运营，除此之外，这些老年照护机构在运营中还能享受政府的其他补贴。

（2）工作整合型企业。为了帮助身体或智力残障以及其他社会边缘人群的就业难问题，日本政府早在 1997 年便通过了《就业困难人群在公司与政府机构就业促进法》，该法律要求拥有 56 名以上 301 名以下员工的商业企业应当雇用员工总数 1.8% 的身体或智力残障人士。然而，该法律对于违反规定的公司设定了很低的处罚，即公司只需向日本健康、劳动和福利部每月交纳 530 美元的罚款即可免除违反该规定的处罚，因此大部分公司宁愿选择缴纳罚款也不愿意去雇用身体或智力残障等就业困难群体。鉴于普通企业不愿意雇用就业困难群体的现状，日本政府和社会组织开始鼓励采取工作整合型企业的方式为就业困难群体提供工作岗位，如位于北海道新得町的一家残疾人服务中心专门雇用存在精神或社会障碍的社会边缘群体作为固定工人从事农产品和奶制品加工，甚至还经营一家餐厅。

（3）社区商业型组织。社区商业型组织兼具非营利性组织与商业活动的特征，主要目的是解决社区内的特定问题并使社区居民获得利益，社区居民既是组织活动的受益者，也是组织活动的参与者。这些社区商业型组织的主要活动领域包括开发乡村旅游资源、促进环境改善、解决社会排斥问题等。为了缓解养老金支付的压力，日本政府和社会采取各种措施鼓励老年人就业。一家名为 Irodori 的社区公司雇用乡村老年人，利用乡村独特的植物资源为水果公司和饭店提供植物叶子和鲜花来装点寿司、生鱼片、清汤等日本传统食物。Irodori 公司为边远乡村地区的老年人提供工作机会，帮助乡村地区的贫困老年人增加了收入（Laratta，2011）。

2.2.4　社会企业立法模式分析

促进社会企业发展的关键是给予法律上的充分肯定。社会企业的法律组织形式具有复杂性和多样性。从上述不同国家的立法进程中可看到，社会企业相关法律制度的变革，或者是在传统法律组织形式基础之上进行演变，或者是直接创设新的法律组织形式；从立法来看，社会企业的认定标准一般围绕以下几个因素：组织目标（是否服务于弱势群体或社区利益）、利润分配（禁止或限制）、剩余资产处置、治理结构以及政府监管制度（见表 2-2）。各国在福利提供方式上呈现出不同的样态，社会企业发展的空间也有所不同。

表 2-2 各国社会企业立法比较

分类	国家	相关法律	典型企业形式	利润分配	剩余资产处置	监管制度
合作社形式的社会企业	意大利	1991年颁布第381号法律	社会合作社	将年度盈余的至少30%交给政府主管的“义务储备基金”；将年度盈余的3%交给Marconi基金	不能向会员分配任何资产，而应将资产交给其他社会合作社	针对弱势群体类型的社会合作社，要求弱势群体成员占比必须在30%以上，政府给予免缴社会保险税等优惠和补贴
	法国	2002年7月颁布第624号法律	集体利益合作社	将年度盈余的57.5%上交给政府主管的法定储备金，然后才能进行分配；同时，要求成员薪酬不得超过法国经济部公布的私营企业的平均报酬	成员收回自己的投资后，剩余资产不得用于分配	—
	波兰	2006年4月通过《社会合作社法》	社会合作社	不能向会员分配盈余，其盈余只能用于社会合作社的业务活动	社员只能分配剩余财产的20%，其余的由政府收回，投入专门设立的“工作基金”，用以支持和培育新的社会合作社	—
	芬兰	2003年12月通过《社会企业法》	工作整合型企业	与营利性企业相同，依据集体协议向员工支付工资	与营利性企业相同	残障人士或长期失业者占企业全体员工的30%以上；必须在劳工部进行登记
公司形式的社会企业	英国	2004年10月通过《公司(审计、调查和社区企业)法案》；2005年7月1日通过《社区利益公司规章》	社区利益公司	公司向股东分配的利润总额不得超过公司可分配利润总额的35%；如果是上市公司，则每股分红不超过英国央行基准贷款利率的1.05倍，未达当年上限的分红可以累积到第二年进行分红；公司股东在赎回或回购自己的股票时，或者在公司解散或终止时，只能按照票面价格赎回或回购自己的股票，公司股东能够得到的只是相当于利息的投资回报	遵循“资产锁定”原则，清算后的剩余资产不能在股东之间分配，应转移给其他社区利益公司或慈善组织	名称中必须包含“CIC”
	美国	2008年5月，佛蒙特州修订本州的《有限责任公司法》	低利润有限责任公司	投资主要来源于美国大量存在的私人基金会的“项目相关投资”，但是其对投资人的投资回报率一般低于5%	与营利性公司要求相同	必须是为了实现某种慈善目的而建立，而且这一目标要高于它的利润目标

（续）

分类	国家	相关法律	典型企业形式	利润分配	剩余资产处置	监管制度
公司形式的社会企业	美国	2010 年马里兰州和佛蒙特州、2011 年加利福尼亚州和纽约州等五个州先后通过相关法案	共益公司	在追求公司经济利润的同时还必须创造一般公共利益或特定社会目标；董事会在进行决策时既要考虑公司的经济利润，还要考虑如何实现公司章程中载明的社会目标	与营利性公司要求相同	每年必须向社会公众和股东提交其创造社会利益和环境价值的详细报告
		加利福尼亚州通过相关法案	弹性目标公司	必须追求特定的社会目标，并且一旦设定之后，公司必须在特定的时间内实现这些社会目标；法律并未要求董事将慈善目标置于利润目标之上		必须向公司股东以及社会公众提供年度报告，包括公司追求的特定社会目标是什么、采取的措施、为实现特定社会目标所支出的资金等
		华盛顿州于 2012 年 3 月修订《公司法》	社会目的公司	公司有权自主决定公司追求的社会目的，但是必须在其章程中明确载明公司追求的社会目的和使命，并对“可能与利润最大化相反”的行为做出解释		必须向州务卿办公室提交年度报告，并在公司网站上公开
	加拿大	不列颠哥伦比亚省于 2012 年修改了《商业公司法》；新斯科舍省 2012 年通过了《社区利益公司法》	社区贡献公司或社区利益公司	除了股东是依法登记的慈善组织外，每年向股东分配的利润不能超过公司年利润总额的 40%	法律允许社区贡献公司向股东分配 40% 的资产，剩余 60% 的资产必须转交给其他的社区贡献公司、慈善组织或非营利组织	每年必须向监管机关提交“社区贡献报告”，报告及公司的财务报表在公司网站上公开，并向社会公众开放
	比利时	1995 年 4 月修订《公司法典》	社会目的公司	股东能够获得的资本投资的分红上限为 6%	剩余资产必须转交给具有相同使命的组织，不能在投资者之间进行分配	
	韩国	2006 年 12 月通过了《社会企业促进法》	社会企业	社会企业将年利润的 1/3 用于分配	在社会企业终止时，企业清算后剩余资产的 1/3 可以被投资者收回	需接受劳动部的审议和认证，获得认证的社会企业可享受非常广泛的优惠和扶持

资料来源：本章作者整理。

关于社会企业的立法问题，目前仍然存在两类主流观点：观点一认为社会企业要得到发展，立法是首要条件。法律认证可以增强社会企业的认可度，减少该领域的“柠檬效应”㊀，减少信息不对称带来的志愿失灵、市场失灵与政府失灵，促进基于法理因素而建构的异质性社会资本的形成与积累（韩文琰，2018）。也有学者认为，社会企业在设计税收扣除与豁免、雇员和利益相关者的参与、获得股本资本、股息支付以及获得捐助能力等问题时，法律框架的制定尤为重要（Lehner，2011）。观点二质疑社会企业立法认证本身存在的意义，从前述可看到很多国家由于缺乏适度激励，法律的实际应用是非常有限的，并且各国立法认证的标准不相同，很难说明立法认证本身在起作用。

但是毋庸置疑，社会企业立法的重要性和必要性已经越来越成为共识，对于立法的时机、严苛程度以及概念界定等问题，也还存在一些不同的观点和看法。

（1）关于立法的时机问题。我国台湾地区早在2014年9月由台湾经济主管部门推出《社会企业行动方案》，制定了在三年内孵化100家新创社会企业，协助50家社会企业参加国际论坛，完成200件社会企业辅导案例的目标。台湾行政当局多年来一直在酝酿制定共益公司法及社会企业发展条例。但很多学者认为，如果法律规范太过生硬可能会阻碍社会企业的起步与发展，现在出台相关法律还为时过早，对于社会企业的发展还是应遵循政策推动优先而立法为后的步骤。

（2）关于立法的严苛程度问题。学者们就社会目的公司的成员报酬、员工参与公司治理、提交社会报告和司法监管等方面提出了立法建议，目的是增加社会目的公司设立和运作的灵活性，培育和鼓励社会目的公司的建立。太过于严苛不利于社会企业的发展，比如比利时立法对社会目的公司的登记规定了严格的条件，在1996～2006年的整整10年间，登记注册的社会目的公司不到400家。

（3）关于立法的概念界定问题。虽然很多国家对社会企业进行了专门立法，在法律制度上做了一些界定，但是现有制度还是存在缺陷。例如，英国社区利益公司对“社区”的界定、加拿大社区贡献公司对“社区目标”的界定、美国共益公司对“公共利益”的界定，均过于抽象，缺乏具体的判定标准。

2.3 社会企业运营的保障与监督机制

2.3.1 社会企业的认定与注册

为了规范和支持社会企业的发展，部分国家成立专门的政府机构来负责对社会企业进行认定和监管，以英国和日本为例。

英国于2001年在贸易和工业部内组建了社会企业局对社会企业进行“社区利益测试”，通过测试的组织即可被认定为社会企业，并到公司注册登记部门进行社区利益公司登记。在申请时，企业应提交一份《社区利益报告书》，说明其可通过社区利益测试的理由，描述将来为实现社区利益而计划开展的活动。社会企业局组织公益领域的学者、从业人员和政府官员对该企业是否能够符合或达到其描述的“社区利益”进行认定，认定时考虑的重点问题包括建立社区利益公司的目的、公司的活动内容和范围、公司的服务对象和受益群

㊀ “柠檬效应”由经济学家乔治·阿克尔洛夫于1970年提出，主要是指在信息不对称情况下，往往好的商品遭受淘汰，而劣等品会逐渐占领市场，从而取代好的商品，导致市场中充满劣等品。

体等。除了对社区利益公司进行认定外，社会企业局还被赋予广泛的监管权力，确保社区利益公司能真正服务于社区利益，如对涉嫌违法违规运作的社区利益公司的调查权，对于有违规行为的社区利益公司的董事或经理可直接进行罢免并进行新的任命，在社区利益公司没有实现预定的社区目标的情况下，可撤销其社会企业的认定等。

日本于 1998 年制定的《特定非营利活动促进法》，解决了包括社会企业在内的非营利性组织的法律地位问题，并将之前由中央政府享有的非营利性组织的资格认定和登记权力交给地方政府，在很大程度上便利了非营利性组织的注册（Laratta，2011）。但是，由于该法律对"社会公共利益"和"社会福利企业"没有明确的认定和判断标准，导致日本民众对社会企业的信任度不高，急需成立一个新的权威机构来对包括社会企业在内的非营利性组织的"社会公共利益地位"进行认定。2006 年 6 月 2 日，日本议会通过了三部新的法律：《一般社团和基金会法》《公共利益社团和基金会登记法》《社团和基金会登记程序法》。按照规定，任何组织无论是否具有慈善目的，只要不以追求利润为目的而运作，均可被认定为社会公益企业（即社会企业）。2007 年 4 月，日本内阁办公室成立了参考英国慈善委员会的公共利益咨询委员会，该委员会的首要职责便是判断一个组织能否被授予社会公共利益公司的地位（董蕾红，2017）。

2.3.2　社会企业的政府补贴与采购

政府对社会企业进行补贴的方式包括税收优惠、直接的财政补贴、应缴费用的减免，以及享受政府采购优先等。各国会根据本国社会企业发展的具体情况确定对其补贴与支持的措施和力度。

合作社形式的社会企业一般都禁止企业进行利润分配，而是鼓励其将利润投入到社会整合和专业水平提升上，与此相对应，政府也给合作社税收优惠政策，从而保证合作社能有更多的利润用于业务的扩展。公司形式的社会企业多数不享受任何税收优惠待遇，如英国社区利益公司，但是因其未享受税收优惠，社区利益公司可以寻求英国政府专设的社会企业投资基金以及国家彩票基金的资助。

不同国家对本国社会企业采取的财政补贴形式各异。芬兰的工作整合型企业在履行了劳动法、社会保障和税法等方面的义务的前提下，可获得政府的特别补贴。例如，政府会对雇用残疾人或长期失业者的社会企业给予 2～3 年的"工资相关补贴"。波兰的社会合作社可得到劳工基金和地方政府的资金支持，而且建立社会合作社的个人可得到 12 个月的社保缴费补助。

还有一些国家政府优先选择社会企业提供的产品或服务来进行采购以示支持，甚至通过制定专门的法律规定来进行采购优先限制。例如，英国议会于 2012 年通过了《社会价值法案》（Social Value Bill），该法案要求政府在购买公共服务时要优先选择社会企业或其他社区组织。在法律与政策的支持下，英国政府每年委托或购买的公共服务中有 11% 是由社会企业提供的。

2.3.3　社会企业的内外部治理

对兼具公益性和商业性的社会企业而言，要实现经济目标可持续性运营的过程中确保社会目标始终不偏离，还需从社会企业的内部治理和市场的外部规制两个方面来进行约束。

以美国共益公司为例。该类企业在企业目的、可问责性和透明度上有着独特标准。

（1）共益公司以对社会和环境创造实质性积极影响为企业目的之一。共益公司既以创造一般性公共利益为企业目的，也允许追求特殊公共利益目标。一般性公共利益是指“经第三方标准评估，在商业和运营活动之外，企业作为一个整体对于社会和环境所施加的实质性积极影响”，而特殊公共利益目标在各州立法中有所不同。共益公司示范法中列举了七种特殊公共利益的可能性目标，包括为低收入人群提供有益的产品和服务，环境保护，提升人类健康水平，对艺术、科学和知识的增进等。为防止共益公司将财务利益置于公共利益目标之上，示范法特别强调“创造一般性公共利益和追求特殊公共利益应在共益公司的最佳利益之内”，以增强企业在决策上的弹性。

（2）共益公司将社会目标纳入公司的决策过程和信托责任之内。与一般企业相比较，它扩大了决策人员的信托责任，要求执行官在进行决策时应将所有非财务性的利益因素（如员工、社区、环境等）纳入考量。共益公司的执行官或决策者在考量公司的最佳利益时须对众多因素加以考虑，包括股东利益、雇员和职工的利益、子公司和供应商利益、消费者的利益、社区和社会因素、地方和全球环境、短期和长期利益、实现其一般和特殊社会公益目标的能力，以及其他任何决策者认为适当的相关因素或群体利益。由此可见，对非股东人员利益的考虑作为强制性义务出现，是共益公司区别于一般公司的显著特征。

（3）共益公司每年须提交年度报告给股东，在其网站上对公众发布，并在该州的相应部门存档。报告的内容是对公司在追求社会和环境目标上的总体表现进行评估。评估必须依据符合综合、可信、独立、透明度各项要求的第三方标准。由于第三方标准是这一制度的核心因素，立法中对此标准的要求进行了详细规定。以示范法为例，第三方标准必须遵循以下要求：首先，具有综合性，即对企业运营进行评估时应考虑前文中所提到的众多利益因素，包括公司运营的各个环节和各个方面，进行整体、全面的评价；其次，具有独立性，第三方评估机构在其组成人员、业务内容、资金支持等方面必须独立于该共益公司；再次，具有可信度，第三方评估机构必须具有进行评估的专业能力，在评估时应平衡考虑各方利益相关者，并应对其建立的标准收集公众评论意见，时间不少于30天，以改进和完善这一标准；最后，具有透明度，所有相关信息都应对公众公开，包括运用该标准进行评估时所需考虑的条件及其所占的权重，对标准进行修订时，参与人员的身份和修订过程；评估机构在财务来源和资金支持上的账目，以及任何其他可能被认为构成潜在利益冲突的关系，都应详尽披露细节。为保障这一标准的实现，共益公司还设有共益执行官（benefit director）这一特殊职位，专门负责准备年度报告，监督公益目标的实施，并对公司的运营活动是否与其一般或特殊公共利益目标保持一致发表独立的评价意见。

此外，共益公司严格的问责制度还体现在股东诉权上。当企业执行官未能实现企业所追求的公益目标，对于法律条文中所囊括的各类股东利益未纳入考虑，或者未能达到立法中的透明度标准时，股东有权对此采取法律措施。与此同时，为避免公司责任的过分扩大化和未知风险，法律也排除了企业公共目标的受益人对执行官的诉权，从而保护社会企业家的积极性（郑夏蕾，2015）。

从美国共益公司的独特标准可看出，有关共益公司的法律制度体现了以法律为协调机制，综合企业内部治理、外部信息披露规则、第三方服务等多种治理模式，有效地利用法律效力和市场作用的双向压力来达到公共之善的目标。

2.4　我国社会企业法律法规的完善[一]

2.4.1　我国现有的“类社会企业”组织

目前，我国法律体系的框架内还没有“社会企业”的明确界定，但现实存在着大量的“类社会企业”或“准社会企业”组织。目前承担社会服务功能的典型组织包括民办非企业单位、社会福利企业、农民专业合作社等，这些组织在完善我国公共服务体系上发挥了重要的作用。

1. 民办非企业单位

我国于1998年出台了《民办非企业单位登记管理暂行条例》，而“民办非企业单位”这一术语最早来源于中共中央办公厅和国务院办公厅1996年发布的《关于加强社会团体和民办非企业单位管理工作的通知》中的“民办事业单位”。根据《民办非企业单位登记管理暂行条例》（1998年10月25日国务院令第251号发布）第2条规定，民办非企业单位是指企业事业单位、社会团体和其他社会力量以及公民个人利用非国有资产举办的，从事非营利性社会服务活动的社会组织。

但我国理论与实务界对民办非企业单位存在概念认识的误区，似乎只要利用非国有资产创办的涉及教育、体育、卫生等社会公共事业的组织或实体都一律称为民办非企业单位。这种认识的误区源于将社会企业本质的理解与其业务活动的领域相混淆。目前，民政部已经着手进行《民办非企业单位登记管理条例》的修订工作，此次修订将备受争议的“民办非企业单位”更名为“社会服务机构”，将《民办非企业单位登记管理暂行条例》更名为《社会服务机构登记管理条例》，并已经向社会发布《社会服务机构登记管理条例（征求意见稿）》供公众提出修改意见。《社会服务机构登记管理条例（征求意见稿）》吸收了社会企业发展的最新理论与实践成果，但在理念以及具体规则构建方面仍有待完善。

2. 社会福利企业

社会福利企业是指依法在工商行政管理机关登记注册，安置的残疾人占职工总人数25%以上，残疾人职工人数不少于10人的企业。对于社会福利企业，在工商部门登记之后还需到民政部门申请资格认定，在符合相关条件的情况下，才能获得社会福利企业资格。[二]

早在1990年民政部颁发的《社会福利企业管理暂行办法》中，规定社会福利企业仅能由民政部门和街道、乡镇集体举办，是由民政部门统一管理的公有性质的就业促进类社会企业，依托既有体制的公益创新，旨在安置按照国家相应标准确定的有一定劳动能力的残疾人群就业的特殊企业。这类企业可享受税收减免的政策，在贷款、物资分配等方面享受优惠待遇，在促进残疾人就业方面发挥着重要的作用。2007年民政部发布《福利企业资格认定办法》，废止了《社会福利企业管理暂行办法》，改变了社会福利企业的主办主体要求，规定只要符合条件即可被认定为取得福利企业。

3. 农民专业合作社

我国于2006年10月31日颁布了《农民专业合作社法》，该法是为了更好地规范和引

[一] 郑夏蕾．中美社会企业法律规制比较研究及对中国的启示[J]. 科学经济社会，2015（3）.

[二] 可参看民政部《福利企业资格认定办法》(2007年)。

导并鼓励农民专业合作社的发展而制定的，并且遵循了国际合作社联盟对合作社的界定及合作社应遵守的原则。根据《农民专业合作社法》第2条的界定，农民专业合作社是同类农产品的生产经营者或同类农业生产经营服务的提供者和利用者，自愿联合、民主管理的互助性经济组织。2013年，中央1号文件将农民合作社定位为“带动农户进入市场的基本主体，是发展农村集体经济的新型实体，是创新农村社会管理的有效载体”。但是，农民专业合作社的法律规制特点是监管不足与文化缺失，有待进一步加强。

我国社会企业没有明确的法律地位，面临合法性的挑战（赵莉等，2012），立法界定可以帮助公众正确认识社会企业“公益性”与“经营性”的双重身份。从我国现有的社会企业发展现状来看，非常有必要通过立法赋予其法律地位，并在借鉴其他国家社会企业法律制度的基础上，完善我国的社会企业法律规制。

2.4.2 我国现有的社会企业认证办法

目前我国有民间出台的社会企业认证办法，例如，由深圳市中国慈展会发展中心、北京大学公民社会研究中心、中国人民大学尤努斯社会事业与微型金融研究中心、国际公益学院、中国公益研究院、億方公益基金会六家主办单位共同发起的中国公益慈善项目交流展示会（简称“中国慈展会”）社会企业认证，从2013年首次在顺德开展社会企业认证，2015年开始对社会企业进行全国性认证，至今已对全国超过730家企业和机构开展了认证，其中通过认证的社会企业为125家，遍布全国21个省市自治区的39个城市，涵盖环保、无障碍服务、社区发展、公益金融、养老、教育、弱势群体就业、农业、扶贫、互联网、公共安全、妇女权益等14个社会领域。㊀

中国慈展会社会企业认证在工作流程规范化、认证后的服务与支持等方面都做了有益的探索，在认证过程中和认证后对纳入观察社会企业名录的企业进行辅导，引导并帮助企业进一步明确社会目标、厘清商业模式、提升组织管理和运营能力。

1. 工作流程规范化

中国慈展会社会企业认证办公室的具体认证流程一般为“申请—受理（初审)—辅导—评审—认证”(见图2-1)。

2. 提供认证后续的服务与支持

2018年，中国慈展会社会企业认证办公室和成都市工商行政管理局开展成都市首届社会企业评审认证工作。获得认证的社会企业将享受成都市本地政策支持和相关后续服务，包括：将通过“成都市信用网”对外公示，并可享受政府出台的相关政策支持；可使用“社会企业”字样作为企业名称中的经营特点，向企业登记机关申请名称变更登记；放宽社会企业住所和经营场所分离登记条件，允许企业将住所和经营场所分离登记，实行“一址多照”“一照多址”；放宽社会企业经营范围登记以及其他服务。

通过对中国慈展会认证的社会企业的现况统计，发现企业注册资本均较少，多数企业注册资本不足100万元（见表2-3），另外，企业融资方式受限等也影响了企业的进一步发展。

㊀ 成都2018年首届社会企业评审认定工作通知，https://mp.weixin.qq.com/s/esWoWi3WGOISdpbWoDzveQ.

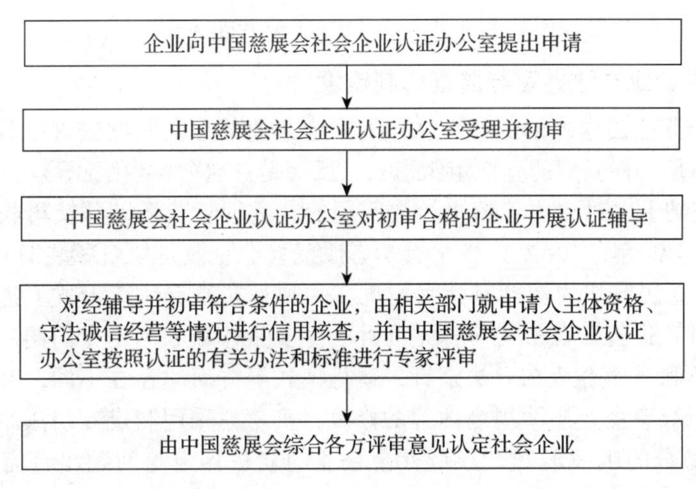

图 2-1　中国慈展会社会企业认证流程

表 2-3　2015～2016 年中国慈展会认证社会企业情况表

<table>
<tr><td>成立年限</td><td colspan="4">3 年以下（不含 3 年）</td><td>3～5 年</td><td>5～9 年</td><td>9～11 年</td><td colspan="2">11 年以上</td><td>合计</td></tr>
<tr><td>数量（家）</td><td colspan="4">4</td><td>5</td><td>10</td><td>0</td><td colspan="2">4</td><td>23</td></tr>
<tr><td>注册类型</td><td colspan="4">有限责任公司</td><td colspan="2">社团等非营利组织</td><td colspan="3">股份有限公司</td><td>合计</td></tr>
<tr><td>数量（家）</td><td colspan="4">13</td><td colspan="2">9</td><td colspan="3">1</td><td>23</td></tr>
<tr><td rowspan="2">人群类型</td><td colspan="8">帮助弱势群体</td><td rowspan="2">其他</td><td rowspan="2">合计</td></tr>
<tr><td>残障人士生活</td><td colspan="2">儿童</td><td colspan="2">就业</td><td>困难、低保家庭</td><td>金融</td><td>青年</td></tr>
<tr><td>数量（家）</td><td>4</td><td colspan="2">5</td><td colspan="2">4</td><td>1</td><td>1</td><td>1</td><td>7</td><td>23</td></tr>
<tr><td>注册资本（万元）</td><td colspan="3">小于 100（不含 100）</td><td colspan="2">100～200</td><td>200～300</td><td>300～1 000</td><td colspan="2">1 000 以上</td><td>合计</td></tr>
<tr><td>数量（家）</td><td colspan="3">13</td><td colspan="2">5</td><td>1</td><td>1</td><td colspan="2">3</td><td>23</td></tr>
<tr><td>地域分布</td><td>北京</td><td>深圳</td><td colspan="4">大连、兰州、杭州、福州、成都、海宁</td><td>上海</td><td colspan="2">广州</td><td>合计</td></tr>
<tr><td>数量（家）</td><td>4</td><td>6</td><td colspan="4">各 1</td><td>2</td><td colspan="2">5</td><td>23</td></tr>
</table>

资料来源：韩文琰．立法认证：解决我国社会企业融资难的重要途径——现实审视与国际比较 [J]. 甘肃政法学院学报，2018(2)：73-82.

从中国慈展会社会企业认证制度的出台，到与地方政府合作推出的优惠政策以及行政保障，无疑为我国社会企业法律规制建设进行了有益探索。但是，该认证不具有法律地位，难以解决社会企业发展的根本性问题。

2.4.3　我国社会企业立法界定与监管建议

从各国社会企业的立法实践来看，首先需要明确以下三个问题：一是社会企业解决的社会问题是什么？二是所要解决的社会问题成因是什么？三是谁有义务解决、谁有能力解决？经过上述分析可知，社会企业之所以具有发展的价值，原因在于社会存在市场、政府、志愿都失灵的空白地带，而这种空白地带的社会问题需要政府、市场、市民社会的合作，因此社会企业立法所要解决的问题便是政府、市场、市民社会合作的形式、机制及其他相关问题（韩文琰，2018）。我国在进行社会企业法律规制建设时，可从企业立法界定

与监管机制建设和企业运营保障与激励机制建设两大方面入手。

1. 我国社会企业立法界定与监管机制建设

（1）社会企业立法模式的选择。从国外社会企业的立法制度演进来看，很多情况下社会企业“并不是一种新型的企业组织形式，反而是在现存各种组织形式（无论是营利还是非营利）的基础上，对致力于解决社会问题的、进行经营活动并获得收益的组织进行的一种识别”（金锦萍，2009），更早有学者质疑社会企业是“新瓶装旧酒”（Fishman，2007）。目前，立法模式的选择有两种情况：一种是在原有法律形式上进行限制，比如在公司法的基础上进行修订；另一种是为社会企业量体裁衣制定专门的法律形式。总体来看，社会企业和一般企业在立法宗旨、运行模式等方面均存在不同，难以针对我国现有的企业法进行社会企业法律规制内容的修改，可考虑采用制定专门法律的模式，结合我国实际选择适合的组织形式，围绕社会企业的立法界定等问题出台完备的法律制度体系。

（2）社会企业立法界定的内容。社会企业在立法界定上主要涉及社会目的、经营活动领域、利润分配、剩余资产处置等主要问题。社会企业的立根之本是解决社会问题，实现其公益性目标；利润分配和剩余资产处理与经济目标相关联，可通过限制性规定达成社会目标。有学者提出，分配限制并非是僵化的，利益相关者在治理中的融入程度也并非整齐划一，唯一能够清楚地界定社会企业的特征仅仅包括两点：第一，将社会目标置于首位；第二，主要活动包括商品和服务交易（潘晓，2012）。也有学者针对上述分配限制和活动领域的观点提出质疑。基于我国社会企业发展现状，在进行立法界定时可参考：①放宽经营活动领域（不仅限于养老、教育等产业）；②采用限制性分配（规定用于分配的利润不得超过总额的百分比数）；③遵循“资产锁定”原则（清算后的剩余资产不能在股东之间进行分配，应转移给其他社会企业或慈善组织）或限制性剩余资产处理（股东收回自己的投资后，剩余资产不得用于分配）。

（3）社会企业信息的公开。社会企业信息公开是非常重要的法律规制内容，否则容易造成信息不对称，造成公众对社会企业社会目的实现程度与实际运营的了解和监督。可借鉴美国共益公司的经验，政府致力于制定第三方标准和认证机制，社会企业依据第三方标准评估的公共利益，并公开披露社会责任工作报告，以提高其公信力。

2. 我国社会企业运营保障与激励机制建设

我国政府需要转变社会管理职能，在财政、税收、补贴等方面为社会企业的发展创造良好的融资和经营环境，同时通过各种形式的宣传加大公众对社会企业、社会企业家精神和社会创业的认知（赵莉等，2016）。在进行社会企业运营保障与激励机制建设的过程中，建议结合实际情况进行服务。以加大社会企业的政府补贴为例，政府补贴政策的制定应综合考虑社会企业的社会目的、市场参与程度和利润分配限制等因素进行分级。对于社会目的比较宽泛、深度参与市场竞争而且利润分配不受限制的社会企业，政府不宜进行补贴；对于社会目的比较宽泛、深度参与市场竞争但利润分配受到限制的社会企业，政府可进行较低程度的补贴；对于具有特定社会目的且市场参与程度较低的社会企业，如专门为残疾人等社会弱势群体提供就业机会的社会企业，则政府可提供较高程度的补贴。政府对社会企业进行补贴的方式包括税收优惠、直接的财政补贴、应缴费用减免，或者在政府采购中优先考虑等形式。

本章小结

1. 社会创业中，明确社会企业法律地位是推动其发展的首要措施。行政法规虽然在一定程度上可进行规范，但是面对社会企业的迅速发展，行政法规过于简单且不如法律严谨完整，容易使企业无所适从。
2. 社会企业的认定标准一般包括几个要素：社会目的、经营活动领域、利润分配、剩余资产处置、治理结构以及政府监管制度。
3. 对兼具公益性和经营性的社会企业而言，如何在趋利导向的资本市场中不被资本所“捕获”而失去公益性目标的优先考量，在实现经济目标可持续运营的过程中确保社会目标始终不偏离，需从社会企业的内部治理和市场的外部规制两个方面双向努力、共同作用，以提高社会企业的可信度、透明度和可问责性。

复习思考题

1. 如何理解社会创业的合法性问题？
2. 阐述几种典型的社会企业法律组织形式。
3. 你认为我国社会企业法律规制应从哪些方面进行完善？

讨论案例

武汉R动物诊所

一、武汉R动物诊所

2007年，大学教师帅利华出于对于猫的喜爱及同情开始收留病弱流浪猫，各大媒体争相报道使他有了一定的知名度。此后，帅利华辞去工作转为全职流浪猫救助，开办“武汉猫网”（见下图）作为流浪动物信息交流和捐助平台，创建“武汉猫站”作为流浪动物收留中心。

后来由于仅靠捐助无法满足救助猫的生活开支和医疗开支，帅利华开始经营淘宝网店，贩卖猫粮和猫砂等用品以及征集在线募捐，以此支撑武汉猫站开支。由于依旧无法解决医疗开支巨大的问题，帅利华于2014年在武汉市工商局注册了“武汉市洪山区R动物诊所”，注册资金为300万元，以股份公司形式经营，所得总利润的50%用于救助流浪猫。至今，形成了以武汉猫站作为流浪动物救助机构、R动物诊所作为商业盈利和医疗保障机构、淘宝网店和品种猫俱乐部作为盈利机构的联合经营模式。

R动物诊所是我国第一例以商业形式支撑动物救助慈善行为的社会企业，其特殊之处在于它是基于自救的目的被迫发展商业模式的社会企业，这对于我国的社会企业发展有示范意义。由于R动物诊所的出发点和主要目的是救助猫，这使得它作为社会企业与社会责任感强的企业有着根本的不同。

1.R动物诊所的经营模式及盈利方式

2014年正式注册公司之后，武汉猫网就不再向社会募集捐款，收入来源主要是动物诊所、淘宝店和品种猫俱乐部的利润。与一般意义上的社会企业不同的是，武汉猫站会按月给股东进行分红。

由于帅利华本人持续无偿救助流浪猫多年，在武汉积累了良好的声誉，为R动物诊所带来了许多慕名而来的顾客。顾客愿意选择R动物诊所，不仅因为动物诊所本身的专业性，更因为它的慈善性，即将诊所的50%盈利用来进行流浪猫救助。武汉猫站的机构美誉度是一笔重要的无形资产，在这个时候引进市场资本，以经营机制取长补短，它就获得了一般企业无法企及的优势——强公信力，因而保证了企业的健康发展。

2. R动物诊所的救助模式

武汉猫站全年24小时义务接收需要救助的动物（以猫为主），救助的动物由救助人承担50%的医疗费和抚养费，直到被领养人领养。但是，救助人的出资往往难以保证。武汉猫站以救助动物的利益为第一位，在救助人资金没有到位的情况下依旧会救助动物并喂养，直到找到领养人。为了减少流浪猫的数量和无序繁殖，所有被领养的动物必须做绝育。为了防止出现不法分子通过领养动物用来贩卖或者虐待动物，所有领养人须出示身份证件并与救助人取得联系，方便随时回访，且拒绝无经济条件的学生领养。

3. R动物诊所的专业性

R动物诊所具有国家认定的动物诊所营业资格，且所有的医生和护工都是华中农业大学的兽医专业硕士生毕业生，具有相当的医疗能力。医疗设施和器械在武汉动物医疗外科处于领先地位。帅利华本人也有10年以上的饲养和救助动物的经验。

4. R动物诊所的行业特殊性

相对发达国家完善且系统的野生动物保护机构来说，我国对于小动物保护的意识十分缺乏。近几年，由于城市流浪动物处理、虐待流浪动物和食用伴侣动物的问题引发了民众的强烈反响。随着经济水平的提高和民众文化水平的提高，越来越多的民众关心动物权益及福利问题，而我国动物保护机构难以满足民众对于动物保护的需求。

我国在政策上和法律上都缺乏对小动物保护和伴侣动物权益保护的相关法律，使得我国日益增长的动物医疗需求难以得到保障，随着投机分子的涌入，市场愈发混乱。我国动物诊所没有明确的监管制度导致市场混乱，违法成本较低；也缺乏规范的行业标准，导致市场准入门槛低而利润巨大。我国的动物保护组织虽然数量众多，但质量参差不齐，且大多数是由民政局注册的慈善机构，并不具有可持续性。

二、社会企业的发展困境分析：以R动物诊所为例

1. 社会企业的合法性困境

合法性是任何一个社会单元和组织合法存在的前提条件。目前社会企业的注册登记包括两种形式：民办非企业和企业。若注册为民办非企业，将禁止盈利性运作模式；若登记为企业，则无免税资格，并参与市场竞争。政策合法性不足意味着政策缺失，组织定位不明确。政策的制定依赖政府对社会企业的认知。缺乏明确界定下的社会企业面临着能不能分红，是营利性组织还是非营利性组织的问题。R动物诊所仅靠慈善捐款无法支撑日常开销和救助费用，所以登记为企业，但因此无法获得政府对慈善行业的免税政策，而且慈善行为不被认可。

2. 社会企业的财务困境

由于许多社会企业为了维持经营注册了企业经营模式，政府便不会提供专项补助和税收减免政策，社会企业只能在没有政府扶持的情况下艰难发展，限制了社会企业家的积极性和社会企业发展的可能性。R动物诊所所能享受的优惠政策是小微企业税收优惠。

3. 社会企业的民众认知困境

我国还没有形成对社会企业的统一定义，对社会企业的内涵还存在不同程度的认识偏差。民众缺乏认知：民众依旧认为，慈善行业为了保证慈善的纯洁性只能接受捐款，而不能进行盈利性活动。部分民众并不接受社会企业以市场化的方式来实现公益的目的。

资料来源：李梦晓.我国社会企业的困境思考——基于H省W市R动物诊所的案例分析[J].现代营销（下旬刊），2017（6），22-23.

讨论题：

1. 武汉市小动物保护协会（原武汉流浪宠物救助站）是武汉市在市民政局备案取得合法身份的纯公益性质的组织。既然有保护协会这样的公益组织存在，为什么R动物诊所的前身“武汉猫网”和“武汉猫站”还能获得多数居民的认可？
2. 人们常常认为社会企业所出售的产品或服务向社会大众收费是不合适的，从这个案例谈谈R动物诊所是如何处理这一问题的？

文献研读

In Search of the Right Fusion Recipe: The Role of Legitimacy in Building a Social Enterprise Model

【文献摘要】Article Summary: Social enterprises, as typical hybrid organizations, are embedded in a plural institutional environment in which some stakeholders regard achieving social goals as fundamental, while others see economic profit as the priority. A great challenge for social enterprises is dealing with the conflicts resulting from the diverse expectations of stakeholders. Based on the existing works on organizational legitimacy and the social business model, we propose a legitimacy-based social enterprise model composed of three main phases, namely, legitimacy proposition, legitimacy strategy planning, and legitimacy strategy implementation. Our model is meant to serve as an effective legitimacy-building tool for social enterprises of various kinds.

【文献评述】Dees于1999年在《哈佛商业评论》上发表《非营利创业》(*Enterprising Nonprofits*)一文，他以非营利组织与其关键的利益相关者之间的关系为参照系，构建了一个“社会企业光谱”。在这一光谱中，“纯慈善”与“纯商业”分别位列两端，中间则是兼具慈善特型和商业特型的混合型。他认为，鲜有社会企业是纯慈善型或纯商业型的，必须将商业和慈善的元素在一种富有成效的平衡下结合起来。作为典型的混合组织（hybrid organizations），社会企业植根于一个多元化的制度环境中，在这种环境中，一些利益相关方认为实现社会目标是根本，而另一些利益相关方则认为经济利益是优先事项，社会企业面临的一个巨大挑战是如何处理利益相关方的不同期望所造成的冲突。本篇文献在已有的组织合法性和社会商业模式研究的基础上，提出了一种基于合法性的社会企业模型，该模型由合法性命题、合法性战略规划和合法性战略实施三个主要阶段组成。我们的模型旨在为各种类型的社会企业提供一个有效的合法性建设工具。

【文献出处】Yang Y K, Wu S L. In Search of the Right Fusion Recipe: The Role of Legitimacy in Building a Social Enterprise Model[J]. Business Ethics: A European Review, 2016, 25(3): 327-343.

本章作者

王玲，中国政法大学商学院教授，天津大学博士、清华大学博士后、斯坦福大学访问学者、普渡大学访问教授。主要研究方向包括创新与创业、企业知识产权战略、开源生态系统等，主要讲授“创业管理”“技术创新管理与知识产权战略”“创新创业导论”等课程，在国内外学术期刊上发表论文40余篇。

参考文献

[1] Ashforth B E, Gibbs B W. The Double-edge of Organizational Legitimation[J]. Organization Science,1990,1（2）: 177-194.

[2] Cabinet Office Strategy Unit. Private action，public benefit：a review of charities and the wider not-for-profit sector[R]. London: Strategy Unit，2002.

[3] Clark H W，Babson K E. How benefit corporations are redefining the purpose of business corporations[J]. William Mitchell Law Review, 2012, 38（2）: 838-842.

[4] Dees J G. Enterprising Nonprofits[J]. Harvard business review, Jan-Feb, 1998.

[5] Defourny J, Nyssens M. Social enterprise in Europe: recent trends and developments[J]. Social Enterprise Journal. 2008, 4（3）: 217-218.

[6] Fishman J J. Wrong Way Corrigan and Recent Development in the Nonprofit Landscape：A need for New Legal Approaches[J]. Fordham Law Review, 2007, 76（2）: 567, 603-606.

[7] Laratta R. The emergence of the social enterprise sector in Japan[J]. International Journal of Civil Society. 2011, 35: 35-54.

[8] OECD. Social Enterprise[R]. Paris: OECD, 1999.

[9] OECD. The Changing Boundaries of Social Enterprises[R]. Published by the OECD Local Economic and Employment Development(LEED) Programme，2009.

[10] Othmar M L. The Phenomenon of Social Enterprise in Austria：A Triangulated Descriptive Study[J]. Journal of Social Entrepreneurship，2011（2）: 555-775.

[11] Park C，Wilding M. Social enterprise policy design: Constructing social enterprise in the UK and Korea[J]. International Journal of Social Welfare, 2013 ,22（3）: 236-247.

[12] Scott W R, Ruef M，Mendel P J, et al. Institutional Change and Healthcare Organizations：From Professional Dominance to Managed Care[M]. Chicago: University of Chicago Press，2000.

[13] Scott W R. Institutions and organizations[M]. Thousand Oaks，US：Sage Publications，2001.

[14] Suchman M C. Managing legitimacy: Strategic and institutional approaches[J]. Academy of Management Review, 1995, 20: 571-610.

[15] 董蕾红 . 社会企业的法律规制——基于国际比较的研究 [D]，山东大学博士论文，2017.

[16] 韩文琰 . 立法认证：解决我国社会企业融资难的重要途径——现实审视与国际比较 [J]. 甘肃政法学院学报，2018（2）：73-82.

[17] 焦豪，孙川，彭思敏 . 基于合法性理论的社会企业利益相关者治理机制研究——以宜信集团为例 [J]. 管理案例研究与评论，2012, 5（5）：333-343.

[18] 金锦萍 . 社会企业的兴起及其法律规制 [J]. 经济社会体制比较，2009（4）：128-134.

[19] 金仁仙 . 韩国社会企业发展现状、评价及其经验借鉴 [J]. 北京社会科学，2015（5）：122-128.

[20] 金仁仙 . 社会经济制度化发展——以韩国《社会企业育成法》为视角 [J]. 科学学与科学技术管理，2016（1）：38-45.

[21] 历杰，吕辰，于晓宇 . 社会创业合法性形成机制研究述评 [J]. 研究与发展管理，2018，30（2）：148-158.

[22] 李梦晓 . 我国社会企业的困境思考——基于 H 省 W 市 R 动物诊所的案例分析 [J]. 现代营销（下旬刊），2017（6），22-23.

[23] 林莉红 . 民间组织合法性问题的法律学解析——以民间法律援助组织为视角 [J]. 中国法学，2006（1）：37.

[24] 苗青．社会企业——链接商业与公益 [M]. 杭州：浙江大学出版社，2017.

[25] 钱红军．我国社会企业的法律规制研究——以美国的社会企业立法为镜鉴 [D]. 安徽大学硕士论文，2017.

[26] 田勇军．民间组织合法性问题及合法性标准之意义 [C]. 中国法学会行政法学研究会 2010 年会论文集，2010.

[27] 潘晓．第三部门法的“社会企业”运动——欧美两种路径下的制度演进 [J]. 北大法律评论，2012，13（1）：221-240.

[28] 王洛忠，张艺君．新制度主义视野下草根 NGO 转型的“交叉”模式——基于科学松鼠会的案例研究 [J]. 学习与探索，2016（6）：56-61.

[29] 尤努斯．社会企业可以为中国打开一扇全新的门［EB/OL］. http://money.163.com/15/0330/14/ALV8SK8A00253G87. html, 2018-07-16.

[30] 赵莉，严中华．我国社会企业发展面临的法律困境及其对策 [J]. 社团管理研究，2012（4）：298-230.

[31] 郑夏蕾．中美社会企业法律规制比较研究及对中国的启示 [J]. 科学．经济．社会，2015，33（3）：126-131.

参考法律法规

《民办非企业单位登记管理暂行条例》（1998 年）

《社会服务机构登记管理条例》（《民办非企业单位登记管理暂行条例（修订草案征求意见稿）》）（2016 年）

《农民专业合作社法》（2006 年）

《福利企业资格认定办法》（2007 年）

《社会团体登记管理条例》（1989 年）

《社会团体登记管理条例（修订草案征求意见稿）》（2016 年）

《基金会管理条例（修订草案征求意见稿）》（2016 年）

第3章　团队与社会创业

学习目标

☑ 理解创业团队概念
☑ 了解创业团队对社会创业企业的重要性
☑ 理解社会创业团队价值观的独特性
☑ 理解社会创业公益目标的时间维度
☑ 掌握创业团队异质性的构成
☑ 理解创业团队异质性对社会创业的影响

本章纲要

☑ 创业团队的概念
☑ 创业团队对创业的重要性
☑ 创业团队对社会创业的重要性
☑ 社会创业团队的价值观
☑ 社会创业团队的目标
☑ 社会创业团队的异质性

开篇案例

大龄女工公益创办 KTV

为了给外出务工的工友们提供唱歌和创业的地方，一位大龄女工黄利群联合了50位朋友一起开办一家KTV，开始了她们的公益创业之路。可能她自己都没有意识到，这是一种以团队形式进行的社会创业。

她的故事要从她第一次外出打工说起。在那时，她们是第一代外出打工的女工，她们在外辛苦挣钱往往扛着整个家庭的经济重担，供自己的弟弟妹妹上学。因此，她们在外省吃俭用，不得不牺牲自己的梦想，为了生活而拼搏。渐渐地，黄利群自己也成家了，但因为经济问题，家庭里矛盾逐步激化，此时她认识到自己精神上的需求从未被满足，没有人重视自己。2014年年初，在一次聚会上，她偶然接触了“工之友”——当地一个公益机构，她才发现生活原来可以这样快乐积极地过。2014年5月底，黄利群开始挑起工之友文艺队的担子。起初她发动文艺队成员“爱心捐助 10 块钱”做活动经费，在工之友的图书馆组织周末 K 歌活动。半年的时间，文艺队做得有声有色，成员也逐渐发展到 30 人的核心文艺骨干。

2015 年 4 月，黄利群出于想为爱唱歌的街坊好友提供便利，提出了联合 30 人开 KTV 的想法，计划每人筹集 1000 元，由这 30 人组成运营团队。她的提议得到姐妹们的赞同，很快她们就筹备了起来。在这过程中，由于资金的问题，由最初工友团队的 30 人，开始向社会进行筹资，从而扩大到 50 人的运营团队，每人筹集 1000 元，并且团队内进行了各自的分工，使得 KTV 能够正常运营。7 月，这家名叫“益歌坊”的 KTV 正式营业。在这里，她们不仅能满足自己爱唱歌的需求，还可以创作自己的作品。黄利群表示，益歌坊是自己的梦想，它能为工友和街坊邻居们提供放松的平台，它更是创业交流的平台。黄利群组建起一个创业团队，凭借着团队成员的共同努力开起了一家有益于大众的 KTV，其本质是与社会创业相契合的，即为社会大众谋福利。

资料来源：尖椒部落 . 大龄女工公益创业故事：姐妹们，咱们一起开 KTV ！ [EB/OL]. http: //Chuang Song. me/h/292446347375. 2015-07-20.

上述案例告诉我们，社会创业需要一群志同道合的人共同投入和经营，方能实现个人无法达成的创业效果。但是，要寻找到合适的合伙人共同创业，使创业团队荣辱与共、齐心协力地经营好新创企业并不容易。就像本案例中，黄利群在寻找工友和社会人士筹资并成立创业团队时，可能最重要的考量是有公益之心和出资之意，并没有考虑以后如何共同领导和运营这样一个企业，这就为以后的长期发展埋下了隐患。见微知著，本案例也许并不能很全面地诠释一个团队社会创业的全程，但却为理解团队与社会创业提供了一个切入点。

3.1 创业团队的概念

3.1.1 创业团队的起源

创业团队的概念是从团队概念中引申出来的。西方学者 Shonk（1982）把团队定义为两个或两个以上为完成共同任务而协调行动的个体所构成的群体；Quick（1992）则认为，团队中的成员都能把实现团队的目标放在首位，并且他们都拥有各自的专业技能，能够相互沟通、支持和合作；Smith（1993）认为，团队是才能互补、根据共同的目标设定绩效标准，并且依靠相互信任来完成目标的群体。近几年，随着大众创业、万众创新思想的普及以及经济的快速发展，创业不可避免地走进大众的视野，进入人们的生活。在这些团队的概念中添加上创业元素就发展成了创业团队的概念。

3.1.2 创业团队的定义

随着对创业团队研究的迅速发展，国内外研究者对创业团队的定义也各不相同，他们从不同的视角给出了自己对创业团队的定义。

从所有权的角度看，Kamm 等人（1990）认为，创业团队是两个或两个以上参与公司创立过程并投入同比例资金的个人。但是，从各国高科技创业团队的情况来看，创业团队成员的出资比例因个人经济条件的差异而各不相同，因此，郭洮村（1998）对创业团队的定义进行了修正，他认为创业团队是指两个或两个以上参与公司创立过程并投入资金的个人。在他的定义中就明确提出了创业团队成员股权并不一定相等的观点。

从人员构成的角度看，Mitsuko Hirata（2000）把创业团队定义为参与且全身心投入公司创立过程并共同克服创业困难和分享创业乐趣的全体成员。

从参与时间的角度看，Chandler 和 Hanks（1998）认为，创业团队指的是在公司成立之初执掌公司的人，或是在公司运营的头两年加盟公司的成员，但不包括没有公司股权的一般员工；Leon Schjoedt 则表示，在创业初期（包括企业成立时和成立前）履行执行职务的成员，都可被认为是创业团队的成员。

3.2 创业团队对创业的重要性

创业团队作为创业过程的核心，其优势在于组成团队的成员，他们具备不同的知识、技能、专业背景和人际网络，在很大程度上对创业资源形成互补，并且通过团队成员之间的相互协作和有效配合，可以大大提高创业绩效。

3.2.1 创业团队是创业的核心

早在 1999 年，蒂蒙斯（Timmons）就提出了创业模型——蒂蒙斯模型（见图 3-1），这一模型强调创业是一个各方面因素动态平衡与相互匹配的过程。其中，商机是创业过程的开始，同时也是创业的主要动力所在；资源是创业的必要条件与成功的保障；创业团队则是整个创业活动的关键组成要素与创业主导者，是创业这一过程的核心元素。在商机的引导下，创业者根据创业发展的不同阶段，调整与更新团队的资源和能力，通过将各种资源进行最优配置以寻求创业继续发展的机会，从而实现创业目标。

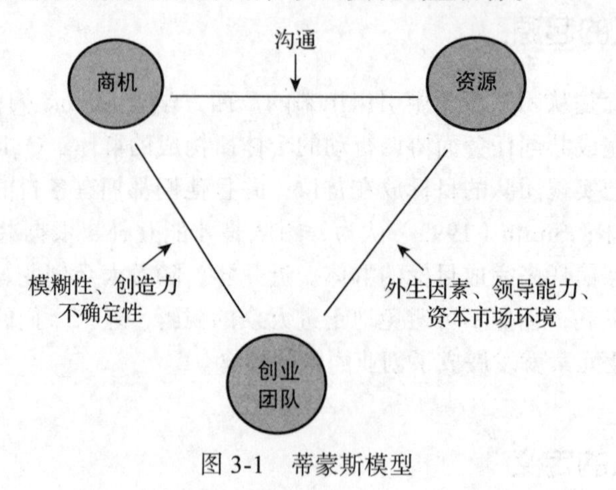

图 3-1 蒂蒙斯模型

3.2.2 创业团队能够提高创业绩效

随着世界经济的持续发展，创业成为越来越多人青睐的战略，创业在形式上大致可分为个人创业和团队创业两种。虽然创业形式各有优劣，但是团队创业更契合创业各方面的要求，能够有效地提高创业的绩效。

研究者 Picot（1989）通过实地调研，对德国的 52 家创业企业进行绩效指标的调查得出结论，团队创业成功率是个人创业成功率的两倍；研究者 Albach 和 Hunsdieky（1987）也通过对德国的 180 家创业企业进行深入调查发现，以团队形式创立的企业成功率为 43%，而个人创业形式的企业存活率仅为 20%。这些数据表明，创业团队对提高创业绩效有着显著贡献。

近年来，越来越多的研究者研究证明，基于一个创业团队而不是创业个体的创业活动，其绩效要明显高于个体创业。创业团队相较于创业个体来说，能够更敏锐精准地锁定目标市场，更灵活地应对目标市场的动态变化，更完善地制定创业过程中的各项决策战略，更高效地制订并实施相关的行动方案，因此创业团队的战略决策对创业绩效的提高很有效力。

3.2.3　创业团队能够使创业资源形成互补

创业能否成功的一个关键要素就是创业者是否拥有关键资源，以及能否对其进行优化整合，每个独立个体占有的资源都是不同的，其所掌握的知识技能、获取的信息、拥有的社会关系都是有差异的，而不同人聚合在一起，不同的资源之间相互补充，则整体所占有的资源就会更完整。

就对资源占有的完整性而言，创业团队最大的优势在于组成成员的职能背景和技能构成具有异质性，即创业团队的成员具有不同的知识结构、技能、专业背景、人际网络和信息来源。团队成员的异质性能够很好地满足创业资源互补的需求，丰富了团队的信息来源，有助于团队成员相互之间取长补短，从而大大提高了创业的效率。

近年来，越来越多的研究表明，创业团队成员的异质性越强，其对创业所需资源的补充越全面，团队整体的功能就越完善，从而创业的成功率也越高。

3.3　创业团队对社会创业的重要性

3.3.1　创业团队有助于降低社会创业风险

创业有风险，而对社会创业来说，其所面临的风险更加严峻。从社会创业项目的选择、创业技能的储备到社会创业资源的获取，期间每个过程都存在一定的风险；项目选择是否妥当、是否具备创业技能，以及是否能及时获取所需的社会资源，都直接影响到社会创业的成功。

创业团队可以有效降低社会创业的风险：首先，在项目的选择上，创业团队成员能够集思广益，提供有价值的创新点，避免了个人的狭隘主义，因而降低了社会创业项目不合适的风险；其次，创业团队成员具有不同的技术和专业背景，在创业过程中能很好地实现所需技能的互补，降低了社会创业技能缺乏的风险；最后，创业团队中的人际网络更广，所包含的社会资源更丰富，降低了缺乏社会资源的风险。

3.3.2 创业团队有助于维持社会创业的持久性

社会创业是一种具有公益性的创业形式，社会创业从项目启动到投入应用是一个十分漫长的过程，因此相较于商业性创业，其所需的资金和人力资源都是比较稀缺的。

创业团队作为一个工作团队，在合作过程中成员能够互相鼓励、互相支持，因此其成员间能够形成一种凝聚力、责任感、抗压力和进取心，这使得人员的流动率降低，并且更能够吸引到志同道合的社会创业者，从而在很大程度上解决了人力资源的稀缺问题。如上面所介绍的，团队中成员的社会资源更丰富，增加了资金筹集的途径，从而在一定程度上缓解资金稀缺的问题。因此，创业团队能够有效地解决社会创业中的问题，有助于维持社会创业的持久性，进而提高社会创业的成功率。

3.4 社会创业团队的价值观

所有的工作团队都拥有自身独特的团队文化（Levine and Moreland，1991），而价值观则被视为团队文化的决定性要素（O'Reilly et al.，1991）。创业团队是特殊的高管团队，是创业取得成功的关键，也关乎新创企业的未来（Von Heinz et al.，2011）。创业团队成员的价值观是全体团队成员的信条，是行为选择的向导，是一个团队成长过程中处理一切矛盾的准则。“道不同，不相为谋”，对创业团队而言，价值观一致性是团队存续和发展的关键所在，拥有相似价值观的团队成员更可能以相似的方式解决问题，更能密切配合、相互信任、共谋发展；反之，价值观的差异则会使团队成员之间存在偏见，引发信任危机，导致团队冲突，最终降低团队成员之间的合作、凝聚力、决策的速度和质量，不利于创业团队的稳定和长远发展（胡望斌等，2014）。

3.4.1 工作价值观

Super首次提出了“工作价值观”（work value）这一概念，认为工作价值观个体所追求的与工作有关的目标的表述，是个体期望从工作中获得满足的内在需求及其从事活动时所追求的工作特质或属性。在此基础上，国内外学者又相继从需求层面和判断标准层面给出了工作价值观的定义（见表3-1）。国内学者霍娜和李超平（2009）通过综合考虑这两个层面，提出工作价值观是超越具体情境，引导个体对与工作相关的行为与事件进行选择与评价，指向希望达到的状态与行为的一些重要性程度不同的观念与信仰，其类型决定了个体在工作中想要满足的需求及其相应的偏好。

表3-1 工作价值观的定义

来源	定义
Elizur和Abraham（1999）	工作价值观是一种直接影响个体行为的内在思想体系，是个体关于工作行为及其对从工作环境中获取某种结果的价值判断
凌文辁等人（1999）	工作价值观是人们对各种人生需要的重视程度的反映
余华和黄希庭（2000）	工作价值观是人们衡量社会上某种职业的优劣和重要性的内心尺度。它是个人对待职业的一种信念，并为其职业选择、努力实现工作目标提供充分的理由

（续）

来　源	定　义
金盛华和李雪（2005）	工作价值观是个体评价和选择职业的标准，其中，目的性职业价值观指个体评价和选择职业内隐的动机性标准，手段性职业价值观指个体评价和选择职业外显的条件性标准
霍娜和李超平（2009）	工作价值观是超越具体情境，引导个体对与工作相关的行为和事件进行选择与评价，指向希望达到的状态与行为的一些重要性程度不同的观念与信仰

工作价值观的一个固有区别在于外在价值和内在价值。外在工作价值关注工作结果，如收入、晋升机会和地位等；相比之下，内在工作价值更关注工作过程，即能反映固有工作兴趣、学习潜力等的无形奖励（Ryan and Deci, 2000）。其他工作价值观包括决策中的影响力或自主权、工作稳定性或安全性、利他性、社会性和闲暇等（Herzog, 1982; Johnson, 2002; Miller et al., 2002）。例如，Super（1970）在其编制的工作价值观量表（WVI）中，将工作价值观划分为 15 个维度，隶属于内在价值、外在价值和附带价值三个类别，这一量表得到了广泛运用；Meyer 等人（1998）在 Manhardt（1972）的研究基础上，提出包含舒适与安全、能力与成长、地位与独立三个维度的 21 个题项的工作价值观测量量表，具有较好的跨文化适用性；Ros 和 Schwartz（1999）从基本价值观和工作价值观整合的角度对工作价值观进行了研究，认为从“价值形态层面”上划分，工作价值观具有内向、外向、社会和声望四种类型；Lyons 等人（2010）提出了工作价值观应包括内在的（心理感受）、外在的（有形奖励）、地位（被尊重或认可）、利他主义（助人或服务社会）和社会因素（人际关系），被认为是最全面的工作价值观评估模型。另外，国内学者赵修文等人（2018）构建了包括物质环境因素、自我实现因素、人际关系因素和团队建设因素四个维度的团队工作价值观，为界定团队工作价值观的结构和内涵提供了相关的理论基础。

3.4.2　管理价值观

企业经营管理者的价值观往往是企业文化的基础和核心，是高层管理者关于如何管理企业、发展企业的价值取向，是对企业经营管理的立场、观点和态度的基础，是在运营管理过程中的抉择取向和偏重（孙海法等，2011）。管理价值观可通过三个途径影响高层管理者的具体行为：第一，特定的价值观使得管理者偏爱特定的行为与结果；第二，价值观促使管理者在决策过程中倾向于寻找并接受特定的信息，从而避开某些相反的信息；第三，对于管理者试图采用的某种管理规范和激励方式，拥有不同价值倾向的个体会有不同的感受与反应（Hambrick，1987）。国内学者孙海法等人（2011）通过半结构式访谈提出了经营管理价值观的六种类型（见表 3-2），对研究创业团队价值观具有一定的借鉴意义。

表 3-2 经营管理价值观

类　型	定　义	维　度
创新价值观	不满足于现状，鼓励新思想、新行动，把思想投入到技术创新和管理创新中	• 创新理念与精神 • 技术创新 • 管理创新 • 市场创新
市场价值观	重视客户需求和竞争对手信息，按照市场数据来进行经营管理决策	• 理解市场需求 • 客户导向 • 竞争导向
人才价值观	重视人力资本，通过人才的引进、使用、激励和培养来增强企业竞争力	• 重视人才 • 引进人才 • 使用人才 • 激励人才 • 培养人才
长远发展价值观	重视企业的长远发展，按照长远发展目标指导企业的规划及经营管理	• 事业心 • 战略规划 • 长期利益导向
团队价值观	重视集体目标和集体利益，主动协调团队人际关系，积极维护团队团结	• 全局观念 • 团队信任 • 合作精神
经济效益价值观	追求经济效益，以投资回报率为最高标准来指导经营管理决策	• 成本意识 • 利润至上

3.4.3 价值观差异与社会创业结果

与一般创业不同，社会创业的使命是解决社会性难题或满足社会需求（Tukamushaba et al., 2011），这种社会使命使得社会企业通常包含传统商业企业中缺少的精神或美德维度（Mort et al., 2003）。作为社会创业者意志的外在体现，社会企业在构思阶段必然有其精神属性，因此价值观等认知因素对社会创业的影响不容忽视（张秀娥和张坤，2018）。

价值观一致性，是指个体之间、个体与组织各层次之间在价值取向上相近甚至相同的程度（Edwards, 2009; Chatman, 2001）。创业团队成员的价值观一致性会影响创业结果，原因主要有以下两点。第一，持有相似价值观的个体解释事件的认知角度和基本方法也类似，使得各自的观点较为一致，并减少了人际冲突，改善了人际关系。例如，Pelled 等人（1999）指出，价值观的差异往往导致团队成员倾向于以内在归因解释他人行为，易引发团队成员间的相互猜疑和消极敌对情绪，从而提高了团队内部的关系冲突水平。第二，类似的价值观使得团队成员相互间有清晰的角色预期，能够预测和把握彼此的行动，减少了角色模糊和角色冲突；相反，创业团队的价值观异质性对团队沟通、创业决策和创业风险感知均有显著的负面影响，即由价值观异质性所导致的团队成员在社会责任感的认知、道德规范的遵守等方面的差异性，使团队内部沟通和协作成本提高，使得团队决策难以达成统一，不仅不利于创业团队对转瞬即逝的市场机会的把握，也降低了团队对创业风险的感知（胡桂兰，2013；胡望斌等，2014）。

社会分类视角（social categorization perspective）认为，个体通常以同质性和异质性作为对自身和团队内其他成员进行归类的标准，进而区分“圈内人”和“圈外人”（Williams and O’Reilly，1998）。自我归类理论（self-category theory）指出，个体基于自身与所述群体成员或与外群体成员比较，将自身归属于某一群体并产生认同（Turner and Oakes，1986）。Leonardelli 和 Toh（2015）提出，在群际环境中，个体可根据觉知者的特征、他人的特征、自己与他人特征的结合，产生三种归类：群际归类（intergroup categorization）、内群体归类（ingroup categorization）和外群体归类（outgroup categorization）。与这一理论类似的还有社会认同理论和相似吸引理论，认为价值观等方面具有相似性的个体更容易相互认同与相互吸引。根据上述理论，创业团队成员不同的价值观取向容易导致成员间产生不同的决策倾向，“物以类聚，人以群分”，人们总是会有意识或无意识地选择与拥有相同看法的人交往，产生“内团队”和“外团队”的社会身份认知，进而演化为派系划分，这不仅会使得团队内部有利于创新思维形成的“全通道式”的开放性交流越来越少，而且提高了团队内部关系冲突水平（孙海法等，2011）。一个典型的例子就是联想集团的“柳倪之争”，柳传志主张发挥成本优势，打造自主品牌产品，而倪光南主张以芯片为主攻方向，市场导向与技术导向的价值观分歧导致了两者在路线选择上的不同，也导致了曾被誉为“中关村最佳拍档”的联想集团创业组合的分裂。

3.5　社会创业团队的目标

3.5.1　短期目标与社会责任

从学习的角度来看，由于创立时间较短，处于创业初期的创业团队缺乏有效的内部沟通以及与客户、供应商和其他利益相关者建立稳定关系的经验（Barringer and Greening，1998），这种“新颖性”会加剧企业社会责任活动对创业企业财务绩效的负面影响，Türker（2015）也指出，短期内履行社会责任的导向，不仅会降低企业社会责任的参与度，更会削弱企业的盈利能力。

首先，创业团队的“新颖性”可能会抑制其通过企业社会责任投资获得经济回报的能力。为了通过企业社会责任创造经济价值，企业需要将社会和环境属性纳入产品特征中，而这种产品的开发不仅需要消耗大量资源，而且需要依赖以往的创新能力和经验，由于创业企业存在时间较短且通常资金有限，因此需要一定的时间获取开发新产品的资源和能力。

其次，创业团队的“新颖性”可能会限制初创企业从利益相关者关系中获益以及从企业社会责任中获得卓越声誉的能力。企业从与利益相关者的关系中获取经济回报的能力依赖于其利益相关者的影响力，而这是一个需要时间才能实现的路径依赖过程（Barnett，2007）。同样，“新颖性”使其难以通过企业社会责任建立积极的企业声誉，因为“作为一个出色的企业公民，迅速树立形象的努力通常会失败”（Fombrun et al.，2000）。

最后，与企业社会责任相关的活动资本成本往往很高（Brammer and Millington，2008），这就扼杀了初创企业建立规模经济的努力。虽然通过采用能耗更低、产生更少废弃物或使用更少原料的技术可以降低总体成本（King and Lenox，2002; Klassen and Whybark, 1999），但这一措施无疑需要时间才能实现，而资本成本是即时的。此外，“新颖性”可能会放大管理层对企业社会责任活动的干扰。初创企业通常需要将其资源和能力全部投入到其核心业中，如产品和市场开发（Barringer and Greening，1998），由于创业团队可能缺乏必要的技能（Davis，1973），追求企业社会责任活动可能会分散他们对核心业务的注意力。

当然，我们必须要承认，即使在创业初期，企业也可以从履行社会责任中获益。例如，新企业往往需要依赖当地的资源（Peredo and Chrisman，2006），因此它对当地的贡献可能会增加其资源禀赋。此外，初创企业通常缺乏支付高薪以吸引顶尖人才的资本，而企业社会责任活动则可以吸引和留住愿意履行社会责任的优质员工（Greening and Turban，2000）。然而，这些仍不足以弥补企业社会责任的主要负面影响，因此我们认为创业企业在短期难以兼顾盈利与履行企业社会责任的目标。

3.5.2 长期目标与社会责任

大量的研究表明，企业社会责任对组织的声誉、竞争力、可持续性（Johnson, 2003; Porter and Kramer, 2002l; Snider et al., 2003）、现有员工（Mueller et al., 2012; Shen and Benson, 2014; Smith and Kumar, 2014; Watkins et al., 2015）和客户反应（Sen and Bhattacharya, 2001; Tsai et al., 2014）等具有积极影响，虽然这些影响可能是间接的，但它们最终可能导致组织绩效和盈利能力的提高（Khojastehpour and Johns，2014；Marquis et al.，2007）。Wang 和 Bansal（2012）对 149 家创业企业进行的一项研究表明，长期利益导向型企业履行企业社会责任会显著提升财务绩效，这一结果与 Garriga 和 Melé（2004）的观点类似，即具有长期发展思维的企业认为企业社会责任可以使其比竞争对手更具竞争优势，并会为企业的长期盈利和股东财富做出贡献。

因此，从长期来看，企业的盈利目标与履行社会责任的目标并不矛盾。首先，长期目标导向拓宽了企业的视野，使企业能够认识到投资企业社会责任的潜在价值。以履行企业社会责任为长期目标的企业，倾向于选择能够持久并强调持续创新的技术，即使这样做可能涉及更大的短期成本。其次，这类企业能够容忍甚至鼓励开发不具备明确短期价值的战略资源（Hamel and Prahalad，1989），允许企业从通过企业社会责任建立的复杂利益相关者关系中识别隐含的价值。也就是说，与专注于短期盈利能力的企业相比，具有长期定位的企业更可能从利益相关者关系中汲取价值（Barnett，2007）。最后，企业的利益相关者可能会对社会和环境问题应该解决的内容和方式持有不同甚至相矛盾的观点，而在长期目标的引导下，企业可以通过调整不同利益相关者的利益和动机来促进企业社会责任的实施（Fiegenbaum et al.，1996）。

实践之窗

阿里巴巴要做一家解决社会问题的好公司

在 2017 杭州云栖大会开幕式的主论坛上，阿里巴巴董事局主席马云代表阿里巴巴宣布成立探索人类科技未来的实验室“达摩院”，并在三年内投资 1 000 亿元，用于进行涵盖基础科学和颠覆式技术创新的研究。

马云谈到成立达摩院的初衷，并对达摩院提出三个希望：必须活得比阿里巴巴长；要服务全世界至少 20 亿人口；必须面向未来，用科技解决未来的问题。达摩院不是阿里巴巴的实验室，它必须解决社会问题。达摩院的宗旨将是“为解决问题并带来利益和快乐”。“21世纪的公司，只有解决社会问题才能活下来，一个企业做得多大，在于企业解决多大的社会问题。我们要孕育的是一个社会，而不是一个公司。解决的社会问题越大，责任就越大，利益也就来得更多。”马云给未来阿里巴巴定下三个目标：

- 让世界经济更加包容。
- 让世界经济更加可持续。
- 让世界经济更加快乐和健康。

“同时，希望阿里巴巴能给世界和社会留下三样东西：第一，留下这个实验室（达摩院），它活得要比阿里巴巴长；第二，留下一所湖畔大学，培养企业家，把自己所有的得失告诉人家；第三，阿里巴巴公益基金会会活得很长。有一天阿里巴巴不在了，这三样就是我们留给世界最好的东西。”

阿里巴巴发布了服务中国公益组织的阿里云“码上公益”平台（https://greencode.aliyun.com/）。阿里云“码上公益”是由阿里云工程师利用业余时间搭建的一个网络平台，希望通过平台来连接更多的爱心极客和公益组织，让互联网极客用技术的力量去帮助公益组织更好更快地完成信息化和互联网化，赋能公益组织，让公益组织能够通过互联网更高效地运营，从而去帮助更多的人；同时，让极客志愿者发挥所长，找到做公益的最大价值。

阿里云总裁胡晓明认为一家有温度的公司要承担更多的社会责任，在发展中思考更多的社会问题，促进社会健康有序发展。“技术除了展示它的强大，更有它的柔性、更有它的温度，阿里云希望去做一家有温度的云计算公司，任何一个公益组织，如果有开发需求，阿里云会帮忙找到志愿研发者，我们在志愿研发者和公益组织之间架起桥梁，通过阿里云‘码上公益’平台，使用我们最好的技术，来帮助公益组织更好地发展”。

资料来源：转自 http://www.haogongsi.org/。

3.6 社会创业团队的异质性

3.6.1 团队异质性研究的兴起

有关团队成员构成的研究可以追溯到20世纪50年代的美国，研究者自那时起开始关注团队成员的不同特征及这种差异对团队的影响。到20世纪90年代，随着越来越多的组织以团队的方式开展工作，越来越多女性、有色人种以及不同年龄段的劳动者参与到团队工作中来，以及新企业不断建立，不同教育背景、不同经验的人们合作参与到市场竞争中，劳动力从各个方面逐渐走向多元化，如何带领一支多元的员工团队在迅速变化的经济环境中取得成功，成为管理者最艰难、最迫切需要完成的挑战之一（Harrison，1998），实践呼唤着理论研究提供对于多元化团队更深刻的理解。

然而，尽管已经充分认识到员工队伍已走向多元化，但将这种宏观的、人口统计学上的转变提炼成管理者和团队成员实际面对的问题，从而为实践提供理论指引尚有困难（Williams，1998）。在此背景下，学界越来越关注团队的异质性，出现了大量对团队成员各方面构成及特质的研究，典型代表如Jackson（1991）关于团队成员教育、年龄、工龄和行业异质性对团队成员流动影响的研究，O'Reilly（1997）对于团队成员性别、种族等异质性对于团队创造力、执行能力和冲突影响的研究，Jehn（1997）对于团队成员价值观、信息和等级等异质性对于团队冲突和团队成员满意度、敬业度、忠诚度及绩效的研究等。

总体来说，在实践不断发展的推动下，以及对先前研究成果的不断吸收下，团队异质性研究逐渐从分散的对各团队构成特征的讨论，走向了集中的对团队异质性的认识；研究重点逐步从局限的工龄、教育等人口统计学特征，走向包括团队成员性格、价值观和职能背景等特征在内的丰富多元的团队特征。同时，对于异质性的结果和影响的研究也逐步从单一的关注绩效，走向了对包括团队成员的行为和心理以及团队的创新能力、冲突水平和长期发展等方面的全面关注。此外，随着研究的不断深入和管理学研究方法的不断进步，研究者也越来越注意探索团队异质性对团队产生影响的路径、机制和情境。

3.6.2 社会创业团队异质性的分类

关于创业团队异质性的认识，大多由团队异质性或高管团队异质性（top management team，TMT）发展而来，对于社会创业团队的异质性的理解可借鉴创业团队异质性。伴随着团队构成各异质性研究的发展，学者对于团队异质性分类的努力也从未间断。异质性的概念并不复杂，但是对团队成员来说，各方面都存在着异质性，想要真正全面深入地了解异质性的影响，就必须系统地把纷繁的异质性归类。有些学者在研究团队异质性的影响时尝试对其进行分类，例如，Jackson（1995）提出的集成浅层和深层维度在内的任务相关异质性——包括职能背景、工龄、教育（知识）、团队资格等特征，以及和关系相关异质性——包括性别、文化行为方式、认知方式、社会地位、团队关系、价值观以及信仰等特征的异质性二维度。有些学者尝试在总结前人研究的基础上直接建立新的团队异质性的分类，例如，Harrison（1998）提出的表层异质性——团队成员之间明显的，能够被典型生理特征所反映出来的，包括年龄、性别和种族等特征的异质性，以及深层异质性——包括团队成员间态度、信仰和价值观等特征的异质性二维度。还有学者将团队异质性分为低工作相关异质性和高工作相关异质性（Pelled，1999），社会性异质性和功能性异质性（胡望斌，2014）等。

总体来说，尽管分类方法和类别定义不同，但对异质性类别的研究成果大体遵循人口统计学特征和后天形成特征的二维结构。人口统计学特征（性别、年龄、国籍等）易于观测，难以更改，初步定义了团队成员是一个“什么样的人”。虽然这些特征的异质性对于团队的作用不同，但共同点在于，它们所带来的影响是与任务无关的、关系性的，是团队成员在互动的过程中只能适应而不能改变的。后天形成特征主要包括教育水平、职业背景、行业经验、社会资本，以及对创业团队来说尤为重要的人格特质等，将其概括区分，可划分为能力异质性和个性异质性两大类。接下来，对于社会创业团队异质性影响与建议的讨论，将按照人口统计学特征异质性、个性异质性和能力异质性三部分展开。

3.6.3 社会创业团队异质性的影响

1. 广义异质性

许多研究没有划分团队异质性的类别，而是直接对广义的异质性进行讨论。Jin（2016）通过对创业团队构成特征对新创企业绩效影响的研究进行元分析，提出团队异质性对新创企业绩效存在正向影响。商业世界无时无刻不处在变化之中，对努力在市场中拼杀出一席之地的新创企业来说，其运行环境更是充满了不确定性。在面对那些需要强大信息处理能力来解决的、非常规的问题时，异质性强的创业企业往往能通过其多元化的人力资源实现更有质量、更新奇、更具创新性的解决效果（Knippenberg，2007）。由不同特征的成员所组成的团队，由于成员间能够接触多元化的信息源而往往具有达成更好决策的潜能，在战略上也对于选择不同的领域项目有更高的倾向，决策的不确定性越强，风险越高，异质化团队相比同质化团队通常更具优势（Mello，2006）。Vogel（2014）发现，团队成员的任务相关异质性和关系相关异质性与风险投资的意愿程度之间均存在显著的正向关系。

2. 人口统计学特征异质性

对于人口统计学特征异质性的影响，虽然是各类异质性研究中最早开始的，但是研究者尚未形成按照各具体特征展开的、统一权威的认识。其实也不难理解，由于人口统计学特征内在的地区间、文化间和不同调查群体间的差异性，没有达成高度的共识其实也是正常的结果。以对年龄的研究为例，Hartel（2004）提出，年龄差异性的扩大会导致更多潜在冲突的产生。在此基础上，Turan（2014）提出，年龄异质性的增强会削弱团队的共识和合作，从而降低团队实现创新等战略目标的能力。Steffens（2012）则认为，年龄异质性越低的团队越难以在长期实现高绩效。换言之，随着异质性带来的短期冲突和沟通不畅得到解决优化，异质性强的团队将由于其多元化的人力资源在长期得到更好的发展。又如樊传浩（2013）提出，“异质性只是团队结构的一种静态描述”，创业团队能够形成就代表了团队成员对于其他成员的人口统计学特征达到了一定程度的认同，因此年龄等人口统计学特征对于创业团队效能的影响并不显著。

以上对于人口统计学特征异质性对团队影响的三种观点，即正向、负向和无关，都有各自的理论依据和实证支撑。本书不对其进行评判或选择，但是在看似分离的人口统计学特征异质性研究中，我们能够得出一些共识供读者参考。首先，无论是持哪种观点的研究，都没有否认人口统计学特征的作用，区别只是在于作用是否显著，是否需要被纳入创业团队成员构成的必须要素。然而，如Chowdhury（2005）所提出的，团队共识和团队承诺等影响团队有效性的核心因素与团队成员的人口统计学特征没有显著关系，人口统计学特征无法直接影响团队的有效性。因此，对创业者来说，一方面在招募员工时，要克服倾向于选择与现有成员的人口统计学特征相同的偏好（Finkelstein，1996；Westphal，1995），另一方面，团队成员在人口统计学特征上的异质性不是组建团队时应优先考虑的因素。

3. 个性异质性

长期以来，由于对人格的定义和测量标准缺乏共识，关于个性异质性的研究进展缓慢。自麦克雷（McCrae，1989）和迪格曼（Digman，1990）提出大五人格理论（The Big Five），包括开放性（openness）、尽责性（conscientiousness）、外倾性（extraversion）、亲和性（agreeableness）和情绪稳定性（neuroticism）五大因素。这一有相当说服力的人格理论出现后，团队成员个性异质性对团队影响的研究便以大五人格理论为基础开始发展。Neuman（1999）提出，尽责性、亲和性和开放性这三种特质的团队人格水平（TPE）——团队成员在某一特定人格特质上的平均水平，能够有效预测团队绩效，外倾性和情绪稳定性这两种特质的团队人格多样性（TPD）——团队成员在某一特定人格特质上的平均水平上的差异，能够有效预测团队绩效。在外倾性和情绪稳定性上多元化的团队成员能够为团队注入不同的特质，相比成员人格单一的团队，这样的团队将更具有效性。同时，在外倾性异质性强——成员间在外向、热心、平衡、保守和服从五个外倾性程度上区分明显——的团队中，团队成员将更容易找到自己的角色，从而减少因同质化而带来的相同角色冲突。因此，创业团队在人员选择和配置上都应充分考虑外倾性和情绪稳定性这两种人格异质性的影响，最大化利用这种异质性对于团队的积极影响。Zhou（2015）将五大人格特质划分为任务导向特质（尽责性、开放性）和关系导向特质（外倾性、亲和性和情绪稳定性）两类，指出任务导向特质异质性不利于新创团队增长，关系导向特质异质性则对新创团队具有正向影响。

Joyce（2010）专门研究了个人特质和人口统计学因素对于社会创业倾向的影响，将社会创业者的特征划分为社会视野、恒心、社交网络、创新能力和经济回报需要五个维度，提出亲和性对社会创业者的各个维度均具有显著正向影响，开放性对经济回报需要和社会视野具有显著正向影响，尽责性对于恒心和经济回报需要具有显著正向影响。因此，社会创业团队应重点考察成员的亲和性、开放性和尽责性，从而优化团队的构成，提高团队的效率效果。

此外，还有学者尝试从其他角度解释个性异质性对团队的影响。例如，Khan（2014）提出，团队成员控制点（locus of control，LOC）异质性越低，越有助于提高团队的效能。

4. 能力异质性

Ucbasaran（2003）指出，创业经验异质性高的团队会因成员追逐主导权而降低凝聚力，易发冲突，从而加速团队人员的流失。因此，在意识到这种异质性是团队财富的同时，也不能忽视其带来的潜在风险。一个或多个团队成员曾有过创业经历，不完全代表他们在新的团队中仍能做出与在先前团队程度相同的贡献，以及通过使用在先前团队中有效的策略复制相同的成功。杨俊（2010）对于创业团队经验异质性的研究发现，行业经验差异程度高更有助于面向顾客需求的创新性产品 / 服务的开发，职能背景差异程度高更有助于设计出将产品 / 服务推向市场的市场交易结构。

创造力需要个体与不同甚至是对立的刺激源相接触，想要启动和发展一项富有创意的团队活动，团队成员间知识、经验、视野和兴趣的异质性是一个必要的前提（Arieti，1976）。在面临决策时，上述异质性强的创业团队成员之间更容易碰撞出创意的火花。经验和认知方式异质性强的创业团队能够使辩证的思维方式贯彻到团队的各项活动之中，对于不一致的意见更加宽容，从而在制定决策时扩大策略选项的考虑范围，有效避免从众思维和行为惰性（Eisenhardt，1990；Levine，1993）。

创业团队成员学习彼此的想法，理解和期望能够使团队更有创造力，为团队创造出能为其带来竞争优势的独特资产（如认知方式、行为模式等），然而这种因异质性的团队成员聚集在一起产生的化学反应不是持久不变的，在这个过程中，团队成员的各项特征会因彼此合作互动以及一项又一项工作的完成而走向趋同，即异质性走向同质性。同质性和异质性是衡量团队构成多样性的两极，当这种多样性强时，团队成员表现出异质性，这种多样性弱时则表现出同质性。一旦团队同质化，因异质性而带来的各项收益和优势也将消失殆尽。胡望斌（2014）提出，教育水平和职能经验异质性与创业绩效呈倒U形关系，即团队的教育水平和职能经验异质性无论过高还是过低都不利于团队实现最佳绩效。过度的同质性会导致决策失去质量，而更多的异质性则会导致决策效率的降低，适度的异质性对团队最为有利。因此，创业团队应了解自身的多样化程度，并结合自身所在行业，在创业的不同阶段，掌握好异质性与同质性的平衡，使团队构成对团队的影响始终处在最有利于团队当前及未来阶段发展的水平。

同时我们需要指出，团队异质性不是“有百利而无一害”的，也会对团队产生负面影响。认知资源（知识、思维方式）、理解与感知、期望等方面的异质性固然能够促进创新，但也可能会引发团队成员彼此不相容和冲突的产生（Hambrick，1996；Wanous，1986）；Michael（1998）指出，团队异质性通过带来的冲突以及决策制定上的混乱负向影响团队增长，最高学历所学专业以及职能背景的异质性还会负向影响团队收入。邢蕊（2017）指出，创业团队职能背景异质性与创业绩效呈负相关性，不同职能背景的团队成员在价值观、思维习惯和问题处理方式上存在较大差异，团队沟通的有效性将因此受到严重影响，进而抵消工作经验的多样性对于创业绩效的促进作用。尽管某些层面上的不一致能够促进团队成员彼此学习和新思维的产生，但是一旦发生严重的冲突，创业团队的共同行动将受到严重影响，甚至阻碍协同认知的形成。因此，想要发挥团队异质性的优势，避免团队异质性带来的弊端，创业团队应当努力促使团队成员熟悉彼此不同的技能、强项、劣势和特殊习惯。这种了解不需要深入，却可以有效建立沟通的桥梁，避免误解及重大冲突的产生。只有在这种彼此熟悉的基础上，团队成员所拥有的不同天赋、技能和认知资产才能最大限度地发挥作用。创业团队的规模相对于成型企业来说要小很多，成员之间沟通的机会非常丰富，因此无论是对于彼此尚不熟悉的创始人，还是后来加入的合伙人，这种建立对团队异质性初步了解的努力都是十分必要且易于达到的。

本章小结

- 创业团队是创业的核心，能够提高创业绩效，能够对创业资源形成互补。
- 创业团队有助于降低社会创业风险、有助于维持社会创业的持久性。
- 创业团队的价值观和目标一致性有助于增强社会创业的成功率。
- 创业团队的人口统计学特征、个性和能力等方面的异质性有助于增强社会创业成功率。

复习思考题

1. 怎么理解创业团队对社会创业成效的影响？
2. 阐述社会创业者有哪些特定的价值观。
3. 创业团队的异质性对社会创业的影响是积极的还是消极的？

讨论案例

绵阳和诚创业教育咨询有限责任公司

一、公司创立的契机

2012年5月6日，绵阳和诚创业教育有限责任公司在西部某高校国家大学科技园挂牌成立。卿昭、何乐、唐云和薛永四位创始人忙得不亦乐乎，公司成立大会邀请了学校相关领导与学术领头人及部分同事，还有众多慕名而来的同学，一时间公司里热闹非凡。会后几位同学留下来，强烈要求唐老师讲讲公司创立的火花。原来，公司成立缘起一次偶然。四位创始人本是体育学科部同事，喜欢切磋羽毛球技术，因此经常一起运动，运动之后一起畅谈梦想与人生。2012年的一天，唐云陪薛永到校外新开的一家体育用品部修理羽毛球拍，没想到老板竟然是同事卿昭。随即三人开始热聊，卿昭谈到国家鼓励青年创业的大环境，自己怀揣多年的创业梦想，没想到唐云与薛永也有过创业梦。

当谈到创业之路并非一帆风顺，当下的创业成功率仅有1%左右时，三人都认为大量青年创业仅凭热情，而缺少必要的创业知识和创业培训，因此很难成功。别人的成功很难复制，而别人的失败却是大家都可能遇到的。因此，创业路上的经验教训、栽过的跟头、获得的智慧都显得弥足珍贵。唐云当即想到利用自己的经验和地缘优势对大学生群体开展创业教育，切实帮助大学生形成正确的创业观念并提高创业成功率。三人一拍即合，兴奋之余开始找何乐一起兼职创业，很快四个热血沸腾的人走到一起开始谋划创业。

二、“创业教育”的推进

1. 团队的初步分工

唐云作为公司的总经理，自然而然地承担了从注册公司到对外业务，再到对公司总体负责的全部职责；薛永因为在大学期间做过销售方面的兼职，自告奋勇地承担起销售的大任；卿昭除了运动之外的爱好就是电脑，于是毛遂自荐，主动承担了技术支持工作，包括各种DM单的设计和制作；年龄最小的何乐则承担起了包括教学在内的所有内务工作。四人共同负责课程开发。公司名称“和诚”意为“做人和、做事诚”。公司坐落于校内科技园，创业者众多，有着得天独厚的校内资源平台，大家都为此兴奋，跃跃欲试。

2. 创业教育的进展

由于公司经营范围较广而人手有限，而且核心员工皆是兼职，一时间难以协调，四人决定将业务重点优先放在公司名称中明示的“创业教育”上，为大学生提供有选择的免费或有偿创业知识和相关技巧培训，切实为改善当下大学生盲目创业、成功率低下等问题提供服务。由薛永带领在每间宿舍发放宣传单页，吸引大学生参与。不到半年时间，公司已累计对全市近10万大学生进行了宣传，共进行了24场次的公益讲座，并在校本部及附近几所学校共进行了2 871人次价格不等的培训推广课程，其中约有5%的同学购买了全套创业课程。一位同学在体验培训推广课程后由衷地感叹：“这样的课20元一小时超值啊!”

然而，尽管公司在创业教育培训与普及上做出的努力受到了广大大学生群体的一致好评，这样的创业教育课程却因每月收入不足以支付房租及兼职员工的费用，而面临着重重考验。加上政府与学校大量免费的创业培训课程，使公司生存艰难。唐云建议公司将工作重心转向卿昭新开发的岗位能力教育上，并阐述岗位能力教育是社会上新近流行的课程，是在校生尤其是毕业生的必需品，比起创业教育有更大的需求，更能使公司存活。薛永则认为，自己付出那么多汗水的创业课程说转向就转向，太不合理了，而且岗位能力的培训也是未经市场验证的，未必就一定行。公司业务重心的转移一时间陷入了僵局。

三、公司经营的危机

1. 经营不善加剧酬劳分配的分歧

公司成立之初，由于大家在一起全凭朋友意气，以及对改善大学生创业难成功现象的热情，四人一开始就约定：在公司没有获得盈亏平衡前，大家都不拿工资，只有负责销售的薛永可以报销部分电话费及跑业务时的餐费。由于公司盈亏不理想，薛永明显感觉唐云对自己每月报账有些不开心，有时似乎听到唐云在嘟哝“怎么这么多”。为此，薛永感觉十分不爽：自己是公司付出最多的一位，而且报的账只是自己平时工作支出的一半，自己每月倒贴还得不到信任，这算哪回事呢？薛永将自己的不满私下与何乐倾诉，没想到何乐也有同感。何乐在公司待的时间较多，与唐云接触的也较多，他感觉随着公司经营时间与收入不成比例后，唐云脾气越来越大，动不动就指责自己内务工作中的不足。幸亏四人都是兼职，都有着本职工作，不然连饭都没得吃。

2. 创业团队何去何从

由于对公司的未来感到迷茫、灰心，薛永与何乐在私下越来越多地相聚，共同抱怨着对公司和唐云的不满。二人决定干脆撤资退出，回到原来的生活轨道上。毫无疑问，公司要继续生存下去，寻找新的合伙人是当务之急。然而，对新合伙人的要求是集中在资金上，还是销售技能上，抑或在其他资源上？唐云与卿昭也很迷惘。在周边询问无果的情况下，唐云与卿昭开始将寻找合伙人的想法放在网络上，希望通过网络招来合伙人。网络果然神奇，应聘的人络绎不绝，大多对高校市场充满兴趣。有的拍着胸脯保证自己上任定能让公司起死回生；有的提出安排校内宿舍；有的想先拿工资，有盈利后再投资。看着他们口沫横飞，唐云陷入沉思，这些应聘者的才华如何？无从考查。果真如他们自夸的才能，为何来一个岌岌可危的小公司？唐云发现自己从心底不信任他们。身边没有合适的人，网上招来的人不可信，原有能人退出，唐云与卿昭面面相觑，看着空荡荡的办公室发呆……

资料来源：刘志迎，张明玉，李芹芹．创业路上的泥潭．中国管理案例共享中心案例库。

讨论题：

1. 社会创业是否可以仅靠情怀来支撑？
2. 创业团队的凝聚力如何才能持久？
3. 如何设计创业团队的退出机制？

文献研读

New Venture Teams: A Review of the Literature and Roadmap for Future Research

【文献摘要】Article Summary: As entrepreneurship research has matured, scholars have increasingly recognized that the formation of new ventures is commonly accomplished by teams as opposed to lone entrepreneurs. Over the past two decades, the upper echelons perspective has served as the primary lens for investigating new venture team functioning and performance. However, researchers have begun to move beyond the relationship between team characteristics and team outcomes, to explore intermediary mechanisms that more precisely explain how team inputs lead to team effectiveness. In this article we apply an inputs-mediators-outcomes framework, which has served as a foundation for teams research in organizational behavior over the past 50 years, to first organize and review prior work on new venture teams, and then to provide a roadmap for future research. By integrating the upper echelons approach from strategic management with the inputs-mediators-outcomes framework from organizational behavior, we clarify what is known about new venture teams and shed light on important issues that could help the field of entrepreneurship to develop a more comprehensive understanding of why some new venture teams, but not others, achieve successful outcomes.

New Venture Team (NVT) Input-Mediators-Outcome (IMO) Framework[a]

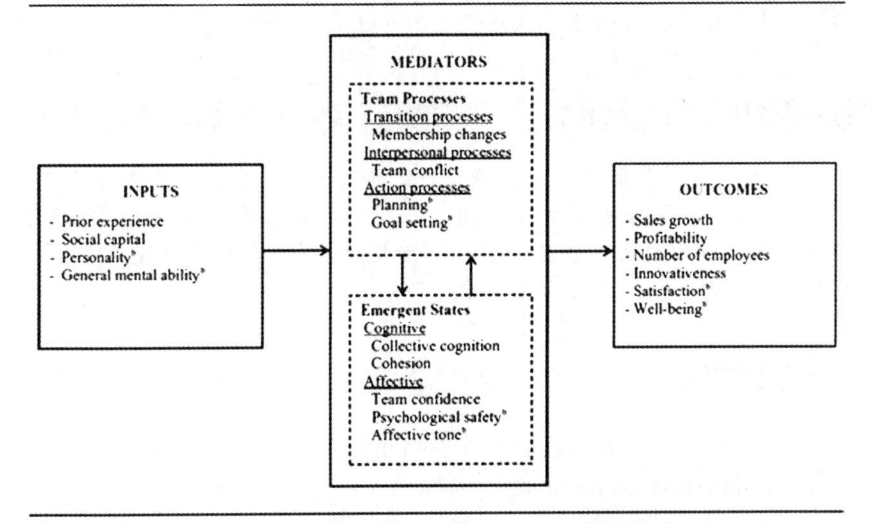

[a]The model includes common input, mediating, and outcome variables studied within the NVT literature. The list accompanying each type of variable is meant to be illustrative, rather than exhaustive.
[b]These constructs have not yet been widely examined in the NVT literature, but are offered in this review as directions for future research.

【文献评述】本章精读文献是一篇逻辑清晰、内容翔实且富有启发性的综述型论文。作者系统地回顾了过去50年关于创业团队的研究进展，通过整合组织战略领域的“高阶梯队视角”与组织行为领域的“输入—中介—输出”框架，为我们梳理了现有关于创业团队的理论知识，并为未来的研究方向提供了具有建设性的建议。

具体而言，作者首先对“创业团队”进行明确的概念界定，将其定义为“对新创企业的战略决策与持续运营承担主要责任的一群人”，并与“高管团队”这一相近但又有区别的概念进行了简明的内涵辨析，指出新创企业情境的特殊性及其对团队研究的重要价值。

接着，作者整合了团队研究的组织战略取向与组织行为取向，构建了如下图所示的分析框架。在“输入”阶段，作者主要回顾了创业团队（成员）的先前经验与社会资本对公司层面相关结果的影响。例如，根据现有研究成果，作者分析论述了创业团队在学历水平、专业领域等方面的异质性对新创企业的战略选择、绩效表现等的作用，以及社会资本在创业过程的不同阶段所发挥的作用。在此基础上，作者进一步指出，未来研究可以探讨创业团队成员的人格与心理特质对企业运营与发展的影响，从而丰富我们对“输入”阶段影响因素的认知。在“中介”阶段，作者主要从基于行为的过程视角与基于情感/认知的状态视角对创业团队“输入”对“输出”的影响机制进行阐述。在过程视角方面，作者主要分析了创业团队的成员变更（转变过程）与冲突（人际过程）的中介机制；在状态视角方面，作者主要分析了创业团队成员的集体知觉与凝聚力的中介机制。此外，作者指出，这两类中介机制仍有待深入拓展。例如，未来研究者可以进一步关注目标设定与战略规划（行动过程）的中介机制，以及团队心理安全感、情感基调等团队情感状态对创业绩效的作用。在“输出”阶段，作者指出，现有研究主要关注创业团队的财务结果，如销售额、利润率等。建议未来研究将其他结果指标也纳入考量，如创业团队成员的工作满意度与主观幸福感。总的来说，作者提出的这一分析框架，将现有研究进行了较好的整合，具有重要的理论意义与实践参考价值。

最后，在论文的“讨论”部分，作者指出当前创业团队研究领域中有待进一步解释的问题，并给出相关的分析解决思路，具有极强的启发性。这些问题不仅需要创业领域学者开展深入研究，同时也应引起创业实践者的关注。

【文献出处】Klotz A C, Hmieleski K M, Bradley B H, Busenitz L W. New venture teams: a review of the literature and roadmap for future research[J]. Journal of Management, 2013, 40(1), 226-255.

本章作者

魏峰，同济大学经济与管理学院教授、博士生导师，博士。主要研究方向包括团队创业、领导力等，研究成果发表在《美国管理学会学报》（*AMJ*）和《管理世界》等重要期刊上。同济大学经济与管理学院程垦、朱千林、邹天浩、解娟娟、肖梦月博士生协助提供了出色的研究助理工作。

参考文献

[1] Barnett M L. Stakeholder influence capacity and the variability of financial returns to corporate social responsibility[J]. Academy of Management Review, 2007, 32（3）: 794-816.

[2] Brammer S, Millington A. Does it pay to be different? An analysis of the relationship between corporate social and financial performance[J]. Strategic Management Journal，2008, 29（12）: 1325-1343.

[3] Chowdhury S. Demographic diversity for building an effective entrepreneurial team: is it important[J]. Journal of Business Venturing，2005,20:727-746.

[4] Ensley M，Carland J W，Carland J C. The effect of entrepreneurial team skill heterogeneity and functional diversity on new venture performance[J]. Journal of Business and Entrepreneurship, 1998, 10: 1-11.

[5] Elizur D, Sagie A. Facets of personal values: A structural analysis of life and work values[J]. Applied Psychology，1999, 48（1）: 73-87.

[6] Finkelstein S, Hambrick D C. Top-management-team tenure and organizational outcomes: the moderating role of managerial discretion[J]. Administrative Science Quarterly, 1990, 35（3）: 484-503.

[7] Foss N J, Klein P G, Kor Y Y, Mahoney J T. Entrepreneurship, subjectivism, and the resource-based view: toward a new synthesis[J]. Strategic Entrepreneurship Journal, 2008, 2: 73-94.

[8] Garriga E, Melé D. Corporate social responsibility theories: Mapping the territory[J]. Journal of Business Ethics，2004, 53（1-2）: 51-71.

[9] Hambrick D C, Cho T S, Chen M J. The influence of top management team heterogeneity on firms' competitive moves[J]. Administrative Science Quarterly, 1996, 41（4）: 659-684.

[10] Hambrick D C, Mason P A. Upper echelons: The organization as a reflection of its top managers [J]. Social Science Electronic Publishing, 1984, 9（2）: 193-206.

[11] Hambrick D C. The top management team: key to strategic success[J]. California Management Review, 1987, 30（1）: 88-108.

[12] Harrison D A, Price K H, Bell M P. Beyond relational demography: time and the effects of surface- and deep-level diversity on work group cohesion[J]. Academy of Management Journal, 1998, 41（1）: 96-107.

[13] Harrison D A, Price K H，Gavin J H，Florey A T. Time，teams，and task performance: changing effects of surface- and deep-level diversity on group functioning[J]. Academy of Management Journal, 2002, 45（5）: 1029-1045.

[14] Jackson S E, Joshi A, Erhardt N L. Recent research on team and organizational diversity: SWOT analysis and implications[J]. Journal of Management, 2003, 29（6）: 801-830.

[15] Jackson S E, May K E, Whitney K. Understanding the dynamics of diversity in decision-making teams[J]. Team Effectiveness and Decision Making in Organizations, 1995.

[16] Jehn K A, Northcraft G B, Neale M A. Why differences make a difference: a field study of diversity，conflict，and performance in workgroups[J]. Administrative Science Quarterly，1999, 44（4）: 741-763.

[17] Jin L L, Madison K，Kraiczy N D, Kellermanns F W, Crook T R，Xi J. Entrepreneurial team composition characteristics and new venture performance: a meta-analysis[J]. Entrepreneurship Theory and Practice, 2017, 41（5）: 743-771.

[18] Joyce K H N, Shamuganathan G. The influence of personality traits and demographic factors on social entrepreneurship start up intentions[J]. Journal of Business Ethics, 2010, 95: 259-282.

[19] KammJ B, Shuman J C，Seeger J A, Nurick A J. Entrepreneurial teams in new venture creation: Aresearch agenda [J]. Entrepreneurship Theory and Practice. 1990. 14（4）: 7-17.

[20] Khan M S, Breitenecker R J, Schwarz E J. Entrepreneurial team locus of control: diversity and trust[J]. Management Decision, 2014, 52（6）: 1057-1081.

[21] Khojastehpour M, Johns R. The effect of environmental CSR issues on corporate/brand reputation

and corporate profitability[J]. European Business Review, 2014, 26（4）: 330-339.
[22] Leonardelli G J, Toh S M. Social categorization in intergroup contexts: Three kinds of self - categorization[J]. Social and Personality Psychology Compass, 2015, 9（2）: 69-87.
[23] Marquis C, Glynn M A，Davis G F. Community isomorphism and corporate social action[J]. Academy of Management Review, 2007, 32（3）: 925-945.
[24] Mello A S, Ruckes M E. Team Composition[J]. The Journal of Business，2006, 79（3）: 1019-1039.
[25] Meyer J P, Irving P G, Allen N J. Examination of the combined effects of work values and early work experiences on organizational commitment[J]. Journal of Organizational Behavior, 1998, 19（1）: 29-52.
[26] Neuman G A, Wagner S H, Christiansen N D. The relationship between work-team personality composition and the job performance of teams[J]. Group & Organization Management, 1999, 24（1）: 28-45.
[27] O'Reilly III C A, Chatman J, Caldwell D F. People and organizational culture: A profile comparison approach to assessing person-organization fit[J]. Academy of Management Journal, 1991, 34（3）: 487-516.
[28] Pelled L H，Eisenhardt K M，Xin K R. Exploring the black box: An analysis of work group diversity, conflict and performance[J]. Administrative Science Quarterly, 1999, 44（1）: 1-28.
[29] Schjoedt, L. Entrepreneurial teams: definition and determinants [C]. Annual National Conference on entrepreneurial Bonanza, 2002. http://web.mit. edu/peso/Pes2/ entrepreneurial% 20 teams1. pdf.
[30] Shen J, Benson J. When CSR is a social norm: How socially responsible human resource management affects employee work behavior[J]. Journal of Management, 2016, 42（6）: 1723-1746.
[31] Steffens P, Terjesen S, Davidsson P. Birds of a feather get lost together: new venture team composition and performance[J]. Small Business Economics, 2012, 39（3）: 727-743.
[32] Tsai Y H, Joe S W, Lin C P, et al. Exploring corporate citizenship and purchase intention: mediating effects of brand trust and corporate identification[J]. Business Ethics: A European Review, 2015, 24（4）: 361-377.
[33] Turan D, Ascigil S F. Antecedents of innovativeness: entrepreneurial team characteristics and networking[J]. Journal of Innovation Management, 2014, 2（1）: 83-103.
[34] Türker D. Contrasting Instrumental Views on Corporate Social Responsibility: Short-term Versus Long-term Profit Orientation Approach[J]. Procedia-Social and Behavioral Sciences, 2015, 207: 568-576.
[35] Ucbasaran D, Lockett A, Wright M, Westhead P. Entrepreneurial founder teams: factors associated with member entry and exit[J]. Entrepreneurship Theory and Practice, 2003, 28（2）: 107-127.
[36] Vogel R, Puhan T X, Shehu E, Kliger D, Beese H. Funding decisions and entrepreneurial team diversity: a field study[J]. Journal of Economic Behavior & Organization, 2014, 107: 595-613.
[37] Wang T, Bansal P. Social responsibility in new ventures: profiting from a long-term orientation[J]. Strategic Management Journal, 2012, 33（10）: 1135-1153.
[38] Watkins M B, Ren R, Umphress E E, et al. Compassion organizing: Employees' satisfaction with corporate philanthropic disaster response and reduced job strain[J]. Journal of Occupational and Organizational Psychology, 2015, 88（2）: 436-458.
[39] Wiersema M F, Bird A. Organizational demography in Japanese firms: group heterogeneity, individual dissimilarity, and top management team turnover[J]. The Academy of Management Journal, 1993, 36（5）: 996-1025.

[40] Williams K Y, O'Reilly C A. Demography and diversity in organizations: a review of 40 years of research[J]. Research in Organizational Behavior, 1998, 20（3）: 77-140.

[41] Williams K Y, O'Reilly III C A. Demography and Diversity in Organizations: A review of 40 years of research[J]. Research in Organizational Behavior, 1998, 20: 77-140.

[42] Zhou W C, Hu H J, Zey M. Team composition of new venture founding teams: does personality matter[J]. International Journal of Entrepreneurial Behavior & Research, 2015, 21（5）: 673-689.

[43] 程江．创业团队异质性对创业绩效的影响研究综述 [J]. 外国经济与管理，2017，39（10）: 3-17.

[44] 樊传浩，王济干．创业团队异质性与团队效能的关系研究 [J]. 科研管理，2013，34（8）: 35-41.

[45] 胡望斌，张玉利，杨俊．同质性还是异质性：创业导向对技术创业团队与新企业绩效关系的调节作用研究 [J]. 管理世界，2014（6）：92-109.

[46] 霍娜，李超平．工作价值观的研究进展与展望 [J]. 心理科学进展，2009，17（4）：795-801.

[47] 金盛华，李雪．大学生职业价值观：手段与目的 [J]. 心理学报，2005，37（5）：650-657.

[48] 凌文辁，方俐洛．我国大学生的职业价值观研究 [J]. 心理学报，1999，31（3）：342-348.

[49] 刘军，李永娟，富萍萍．高层管理团队价值观共享，冲突与绩效：一项实证检验 [J]. 管理学报，2007，4（5）：644-653.

[50] 刘玉焕，井润田．社会创业的概念、特点和研究方向 [J]. 技术经济，2014，33（5）：17-24.

[51] 刘振，杨俊，张玉利．社会创业研究——现状述评与未来趋势 [J]. 科学学与科学技术管理，2015，36（6）：26-35.

[52] 孙海法，程贯平，刘海山．经营管理价值观异质性对冲突与绩效的影响——基于 123 个高管团队的实证研究 [J]. 东北大学学报（社会科学版），2011，13（4）：001-306.

[53] 王冰．创业团队异质性、团队氛围与创业绩效关系研究 [D]. 吉林大学，2012.

[54] 王飞绒，陈劲，池仁勇．团队创业研究述评 [J]. 外国经济与管理，2006（7）：16-22.

[55] 邢蕊，周建林，王国红．创业团队知识异质性与创业绩效关系的实证研究——基于认知复杂性和知识基础的调节作用 [J]. 预测，2017，36（1）：1-7.

[56] 杨俊，田莉，张玉利，王伟毅．创新还是模仿：创业团队经验异质性与冲突特征的角色 [J]. 管理世界，2010（3）：84-86.

[57] 余华，黄希庭．大学生与内地企业员工职业价值观的比较研究 [J]. 心理科学，2000，23（6）：739-740.

[58] 张镦亓．三角团队：如何打造团队战斗力 [M]. 北京：机械工业出版社，2009.

[59] 张秀娥，张坤．先前经验与社会创业意愿——自我超越价值观和风险倾向的中介作用 [J]. 科学学与科学技术管理，2018，39（2）：142-156.

[60] 赵修文，刘显红，姜雅玫．基于扎根理论的团队工作价值观结构分析及其对团队绩效的影响机制研究 [J]. 中国人力资源开发，2018，35（1）：162-172.

第4章 资源与社会创业

学习目标

☑ 了解资源的概念
☑ 理解资源与社会创业的关系
☑ 掌握社会创业的资源类型构成与来源
☑ 了解社会创业的资源整合过程
☑ 理解不同阶段的资源整合异同
☑ 了解社会创业资源利用的效应

本章纲要

☑ 资源的概念
☑ 资源与社会创业的关系
☑ 社会创业的资源类型与来源
☑ 社会创业的资源整合过程
☑ 社会创业资源利用的价值效应

开篇案例

"多背一公斤"的资源压力

2008年汶川大地震后，非政府组织（NGO）、非营利组织（NPO）、社会企业等组织开始进入我国公众视线。其中，在抗震救灾中反应最迅速的社会组织之中，一家名为"多背一公斤"的民间组织比较特殊：一家典型的NGO组织，申请的却是工商执照，其创始人安猪的身份也是一名社会企业的CEO。依靠汶川地震救灾中的突出成绩，"多背一公斤"在全国范围内创造了不小的影响力，但是在资源获取方面仍然面临着诸多困难，突出表现在以下三方面。

一是资金压力。国外"基金会专心散财，NGO专心花钱办事"的模式在国内很难行得通。国内的公募基金会募集了90%以上的捐款，却没有能力把善款有效地分拨给合适的项目和NGO。目前"多背一公斤"的资金来源主要是社会各界的捐款、成熟企业（如联想等）公益创投的资金，以及自身运营所得。但是，这些收入仍然不足以充分

弥补其基本运营和进一步发展所需要的资金。

二是公众的理解与认识误区。很多人认为，作为社会企业，“多背一公斤”不需要太多的费用支出。但实际上，为了保障基本运营，专职工作人员依然没有社会保险、交通、话费补助等，甚至没有固定的办公地点，目的就是压缩成本以保障组织的持续发展。面对外界质疑，“多背一公斤”选择透明财务，公布细节，接受社会监督。

三是政策与法律的限制。在双重管理制度下，很多没有官方背景的 NGO、NPO 选择工商注册以求得法人资格。2008 年，“多背一公斤”申请到了南都公益基金会的 5 万元经费，但根据法律规定需上缴 5.5% 用于纳税，这对他们来说不是一个小数目。而且，投身公益事业的社会企业，所开的发票不能让捐款企业抵税，这使得社会企业的资金来源受到限制，严重制约了企业捐款的积极性。

资料来源：瑾琇.社会企业案例研究 [M]. 北京：首都经济贸易大学出版社，2016.

资源稀缺一直是创业实践与研究共同面临的问题。社会创业实践遵循利用商业化手段创造社会价值的“手段—目的”关系逻辑，与商业创业截然相反。按照资本逐利逻辑，追求经济收益最大化的商业创业活动尚且面临资源稀缺的难题，而以社会价值最大化为使命的社会创业如何应对资源稀缺就变得有趣起来。因此，本章重点在于从资源的概念以及与社会创业的关系出发，分析社会创业过程中资源的来源及其类型，并在此基础上探讨社会创业的资源整合过程，以及资源利用的效果等基本问题，以便于读者加强对社会创业资源获取与利用的认识。

4.1 资源的概念

所谓资源，是任何主体在向社会提供产品和服务过程中，所拥有或者所能支配的有助于实现自己目标的各种要素及其组合。创业资源是企业创立及成长过程中所需要的各种生产要素和支撑条件。对创业者而言，只要是对其创业项目和新创企业发展有帮助的要素，都可归入创业资源的范畴。创业活动本身就是一种资源的重新组合，创业资源不强调为我所有，只关注为我所用。

目前，学术界对创业资源大致有五种分类方式。

（1）按照来源分为自有资源和外部资源。前者是创业者（团队）自身拥有的资源，如自有资金、专利等；后者是从外部获取的资源，如融资、设备等。是否具备自有资源会影响外部资源获取。

（2）按照存在形式分为有形资源和无形资源。前者指具有物质形态、价值可用货币度量的资源，如建筑物、原材料等；后者指具有非物质形态、价值难以用货币度量的资源，如信息、信誉等。无形资源是撬动有形资源的重要手段。

（3）按照性质分为人力、社会、财务、物质、技术和组织资源。人力资源是指创业者（团队）成员及其知识、经验、关系网络等；社会资源是特殊的人力资源，是由于人际和关系网络形成的资源；财务资源包括资金、股票、资产等；物质资源主要是有形资产；技术资源包括关键技术、制造流程等；组织资源包括组织结构、工作规范等。

（4）按照对生产过程的作用分为生产性资源和工具性资源。前者直接用于生产过程或开发其他资源，如机器、汽车等；后者则专门用于获得其他资源，如人才、声誉等。

（5）按照在创业过程中的作用分为运营性资源和战略性资源。前者包括人力、技术、资金、物质等资源；后者主要是知识资源，具有稀缺、有价值、不可替代和难以模仿等特征。

4.2 资源与社会创业的关系

社会创业遵循“经济—社会”的手段—目的关系，颠覆了传统商业创业以利润最大化为目标，以社会责任和社会价值为手段的内在逻辑。由于社会价值最大化这一使命的影响，社会创业难以获得与商业创业同等数量及质量的资源水平，面临更加稀缺的资源形式，这就使得社会创业过程势必需要详细分析需要多少资源，以及规划好如何整合与利用这些资源。社会创业研究的奠基人之一格雷戈里·迪斯（Gregory Dees）基于问题导向，从社会创业需要什么能力、谁会提供这些能力、怎样满足这些能力、资源来自哪里这四个问题出发，构建了社会创业的“能力—资源”模型，阐述了资源与社会创业之间的关系，如图 4-1 所示。

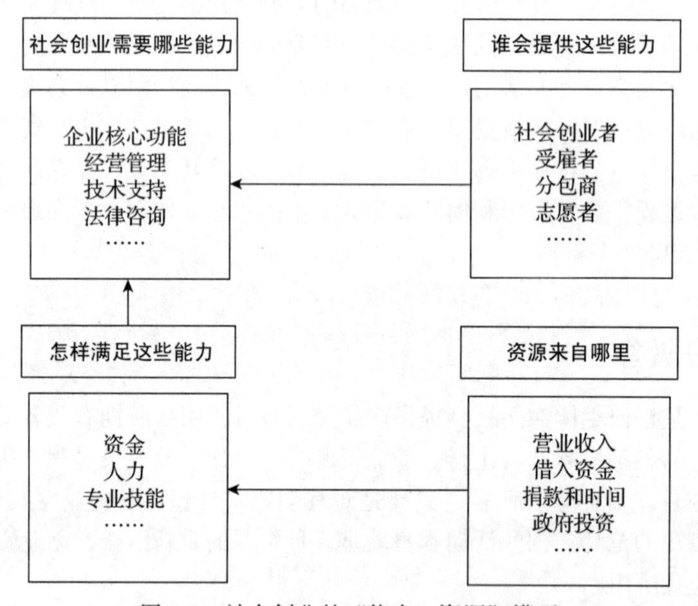

图 4-1 社会创业的“能力—资源”模型

资料来源：亚瑟 C 布鲁克斯．社会创业：创造社会价值的现代方法 [M]. 李华晶，译．北京：机械工业出版社，2009.

1. 界定社会创业所需的能力

社会创业者（团队）有必要通过考虑他们使命中定义的目标，以及满足这些目标需要哪些能力，从而开始规划资源整合的过程，而不是过早地通过筹款来启动这一过程。例如，以改善区域的学习成果为使命，那么社会创业的目标就是为需要这一服务的学生打造一个课后指导项目，而需要的能力就可能包括家教、管理方案、计算机及法律支持等。

2. 设计符合能力要求的人力资源框架

社会创业者（团队）有必要概括出哪些能力需要被满足，以及谁能够满足这些能力。例如，社会创业者本人擅长家教，但在计算机方面能力不足，需要合作伙伴的加入。人力资源框架的制定需要创造性，因为能力的分配通常并不总是明确和唯一的，因此社会创业者要注重授权与合作而非“事必躬亲”，才能创造更多的新价值。

3. 开发资源规划

能力的实现需要特定资源的支撑，社会创业者需要为第一步中的每种能力配备必要的资源，并为其寻找明确的途径。在完成资源的综合性框架蓝图后，社会创业者需要决定每种资源的来源。例如，家教需要社会创业者奉献自己的时间，同时也需要租用场地和设备，还需要办公场所和薪酬等，这些资源都需要明确其来源途径。

4. 明确具体活动

任何一种能力，包括与之匹配的资源来源，都需要有相应的详尽资料。每种能力需要多少志愿者时间，需要获得多少收入，筹款的目的是什么等具体活动，都需要进一步明确。同时，资源需求计划还要考虑动态因素，比如第一年需要什么，手头资源有哪些，最重要的资源是什么，满足资源目标的时间框架如何，是否有后备资源等具体活动，都需要明确其途径和效果。

4.3　社会创业的资源类型与来源

4.3.1　社会创业的资源类型

商业创业的资源类型通常按照资源属性进行划分，比如物质、声誉、财务、人力、技术等不同类型（Greene et al.，1999），旨在强调创业活动如何整合和控制这些异质性资源，使企业能够捕捉到这些资源所创造的价值，能够获得超额利润和保持竞争优势（见图 4-2）。然而，社会创业区别于商业创业的本质属性在于关注价值创造而非价值捕捉（Mair and Marti，2006），通过不断创新的活动形式和资源的整合来追求机会，从而促进社会变革和解决社会问题的价值创造过程（Austin et al.，2006）。

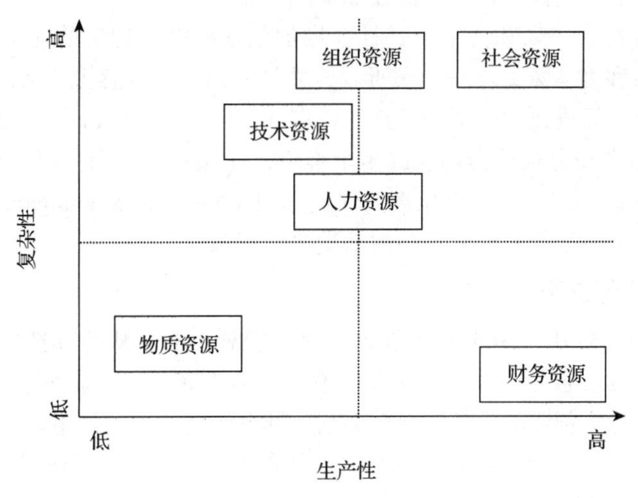

图 4-2　资源分类

资料来源：Brush C G, Greene P G, Hart M M. From initial idea to unique advantage: The entrepreneurial challenge of constructing a resource base[J]. Academy of Management Executive, 2001, 15(1): 64-78.

基于此，Austin 等人（2006）、余晓敏和丁开杰（2011）分别基于理论研究与比较分析发现，社会创业的资源外向流动性较低，与商业创业相比，尽管所需资源更为稀缺，但并不表现出商业创业资源的趋利性特征。Meyskens 等人（2010）基于实证研究证明了上述观点，指出价值创造的内在逻辑使社会创业更易于建立稳定的外部网络环境，从而吸引外部资源与关注。由此可见，社会创业的资源类型可以大致划分成内外两大部分，即社会创业者的个人属性与环境背景两方面。

1. 生产性的内部资源

社会创业在组织层面上的规模通常较小且盈利能力较低（Pless，2012），因而社会创业的内部资源是一种生产性资源，往往表现为社会创业者及其团队所拥有，控制或者可以直接使用的有形和无形资源。有形资源主要表现为厂房、土地、资金等有形资产，无形资源主要表现为教育、信用、性格等无形资产。

（1）有形资源。物质资源包括厂房、土地、设备、自然资源（如森林、矿山）等；财务资源包括资金、资产、股票等，财务资源更多来自社会创业者个人、家庭、亲朋好友等途径；人力资源包括初始创业团队成员、员工、志愿者等人脉资源；技术资源，包括专利、专用设备、关键技术等。

（2）教育水平。有研究表明，教育水平与社会创业之间呈正相关关系（Harding, 2006；Van Ryzin et al.，2009）。根据 2009 年创业板的数据，49 个国家的社会创业处于不同的经济发展阶段，如果不考虑经济发展阶段，那么教育水平与社会创业呈现正相关（Bosma and Levie，2010）。这一结果基于 2009 年全球创业观察（GEM）的比利时与荷兰数据（Bacq，2011），以及从美国网络调查数据的研究中得到了证实（Van Ryzin et al.，2009）。

（3）信用水平。社会创业者的个人信用水平是其调动资源的前提，它决定了社会创业活动的合法性水平。社会创业者的信用水平来源于过去的人格形象、职业、社会关系及地位（张远凤，2012）。信用主要是基于信任而不用付出较高成本，甚至不许成本就可以获得的商品与服务等资源。在社会创业过程中，信用水平起到的是撬动外部资源的“杠杆”作用，用以在社会创业过程中持续获得外部资源。

（4）亲和力等特质。亲和力是促进社会增加信任和彼此理解的能力（Yong，2007）。在人际关系中，亲和力意味着做一个倾听者，并且考虑对方的感受，从而形成良好的互信环境与关系，有助于促进技术改革并且获得资本增值（Ciavarella et al.，2004）。有研究表明，社会创业者的亲和力对社会创业的多个维度，比如社会使命、可持续性、社会网络、创新能力、财务收益等，都会产生积极的促进作用（Nga and Shamuganathan，2010），因而社会创业者的性格特征等特质也是其内部重要的资源之一。

2. 工具性的外部资源

社会创业的外部资源，是指社会创业过程可以利用的，从外部获取的各种工具性资源，比如从亲朋好友、合作伙伴、政府部门等筹集到的资金、政策支持、经营空间等，用于获得其他资源。社会创业的内部资源会影响外部资源的获取与使用。

（1）社会网络。社会网络及其所涉及的人脉资源等，是社会创业者获取必要资源以推动社会创业项目持续发展的必要条件（Sharir and Lerner，2006）。构建社会网络需要社会创业者建立与其他组织和个人的良好合作关系。而且，相比商业创业，社会创业对社会网络的依赖更强，这是因为社会创业过程需要与不同部门进行沟通、协调与协作，并处理复杂的利益相关者关系（Nicholls，2006）。

（2）城市化水平。城市化水平越高，社会创业的繁荣程度也会相应提升（Korosec and

Berman，2006）。这表明在城市化过程中，可能会衍生出比较多的社会问题，比如环境污染、医疗资源不足、生活设施不便等，而城市居民也能够有更好的途径接触社会团体、政府机构等，从而获得相应资源。而且，城市居民对社会创业的认识程度更高，也更加能够提供社会创业所需的资源。

（3）政府福利支出。政府福利支出水平越高，社会创业的繁荣程度也相应越高（Hoogendoorn and Hartog，2011）。无论是欧洲式的被政府鼓励作为传统福利模式替代者的社会创业，还是美国式的社会组织寻找联合服务的供应方式，都表明，在一定程度上，政府在公共服务方面的支出能够推动社会创业的蓬勃开展。

（4）个人主义文化。文化对个人主义和社会创业产生有力影响（Hayton et al.，2002）。社会创业处于个人主义与集体主义的中间地带，在一些地区大量的非正式资源（比如家庭）提供了社会服务，因而会影响社会创业的推广；在家庭关联性很弱的地区，社会问题对社会创业的需求旺盛，能够推动社会创业的普及化（Borzaga and Defourny，2001）。个人主义文化支持创业，并且持续在个人主义和社会创业之间寻找积极的、有显著意义的关系（Hoogendoorn and Hartog，2011）。

4.3.2　社会创业的资源来源

社会创业的资源来源途径可以分为市场途径与非市场途径两类，前者主要是通过市场交易的方式获取资源，后者主要是通过非市场交易的方式获取资源。

1. 基于市场途径的资源来源

社会创业通过市场途径获得资源的方式主要有购买和加入平台两种方式。

（1）购买是指通过资金等财务资源从市场中购入资源，比如办公空间、设备、技术、聘请员工等。值得注意的是，知识尤其是隐性知识等资源可以通过购买物质资源（如设备等）得到，但由于其附着在非知识资源上而很难在市场上直接购买（张玉利，2017）。购买是最为常见的资源获取途径，但社会创业由于经济盈利能力通常较弱，因而在资金数量限制下在购买资源方面受到较大制约，往往难以大量购买市场中的资源。

（2）加入平台是指社会创业组织通过加入某一公益平台，比如恩派、南都公益基金会等，在平台协助下进行资源整合与利用，类似于联盟。平台与社会创业组织之间是互惠互利的关系，社会创业组织通过平台不仅可以获得资金、场地等显性资源，还可以借助平台获得人脉、信息等隐性资源；平台通过支持社会创业组织运营可以提高解决更为广泛的社会痛点问题的能力，提升资金、信息等资源的配置与利用效率，扩大自身影响力。

2. 基于非市场途径的资源来源

非市场途径的资源来源不许进行市场交易，主要有资源吸引和资源积累。

（1）资源吸引是通过发挥无形资源的杠杆作用，以针对社会痛点问题的可行性解决方案为基础，通过社会创业项目路演，以及社会创业团队声誉等获取和吸引资源的方式。社会创业团队可以充分利用项目路演的机会，比如社会创业高峰论坛等，向投资人、公益平台等描述前景并展示项目特色，从而吸引资源加入。

（2）资源积累是社会创业者及团队通过自己拥有的手头资源，不断在内部培育新资源的过程。通过资源积累，可以逐步积累相关人力资源，学习并提升知识水平与技术能力，激发团队的主观能动性与创造力，通过自我积累获取资金等资源。这也是目前社会创业过程中最为普遍的资源来源途径。

实践之窗

残友集团的资源获取：由非市场到市场的转变

1997年，因为此前炒股，郑卫宁中有一台电脑，他便琢磨着开办一个电脑兴趣小组。他联系了深圳义工联，从他们那里招募了四个平时比较活跃的残疾人，又从武汉请了一位老师来教大家。

刚来的残疾人一个都不懂电脑，郑卫宁很是气馁："难道全深圳的残疾人没有一个懂电脑的吗？"后来他四处打听，获知有个残疾人叫刘勇，过去在打字社里打字，一分钟能打200个字，后来打字社倒闭了，就在一家麻将馆里打杂。

郑卫宁决定去找刘勇。一进棋牌室，他就看到了刘勇，他的身高还不到1.3米，正弯着身子在麻将馆里倒开水。说明来意后，刘勇从放拖把和杂物的角落里找出一台装有DOS系统布满灰尘的电脑，开机后，他用那双变了形的手在键盘上敲击，果然是1分钟能打200个字。"我看他打字很熟练，就觉得有戏。"

整整15天，刘勇每天趴在电脑面前，经常熬通宵，最后竟真捣鼓出一个网页来。郑卫宁大喜过望，带着大家坐着轮椅在深圳的电线杆子上到处贴广告，招揽生意。当时，只要有生意，再便宜也接，只为打出知名度。

1999年，刘勇一举获得深圳网页制作总冠军；2000年3月，他又拿到广东省的总冠军；同年5月，在苏州的比赛中，刘勇再度取得了全国第二名的好成绩；8月，在欧洲布拉格网页制作比赛上，刘勇取得了世界第五的佳绩。这让郑卫宁和他的团队备受鼓舞。

2008年后，这五名骨干当初成立的残友集团，业务范围迅速扩大，实现了井喷式的发展，随便接一个单，价格就在数十万元甚至上百万元。

经过20年的打拼，如今的残友集团已经成为一个现代化高科技企业：拥有5 000多名残疾人员工、两家上市公司、40多家分支机构、1家基金会、14家公益组织，业务涉及软件、动漫、文化设计、系统集成、呼叫中心、电子商务等多个领域。残友集团获得美国卡耐基世界软件成熟度CMMI 5级认证、英国2012年年度国际社会企业奖以及科技部双软认定，这些荣誉让一般企业望尘莫及，你很难想象，这是一家由残疾人员工组成的公司。

资料来源：节选改编自"5个残疾兄弟创业：20年撑起两家上市公司"，广州日报人物在线，https: //mp.weixin. qq. com/s/JG3vJDHwEjt-a3AGFwygTg. 2017-8-3.

4.4 社会创业的资源整合过程

4.4.1 社会创业资源整合的理论基础

资源约束是创业过程要面对的首要障碍，很多创业者都因为无法整合到必要的资源而难以开发创业机会。在商业创业情境下通常会面临这样的问题：创业者如何利用手头现有的、很多人认为是没有价值的零散资源，进行创造性使用并以此开发创业机会呢？这是传统的资源基础理论所难以回答的。而在社会创业情境下，社会创业遵循基于商业化手段创造社会价值的逻辑（Dees，1998），与商业创业的"手段—目的"关系截然相反，按照资本逐利逻辑，追求经济收益最大化的商业创业尚且面临资源稀缺，而以社会价值最大化的社会创业如何应对资源稀缺，如何整合并利用资源等问题，更是传统资源基础理论无法回答的。

特德·贝克（Ted Baker）和里德·纳尔逊（Reed Nelson）借用法国人类学家列维－施特劳斯（Levi-Strauss）在《野性的思维》一书中提出的“拼凑”（bricolage）概念，对创业者和创业企业的资源拼凑行为进行了系统研究。他们创建了创业资源拼凑理论，对创业者在资源整合与利用方面的行为特征进行了深刻解读。

资源拼凑理论包含三个核心概念：手头资源，即创业者/新企业/市场中具备的但并未被发现或重视的资源，包括创业者不必经过搜寻，通过社会交换或非契约形式即可低成本获得的资源，以及个体层面的经验、知识、关系等无形资源；将就使用，即创业者面对资源约束时利用手头资源应对新挑战或机会的行为偏见，不纠结手头资源是否切实可行，认为“可以”比“应该”更重要，而非犹豫手头资源是否产生有益结果（于晓宇等，2017）；资源重构，即整合资源以实现新目的，指创业者根据新目的，以不同的既有策略意图及使用方式来创造性地再造资源的利用方式，既有目的需要相应的资源整合以实现，而新目的需要资源的再整合（方世建和黄明辉，2013）。

综上所述，社会创业过程的资源整合，尤其是在资源整合前的准备过程中，要明确以资源拼凑作为资源整合的方法与途径。社会创业面临的是资源稀缺与环境约束的双重挑战，需要采取创新性资源整合方式，采用资源拼凑利用现有资源来解决资源约束瓶颈，而且要在拼凑中发现资源的新用途并调动一切可以利用的资源。因此，当明确了拼凑这一资源整合的方式后，社会创业的资源整合过程就可以三个核心概念为基础，按照“准备阶段—机会识别—机会开发—组织成立”的过程主线，划分成四个阶段。

调查研究

“修补术”——拼凑概念的来源

在我们的生活中仍然存在着一种活动，它可以使我们在技术平面上很好地理解那种我们宁愿称作“最初的”而非“原始的”科学在理论思辨平面上的情况。这就是通常所称的“修补术”(bricolage) 一词所表示的活动。

动词“bricolage”在旧的词意中指球戏和玩台球、狩猎和骑马，然而它总是在涉及某种附带的运动时使用：球的弹跳、狗的游荡或马的避绕障碍。在当代，“修补匠”(bricoleur) 仍然是指用手干活的人，与掌握专门技艺的人相比，他总运用一些转弯抹角的手段。神话思想的特征是，它借助一套参差不齐的元素列表来表达自己，这套元素表列尽管包罗广泛，但也是有限的。然而，不管面对什么任务，它都必须使用这套元素(或成分)，因为它没有其他任何可供支配的东西。所以我们可以说，神话思想就是一种理智的“修补术”——它说明了人们可以在两个平面之间观察到的那种关系。

“修补匠”善于完成大批的、各种各样的工作，但是与工程师不同，他并不是每种工作都依赖于获得按设计方案去设想和提供的原料与工具：他的工具世界是封闭的，他的操作规则总是按手边现有之物来进行的，这就是在每一有限时间里的一套参差不齐的工具和材料，因为这套东西所包含的内容与眼前的计划无关，另外与任何特殊的计划都没有关系，但它是以往出现的一切情况的偶然结果，这些情况连同先前的构造与分解过程的剩余内容，更新或丰富着工具的储备，或使其维持不变。因此，“修补匠”的这套工具就不能按一种设计来任意确定其内容。它只应按其工具性确定。换言之，用“修补匠”的语言说，因为各“零件”(即元素或成分)是根据“它们总归会有用”的原则被收集或保存的。这些零件都没有什么太专门的用途，对并不需要专门的设备和知识的“修补匠”来说，是足够用的，但对每一种专用目的来说，零件却不齐全。每一种“零件”都表示一套实际的和可能的关系，它们是一些“算子”，却可用于同一类型题目中的任何运算。

资料来源：列维－施特劳斯.野性的思维[M].李幼蒸，译.北京：商务印书馆，1997.

4.4.2 资源整合前的准备

在开启社会创业之前，社会创业者及其团队需要进行一些专门的准备。社会创业通常针对的是“金字塔底层”的社会需求（Dees，1998），能够直面社会痛点问题并加以解决。但是，由于社会创业过程在盈利能力方面相比商业创业存在明显不足（Pless，2012），而且其受众通常难以足额支付产品和服务的价格（Nga and Shamuganathan，2010），社会创业面临更大的资源压力。因此，在资源整合之前，社会创业者及其团队需要在以下两方面做好准备。

1. 个人信用水平的建立与提升

人们都处于一定的区域、社群和组织中，无论是对日常的工作、学习和生活，还是资源整合，信用水平都是非常重要的资源。创业者具备创新意识、创业精神和创造性思维，而社会创业者又彰显出共享的社会价值属性，在思维方法和行为方式上表现出不同之处，显示出异质性人才资本特征。但是，信用、信任是一种市场规则，违背了这一规则，就会在区域、社群和组织中产生对自己不利的消极影响。创业过程的初始资源通常来自创业者的自我积累或亲朋好友，如果没有较好的信用水平、口碑太差，资源整合的难度会加大。特别是我国情境下的社会创业，缺乏专门法律法规的界定与监督，公众的认知程度相比成熟的国外环境仍有差距，因而社会创业者及其团队的信用水平在资源整合前的准备阶段就尤其重要，甚至直接决定了社会创业过程能否顺利开启。

2. 人脉资源的审视与积累

与信用水平相关联的是社会创业者及其团队的人脉资源。从组织层面看，社会创业者的关系网络形成了新社会企业、新社会组织的社会资本，企业/组织的社会资本是企业/组织通过社会关系整合稀缺资源并由此获益的能力；从个体层面看，很多研究发现，创业者的人脉关系对创业活动的成效，比如机会识别与开发、资源整合、获得融资、绩效水平等有直接的促进作用。人脉资源、关系网络并不等同于我们通常所说的“拉关系”“走后门”等寻租行为，而是基于正常的社会经历建立的如师生、同学、朋友、同事等人际关系网络，为创业带来有价值的信息和资源。因此，对社会创业者及其团队来说，要善于同其他社会创业者及其团队、社会公益组织平台、受众及志愿者等利益相关者建立良好的关系，积极参加社会创业论坛、项目路演等活动，为后续项目启动的资源整合奠定基础。

4.4.3 机会识别阶段的手头资源梳理

在机会识别阶段，社会创业已经由准备阶段的创意逐步向机会识别与定位过渡。在这一阶段，社会创业者需要全面梳理手头掌握的各种资源，并结合自己的信用水平和人脉资源情况搜寻可以控制和支配的各种资源，为识别和把握社会创业机会做准备。总体来看，社会创业的手头资源可以划分成静态资源与动态资源两类，前者是其掌握的手头资源，后者是其可以通过信用水平和人脉关系进一步支配和利用的资源。

在静态资源方面，相关学术研究与实践总结表明，社会创业者的手头资源，主要包括实物、劳动力、知识技能三方面（Desa, 2012；Desa and Basu, 2013）。其中，实物资源主要表现为场地、资金、设施设备、工具等；劳动力资源主要表现为社会创业者自身，以及可以调动的家庭成员、亲朋好友等；知识技能主要表现为某一方面的知识储备，如医疗、语言、专长等各种技能。也有学者没有按照资源本身的类型进行分类，而是按照资源所处的情境将静态资源分成两类（刘振等，2018）：一是正式制度相对健全的情境下，比如美国等西方发达国家中以市场主导的资源，如经济收入、政府再分配和公共部门补贴、互惠性资源（如捐赠、非货币性援助等）等；二是制度缺失的情境下，比如中国等发展中国家中以关系主导的资源，如社会创业者先前的经历、志愿者及其技能（如人脉、知识等）、声誉与沟通能力等。

动态资源与静态资源有所差异。在组织成立前的机会识别阶段，社会创业难以提供相应的产品与服务，不得不依靠可低成本获得的资源（Dacin et al.，2011），以弥补其经济能力的先天不足（Austin et al.，2006），而并非是静态资源的“即刻可取”。因此，社会创业者需要依靠其信用水平与关系网络，在机会识别阶段吸引外部的静态资源加入，从而减轻由于“经济理性”而造成的资源输入瓶颈（Santos，2012）。例如，格莱珉银行创始人尤努斯凭借大学教师身份的良好信用，以及基于乡村留守妇女人际关系建立起的小额信贷网络，有效解决了社会创业难以将产品和服务设定高价而导致的经济能力的不足。

静态资源不需专门搜寻，是可以迅速投入使用的手头资源；动态资源需要社会创业者进一步整合，体现出资源的延展性。在机会识别阶段，社会创业手头资源体现出的是非经济理性特征，特别是信用水平和人脉资源的“可延展性”能够有效克服资源的趋利倾向（Meyskens et al.，2010），通过手头资源的共享与流动鼓励授权合作而非竞争优势构建（Maclean et al.，2013），从而建立稳定的外部网络，共同探索可持续的社会价值创造方式。

4.4.4　机会开发阶段的资源将就使用与积累

在机会开发阶段，社会创业过程已经识别和定位了需要满足的需求和需要解决的社会问题，在此基础上进入准备筹建组织（比如社会企业、NPO、NGO 等），在使用手头资源创造相应产出的同时不断进行资源积累的阶段。在这一阶段，按照资源拼凑的核心概念与内在逻辑，社会创业可能无法选择资源的种类、数量和质量，但是可以通过将就使用手头资源，不断创造经济、社会、环境和人文等方面的产出，比如生产实体产品、提供社会服务等，不断积累资源储备，特别是对新动态资源的吸引。

从资源拼凑的类型来看，机会开发阶段中，社会创业同时运用物质拼凑和概念拼凑来实现资源积累（Molecke and Pinkse，2017）。在物质拼凑方面，社会创业通过使用“现成”资源找到解决社会问题和把握机会的可行方法，帮助社会创业者与利益相关者就如何创造社会价值达成共识；在概念拼凑方面，社会创业通过重新标榜社会价值概念及与之相关的“潜在”资源，以创造新故事服务于社会价值，创造促进利益相关者转变原有“利润 / 产出导向”测量思路，转而关注创造社会价值过程的有效性，调动资源主动参与的积极性。

值得一提的是，机会开发阶段“现成”的物质资源与“潜在”的概念资源，机会识别阶段的静态资源与动态资源是相对应的，从而将就使用手头资源创造社会价值。例如，我国第一个代养代教服刑人员未成年子女的“太阳村”创始人张淑琴，20多年来在政府机构、基金会等各类组织机构及义工的帮助下，在全国建立了9家机构，累计帮助6 000多名服刑人员的未成年子女，从而影响和促进其父母能够认真服刑努力改造，为社会和谐贡献了力量。

在机会开发阶段，社会创业需要重点关注资源将就使用的效率及资源积累效应（Choi and Majumdar，2014），这具体表现在社会创业对手头资源将就使用的内在逻辑上，即经济身份的手段导向与社会身份的因果逻辑。一方面，资源的将就使用，无论是手头资源的种类还是将就使用的方式，都是以社会价值为使命，即因果逻辑是将就使用的主导逻辑或基础；另一方面，经济收益只是创造社会价值的工具，尽管社会创业者总是试图创造切实可行的方案或依托所处关系网络获取必要的经济能力（Meyskens et al.，2010），但由于社会创业受众往往难以足额支付产品和服务价格（Nga and Shamuganathan，2010），以及经济能力的先天不足（Austin et al.，2006），手段导向只是将就使用的支持逻辑或工具。

4.4.5 组织成立后的资源重构与吸引

在社会企业、NPO、NGO等组织成立后，社会创业进入了手头资源的重构与吸引阶段，社会创业中的资源重构，总体上是将就使用的进一步实践化，即范围更大、程度更深的外部资源吸引。

具体而言，一方面，在手段导向逻辑下，市场主导的资源作为“有形”要素投入到社会创业降低在市场经济中不确定性的努力之中，在经济层面创造经济收益、商品和服务销售渠道，拓展与政府、企业等部门关系（Meyskens et al.，2010），从而解决经济身份“工具属性”的非预期问题；另一方面，在因果逻辑下，关系主导的资源通过关系网络提升社会大众的认知水平，以资源重构作为应对市场功能失灵、缓解制度压力、调动利益相关者的资源共同创造社会价值的手段（Di Domenico et al.，2010），并通过特许经营等手段迅速将社会价值传播到更大范围的受众，构建可复制的系统方法实现社会使命（Sunduramurthy et al.，2016），从而致力于形成社会价值的一致性强化及常规化，以刺激社会变革和满足社会需求（Desa and Basu，2013）。例如，智耕农创始人孙学音利用新闻媒体的工作经历与资源，通过关注少年儿童的食品卫生问题，进而搭建农村弱势种植者与城市爱心消费者之间的桥梁，在解决了绿色农产品销售难的同时，通过给城市弱势群体（如残障人士等）提供工作机会建立了广泛的顾客及志愿者网络，基于“素生活”理念成功经营社会企业。

有人对这一阶段社会创业的资源吸引进行了研究，发现组织成立后的社会创业过程中，通过资源拼凑可以影响宏观制度变革、引领技术规范构建，以及提高社会认知水平的内在机制（Desa，2012）。Estrin等人（2013）则进一步基于制度理论与社会资本理论研究发现，社会资本是社会创业面临的非正式制度核心问题，社会创业能够推动国家层面的社会资本建构，通过社会创业活动能够增强创业者的技能与自信心，在非正式制度影响下有助于社会与商业创业蓬勃发展。按照Estrin等人的观点，社会创业者面临的资源稀缺性程度更高，在“经济—社会”的资源利用认同机制建立之前，难以利用既有社会资本实现外部新资源整合，需要创造性地利用手头资源来实现社会资本的不断积累，进而拓展原有关系网络，而后随着社会资本积累程度的加深，才能够让社会企业在组织层面实现持续成长。

实践之窗

从一家之力到跨界协作

据中华少年儿童慈善救助基金会（简称“中华儿慈会”）平台运营部高级主管、E 公益联盟负责人马小艳介绍，E 公益联盟将从不同层面为广大非公募类 NGO 的公益项目提供募款平台及传播支持，并通过过程与结果管理，提升更多 NGO 的项目设计与管理、善款预算与执行、网络筹款等能力。联盟首批专家团队包括互联网筹资专家、项目管理专家、传播专家、企业筹资专家、志愿者管理专家、财务专家等。根据不同情况，平台还将继续扩充专家团队规模。

互联网筹款一直是中华儿慈会的强项。2015 年，该基金会互联网筹款第一次超过其他渠道，达到 62%，而且 2015 年互联网筹款比 2014 年增加了 400%。此后，其互联网筹款额连年增长，在近三年的 99 公益日中表现尤为突出。成立 E 公益联盟则是希望分享基金会在这方面的优势，提高其他小型儿童类公益机构的筹款能力。

“我们一直在向社会传达一种开放的理念，即无论是公募资源还是平台或资质，都应该和整个行业共享。”中华儿慈会副秘书长姜莹表示，“在这个过程中，不单单是共享公募资质，更深入层次的共享还涉及管理思维、资源匹配以及渠道的开拓等。我们希望分享自身的经验和优势，在更广泛的程度上助力公益组织尤其是草根 NGO 的发展，让他们少走弯路。这是我们谈联合时想要达到的最重要的目标”。

与 E 公益联盟的运作模式不同，由南都公益基金会、阿拉善 SEE 基金会、爱德基金会、壹基金等 16 家机构联合共建的“中国好公益平台”更像是公益领域的一次强强联合。平台成立之初就设置了三大目标：促进针对真实社会需求的公益产品的规模化；提升民间公益组织的专业化水平，促进其可持续发展；夯实公益信任体系，成为公众寻找可信赖公益产品的窗口。

截至 2018 年 5 月，中国好公益平台累计遴选出 53 款优质公益产品（其中因为规模化成效不够理想、产权调整等原因，有 5 款产品退出平台，目前共有产品 48 款）。该平台为这些公益产品提供品牌认证、规模化相关的专题培训、一对一咨询、推广渠道、品牌传播、资源链接以及学习经费资助等方面的支持。

同时，平台还引入了“赛马机制”，为规模化效果良好的机构（数量上扩张至 50 家）提供一年 20 万元的奖励性资助，帮助这些机构在实现规模化的同时提升人力资源管理和项目管理成效。

以“爷爷奶奶一堂课”项目为例。最初加入平台时只有 6 家公益组织开展该项目，通过路演等渠道推广，现在全国共有 160 多家公益组织在开展此项目。该项目发起人贺永强还当选为 2017 年“CCTV 年度慈善人物”。此外，中国好公益平台及时协助团队对接了致力于社会影响力投资的顺德双创公益基金会，为该项目提供了 70 万元的社会企业转型探索资助，接下来还将为它们提供更高额度的天使投资。

资料来源：节选自“从一家之力到跨界协作 公益联合如何才能避免流于形式？”，公益时报，2018-6-12，http://www.gongyishibao.com/html/yaowen/14164.html.

4.5 社会创业资源整合与利用的价值效应

资源稀缺是创业过程的常态，社会创业尤为明显的原因在于资源的社会价值导向而非利益驱动，而在机会识别与开发阶段，社会创业所要解决的关键问题就是如何改变资源的趋利性认知，构建跨组织的“经济—社会”手段—目的关系的资源利用认同机制（Murphy and Coombes，2009），而这有赖于社会创业资源利用的结果或效果如何。从目前社会创业的实践发展现状及趋势来看，其资源利用效应与效果主要体现为以下几个方面。

4.5.1 获得融资

社会创业基于资源积累与吸引后，最为直接的效应就是获得来自内部及外部的资金支持。内部融资是由生产和交付服务或产品的现金流提供；外部融资或是用来支付临时经营性的负现金流，或是用来资助长期投资，如建筑物、设备或基础设施（Volkmann et al., 2016），如图 4-3 所示。

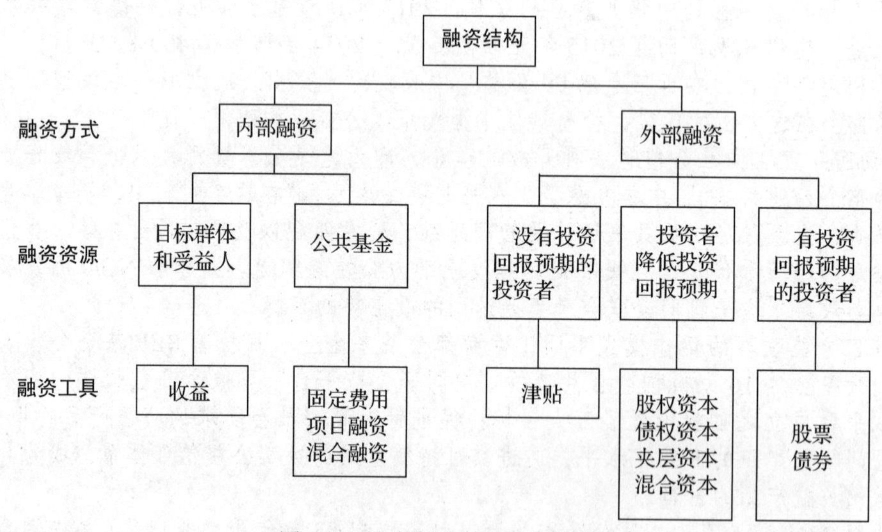

图 4-3 社会创业的内外部融资

资料来源：克里斯蒂娜 K 福克曼，基姆·奥利维·托卡斯基，卡蒂·恩斯特，等．社会创业与社会商业：理论与案例 [M]. 黄琦，陈晓庆，译．北京：社会科学文献出版社，2016.

在内部融资中，如果社会创业受众或第三方受益人有能力支付产品或服务的价格，社会创业就可以获取这种收入流，但是也有特例，比如人权或暴力预防等领域通常没有这样潜在的战略储备。此外，公共部门也是内部融资的来源之一，官方公共部门通常在法律上有义务为社会创业组织的产品和服务提供资金，或使用它们的自由裁量权在成本基础上提供项目资金。但是，这种资金来源一般不能用于盈利，因此在融资结构中有别于其他资金来源。

在外部融资中，社会创业所获得的外部融资不能用于组织盈利。传统上，捐款在社会领域中的作用十分重要，如果没有其他可用的资金流，捐款具有非常重要的安全操作性。最近，社会企业也开始在融资结构里使用股权资本、债权资本或夹层资本（夹层融资）和混合资本。不过，资本提供者必须考虑到社会使命限制了社会企业的融资功能以及融资渠道，所以需要相应地调整融资手段，比如降低投资回报率，或组合各种融资手段（Volkmann et al.，2016）。

值得一提的是，由于社会企业结合了营利组织和非营利组织的特点，因此可以使用与传统商业企业类似的融资手段。其中一个重要的改进是关于社会企业必须支付的利息或股息金额（苗青，2014）：股本可作为“耐心资本”而不支付股息；债务资本可作为“免息贷款”而不支付利息；社会企业还能获得捐款和混合资本。总体而言，社会企业融资手段的范围取决于其还款能力。

4.5.2 实现扩张

资源整合使得社会创业能够有机会实现扩张。Dees（2008）将企业扩张定义为“扩大某种经营模式的影响……以更好地匹配社会需求的大小程度或所需解决问题的严重程度”。这个定义表明，社会创业的扩张和业务的增长不一定是相对应的：前者专注于扩大对社会的影响，而这几乎是不可测量的；后者主要侧重于经济成功或股东价值的参数变化（Uvin，2000）。因此，社会创业的扩张并不一定意味着组织规模的扩大，也包含着其他人对社会创业行动的复制。参照Dees、Anderson和Wei-Skillern等人的研究成果，社会创业的扩张策略主要体现为以下四种方式。

（1）传播。传播类似于IT的开源方法，通过最早成立的组织为复制其方法的人或组织提供信息和技术辅导，使得社会创新得以实现（Dees et al., 2004）。社会创业通过传播可以较快地达到规模化，从而以较低的直接成本和较少的精力耗费达到预期效果。但是，传播的缺点在于缺乏对复制者的了解，以及复制者是否有复制的能力。常见的传播途径包括出版物（如宣传册、手册、公开演讲等）、培训、咨询和对资质认证标准的解读。

（2）从属关系。从属关系是指一个母组织与一个或多个在特定领域实施该方法的合作伙伴之间的协作关系。这种协作关系由母组织和合作伙伴之间的协议来确定，协议可能包括一般的或特定的指导方针等内容，比如共同品牌名称、资金责任等（Dees et al.，2004）。与传播相比，从属关系更有助于母组织控制其合作者，但从属关系需要较长的时间来构建，需要更多的资源和母组织的支持。常见的形式包括合资和许可。前者指合作伙伴成立新组织，分享资源，共担风险；后者指权力的转让，比如知识产权的授权使用。

（3）特许经营。特许经营是非常紧密的从属关系，目前在社会领域得到了显著运用。社会创业通过特许经营能够从特许经营者和加盟者的网络协同效应，以及系统的技术转让中获益。品牌的一致性被视为特许经营中资源调动的关键，加盟者一致的外观有利于建立信誉、信任和品牌知名度（Ahlert et al.，2008）。特许人在选择加盟者时要谨慎，除了仔细考虑他们是否值得信任外，还要设立管理机制。然而，由于加盟者的独立性被认为是社会创业特许经营的重要特征，因此这是一个比较难以平衡的问题。而且，在早期，特许经营的审核报告和加盟者的正当性往往被忽视。由于社会创业提供的大多是服务，因而很难界定除了品牌名称和初始知识转移之外的加盟者的价值主张。

（4）分支机构。分支机构是指创建某一组织的本地或当地分支机构，类似于商业领域的一家公司拥有的连锁店或分厂，代表了组织的策略可以得到创始组织最好的控制。当成功的扩张依赖于严格的质量控制、详细的做法和隐性知识时，开设分支机构是最佳选择。各个分支的中央统一协调有助于建立公认的品牌，扩大规模经济和传播文化等无形资产。

但是，组织对协调分支机构的过分注重会使其忽视日常的业务运行，导致在提供服务方面的质量下降，因而更多的资源需求和缓慢的进展会导致成本的增加。

在确定扩张策略之前，社会创业者及其团队需要考虑控制能力和资源投入两方面的能力与上述四种扩张策略的关系，如图 4-4 所示。

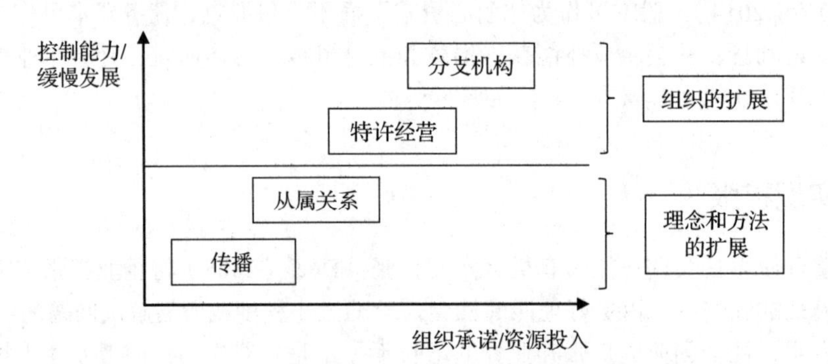

图 4-4　社会创业的扩张策略选择

资料来源：克里斯蒂娜 K 福克曼，基姆·奥利维·托卡斯基，卡蒂·恩斯特，等. 社会创业与社会商业：理论与案例 [M]. 黄琦，陈晓庆，译. 北京：社会科学文献出版社，2016.

4.5.3　产生社会影响力

社会创业在实现规模扩张之后，就更加有可能对社会产生积极影响。这种影响体现在静态与动态两方面：前者关乎效率，与社会创业在特定时间点的解决方案、产品和服务相关；后者强调创新，侧重的是社会创业如何改变所处的环境，如何带动别的企业或组织开始提供解决方案并提供急需的商品和服务。

在静态影响力方面，相对营利性商业和政府供给两种理想的最优解决方案，社会创业可以作为针对长期社会问题的重要次优方案。一方面，作为专注于提供与特定的社会、道德或环境目标相吻合的产品的社会创业组织，可以理解为以全力追逐市场利润为目的的商业模式的替代者。以高品质食品市场为例，考虑到市场竞争性，商业企业可以进入，但需要更低的价格和更好的质量，但由于受众支付能力的限制而可能不愿进入，这时社会企业就可以作为次优解决方案提供相关服务。另一方面，社会创业可以作为理想化的政府解决方案替代者，利用所有净利润解决当地社区的社会需求，而并非以私人红利形式分配。在当地政府不能提供公共产品（如医疗保健和教育），或者没有一个高效、民主的公共部门时，社会创业活动就可以接管并提供相应服务，作为有效的次优选择来提升社会影响力。

在动态影响力方面，当涉及创新和可持续性的社会问题解决方案时，社会创业就显示出系统性的比较优势。与慈善性非政府组织相比，社会创业更加强调自给自足，基于不断尝试、试错和反馈来优化变革性解决方案，具有更高的可持续性；与营利组织相比，社会创业更加愿意使用“耐心的资本”来发展包容性市场，为社会变革赢得时间，同时专注于社会问题，使其能够得到关键的非货币资源（如志愿者），并且拥有值得信赖的、可靠的和合法的信誉，从而克服信息不对称的影响；与政府供给相比，社会创业强调“自下而上”，通过动员分散的实验和反馈提高适应性效率，能够通过解决少数群体的需求长

期影响公共部门决策，同时愿意尝试更具风险和创新的办法，从而逐渐实现潜在的动态影响。

在产生社会影响力的具体途径方面，保罗·布鲁姆（Paul Bloom，2012）设计了评估组织增加社会影响力的SCALERS模型，从七个方面设计了组织增加社会影响力的细节和类型，具体包括：

- 人员配备（staffing）：填补需要应对任何变化的职位；
- 沟通（communicating）：劝说主要利益相关者，使变革战略获得采纳/支持；
- 建立联盟（alliance-building）：建立联系以带来理想变革；
- 游说（lobbying）：拥护有利于组织的政府变革；
- 收入生成（earning-generation）：创造收入以支持变革；
- 再造（replicating）：复制组织发起的项目和倡议；
- 刺激市场力量（stimulating market forces）：创造鼓励私人利益的动因。

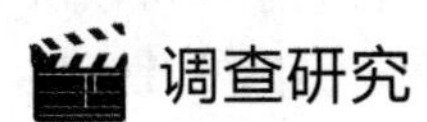

调查研究

社会影响力投资的概念比较

1. 社会影响力投资与慈善捐助

如果将慈善捐助中的捐助行为看作广义的投资行为，其本质就是，这种投资行为不追求任何财务上的回报，而完全追求投资所产生的社会正效用。并且，这种正效用往往有着明确特定的投资指向，因此财务回报上的风险在投资决策中不予以考虑。而不论侧重于哪个方向的社会影响力投资，都需从财务回报上予以考虑，即存在可以预期的财务收益，这一点是影响力投资与慈善捐助本质的区别。

通过社会影响力投资所获得的收益，可以反复再投资。然而，慈善捐助需要不断地输血，这也是两者在社会效益的扩展性、效率上的不同。所以，更多有策略、有远见、关注结果和效率的慈善家、基金会也开始采用社会影响力投资的思想，抛弃了传统的单一捐助模式。

2. 社会影响力投资与公益创投

公益创投是指应用公益慈善的理念以及风险投资的专业技术协同达到公益目的，从而创造更大的社会价值及影响。就投资的理念而言，公益创投更偏向于慈善捐助，旨在产生社会影响力。但是与慈善捐助相比，公益创投把影响力的持续产生作为投资的考量之一，更关注投资企业能否利用投资将企业进一步发展壮大，来扩大并持续产生影响力，而不像慈善投资，将主要理念的契合作为投资（捐助）的首要决策考量。因此，公益创投和社会影响力投资比较契合，两者的区别在于公益创投在财务回报诉求方面明显更低。

3. 社会影响力投资与社会责任投资

社会责任投资是指通过公开市场交易的证券来投资那些有助于环境问题、社会问题改善的公司，并避免投资于烟草、酒类、博彩、武器制造等会对社会产生负面影响的公司。狭义上的社会责任投资是以避免投资可能对社会环境造成负面影响为企业首要投资决策标准，而不是以追求社会环境问题改善，获取社会正效用为必要目的。这一点也是社会责任投资和社会影响力投资最为显著的区别，前者比较被动，后者比较主动。

综上所述，影响力投资其实可以看作位于强调社会价值的慈善捐助和强调经济价值

的传统投资两个极端的中间层。公益创投和社会责任投资分别作为两个极端和中间层的过渡，基于此可以帮助我们理解影响力投资的性质与特点。

资料来源：由上海财经大学社会企业研究中心、北京大学公民社会研究中心、21世纪社会创新研究中心、美国宾夕法尼亚大学社会政策与实践学院共同编写的《中国社会企业与社会影响力投资发展报告》，2013。

4.5.4 影响公共政策

在经过获得融资、实现扩张和建立社会影响力之后，社会创业对经济社会发展的积极效应会逐步积累并持续扩散，当这种积极效应，即解决社会问题的积极作用由个体到社区再到区域范围内逐渐显现时，就会对公共政策的完善与发展产生积极影响。从目前社会创业的发展实践来看，对公共政策的影响主要体现在以下四个方面。

1. 建立专职办公室

培育新领域需要建立一个能够管理创新基金、宣传和推广最佳实践、召集全国可以从该领域发展中获益的行动者的专职办公室。例如，英国的第三部门办公室、美国的社会创新与公民参与办公室、韩国的社会企业促进局等，都是通过这种方式来推动国内社会创业的发展。目前，我国还没有专门来管理社会创业活动的法律法规和行政机构，未来有必要通过学习国外先进经验来支持国内的社会创业发展。

2. 拥有召集权利

召集权利体现为对社会创业活动参与者的"聚拢"作用，通过政策、策略及管理机制等的共同协作来推动社会创业的规模化、系统化发展。例如，美国白宫的社会创新与公民参与办公室已经主办了一些具有开创性意义的影响力投资会议，主题集中在"为绩效付账"和"社会影响力债券"。我国目前类似的活动主要还是民间自发开展的，比如"中国社会创业高峰论坛"等形式，未来可以向政府和民间共同开展、协同并进的方向发展。

3. 推行新规则

成功的社会创业实践有助于推动新规则的产生和实施。例如在美国，很多公共养老基金都在进行所谓的"经济目标投资"，主要对象是服务不足的区域或社区，即国内新兴市场。其中，佛罗里达州近1.5%的退休养老金被投资到州内技术或其他成长性行业。作为政策制定者的州政府认定，以其他市场利率期权作为比较基准，这些投资既符合"谨慎"投资的标准，也符合法律信托责任。因此，这一经济目标投资的合法化行为释放了巨量资金来支持经济建设与社会发展。

4. 授权于个人和社区

影响政府将其权利进行下放，可能是社会创业资源利用价值效应的终极目标。实践表明，如果政府赋权于个人和社区，那么大部分促进社会创业的政府工作便会获得成功。例如，美国志愿队、"邻里承诺"项目、创新投资基金和社会创新基金等联邦政府项目，为地方机构和企业家的成长提供了资金、指导和网络等基础条件。为了进一步释放社会创业的创新潜力，需要重新将政府的角色定位（或开拓）为市场形塑者，让其引导私人资本有利可图地、负责任地服务于公共目标，从而摆脱政府和市场这一刻板的二分法，基于社会创业营造共创美好、共享繁荣的新局面。

本章小结

社会创业的资源类型分为生产性的内部资源和工具性的外部资源，这些资源来源于市场或非市场途径。社会创业的资源整合过程，包含资源整合前的准备、机会识别阶段的手头资源梳理，机会开发阶段的资源的使用与积累，组织成立后的资源重构与吸引四个方面。社会创业资源整合与利用的价值效应包含融资、实现扩张、产生社会影响力、影响公共政策四个方面。

复习思考题

1. 你认为社会创业的资源类型与来源中，最重要的资源或来源是什么？原因是什么？
2. 在社会创业资源整合过程中，各个阶段之间在衔接时的关键要素分别是什么？
3. 如何评价社会创业资源整合与利用的价值效应？尤其是如何客观评价效应大小？

讨论案例

罗德里格·巴乔和信息技术民主委员会

对于我们经常使用的新词“数字鸿沟”，我们可以理解为有些人被排除在使用信息和通信技术之外，在发展中国家以及经济发达国家中都有，如移民、残疾人和穷人。信息技术民主委员会（CDI）是一个致力于帮助和服务这类社会群体的一家社会企业。特别是年轻人，他们对IT基础设施和技能的需求很大，而且不仅于此。1995年，罗德里格·巴乔，一个巴西的IT顾问，在里约热内卢的圣玛尔塔贫民窟成立了第一个CDI的信息技术和公民权利的学校。罗德里格·巴乔希望CDI通过信息和通信技术使人们在自己的社区成为积极的公民：“一个人必须相信通过掌握新的信息和通信技术，依靠社区的力量来改变他们的社会现实。”CDI不仅提供计算机和通信基础设施，并且为人们提供长期的教育和支持。

CDI的使命并不只是关于IT技术，CDI学校或社区中心采取措施使低收入群体融入社会。相应地，每个新的CDI学校是在社区中通过信息技术解决挑战并发展创业想法而建立的。例如，通过提供免费或低费用网吧的上网计划，或者在社区开展反对虐待儿童的公关活动。学校的学生在他们从事经济和创业活动中掌握了新的信息能力和通信技术，解决紧迫的社会问题，提高自己的就业能力。CDI提供计算机和其他硬件和软件，当地社区采取进一步行动，管理学校的日常运行，并提供教学楼和设施。在教育任务上，CDI遵循“培训—教学”的理念，与当地社区的志愿者和教师密切合作。学校的学生在学习一门计算机开发和软件技能课程的同时，也完成了一个社区项目。今天，CDI每年的预算超过500万美元。基金是小型的混合体，只象征性地支付教师学费，捐赠来自“维护者”和“支持者”，他们或捐赠资金，或捐赠物资。总的来说，CDI开发了多种资金来源，目标包括公众支持和与其他特定基金会合作，这些组织帮助弱势群体（如残障人士和慢性病患者），以及囚犯和吸毒者等。

建立第一个学校时，巴乔收到其他社区对这一形式的询问，以及来自企业的电脑捐赠。在成功建立和开办第一所学校后，他选择通过特许经营方式在巴西建立更多的学校，而后推向全球。当地社区发来CDI新学校的提案，对社区工作如何推进信息技术提出建议。然后，CDI与社区合作培训（包括技术和教育）、融资、建立新的学校。随着时间的推移，CDI已经在巴西和

拉美国家建立了超过700所网络信息技术和公民权利学校。CDI对社会产生了一系列直接和间接的影响，包括社会和经济两方面。例如，有超过5万名学生从学校毕业，增加了就业机会。此外，许多学校教师和教育工作者接受训练，社区项目得到发展，许多社区都能够接触到计算机和互联网了。

作为一个成功的社会创业先锋企业家，巴乔和CDI作为社会企业的成功吸引了众人的目光，也在巴西引起效仿。特别是巴西政府在21世纪头10年，制定政策应对穷人的“数字鸿沟”。如今这一行为已经得到更大的发展。最显著的是，成千上万的计算机中心已经建立了公共基金，中心提供计算机和外围设备以供大家免费使用，如搜索互联网、撰写和打印文档以及类似于CDI的培训课程。另外，现在商业网吧和计算机公司也把目标放在那些买不起个人电脑的低收入家庭。虽然这不是以CDI的方式培训计算机技能和发展社区项目，但这些企业仍然以低成本的方式提供有竞争力的计算机和互联网接入。事实上，现在政府和私营企业也发挥了供给作用，并且提出一个有趣的问题，那就是：未来的CDI可能在细分市场中扮演为低收入家庭提供IT培训和入门准备的社会企业的角色。

（更多详细信息可查阅CDI网站http://cdiglobal.org/。）

资料来源：克里斯蒂娜K福克曼，基姆·奥利维·托卡斯基，卡蒂·恩斯特，等.社会创业与社会商业：理论与案例[M].黄琦，陈晓庆，译.北京：社会科学文献出版社，2016.

讨论题：

1. 你认为巴乔是如何整合资源的？如果换作是你，你会怎么做？
2. 案例中巴乔的手头资源有哪些？他是如何运用的？
3. 如果政府主导开发了类似的项目，你认为会对巴乔的社会创业活动产生怎样的影响？
4. 假如你是CDI中的一员，你会向巴乔提供怎样的建议，以扩大资源整合与利用的价值效应？

文献研读

Optimization or Bricolage? Overcoming Resource Constraints in Global Social Entrepreneurship

【文献摘要】Article Summary: Resources play a vital role in the development of an entrepreneurial venture. For ventures operating in the public interest, the process of effective resource mobilization can be especially critical to the social mission. However, there has been limited empirical examination of the approaches used by social ventures to mobilize critical resources. We study two processes of resource mobilization—optimization and bricolage and examine the antecedent conditions that influence a venture's selection of these processes. Our theory predicts that environmental munificence and organizational prominence have U-shaped associations with the use of bricolage and positive associations with the use of optimization. We test our hypotheses on a sample of 202 technology social ventures from 42 countries and discuss implications for the social entrepreneurship and broader entrepreneurship literatures.

【文献评述】本章是在资源拼凑理论视角下，对社会创业突破资源瓶颈的假设检验研究。无论是在实证检验研究匮乏的社会创业研究领域，还是在已经成为热点议题的资源拼凑研究领域，本章的研究思路及结果都具有开拓性意义。

本章的研究问题是：社会创业者如何整合关键资源，以及资源整合路径选择的先决条件/前置因素是什么？文章从资源依赖理论（resource dependence theory, RDT）（Pfeffer and Salancik, 1978）和资源基础理论（resourcebased view, RBV）（Barney, 1991）两种理论出发，以来自 42 个国家的 202 家技术型社会企业为研究对象（涉及健康、教育、经济发展、环境和公平五个社会创业领域；其中 63 家营利性组织、131 家非营利性组织、8 家政府企业），对社会创业者层面 / 情境下，选择最优化和拼凑两种资源整合方式进行了实证检验，探究影响社会创业选择这两种方式的先决条件 / 前置因素。研究发现，环境状况（environmental munificence，强调由外而内）和组织能力（organizational prominence，强调由内而外）与资源拼凑之间呈现出 U 形关系，与资源最优化之间呈现出正相关关系。

在核心概念方面，本章采用 Mair 和 Marti（2006）对社会创业的定义，即通过创新性利用和整合资源以追求机会来刺激社会变革和满足社会需求的过程；拼凑采用的是 Baker 和 Nelson（2005）的定义，关注得到被低估的、被忽视的或被废弃的，通常比较便宜甚至免费获得的资源的机会，具体分为以需求为基础的拼凑和观念的拼凑（作为一种设计理念创造新东西，即资源潜在优势导向的）两类。

在主要观点方面，本章将资源最优化与资源拼凑视为互补的、同时进行的、而非排斥的关系，认为两种方式都是以需求为基础的，遵循资源潜在优势导向进行整合。作为社会创业实践，始终要面临更加严重的资源稀缺。发展中国家的社会创业面临更严峻的资源形势，最为突出的是机构融资机制不健全，甚至没有相关政策制度；即使是发达国家，这种社会使命与经济回报之间的不对等也会影响其资源获取。作为资源整合的途径，依据 RDT 理论，最优化和拼凑都可以降低资源依赖程度，如何选择取决于效率与稳定性之间的权衡；依据 RBV 理论，最优化与拼凑的选择，取决于成本与竞争优势的平衡。

在变量及测量方面，本章数据来源于公开的一手和二手数据，而不是问卷，这一点是值得社会创业研究者尤其是基于理论驱动的实证检验研究者学习的。因为问卷数据难以避免取样的代表性、结论的外部效度等问题，但公开数据却能实现验证，结论具有较高的外部效度。本章的因变量一是拼凑，二是最优化，关注的是三种资源，即材料、劳动力和技能。两种路径下均是通过对文档数据进行内容分析的一致性检验编码得出，两个因变量的赋值分别为 0、1、2、3，根据三种资源的多少确定。自变量一是组织能力，二是环境状况。组织能力包含三个方面，即组织成立的年限、组织规模（员工数量）、组织收入（来源于财务报告）；环境状况包含两个方面，即人文发展指数 HDI（来源于联合国报告，体现环境的社会状况）和全球竞争力指数 GCI（包含宏观环境指标、公共体系指标和技术就绪指标，体现环境的经济状况）。控制变量包括社会企业类型、公共利益领域、创办的地区（看创办与运营是否在同一个地区）、美国企业、项目周期和经费来源。

社会创业面临的资源限制相比商业创业更难，原因在于：一是不能将其产品和服务设定高价，由于社会与财务双重使命限制了资金、经验和材料的资源获取；二是宏观环境因素，比如社会、技术、政治等的制约。本章的关键理论贡献在于，针对最优化资源配置和资源拼凑两种路径的研究很多，但鲜有研究关注两种路径选择的先决条件 / 前置因素，本章的研究丰富和完善了社会创业者为何整合资源，哪些因素影响资源整合路径的“过程前端”的研究，有助于后续研究构建“前置因素—资源整合—效应评价”的过程研究逻辑。而且本章发现，最优化和拼凑是同时发生的，比如将设备最优化以制造高质量产品，同时通过拼凑志愿者来售卖产品，从而改变了两种方式的“零和观点”，为后续社会创业的动态跟踪调查研究提供了新的思路和方向。

【文献出处】 Desa G, Basu S. Optimization or bricolage? Overcoming resource constraints in global social entrepreneurship[J]. Strategic Entrepreneurship Journal, 2013, 7(1): 26-49.

本章作者

刘振，山东大学国际创新转化学院副教授，管理学博士。主要研究方向为社会创业、社会企业、资源拼凑理论等，主持社会创业、资源拼凑相关的国家自然科学基金、山东省自然科学基金、山东省教育厅人文社科项目等多项科研课题，主要讲授“创业管理”“社会创业”“创业计划”“创业案例研讨”等课程。

参考文献

[1] Austin J, Stevenson H, Wei-Skillern J. Social and commercial entrepreneurship: Same, different, or both?[J]. Entrepreneurship Theory and Practice, 2006, 30（1）: 1-22.

[2] Baker T, Nelson R E. Creating something from nothing: Resource construction through entrepreneurial bricolage[J]. Administrative Science Quarterly, 2005, 50（3）: 329-366.

[3] Bloom P N. Scaling your social venture: Becoming an impact entrepreneur[M]. New York: Palgrave Macmillan, 2012.

[4] Brush C G, Greene P G, Hart M M. From initial idea to unique advantage: The entrepreneurial challenge of constructing a resource base[J]. Academy of Management Executive, 2001, 15（1）: 64-78.

[5] Choi N, Majumdar S. Social entrepreneurship as an essentially contested concept: Opening a new avenue for systematic future research[J]. Journal of Business Venturing, 2014, 29（3）: 363-376.

[6] Ciavarella M A, Buchholtz A K, Riodan C M, et al. The big five and venture capital survival: Is there a linkage[J]. Journal Business Venturing, 2004, 19（4）: 465-483.

[7] Dacin M T, Dacin P A, Tracey P. Social entrepreneurship: A critique and future directions[J]. Organization Science, 2011, 22（5）: 1203-1213.

[8] Dees J G. Enterprising Nonprofits[J]. Harvard Business Review, 1998, 76（1）:55-67.

[9] Dees J G. Mobilizing resources. In Dees J G, Jed E, Peter E. Enterprising nonprofits: A toolkit for social entrepreneur[M]. New York: Wiley, 2001.

[10] Desa G, Basu S. Optimization or bricolage? Overcoming resource constraints in global social entrepreneurship[J]. Strategic Entrepreneurship Journal, 2013, 7（1）: 26-49.

[11] Desa G. Resource mobilization in international social entrepreneurship: Bricolage as a mechanism of institutional transformation[J]. Entrepreneurship Theory and Practice, 2012, 36（4）: 727-751.

[12] Di Domenico M, Haugh H, Tracey P. Social bricolage: Theorizing social value creation in social enterprises[J]. Entrepreneurship Theory and Practice, 2010, 34（4）: 681-703.

[13] Estrin S, Mickiewicz T, Stephan U. Entrepreneurship, social capital, and institutions: Social and commercial entrepreneurship across nations[J]. Entrepreneurship Theory and Practice, 2013, 37（3）: 479-504.

[14] Greene P G, Brush C G, Hart M M. The corporate venture champion: A resource based approach to role and process[J]. Entrepreneurship Theory and Practice, 1999, 23（3）: 103-122.

[15] Harding R. Social entrepreneurship monitor, United Kingdom 2006. Foundation for entrepreneurial management, London: London Business School/GEM.

[16] Hayton J C, George G, Zahra S A. National culture and entrepreneurship: A review of behavioral research[J]. Entrepreneurship Theory and Practice, 2002, 26（4）: 33-53.

[17] Hoogendoorn B, Hartog, C. Prevalence and determinants of social entrepreneurship at the macro-level[R]. Eim Research Reports, EIM Business and Policy Research, The Netherlands, 2011.

[18] Korosec R L, Berman E M. Municipal support for social entrepreneurship[J]. Public Administration

Review, 2006, 66（3）: 448-462.

[19] Maclean M, Harvey C, Gordon J. Social innovation, social entrepreneurship and the practice of contemporary entrepreneurial philanthropy[J]. International Small Business Journal, 2013, 31（7）: 747-763.

[20] Mair J, Marti I. Social entrepreneurship research: A source of explanation, prediction, and delight[J]. Journal of World Business, 2006, 41（1）: 36-44.

[21] Meyskens M, Carsrud A L, Cardozo R N. The symbiosis of entities in the social engagement network: The role of social ventures[J]. Entrepreneurship and Regional Development, 2010, 22（5）: 425-455.

[22] Molecke G, Pinkse J. Accountability for social impact: A bricolage perspective on impact measurement in social enterprises[J]. Journal of Business Venturing, 2017, 32（5）: 550-568.

[23] Murphy P J, Coombes S M. A model of social entrepreneurial discovery[J]. Journal of Business Ethics, 2009, 87（3）: 325-336.

[24] Nga J K H, Shamuganathan G. The influence of personality traits and demographic factors on social entrepreneurship start up intentions[J]. Journal of Business Ethics, 2010, 95（2）: 259-282.

[25] Nicholls A. Social entrepreneurship: New models of sustainable social change[M]. New York: Oxford University Press, 2006.

[26] Pless N M. Social entrepreneurship in theory and practice: An introduction[J]. Journal of Business Ethics, 2012, 111（3）: 317-320.

[27] Santos F M. A positive theory of social entrepreneurship[J]. Journal of Business Ethics, 2012, 111（3）: 335-351.

[28] Sharir M, Lerner M. Gauging the success of social ventures initiated by individual social entrepreneurs[J]. Journal of World Business, 2006, 41（1）: 6-20.

[29] Sundurarnurthy C, Zheng C, Musteen M, et al. Doing more with less, systematically? Bricolage and ingenieuring in successful social ventures[J]. Journal of World Business, 2016, 51（5）: 855-870.

[30] Van Ryzin G G, Grossman S, DiPadova-Stocks L, et al. Portrait of the social entrepreneur: Statistical evidence from a US panel[R]. International Society for Third-Sector Research and John's Hopkins University, 2009.

[31] 克里斯蒂娜 K 福克曼，基姆 O 托卡斯基，卡蒂・恩斯特，等 . 社会创业与社会商业：理论与案例 [M]. 黄琦，陈晓庆，译 . 北京：社会科学文献出版社，2016.

[32] 方世建，黄明辉 . 创业新组拼理论溯源、主要内容探析与未来研究展望 [J]. 外国经济与管理，2013，35（10）：2-12.

[33] 李家华，王艳茹 . 创业基础 [M]. 上海：上海交通大学出版社，2017.

[34] 郭超，沃尔夫冈・比勒菲尔德 . 公益创业：一种以事实为基础创造社会价值的研究方法 [M]. 徐家良，谢启秦，卢永彬，译 . 上海：上海财经大学出版社，2017.

[35] 苗青 . 社会企业：链接商业与公益 [M]. 杭州：浙江大学出版社，2014.

[36] 乔芷娅・列文森・凯欧翰 .21 世纪社会创业：席卷非营利、私人和公共部门的革新 [M]. 叶托，译 . 广州：华南理工大学出版社，2016.

[37] 亚瑟 C 布鲁克斯 . 社会创业：创造社会价值的现代方法 [M]. 李华晶，译 . 北京：机械工业出版社，2009.

[38] 安德斯・伦德斯特罗姆，周春彦，伊冯・范・弗里德里希，等 . 社会企业家：影响经济、社会与文化的新力量 [M]. 黄琦，陈晓庆，译 . 北京：清华大学出版社，2016.

[39] 余晓敏，丁开杰 . 社会企业发展路径：国际比较及中国经验 [J]. 中国行政管理，2011（8）：61-65.

[40] 于晓宇，李雅洁，陶向明 . 创业拼凑研究综述与未来展望 [J]. 管理学报，2017，14（2）：306-316.

[41] 张远凤 . 社会创业与管理 [M]. 武汉：武汉大学出版社，2012.

[42] 张玉利 . 创新与创业基础 [M]. 北京：高等教育出版社，2017.

第5章　机会与社会创业

学习目标

- ☑ 熟悉社会创业机会的来源和定义
- ☑ 了解社会创业机会的属性
- ☑ 掌握社会创业机会的开发过程
- ☑ 理解开发社会创业机会的影响因素

本章纲要

- ☑ 社会创业机会的两方面来源
- ☑ 社会创业机会的四种属性
- ☑ 三种社会创业机会的开发过程
- ☑ 影响社会创业机会成功开发的因素

开篇案例

NextDrop公司的创业故事

关注社会问题

“我今天能得到水吗？”至少在亚洲、非洲和拉丁美洲国家的1/3家庭每天都面对这个问题。这些家庭虽然有自来水管道供应，但是却在不确定的时间供应，而且每次只有几个小时。这一问题严重影响居民的日常生活。公用供水公司面临追踪配水的困难，缺乏技术监测并有效地管理的供应系统，造成水使用效率低下。

解决方案/成长故事

NextDrop公司通过使用手机从运营者那里收集实时水供应信息，再通过系统以短信的方式将公用供水时间发送至居民，以解决这一日常生活难题。NextDrop为公用事业提供具有成本效益的ICT基础设施管理和监控配水系统。阀门工作人员打电话到互动式语音应答系统（IVR），通过后台技术处理数据，实时将信息送达居民和公用事业决策者，居民接收短信得到具体的水将到达的时间，工程师收到水推迟到达的报告。这一切都是使用手机完成实时信息传送。

这个项目的想法源于一个美国加州大学伯克利分校的博士生在印度胡布利做她的

“间歇性供应”博士论文。在收集数据时她发现，大部分时间都在等待水，她认为她有这个问题，那么其他在胡布利生活的人都有同样的问题。这个问题后来成为信息学院一个研究生课程的项目，创业团队基于这个项目完成的商业计划参加了 2011 年 GSVC，并进入全球总决赛。在脱颖而出后，NextDrop 利用奖金开始在胡布利试点。2012 年 1 月它有了 1 000 个用户，4 个月后快速增长至 2.5 万个用户。

目前，NextDrop 在印度的胡布里市和班加罗尔地区运行，通过与公用供水公司的长期合同提供供水管理系统和服务并收取费用。NextDrop 对居民仅收取每月 10 卢比的供水短信通知费用。

除了 GSVC 的 2.5 万美元奖金外，NextDrop 的主要资金来自 Knight 基金会等的 45 万美元资金。可持续运营主要通过向公用供水公司提供产品和服务收取费用。

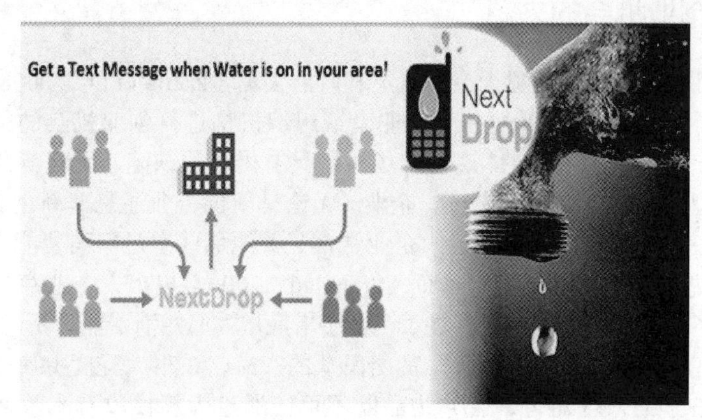

社会价值

到目前为止，NextDrop 已为胡布利 – 达尔瓦德地区超过 7.5 万名居民提供服务，并已扩展到班加罗尔（印度第三大人口地区），解决了人们日常供水的这一难题。CEO Anu Sridharan 因此入选《福布斯》全球 30 位 30 岁以下社会企业家榜单，未来 NextDrop 的服务将扩展到更多地区。

NextDrop 系统非常有效地集成了现有可用技术，如开源软件、谷歌地图、手机短信、IVR（语音）以及低成本 SCADA，用来监测和控制水处理和分配。基于 Web 的系统采用开源软件和谷歌地图来实时显示阀门和其他系统部件的状态。

资料来源：“好公司”网站，http://www.haogongsi.org/2016/11/04/global-social-enterprise-case-selection-nextdrop/。

社会创业为社会提供公共产品，引领社会价值增加，促进社会进步。从上述案例可以看出，公共问题、低效的政府处理手段完全可以成为创业者能够利用的创业机会。创业的核心是创业机会这一观点，已经得到全球诸多学者的认同（Shane and Venkataraman，2000；Short et al.，2010；Suddaby et al., 2015；斯晓夫等，2016）。Short 等人（2010）更是直言：“没有机会，就不存在创业。”[⊖]事实上，创业机会在近 10 年的创业研究中取得了较长远的发展，如果说一直以来对于创业机会的观点认为，机会是客观存在于世界中等着创业者去发现，那么现在创业学者所达成的较为一致的共识认为，创业机会不仅存在于物质世界中等待创业者去发现，还存在于创业者的主观内心之中，等待创业者进行机会的构建甚至创造。创业机会的构建或创造需要与社会环境不断地交织以进行迭代，从这一点来说，社会创业——这种以创新商业手段处理复杂社会问题的创业行为，与机会构建或创造

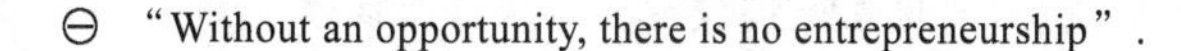

⊖ “Without an opportunity, there is no entrepreneurship”.

似乎天生存在着一定的联系。虽然社会创业和商业创业一样，创业的起点均是识别出创业机会（Austin et al.，2006），但是毫无疑问，社会创业机会在机会的来源、开发机会的过程、机会对创业者的要求等方面，均与商业创业存在较大不同。基于上述分析，本章将首先介绍社会创业机会的来源、属性，然后详细讲述社会创业机会的开发过程，最后阐述影响社会创业机会成功开发的因素。

5.1 社会创业机会的来源和定义

5.1.1 社会创业机会的来源

社会创业机会从根源来说源于市场失灵和政府失灵（Zahra et al.，2008），并由具有共担责任（shared responsibility）的独立创业者或组织机构进行创业机会的开发（Prahalad，2006）。在市场失灵方面，主要体现在市场机制具有内在的缺陷，无法满足社会对公共产品的需求。管理大师德鲁克曾经说过，企业（无论是新创企业还是非新创企业）存在的唯一目的是创造顾客。但数十年来一般的企业常常只关注那些有足够消费能力的顾客，而并不关注那些消费能力不足的顾客。因而，Prahalad（2006）提出，企业存在的目的不仅仅是创造顾客，还在于帮助已经大量存在于"金字塔底层"那些消费能力不足的顾客的需求，Prahalad 所提出的满足"金字塔底层"贫困民众的产品，在很大程度上属于公共物品的属性特征。从经济学的角度而言，公共物品既不可能通过大规模收费来收回成本和维护费用，又非常可能供应不足，市场失灵在公共物品的供应上极其容易出现。很多社会创业的宗旨即是解决社会公共物品的供应不足，它是社会创业机会的重要来源。

在政府失灵方面，不仅体现在政府无法在公共物品得不到很好满足的情形进行有效回应，还在于政府的不适当介入和垄断力量。不适当的政府介入所带来的社会创业往往是由于政府改变税制、补贴以及其他不适当的政府刺激结构政策引起的（Dean and McMullen，2007）。例如，政府可能为了地方经济发展，不顾生态环境的保护和优化，引入污染企业，如此产生了环保组织的社会创业机会。此外，公共政策的变化还可能加速社会创业的进程，因为有些政策不仅创造了新的社会需求，还能够进一步促使新的社会创业的产生。而政府垄断力量使得纯粹的市场机制无法实现对资源的有效配置，这时社会需求不能通过正常的市场购买得到满足，这为社会创业机会的开发提供了契机。社会创业者可试图在垄断无法满足的社会需求与自身的技术能力之间寻求一个平衡，利用创新的模式解决供应不足的问题。[⊖]

5.1.2 社会创业机会的定义

所谓创业机会是指形成新的手段、新的目标或新的手段—目标的关系，来达到引入新产品、新服务、新原材料、新组织方式的境况（Eckhardt and Shane, 2003; Shane and Venkataraman, 2000）。社会创业机会的来源——市场失灵和政府失灵，造成了社会两个突出的矛盾，主要表现在公共物品在市场中的不足，以及政府不作为或"过度"作为造成的社会效率或效果的不佳。这些矛盾正是社会创业机会的根源所在。换言之，市场无法有效地分配商品和劳务，这为商业创业和社会创业均创造了机会窗口（Austin et al., 2006）。根

⊖ 在垄断力量下进行社会创业，这也是社会创业常常与制度创业交织在一起的重要原因（傅颖等，2017）。

据社会创业机会的定义，它包含普遍性、紧迫性、创新性、关联性四方面的属性。

5.2　社会创业机会的属性

5.2.1　普遍性

社会创业机会存在的一个主要原因是人类社会美好生活需求的普遍存在。例如，世界上有将近 30 亿人，中国还有 7 000 万左右的人口生活在贫困线以下，他们每天收入不到 2 美元。贫困同时还引发了其他的系列社会问题，如饥饿、儿童死亡、文盲、预期寿命短和暴力等。数据统计，有 1/3 的人死亡是由于与贫穷有关的原因造成的。贫困问题以及无数其他社会问题，都是广泛而容易观察到的，这为社会企业家创造了许多机会。

具有社会责任意识的创业者很可能会发现、关注并着手解决世界上最普遍的有关人性关爱的社会问题，以图创造社会价值，比如那些关注儿童饥饿问题的创业项目、乡村地区的未成年人教育问题、地方性环境污染项目等。一定程度来说，只要在这个世界上还存在贫困人口，还存在地区发展不均衡，社会创业机会便会普遍存在。如今有越来越多的大型跨国公司在公司层面进行社会创业的举动，也从侧面反映了全球社会创业机会的普遍性。

5.2.2　紧迫性

社会创业机会常具有紧迫性的特征，如地震、台风、战争、种族灭绝等的不可预测性，或者类似灾难的发生，会造成直接的、可怕的、无准备的公民和社区的需求。这些事件所带来的机会需要快速反应，产生了机会的紧迫感。例如，在汶川地震之后，许多大学教授立即行动，成立了类似孟加拉尤努斯一样的小额贷款帮助灾区的灾民恢复生产生活，还有组织和个人成立花卉公司，帮助灾区民众种植玫瑰，实现创业致富。同样地，对于社会公共产品和服务的不足，以及上述提到的贫困问题、环境保护问题、可持续发展问题都是关乎整个人类生存的问题，对社会创业进行公共物品提供的创业组织而言，早一天开始行动，就能帮助更多处于贫困线以下的民众。在中国，距离 2020 年全面建成小康社会解决贫困问题只剩下短短两三年时间，我们呼吁有志付诸社会创业理念与行动的创业者，抓住社会创业机会，宜早不宜迟。

5.2.3　创新性

创业的本质是创新，企业家是熊彼特书中推动国家经济增长的“国王”，这些“国王”必须是以创新的方式进行生产活动。对于社会创业活动，社会创业的宗旨在于以创新的伴有商业的手段解决复杂的社会问题。社会创业的根本目标在于增加社会的福祉，创业者所利用的创业机会，必须具有一定程度的创新属性。Zahra 等人（2009）分析不同类型的社会创业者在社会创业中所从事的活动，社会活动的范围、受众、频率等，在综合考虑不同类型的社会创业者所识别的创业机会后，根据创新程度把社会创业者角色细分为三种类型，分别为社会修理工、社会建构者和社会工程师。简单而言，社会修理工类型的社会创业者偏于具备技能创新；社会建构者类型的社会创业者具有行业或市场创新的要求；社会

工程师类型的社会创业者的创新要求最高，属于熊彼特式的系统的变革式创新，因而有学者甚至提出社会创业机会的特征甚至包括激进性（Zahra et al., 2008）。同样地，Martin 和 Osberg（2007）指出，只有利用机会在社会中创造新的社会系统平衡才能算作社会创业者，否则只能算作社会服务者或社会活动家。

5.2.4 关联性

创业机会的关联性体现在，社会创业机会的开发不单单依托于机会本身，还依托并关联于创业者的背景、价值观、天赋、技能和资源。社会创业旨在以商业的方式解决复杂的社会问题，这个世界上有许多复杂问题，就像本书在第 1 章提到的教育问题、贫困问题、环境保护问题等。可以想见，其中的一些社会问题与某些社会企业家越相关，越能吸引他们的注意力，这可能与企业家自身的专长、技能甚至经历引发的信念有关。例如，华人企业家李嘉诚因为从小读书少，在功成名就后投资捐建了汕头大学，同样因为在其 9 岁时父亲因病无钱医治，这个巨大的痛苦经历使他及其基金会投入了大量的人力、物力用于人类医疗事业的发展，用他自己的话来说，也是弥补内心的苦痛。总之，相关性可能会影响到创业者对他们所处的环境做出反应，在抓住创业机会和创造社会新产品及服务时有所侧重。

5.3 社会创业机会的开发

5.3.1 机会的开发

创业属于跨学科的研究领域，经济学家、社会学家等都研究创业。过去创业机会的识别和开发可以总结为三方面的观点：一部分学者认为，创业机会存在于客观环境中，是被创业者发掘出来的（Shane，2012），创业机会的开发是发现以及利用能填补市场的空缺，达到市场的均衡（Kirzner，1978）；另一部分学者认为，机会开发是一项机会构建活动，提出创业机会开发的重点不在于从现有手段中筛选出最优方案以实现预设目标，而在于创业者使用已经拥有的手段和资源与社会环境进行交织以构建出目标（Sarasvathy，2001; Sarason，2006；斯晓夫等，2016）；还有一部分学者指出，创业机会并非客观存在，也非先于创业者的意识，而是被创业者从无到有创造出来的（Ardichvili et al., 2003; Alvarez and Barney，2007）。上面三种观点在下文中分别称为发现型创业机会、构建型创业机会和创造型创业机会。

机会是通过创新性的资源组合提供更高的价值来满足市场需求或兴趣，[⊖]谨慎地调查和有能力的资源投入将帮助创业者开发创业机会，机会开发是一项具有开拓性的工作，仅仅有机会的感知或机会的识别不一定能够将机会完全开发从而演变为一项可行的创业活动（Ardichvili et al.，2003）。相比于机会识别，更应该关注机会开发。事实上，机会的开发已经包含了识别（recognition）。机会开发是随着时间由创业者将未完全成型（unformed）的灵感或创意逐渐与资源和外部社会环境链接而开发到成型的过程，它包含识别的（recognized）过程和链接的（articulated）过程。

⊖ 发现型和构建型机会开发满足的是市场的（潜在）需求，创造型机会开发满足的是市场的兴趣。

1. 机会的识别过程

机会的识别过程是识别市场需求或消费者兴趣的过程。一些创业者对市场需求或消费者兴趣点非常敏感，他们具备在环境中不断发现新产品（或解决方案）可能性的能力。例如，他们可以通过观察父母在管理小孩的需求发现其中的创业机会，或者通过观察老年人的起居感知到潜在的机会。感知市场需求 / 消费者兴趣的差异是由个体对创造新价值的敏感性造成的。换言之，当顾客以某种方式认识和阐述某种产品或服务的不足时，创业者就会感知到机会将形成发现型机会；当顾客以某种方式认识和阐述某种产品或服务的缺失时，感知敏感的创业者能透过其思维方式上与他人的不同，感知到顾客所表达出的需求，从而将可能产生构建型创业机会。这些创业者感知能力的差异可能来自遗传、背景和经验的变化，或者他们对特定机会所拥有信息的数量和类型。

少数思维与众不同的创业者，甚至能以感知自身的兴趣而推己及人。感知到某一特定消费者兴趣，事实上人类历史上有许多产品是因为某位创业者感知到的消费者兴趣而诞生的。例如，世界上第一台空调的创造是一名叫威利斯・开利的美国印刷厂工程师为了夏天印刷设备保持低温而发明的。他和几个合伙人于1915年成立开利公司生产离心机空调。最早的空调实际上不是给人用的，而是用于印刷厂、纺织厂的机器。又如，钟爱冒险的埃隆・马斯克的自身兴趣之一是探索外太空乃至移民火星，他成立了美国太空探索技术公司（SpaceX）——事实上很多地球人有太空旅行的兴趣。上述创业者把自身的信念和灵感与消费者兴趣相结合，创造出前所未有的机会，将可能产生创造型创业机会。

2. 机会的链接过程

机会的链接过程是指发现特定市场需求和特定资源之间的“契合”，或者以商业的形式在当前潜在的需求 / 兴趣和社会环境之间创造一个新的“契合”。创业机会发现需要识别特定市场需求和特定资源之间的“契合”。机会和资源是紧密相连的，在柯兹纳（Kirzner）的创业机会发现理论中，他指出当创业者认为，如果将资源从目前的次优配置重新部署到更有希望的机会能赚取更大利润时，他们将决定开始新的业务或扩展新的产品市场。也就是说，他们将做出决策，把本身原来用于生产A产品的资源用于生产B产品；或者，不再在C地生产A产品，而是到D地进行A产品的生产。

构建型和创造型创业机会的链接过程，需要以商业的形式在当前潜在的市场需求 / 兴趣与资源之间创造一个新的“契合”。具体来说，此时机会与资源的链接过程不仅仅是简单的创业者进行资源的再配置以填补市场机会空白，而是创业者和社会的共同演进，机会不是已经存在于社会中等待创业者去发现，而是结构化的动态构建过程（Sarason，2006）。这个过程中要求创业者创建一个将市场需求与资源相匹配的新的商业概念，而概念创建可能远远超出当前资源和需求匹配的调整范围，甚至可能导致现有业务的重大重组或“激进创新”，以提供优于当前可用价值的产品或服务。总之，此时机会的链接过程不仅仅是特别创业个体匹配资源的功劳，很大程度上归因于情境和社会的影响，它是不断试错的、不断塑造和迭代的过程开发产物（Dimov，2007）。

5.3.2　社会创业机会的开发过程

1. 发现型创业机会及其开发过程

当某个产品或服务在市场中既有需求也有供给，但在某个空间或时间的供给不足时，将产生创业机会。当有创业警觉性的创业者发现了空间或时间的需求时，创业机会被发现，创业者所识别和利用的是发现型创业机会，像我们平常所说的“创业重要的是找到和打开销路”就是这个道理。从理论上来说，发现型创业机会属于柯兹纳（1978）所提出的以创业警觉性填补市场的空缺，进行市场的套利，此时创业机会本身便是有利可图的。“套利”性质的创业机会发现，在时空上往往存在较为明显的市场缺口，多数人能发现它们（但不代表多数人能开发它们），它要求较低甚至不需要人力资本要求，只需较低的创业警觉性。举例来说，贫困居民利用小额贷款进货，沿街贩卖小商品，属于典型的打开时空缺口的发现型创业（Alvarez and Barney，2014）。

社会创业既可以是这种自己发现存在于社会中的创业机会解决自身贫困问题的“草根创业者”，也可以是具备技术和业务能力的创业者或公司。此时发现型机会虽然独立于创业者而存在，但它只能被某部分创业者发现，要求创业者根据自身的技能和行业市场进行一定的链接。举例来说，一个贫困居民敏锐地发现当地没有早餐店，并利用自身烹饪技能创办一个早餐铺或早餐店，属于机会发现型创业。又如下面实践之窗的小案例所介绍的Airbnb，作为全球著名创业公司，收购 Accomable 属于为大量残障旅客的租房需求的发现型机会开发。

发现型社会创业机会的开发过程如图 5-1 所示。发现型创业机会源于机会本身。机会本身是外生的，独立存在于客观物理世界中。在社会创业中，这些机会来自市场或政府的失灵，创业者进行一定程度的搜寻就会发现社会创业机会，社会创业者能真实地感觉到创业机会的存在，即社会需求的存在，在此基础之上创业者将机会与自身的资源、社会网络等相链接，进行特定市场需求和特定资源之间的匹配，最终开发出社会企业的创业机会。

图 5-1 发现型社会创业机会的开发过程

实践之窗

Airbnb 重视残障人士租房需求

Airbnb 是一个旅行房屋租赁社区，成立于 2008 年 8 月，总部设在美国加州旧金山市，用户可通过网络或手机应用程序发布、搜索度假房屋租赁信息并完成在线预订程序。2015 年，Airbnb 的估值已经达到 200 亿美元。Accomable 创立于 2015 年，采用与 Airbnb 用户直接向房东租赁房子，网站从中抽成的商业模式相近，只是 Accomable 面向残障人士提供房源，而且只向房东收取佣金。

为了让残障人士能顺利找到合适的租住房，Airbnb 正在推出无障碍选项，并宣布收购初创公司 Accomable。在收购 Accomable 后，Airbnb 将为残障人士提供更合适的房屋。

Accomable 由两个患有脊髓性肌肉萎缩症的残障人士 Srin Madipalli 和 Martyn Sibley 共同建立，他们喜欢旅行，但一生都要在轮椅上度过。

Srin Madipalli 透露，Accomable 有大量的潜在客户群体，但没有足够的现金和员工扩充房源。网站目前仅能为 5% 的预订用户提供服务。此前，公司从投资者处筹集了近

40万美元。“我们每天都有需求，这就是我们想与大公司合作的原因。”

资料来源：https://www.tmtforum.com/observe/6992.html。

2. 构建型创业机会及其开发过程

当市场上存在潜在消费者的需求，但并不存在能满足消费者需求市场的供给（供给缺失）时，这种情形下产生的创业机会属于构建型创业机会。此时需要创业者与社会环境进行有效的交织以构建创业机会。举例来说，消费者从20世纪90年代以来一直有手机的需求，但是在乔布斯推出苹果智能手机前，消费者并不知道自己需要这样一款手机。苹果公司所发明的iPhone是乔布斯与消费者使用习惯不断交织而开发出的产品。理论上来说，构建型创业机会存在市场的潜在需求，这种尚处于潜在和不成熟的需求被有较高创业警觉性的创业者感知到。在机会识别阶段，创业者一方面进行内心主观上的机会信息加工（Vaghely and Julien, 2010），逐渐将消费者潜在需求的不确定性进行降低而逐渐清晰（Autio等，2013），但毫无疑问，在面临不确定时，创业者必须在千百个方案中经过反复循环思考和评估选择其中的一条；到了机会链接阶段，创业者需要将选中的那个方案与社会环境链接。构建型创业机会因机会所生成的商品或服务的超前性，极有可能需要消费者的使用习惯和政府制度的认可，这就形成了创业者对创业机会的构建，一方面要求创业者具有高警觉性和超前的消费者需求主观感知，并将需求客观化；另一方面更重要的是，在现有社会习俗和/或制度之上对机会的构建（Cornelissen and Clarke, 2010; Wright and Zammuto, 2013）。这种构建可能是资源利用方面的机会构建，也可能是组织形式上的机会构建，还可能是制度层面的机会构建（斯晓夫等，2016）。也就是说，构建型创业机会的开发，创业机会不仅取决于市场是否有需求，还最终取决于创业者的社会化技能在资源利用、组织形式设计以及制度创新三方面的链接能力。UBER出现之前从来没有这样一款软件，但消费者有打车的需求，UBER的出现满足的是消费者常常打不到车的需求，但在让消费者接受的过程中，不仅仅要培养消费者的消费习惯，还要不断满足政府的监管制度。

构建型社会创业机会的开发过程示意如图5-2所示。构建型创业机会源于市场机会被创业者感知的情形判断。换句话说，机会本身存在外生属性，但机会的识别尤其被市场接纳的过程极大地仰赖于创业者，需要创业者不断地克服创业的混沌情境。社会创业中构建型创业机会的开发，同样地，在机会识别阶段，是社会创业者基于潜在市场需求，进行创造性的想象，经过反复循环思考和评估选择其中的一个方案；在机会链接阶段，社会创业者通过社会化技能，达到市场与社会接受产品或服务的目标。下面小案例中提到的Avani Eco公司开发的木薯环保袋产品，市场有购物袋等塑料袋的需求，但从没有这种环保的木薯袋子，这来自创业者的创造性想象，同时一方面又需要让消费者了解，让政府支持，从而共同为美好社会服务。总之，社会创业机会存在于广阔的美好社会的需求中，受助于创业者想象与社会化技能的互动，通过创业者概念化、客观化以及实施三个过程来完成创业机会构建的过程（Tocher et al., 2015）。事实上，如果说发现型创业机会开发有明显的发展路径可循的话，那么构建型创业机会则有几分随机的成分，这种构建是不能被完全预先预计的（Luksha, 2008），它的失败概率比发现型创业机会大得多，因为面对消费者的市场需求而开发出的产品或服务，消费者可能并不买账，当然也可能消费者喜欢却又遭到了政府监管者的扼杀。

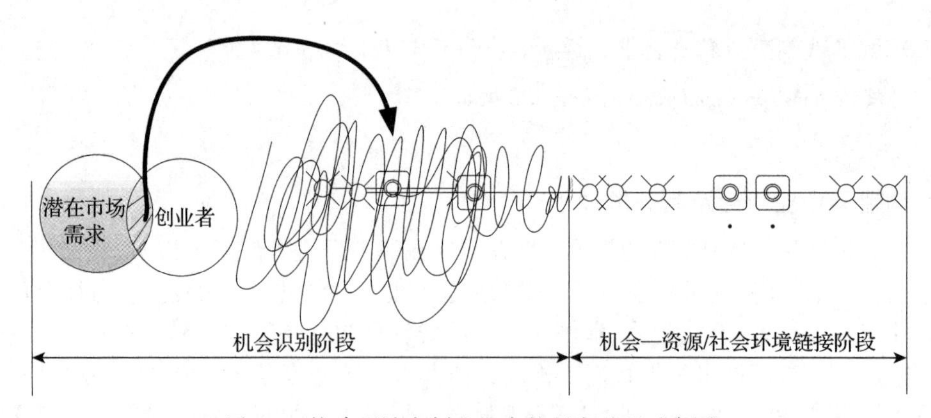

图 5-2 构建型社会创业机会的开发过程示意图

值得注意的是，商业创业与社会创业在创业机会构建时，一个最关键的差别在于创业者的愿景和使命感。社会创业者具有很强的美好社会价值的传递意愿，他们可能试图以创新的方式解决社会不公、贫困、环境破坏等社会问题，发现其中的创业机会以完成美好的愿望；或者至少这些社会创业者是出于同情心，他们通过亲社会举动的"发心"，感受到世界上弱势群体在遭受伤害时的情感（Miller et al., 2012），发现属于这些弱势群体的创业机会。

实践之窗

印尼 Avani Eco 公司的木薯环保袋

随着经济的迅猛增长，全球身陷白色污染危机。全世界各地的沙滩、公路、下水道，塑料袋、食品包装袋随处可见。印度尼西亚（简称"印尼"）的 Avani Eco 公司利用可食用的热带根状植物木薯为原料制作环保袋（Cassava Starch Bags）。只要将其放置在 80℃的热水中搅拌 30 秒，就可以溶解成一杯可以直接饮用的蓝色饮品。因此，即便被动物或海洋生物误食，也不会对它们的身体产生太大伤害。在自然状态下，数月后它能完全自动分解，大大减小了对环境的负担。

来自巴厘岛的 Kevin Kumala 于 2014 年和校友一起在印尼爪哇岛创立了这家企业，2015 年其产品正式上市销售，目前还生产出以甘蔗为原材料的食品餐盒及用玉米淀粉制成的吸管。其中最受欢迎的要数印有" I'm Not Plastic"（我不是塑料）木薯手提袋，价格比普通塑料袋贵 3 美分左右。工厂每天大约生产 3 吨的木薯手提袋，然后送至商店和酒店，大部分销往巴厘岛和印尼全境，而且越来越多的外国公司也愿意进口该公司产品。

关于创立这家企业的初衷，Kumala 说："我是潜水和冲浪爱好者，但在我有限的视野里看到的全是塑料垃圾。"在目睹了巴厘岛海滩触目惊心的大量塑料污染后，他坚定认为自己正在做一个"必须解决的事情"。

在印尼的巴厘岛地区，沙滩、公路和下水道里，塑料袋、食品包装袋随处可见，使其深受白色污染。根据美国海洋保护慈善组织统计，拥有 1.7 万多个岛屿的印尼是世界上第二大海洋垃圾制造国。Ellen MacArthur 基金在 2016 年的一份报告表明，到 2050 年，海洋中塑料的重量将超过鱼类。Kumala 提出的这种解决方案的时间也非常关键。

但在探索以木薯为原料生产可以代替传统塑料的道路上，还是遇到了不少挑战。其一是资金，虽然在 2017 年年初融到了第一笔资金，但大多数投资者还是没有充分地准备应对该领域的投资风险；其二来自产品的价格因素，高于普通塑料袋两倍的价格使其在市场推广上还是遭遇了一定阻碍，尽管有一些产品（比如雨披）比传统塑料制作得更加便宜。

不过Avani Eco也从巴厘岛当地的一次活动中受益，两位来自当地的年轻女孩Melati和Isabel Wijsen为了唤起公众对于塑料污染的认识，以及呼吁政府给出表态，发起了“塑料袋再见”（Bye Bye Plastic Bags）的活动，最终成功说服政府并且获得100万印尼盾的捐款。

联合国环境署海洋问题专家Habib El-Habr表示：“如果再不限制塑料袋的使用，到2050年，海洋里的塑料垃圾将会比鱼类还要多。”同时他也提到生物塑料是“创新的解决方案”，可以成为长期解决方案的一部分，但“我们对这项技术的了解还不够，仍存在不少争议。”因此，在这个产品领域，还需要更多的研究和实践力量的投入。

资料来源：转载自http://www.haogongsi.org/。

3. 创造型创业机会及其开发过程

当市场上还未出现对产品或服务的需求时，创业机会出现的根本原因不是环境的外生性，而是源于创业者的内心创造，这样的创业机会我们称为创造型创业机会。创造型创业机会没有历史数据可以研究，没有同行标杆可供参考，没有合适的预测模型，完全体现了创业情境的不确定性和不可预测性。创造型创业机会来自创业者不断地反复思考，进而将他们所进行的创造性想象进行迭代实践，从而形成产品或服务。创业者创造创业机会就好像艺术家通过想象创造出一件全新的作品一样，带有“艺术品”的属性（Sarasvathy et al., 2010）。创造型创业机会引导的企业创新属于垂直进步[⊖]，这种进步意味着要探索新的从0到1的进步道路。垂直进步的本质来自科技的发展，但科技不限于计算机技术的发展，任何新方法、新工艺，使得事情能更易完成的方法都是科技。创造型创业机会需要创业者尝试从未做过的事。

创造型社会创业机会的开发过程如图5-3所示。创造型创业机会源于创业者。具体来说，源于创业者的信念，信念是创业机会成功识别和开发的重要因素（Wood et al., 2014；Autio et al., 2013），创业者信念是创业者希望这个世界以及人们的生活变成什么样子，考虑目前“我”所拥有的渴望、资源和经验（McMullen and Shepherd，2006），想象“我”是能进行（某项）创业的“第一人”（first-person）（Wood et al., 2014）。

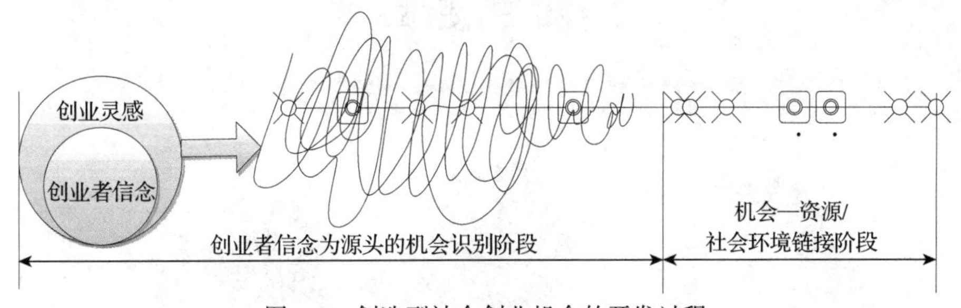

图5-3 创造型社会创业机会的开发过程

在机会开发过程中，机会识别阶段社会创业者努力把改变的信号（如个体接触的新信息、新条件）形成有意义的信念，这种信念能带来一些行动，但不保证最终取得净利润（Grégoire et al., 2010）。这种强大的信念所带来的创业灵感是创造型创业机会的源泉所在，信念会激发创业者的灵感（Corner and Ho, 2010），这个带有创造性的灵感常常并

⊖ 创业机会所引导的企业创新进步可以被分为两种类型：一是水平进步；二是垂直进步（可参考斯晓夫等编著的《创业管理》）。水平进步也称广泛的进步，是照搬已取得的成功经验。

非一蹴而就，此时创业者头脑中信息加工的关键在于把内心的主观观念，把产品或服务所在的情境和位置，在被消费者客观认识之前解释出来，经过反复的思考、评估，使创业者在千百个可能的创业方案脱颖而出，形成具体创意方案，再与潜在的社会情境和资源相链接，这个链接过程与上述构建型机会开发类似。同样地，由于机会识别阶段的灵感以及链接阶段的不可预测性，机会的创造是不能被预计的，它是在时间轴上被多阶段选择出来的（Eckhardt and Ciuchta，2008）。

即使从全球范围来看，创造型社会创业机会也是“觉悟”（enlightenment）创业者的专利，这种“觉悟”是创业者以自身的信念思考⊖和判断这个世界应该出现何种满足弱势群体的产品或服务。创造型社会创业机会不仅需要创业者的悟性，还需要吸引志同道合的创业者，并把他的觉悟体现到产品或服务的设计上。创造型社会创业机会具有创业的最高不确定性，但机会属于革命性的创新变革（Zahra et al.，2009），并能够对社会新平衡的创建或可持续发展做出贡献（Martin and Osberg，2007）。发现型社会创业机会与构建型社会创业机会都可以通过填补市场的空缺为创业者带来经济收益，而创造型社会创业机会的开发成功将影响整个行业价值链甚至整合多行业价值链，再产生出大量新的创业与就业机会（Zahra，2008），既影响社会层面的创业绩效，也影响企业层面的绩效。举例来说，当爱迪生发明白炽灯之后，他付出巨大努力使政府以及普罗大众接受这一从未出现在市场中的产品，与此同时，白炽灯的出现使得各地的发电厂迅速发展起来。从这个角度来说，创造型社会创业机会对美好社会的贡献更大。

实践之窗

ThoughtWorks公司的创造型创业机会的开发

ThoughtWorks 不仅仅是一家软件公司，同时也是一个社区：我们汇集满怀激情的软件精英，通过技术和客户共同应对最艰巨的挑战。同时我们寻求 IT 行业的革新，并致力于对社会产生积极的影响。这家公司为了能够可持续的发展，确定了企业的三根支柱，这三根支柱中前两根是经营可持续的业务、技术卓越。第三根则是积极倡导社会和经济公正。

我们的使命

ThoughtWorks的使命是通过软件创造人类更美好的明天，倡导社会责任感，创造公平公正的经济环境。我们引领最具天赋和积极性的ThoughtWorkers致力于：

经营可持续的业务　推动IT变革，追求软件卓越　积极提倡社会和经济公正

这是支撑我们商业模式的三大核心支柱，它们是ThoughtWorks的基石，影响着我们所做出的每一项决策

⊖ 这种思考可能不仅仅是物理思维，可能还是破界思维、生物思维，甚至宗教所说的悟性思维。

第三个支柱部门被称作“P3”，相当于“社会实验部”。它是为了能够更有效利用我们的技术能力，然后确确实实地给社会带来一些改变。这个部门的创业故事可以分享如下几个。

（1）中国可持续渔业网站。为了让渔业变得更加可持续，P3 建立一些指标体系以及渔业资源数据库。通过这种方式，让大家了解如何可持续运营中国渔业资源。

（2）在非洲埃波拉病毒的疫区，以数字化的方式为疫区定制了一款让医生更加自由高效地在疫区和非疫区之间建立和管理病人医疗档案的医疗解决方案。

（3）在技术型公司里，女性很难就职工程师职位，科技企业里女性常从事比较边缘的角色。为了能够帮助更多女性，让她们更有效地参与到科技行业里面来，ThoughtWorks 做了一个“卓越女生”计划。

ThoughtWorks 本身一直在思考的事情，就是如何能够把 IT 技术与公益事业结合起来。在这个过程中，他们认为最有效的方式就是面向用户挖掘需求，用做软件设计的思维，用敏捷的方式把这些软件开发出来，从而发挥技术本身最大的影响力，这就是他们所认为的 ThoughtWorks 属于一家 IT 公司的社会实验。

资料来源：改编自 Thoughtworks（深圳）总经理朱晨的讲话发言，http://www.haogongsi.org/2016/09/10/thoughtworks-a-it-companys-social-experiment/。

5.4 影响社会创业机会成功开发的因素

5.4.1 共同因素

对社会创业者而言，找寻到一个能够实现自身社会理想的创业机会显得尤为重要。对于上述三种社会创业机会类型，开发过程各有不同和侧重，但对于识别和开发上述创业机会，有下面四个方面的共性，这四个共性也是影响社会创业者机会开发的主要因素。

1. 创业信念

信念一方面能提高创业者的创业动机，另一方面能帮助创业者减少一定的不确定性和创业拖延（McMullen and Shepherd，2006）。创业机会的开发需要创业者有“第一人”的信念，那就是为什么“我”能开发这个创业机会，进而采取创业行动。创业信念来自个体的异质性知识、经历和深层次价值观（Shepherd et al.，2007；Wood et al.，2014）。具有社会责任感的创业者，他们发现市场或政府失灵，然后找寻创业机会，他们价值观的出发点不是单纯地赚取利润，他们的信念是希望世界更加美好。也就是说，他们所想要识别与开发的创业机会，“目的不单单在于建立世界上最大的跑鞋公司，而在于为世界上所有的孩子接种牛痘疫苗”。出于同理心的感同身受，他人遭受伤害时而产生的亲社会的情绪连接，很多时候是引发他们开发创业机会的一个非常关键的因素（Miller et al.，2012；仇思宁和李华晶，2018），从这个角度而言，社会创业者个人美好社会的信念产生了创业愿望。创业的愿望是机会开发的前提，也是创业的原动力，它推动创业者去发现和识别市场机会。没有创业意愿，再好的创业机会也会被视而不见，或者失之交臂。总之创业者的信念是其选择进行社会创业的深层次动机。一个市场需求越符合社会创业者个人的价值观和信仰，那么它就越可能唤起个人的自我认知和创业愿望，也就是创业机会与创业者的关联

性越强，此时社会创业者也就越可能认可它产生的社会价值，从而识别和开发这一创业机会。

2. 先前知识

俗话说，“外行看热闹，内行看门道”。许多相关行业的创业机会，拥有特定先前知识和经验的创业者，相较于其他人而言，一定程度来说具有识别创业机会的先机。先前知识被公认为是创业领域尤其是创业机会识别的重要因素。例如，就先前知识本身而言，Shane（2000）提供证据显示，个体先前有关顾客、市场和如何服务顾客的知识与创业机会识别相关。先前知识的来源包含两个方面：一个是教育；另一个是先前经验。教育遵循学员在创业前或创业过程中身心发展的规律，有目的、有计划、有组织地引导受教育者获得知识技能。一般而言，教育带给创业者机会识别的显性知识。随着连续创业者（serial entrepreneur）成为创业者的主力，先前经验成为再次创业的重要财富。创业者先前经验中积累的有关市场、产品、顾客的知识造就了创业者的“知识走廊”，“知识走廊”的存在会影响创业者机会识别的过程（Shane，2000）。实证研究显示，之前具有管理经验的创业者更可能开发高风险性的创业机会，而具有行业经验的创始人更可能开发低风险性的创业机会（Dencker and Gruber，2015）。很多社会创业者属于连续创业者，正是由于一个一个的社会创业项目经验使得这些创业者在机会开发方面更加驾轻就熟。

3. 创业警觉性

创业者（尤其是成功创业者）具有特定的信息加工图式用以识别创业机会，创业警觉性是信息加工图式的反映，信息包括环境中的对象、事件和行为模式。创业警觉性尤其体现在识别用户未满足的需求以及新颖的资源组合方式上，属于“个人对可获得（但被忽视）的创业机会的敏感性”（Kirzner，1978）。它被认为是创业机会识别的不可跳过的影响要素（Ardichvili et al.，2003）。一方面，创业警觉性使得创业者具备搜寻和注意变化及市场非均衡状态的信息收集倾向，因而知识对于创业警觉性有一定的积极作用；另一方面，创业警觉性使创业者对不符合现有图式的信息采取一定反应，努力做到克服现有的局限，将市场供给与社会需求相匹配，进而创造社会收益。创业者的警觉性很好地解释了为什么有的人能识别市场或政府的失灵产生的需求，并进而找寻到一个较好的社会创业机会，而有些人却不能。

4. 社会网络

另一个对社会创业机会的开发产生显著影响的因素是社会网络。理论上来说，在社会网络中，成员为实现其期望的目标，往往通过信任与互动交换等手段获取社会网络中的信息与资源支持（Nahapiet and Ghoshal,1998），先前经历（包括行业的和创业的）以及受教育水平将对个体的社会网络产生一定的促进作用。创业者的社会网络无论是关系强度还是结构，对于机会识别均起到一定的影响（Ma et al.，2011）（见图 5-4）。总的来看，社会网络有助于其获取潜在的市场信息和资源，进而激发创业者的创业想法，识别并开发创业机会（Christensen and Peterson，1990）。在当今社会，任何一个个体都嵌入在庞大的社会网络中，每时每刻都在与周边各类人群进行互动。一些创业者或许无法第一时间意识到社会创业机会，但是这些机会却有可能由其他个体（比如顾客、员工、熟人等）提供或者暗示。有研究证明，社会创业者与社区民众接触经验越多，其机会发现的可能性越大（Murphy and Coombes，2009）。事实上，Zahra 等人（2009）将社会创业者分为社会修理工、建构

者和工程师，也体现了不同程度创业机会开发的社会创业者，所嵌入的社会网络的范围大小是依次递进的。

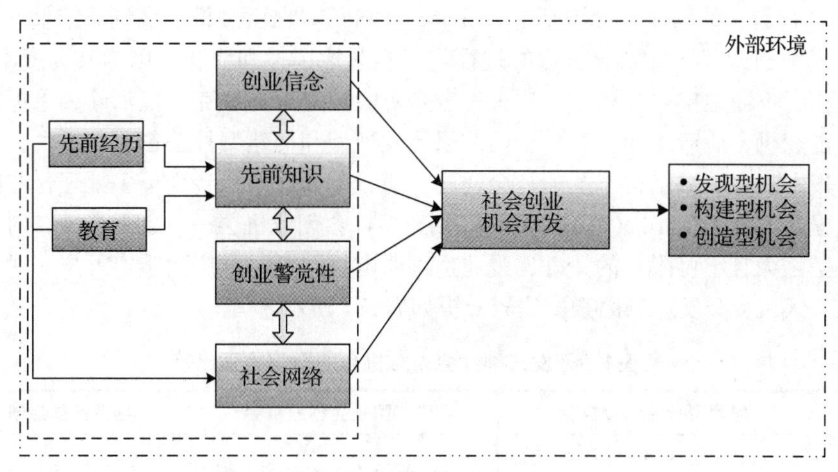

图 5-4　社会创业机会开发的影响因素

5.4.2　开发不同类型社会创业机会的影响因素比较

1. 发现型社会创业机会的影响因素

发现型社会创业机会，机会本身早于创业者存在于市场或行业中。如前文所述，不管是个体创业者还是诸如 Airbnb 这样的公司创业者发现残障人士租房需求，发现型社会创业机会往往存在一个较为明显的市场缺口。创业者对这个机会一方面是为了让社会美好（对个体创业者而言，他们美好社会的方式很大程度上是减少自身的贫穷），同时也赚取利润。这种具有明显市场缺口的发现型社会创业机会所需要的先前知识，相比于其他两类机会是最少的，它所要求的人力资本以及创业警觉性较低。创业者仅仅需要立足本行业的社会网络获取市场信息和资源，充当"发现和处理小规模的当地社会需求的创业修理工"的角色（Zahra et al.，2009）。当然，基于上述对创业者要求的原因，发现型社会创业机会可模仿性较高。

2. 构建型社会创业机会的影响因素

构建型社会创业机会，机会本身独立于创业者而存在，它对创业者的要求较高，只能被某部分创业者发现。具体来说，构建型创业机会由于其先前并没有市场供给，需要创业者与创业机会的不断交织演进。它首先需要创业者具备更大程度的美好社会的创业愿望，也就是说，在创业者的价值观中，所信奉的美好社会愿望的价值观大于赚取经济利润。更进一步来看，构建型社会创业机会要求创业者具备高警觉性以及较高跨行业市场知识技能，要求创业者具备跨行业的社会网络以获取市场信息和资源，创业者往往充当"发现市场失灵和其他一些创业机会，通过改革和创新现有的社会系统中问题的创业建构者"的角色（Zahra et al.，2009）。

3. 创造型社会创业机会的影响因素

创造型社会创业机会，属于高度不确定的机会类型，难以模仿，由创业者的强大善良意念产生，他们美好社会的价值观远远高于赚取利润。创造型社会创业机会，如果没有创业者，创业机会是不存在的，这种事先无法预知和估计的奈特不确定性，很多时候属于基于“直觉”“智慧”的创业机会识别（Isenberg，1986）。也就是说，在创业结果没有完全产生之前，识别创造型社会创业机会的过程均在不断地调整和变化，因为其高度不确定性，它要求创业者不断地学习与思考，这种思考是对隐性知识的攻克，以消除因果模糊性。创造型社会创业机会所产生的美好社会的结果比发现型和构建型社会创业都要大，它需要社会创业者识别现存社会结构系统的社会问题，通过革命性的社会变革去处理这些问题，充当创业工程师角色（Zahra et al.，2009）。创造型社会创业机会一旦创业成功，对美好社会的贡献将是巨大且不可限量的，好比爱迪生发明电灯并把它推广到千家万户。对三种社会创业机会，其机会开发影响因素的比较分析如表 5-1 所示。

表 5-1　开发三种社会创业机会的影响因素比较

	发现型社会创业机会	构建型社会创业机会	创造型社会创业机会
机会本身	早于创业者存在于市场或行业中，有较明显的市场缺口，多数人能发现它们	独立于创业者而存在，但它只能被部分创业者发现	如果没有创业者，创业机会是不存在的
创业信念	赚取利润≈美好社会	美好社会 > 赚取利润	美好社会 >> 赚取利润
先前知识	较低的甚至不需要人力资本要求	较高的跨行业市场知识技能	不断地学习，隐性知识克服因果模糊性
创业警觉性	低	较高	高
社会网络	立足本行业的社会网络	跨行业的社会网络	全社会网络
创业者	创业修理工	创业建构者	创业工程师
模仿性	可模仿	可模仿	难以模仿

本章小结

- 社会创业机会源于市场失灵或政府失灵，并由具有共担责任的独立创业者或公司机构进行创业机会的开发。
- 社会创业者通过新的手段、新的目标或新的手段—目标关系，来达到引入新产品、新服务、新原材料、新组织方式的境况，以弥补现有公共产品或服务的不足，或者以其他方式创造社会价值，从而形成社会创业机会。
- 社会创业机会的属性包括普遍性、紧迫性、创新性和关联性。
- 社会创业机会类型分为发现型社会创业机会、构建型社会创业机会和创造型社会创业机会。
- 发现型创业机会源于机会本身，构建型创业机会源于潜在市场机会与创业者感知的交织，创造型创业机会源于创业者的信念。
- 影响社会创业机会成功开发的因素包括创业信念、先前知识、创业警觉性和社会网络。

复习思考题

1. 为什么说社会创业机会源于市场失灵和政府失灵？
2. 社会创业机会的属性包括哪几类？结合自身的理解谈谈你对其中一项或多项属

性的看法。

3. 你认为创业者自身的价值观和使命感在社会创业机会识别和开发过程中起什么样的作用？

讨论案例

Bilikiss和她的垃圾分类回收梦想

拉各斯是尼日利亚的经济中心，也是该国人口最稠密的城市，人口约有1 800万，而且拉各斯的人口还在以每年约25万的速度增长。到2050年，该城市人口将达到3 500万，而其中60%生活在贫民窟。

贫民窟每天产生一万多吨的各种垃圾，由于缺少相应的基础设施，其中只有约40%被正式回收处理，仅有13%得以被回收利用，而剩下的垃圾则被人们堆放在街道边、屋外的空地上。这些贫民窟就像一座座不成型的小城市，在独立运行着。

拉各斯的垃圾管理已成为其建设过程中最大的挑战之一。这些无人管理的垃圾堆不仅阻塞街道，导致洪涝，还会污染土壤和地下水，对当地居民健康的生活环境造成威胁。当地政府对贫民窟内无序的垃圾处理更是缺乏治理。

目前，拉各斯的市政垃圾收集系统要求居民根据住宅面积缴纳一定垃圾处理费，但大部分人都负担不起。很多垃圾只能被焚烧，或者被丢在大街上。即使大家想回收垃圾，糟糕的公路网也是一大问题。

为解决垃圾管理的难题，当地社会企业家Bilikiss Adebiyi于2012年发起WeCyclers项目并成立公司，组织和鼓励当地低收入居民使用载货三轮车，去回收可利用的垃圾，进行分类后，将这些回收物出售给加工厂。

毕竟，位于拉各斯的回收利用公司也遇到原料供应限制，其高质量原料的数量无法满足生产需求。尼日利亚最大的回收利用公司只能启动其50%～60%的生产能力。WeCyclers项目恰好弥补了这当中缺失的一环。在收集后，WeCyclers在家庭层面聚集收到的原料，卖给当地回收处理商。WeCyclers给那些生产商持续长期提供经过良好分类且质量高的可回收原料，因此解决了其原料供应短缺的难题。

WeCyclers的创始人Bilikiss是两个孩子的母亲，出生并成长在拉各斯。发起WeCyclers之前，她在美国学习和工作了多年，每次回国探亲，她都能感受到家乡垃圾管理的困扰。最初，关于WeCyclers项目的想法出现于她在麻省理工学院攻读MBA时，在那里她得到大量关于垃圾重新利用的经验。和同学们讨论之后，她开始意识到，自己有必要为家乡低收入居民做些什么。

她坚信，无论对尼日利亚的商业还是居民生活而言，垃圾管理都会产生巨大的潜在影响。2012年，Bilikiss回到拉各斯，并全力投入到WeCyclers的工作中。Bilikiss希望，居住在贫民窟内的居民也能享受对他们来说似乎遥不可及的市政服务，希望他们和拉各斯这座不断发展的城市联系起来，建立一个社区网络。

作为项目发起人之一，CTO Jonathan Kola为WeCyclers后台建立了数据中心，帮助用户整合出售垃圾的积分，并让WeCyclers各个项目的技术跟上前沿，将WeCyclers和科技界很好地结合在一起。

WeCyclers通过使用短信以及奖励居民回收垃圾的激励机制，来改变杂乱处理垃圾的行为。具体做法是：WeCyclers的载货三轮车队每周有规律地在拉各斯收集垃圾，人们需要在车队上门前将可回收物品与垃圾分开，即可签约享受垃圾处理服务。每公斤可回收垃圾能换取一定积分，人们可以凭积分兑换居家用品或生活必需品，比如电器、家庭用品、手机通话费甚至现金。这些回收的物品再在家庭层面上进行分类和集中，然后再销往回收厂，作为工厂的生产原料。

据估算，拉各斯的金属与塑料废品价值约为7亿美元。WeCyclers利用成本低又环保的三轮车车队，在贫民窟的小巷子里

回收垃圾，而市政垃圾回收车则无法做到这一点。

在成立的两年里，从载货单车回收人员到垃圾分类人员，WeCyclers 雇用了 80 多名当地人，清理了超过 525 吨街上的垃圾，有 6 500 户家庭与其签约。

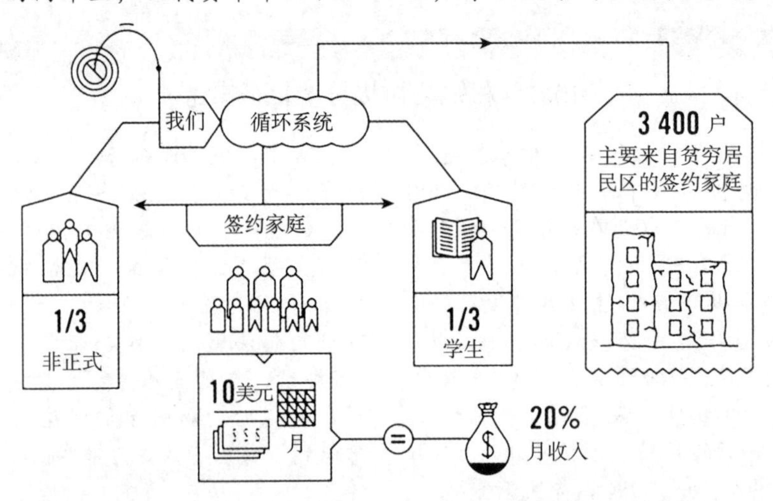

该项目的启动资金全部来自 Bilikiss 个人。目前，WeCyclers 在拉各斯的工作已获得国际认可以及多项奖项。2013 年，WeCyclers 获得 the TECH Awards-Intel Environment Award；2014 年，获得“国际可持续发展工程大奖”（Sustainia Award）。联合利华为 WeCyclers 回收自己集团产品的包装提供资助；WeCyclers 还赢得了“Pitch For Lagos”奖，获得了 5.5 万美元奖金。Bilikiss 本人也获得不少殊荣，2013 年，获得“卡地亚灵思涌动女性创业家奖”（the CARTIER women's initiative awards)；2015 年，获得“seif awards—for social entrepreneurship”。

Bilikiss 希望将服务范围扩展至拉各斯其他地区，再覆盖整个尼日利亚，然后遍布整个非洲，实现“终极梦想”。

资料来源：改编自澎湃新闻，https://www.thepaper.cn/newsDetail_forward_1502915，版权归澎湃新闻所有。

讨论题：

1. Bilikiss 创办 WeCyclers 的目的是什么？这些目的如何指导 Bilikiss 实现创业机会的识别和开发？
2. Bilikiss 成功开发的垃圾回收创业机会，体现了哪些社会创业机会的属性？
3. 从社会创业机会识别的角度出发，你觉得为什么 Bilikiss 能成功？哪些因素帮助她成功？

文献研读

How Opportunities Develop in Social Entrepreneurship

【文献摘要】Article Summary: The purpose of this article was to extend existing research on opportunity identification in the social entrepreneurship literature through empirically examining this phenomenon. We used an inductive, theory-building design that surfaced patterns in social value creation across multiple case studies. The patterns showed actors seeing a social need and prospecting ideas that could address it. Data also revealed multiple, not individual, actors, dynamically engaged in interactions that nudged an opportunity into manifestation. Also, data suggested complementarities to effectuation and rational/economic processes that are divergent theoretical approaches to the study of entrepreneurship to date.

【文献评述】本章首先梳理了社会创业机会的理论背景，指出社会创业机会与商业创业机会有两个重要的不同：其一，社会创业机会聚焦的是社会问题的解决，创业者的创业信念和使命不在于赚取最大利润，而在于美好社会，试图创造社会价值；其二，创业机会与社会、制度环境的交互不同。社会创业机会常常嵌入在复杂的社会问题之下，创业者需要以创新的方式解决这些问题，这些问题又因为伴有市场壁垒、制度壁垒等问题，使得社会创业机会对创业者的要求在一定程度上要求更高。一方面，要求创业者建立混合组织；另一方面，在面临市场、制度壁垒时，需要创业者对创业机会进行创造。

上述的两方面不同要求创业者既要有理性（rational）的思维，又要有奏效（effectuation）的思维。文献采用的是案例归纳的研究方法以建立理论，作者收集了一家新西兰非政府平台组织的纵向跟踪数据。从结果来看，作者详细介绍了奏效的机会开发过程：①社会创业者开始于一个兴趣的有创意的点子，好像一个灵光闪现在头脑中，而且这个点子是社会创业者愿意去追寻的；②下一阶段则是社会创业者试图让这个灵光的点子产生价值，社会创业者可能直接进行点子的利用（即直接进行机会开发），获得环境的反馈、修正，也可能进行灵感的修正，出现机会的再识别，进而再回头进行机会的开发。如此一来，可能经过数次的机会开发、机会再识别，反复迭代后，使得机会变得明显。第二个阶段是机会创造的过程，是奏效思维下机会开发的核心。理性思维下机会开发的过程则是社会创业者开始于一个有创意、以赚取利润为目的的点子，而且这个点子是社会创业者愿意去追寻的，创业者在这个点子上直接进行机会修正甚至不必修正而直接进行机会精细化，并开始对企业经营。

文献一定程度较好地展示了社会创业者对机会的开发，但下述两个问题可以进一步思考。文章提到经济性（理性）的机会识别过程和奏效的机会识别过程是社会创业机会识别的两个极限情况，其中还有一个混合的机会识别过程，那么这个介于理性和奏效之间的机会识别过程又是什么呢？这篇文章希望重点探究社会创业机会的开发（如其标题），但不论是其文献综述部分（回顾机会识别的文献），还是最终给出的理论模型上（对于机会的开发模型的因变量是机会的精细化），都并没有凸显机会的开发，或者从另一个角度来看，机会的精细化是什么？“精细化”的下一步又该如何呢？

【文献出处】Corner，Patricia Doyle, and Marcus Ho. How opportunities develop in social entrepreneurship[J], Entrepreneurship theory and practice, 2010, 34(4): 635-659.

本章作者

傅颖，浙江大学创业管理博士、浙江工商大学讲师。主要研究方向包括社会创业、创业机会、家族企业创业等，在《管理世界》、*Chinese Management Studies*（SSCI源刊）、《外国经济与管理》（人大复印）等发表学术论文多篇，获得过全国百篇优秀案例奖。主要讲授“创业管理”“管理学”等课程。

参考文献

[1] Alvarez S A, Barney J B. Discovery and Creation: Alternative Theories of Entrepreneurial Action[J]. Strategic Entrepreneurship Journal, 2007, 1（1-2）: 11-26.

[2] Alvarez S A，Barney J B. Entrepreneurial Opportunities and Poverty Alleviation[J]. Entrepreneurship Theory and Practice, 2014, 38（1）: 159-184.

[3] Ardichvili A, Cardozo R, Ray S. A Theory of Entrepreneurial Opportunity Identification and Development[J]. Journal of Business Venturing, 2003, 18（1）: 105-123.

[4] Austin J E, Stevenson H H, Weiskillern J. Social and Commercial Entrepreneurship: Same, Different, Or Both?[J]. Entrepreneurship Theory and Practice, 2006, 30（1）: 1-22.

[5] Autio E, Dahlander L, Frederiksen L. Information Exposure, Opportunity Evaluation, and Entrepreneurial Action: An Investigation of an Online User Community[J]. Academy of Management Journal, 2013, 56（5）: 1348-1371.

[6] Christensen P S, Peterson R. Opportunity Identification: Mapping the Sources of New Venture Ideas [M]. Aarhus: Institute of Management, 1990.

[7] Cornelissen J P, Clarke J S. Imagining and Rationalizing Opportunities: Inductive Reasoning and the Creation and Justification of New Ventures[J]. Academy of Management Review, 2010, 35（4）: 539-557.

[8] Corner P D, Ho M. How Opportunities Develop in Social Entrepreneurship[J]. Entrepreneurship Theory and Practice, 2010, 34（4）: 635-659.

[9] Dean T J, McMullen J S. Toward a Theory of Sustainable Entrepreneurship: Reducing Environmental Degradation through Entrepreneurial Action[J]. Journal of Business Venturing, 2007, 22（1）: 50-76.

[10] Dencker J C, Gruber M. The Effects of Opportunities and Founder Experience On New Firm Performance[J]. Strategic Management Journal, 2015, 36（7）: 1035-1052.

[11] Dimov D. Beyond the Single-Person, Single-Insight Attribution in Understanding Entrepreneurial Opportunities[J]. Entrepreneurship Theory and Practice, 2007, 31（5）: 713-731.

[12] Eckhardt J T, Shane S A. Opportunities and Entrepreneurship[J]. Journal of Management, 2003, 29（3）: 333-349.

[13] Eckhardt J T, Ciuchta M P. Selected Variation: The Population-Level Implications of Multistage Selection in Entrepreneurship[J]. Strategic Entrepreneurship Journal, 2008, 2（3）: 209-224.

[14] Grégoire D A, Barr P S, Shepherd D A. Cognitive Processes of Opportunity Recognition: The Role of Structural Alignment[J]. Organization Science, 2010, 21（2）: 413-431.

[15] Isenberg D J. Thinking, Managing: A Verbal Protocol Analysis of Managerial Problem Solving[J]. Academy of Management Journal, 1986, 29（4）: 775-788.

[16] Luksha P. Niche Construction: The Process of Opportunity Creation in the Environment[J]. Strategic Entrepreneurship Journal, 2008, 2（4）: 269-283.

[17] Ma R, Huang Y C, Shenkar O. Social Networks and Opportunity Recognition: A Cultural Comparison Between Taiwan and the United States[J]. Strategic Management Journal, 2011, 32（11）: 1183-1205.

[18] Martin R L, Osberg S. Social Entrepreneurship: The Case for Definition[J]. Stanford Social Innovation Review, 2007, 5（2）: 28-39.

[19] McMullen J S, Shepherd D A. Entrepreneurial Action and the Role of Uncertainty in the Theory of the Entrepreneur[J]. Academy of Management Review, 2006, 31（1）: 132-152.

[20] Miller T L, Grimes M G, McMullen J S, et al. Venturing for Others with Heart and Head: How Compassion Encourages Social Entrepreneurship[J]. Academy of Management Review, 2012, 37（4）: 616-640.

[21] Murphy P J, Coombes S M. A Model of Social Entrepreneurial Discovery[J]. Journal of Business

Ethics, 2009, 87（3）: 325-336.

[22] Nahapiet J, Ghoshal S. Social Capital, Intellectual Capital and the Organizational Advantage [J]. Academy of Management Review, 1998, 23（2）: 242-266.

[23] Prahalad C K. The Fortune at the Bottom of the Pyramid[M]. Pearson Education India, 2006.

[24] Sarasvathy S D, Dew N, Velamuri S R, et al. Three Views of Entrepreneurial Opportunity[M]. Springer New York, 2010. pp 77-96.

[25] Kirzner I M. Competition and Entrepreneurship[M]. University of Chicago press, 1978.

[26] Sarason Y, Dean T, Dillard J F. Entrepreneurship as the Nexus of Individual and Opportunity: A Structuration View[J]. Journal of Business Venturing, 2006, 21（3）: 286-305.

[27] Shane S.Prior Knowledge and the Discovery of Entrepreneurial Opportunities[J]. Organization Science, 2000, 11（4）: 448-469.

[28] Shane S. Reflections On the 2010 AMR Decade Award: Delivering On the Promise of Entrepreneurship as a Field of Research[J]. Academy of Management Review, 2012, 37（1）: 10-20.

[29] Shane S, Venkataraman S. The Promise of Entrepreneurship as a Field of Research[J]. Academy of Management Review, 2000, 25（1）: 217-226.

[30] Shepherd D A, McMullen J S, Jennings P D. The Formation of Opportunity Beliefs: Overcoming Ignorance and Reducing Doubt[J]. Strategic Entrepreneurship Journal, 2007, 1（1-2）: 75-95.

[31] Short J C, Ketchen D J, Shook C L et al. The Concept of "Opportunity" in Entrepreneurship Research: Past Accomplishments and Future Challenges[J]. Journal of Management, 2010, 36（1）: 40-65.

[32] Suddaby R, Bruton G D, Si S X. Entrepreneurship through a Qualitative Lens: Insights On the Construction And/Or Discovery of Entrepreneurial Opportunity[J]. Journal of Business Venturing, 2015, 30（1）: 1-10.

[33] Tocher N, Oswald S L, Hall D J. Proposing Social Resources as the Fundamental Catalyst Toward Opportunity Creation[J]. Strategic Entrepreneurship Journal, 2015, 9（2）: 119-135.

[34] Vaghely I P, Julien P. Are Opportunities Recognized Or Constructed?: An Information Perspective On Entrepreneurial Opportunity Identification[J]. Journal of Business Venturing, 2010, 25（1）: 73-86.

[35] Wood M S, McKelvie A, Haynie J M. Making It Personal: Opportunity Individuation and the Shaping of Opportunity Beliefs[J]. Journal of Business Venturing, 2014, 29（2）: 252-272.

[36] Wright A L, Zammuto R F. Creating Opportunities for Institutional Entrepreneurship: The Colonel and the Cup in English County Cricket[J]. Journal of Business Venturing, 2013, 28（1）: 51-68.

[37] Zahra S A. The Virtuous Cycle of Discovery and Creation of Entrepreneurial Opportunities[J]. Strategic Entrepreneurship Journal, 2008, 2（3）: 243-257.

[38] Zahra S A, Rawhouser H N, Bhawe N, et al. Globalization of Social Entrepreneurship Opportunities[J]. Strategic Entrepreneurship Journal, 2008, 2（2）: 117-131.

[39] Zahra S A, Gedajlovic E, Neubaum D O, et al. A Typology of Social Entrepreneurs: Motives, Search Processes and Ethical Challenges[J]. Journal of Business Venturing, 2009, 24（5）: 519-532.

[40] 仇思宁，李华晶 . 亲社会性与社会创业机会开发关系研究 [J]. 科学学研究，2018，36（2）: 304-312.

[41] 斯晓夫，王颂，傅颖 . 创业机会从何而来：发现，构建还是发现 + 构建——创业机会的理论前沿研究 [J]. 管理世界，2016，（3）: 115-127.

第 6 章　商业模式与商业计划书

学习目标

☑ 了解社会企业商业模式的构成和特征
☑ 学习社会企业商业计划书的写作原则
☑ 了解社会企业商业模式与商业计划书之间的关系
☑ 掌握社会企业商业计划书的撰写要点和注意事项

本章纲要

☑ 社会企业商业模式的概念和构成
☑ 社会企业商业计划书与一般商业计划书的区别
☑ 社会企业商业计划书的撰写要点

开篇案例

我买网独家开售“任小米”：用创新性商业模式解决环境问题

从 2015 年开始，退休后的华远集团原董事长任志强，开始积极从事内蒙古自治区阿拉善的环保公益事业。“任小米”作为任志强投身阿拉善慈善事业后首次推广的粮食作物，其本身也是一个环保产物，是阿拉善 SEE 生态协会为了改善阿拉善地区的沙漠化环境而种植的。阿拉善是我国最大的沙尘暴来源地，地下水紧缺、沙漠化严重一直都是困扰这个地区的主要问题，而单一的玉米种植，因耗水量大，使得该区的半荒漠化、荒漠化问题更加严重。

为了改善阿拉善地区荒漠化严重的问题，自 2009 年起，阿拉善 SEE 协会开始支持当地用户种植耗水量低的谷子作物，“任小米”正是为此而生。任小米的种植，可节约相当量的绿洲地下水，从而供梭梭树等沙生植物吸收，延缓沙漠蔓延。与此同时，因为任小米较玉米等粮食作物有着较高的经济价值，农牧民通过种植沙漠小米能够获得较高的收入，满足生活所需，进而推动阿拉善地区内生存发展。

值得关注的是，本次沙漠小米的上市也是一种新模式——商业化的社会创新模式正式亮相。为此，阿拉善 SEE 生态协会成立的社会企业也快速正式成立。从阿拉善 SEE

到中粮我买网、大成集团，三家机构在沙漠小米的生产推广中，从不同的环节接入，形成一种闭环，最终达到用商业化的社会创新模式来解决环保问题。

资料来源：刘松. 我买网独家开售任小米：用创新性商业模式解决环境问题 [N]. 北京晨报，2015-1-16.

近年来，随着技术的不断发展，在企业管理实践中出现了越来越多新的模式，它们不仅仅是对原有产品和技术的改变，更主要的是对整个企业的运营进行了更新换代。可以说企业之间的竞争，已经不仅是产品之间的竞争，而且是商业模式之间的竞争。目前，商业模式的重要性已经逐渐得到学界和业界的高度重视。尽管社会企业是一个比较新的概念，但社会企业领域的商业模式概念也得到了相当多学者的重视。本章重点在于分析社会企业的商业模式，并在此基础上探讨社会企业商业计划书的撰写要点，以便读者加强对于社会企业运行规律的认识。

6.1 社会企业的商业模式

6.1.1 商业模式

商业模式概念不是突然出现的，商业模式的构建是基于战略领域经典的价值链概念和战略定位理论，同时出于对竞争优势的考虑，商业模式概念中也借鉴了资源基础理论。这主要是从企业内部运营来看的。当公司的运营越来越多地触及与外部不同机构的合作以共同创造价值时，商业模式概念也涉及了战略联盟和合作网络理论。此外，商业模式还涉及企业边界的选择和交易成本经济学。因此，由于其复杂的理论基础和概念内核，商业模式呈现出多种解读方式。

在传统的观点中，商业模式常常与盈利模式画上等号。这是因为作为最常见的商业组织来说，商业模式的根本目的就在于获得并且维持利润（Stewart and Zhao，2000）。商业模式的存在就是用于指导组织如何确定自身在产业价值链中的位置，以及如何从价值链中获得利益。作为盈利模式的商业模式，其概念内核围绕着利润的产生过程，并且主要集中于企业的收入来源、定价方法、成本结构、预期销量等要素，以体现利润的产生逻辑。

也有一些研究强调商业模式是企业的核心竞争力（Morris et al.，2005）。正是商业模式的存在，使得企业内部各个有机模块能够凝聚在一起，并且形成一个相互依赖的整体，而这一整体正是其他企业所难以模仿和难以抵御的核心竞争力。不仅如此，商业模式中所强调的企业与外部其他组织或个体的积极网络关系，以及这些关系所能够为企业带来的价值，也进一步加强了企业的核心竞争力，从而帮助企业在长期内维持优势。

近年来，一些研究开始用系统论的观点来分析企业的商业模式。这是因为商业模式的构成非常繁杂，包含企业内部各个不同职能、不同层次上的有机元素。基于不同维度或角度的界定，众多学者对商业模式的构成进行了详尽的分析。例如，Slywotsky（1996）提出商业模式是包含公司如何选择客户、如何定义和设计产品、如何执行生产运作流程、如何配置资源、如何为客户创造价值并获取利润等环节在内的系统。Chesbrough（2007）的研究则将商业模式定义为，包含价值主张、市场、价值链、收益机制、合作网络、竞争战略等不同要素在内的集合体。这些研究在构建商业模式的宏大构念的同时，也加大了进一步研究商业模式的难度，因为要素繁多，难以一一甄别其作用机制。

目前，在商业模式领域，较为主流的一个观点认为，商业模式就是企业的价值创造模式。Chesbrough（2007）指出，商业模式的两个核心功能包括组织的价值创造和价值获取。为了达到价值创造和价值获取的目的，组织需要完成一系列诸如从原材料采购到满足终端顾客需求等关键环节。Amit 和 Zott（2001）也指出，商业模式是为了利用商业机会，对组织与外部机构或人群的交易进行设计和治理的方式，其目标是为了获取价值。Shafer 等人（2005）对商业模式的构成元素进行了分类，发现大部分元素可以放入战略选择、价值创造、价值获取、价值网络四个类别中，从而进一步明确了商业模式的价值模式。Shafer 等人（2005）的分析结果如图 6-1 所示。

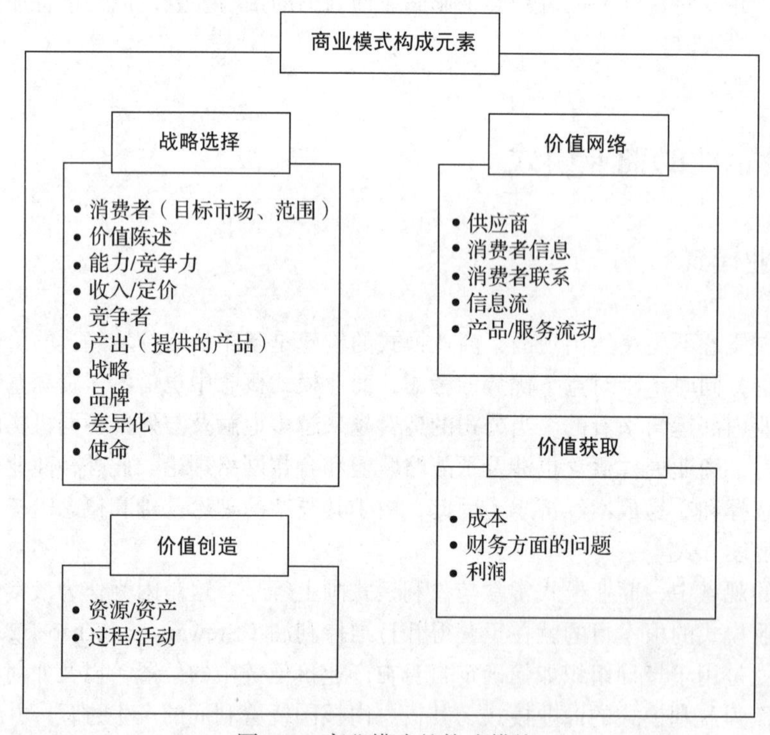

图 6-1 商业模式的构成模块

由此可见，随着商业模式研究的不断深入，商业模式的概念界定呈现出多样化的发展局面。不过整体而言，不同视角的商业模式概念均承认商业模式并不只是组织行动的一个侧面，它反映了组织整体的行动特征，以及由此激发的组织不同于其他竞争者的独特优势。

6.1.2 社会企业的商业模式

社会企业作为一种新型企业形式，不同于商业企业和非营利组织。这一类型的企业以社会目标作为首要目的，将盈利主要用于再投资以实现这一目的。随着世界范围内贫穷、饥饿、不平等社会问题的凸显，来自不同阶层的人群对企业的期望产生了转变。一般的商业企业由于治理结构和运营目标的限制，难以为解决社会问题提供持续性的解决方案。这种情况下，社会企业作为一种社会使命驱动的创新组织应运而生。

社会企业通过创造社会价值，并积极解决诸如教育、贫穷、饥荒之类社会问题的同时，也创造了显著的商业价值，它们不断收获了商业利润、新的知识以及多样化的社会人才（Pfitzer et al.，2013）。

由于在企业属性上社会企业与传统的商业企业存在明显不同，其商业模式也呈现出非常强的独特性。显然，社会企业与传统企业的最明显差异反应在价值创造过程中。在Shafer 等人（2005）和 Bocken 等人（2014）的研究中，商业模式的组成中存在着以价值为核心的三大要素：价值主张、价值创造与交付、价值获取。社会企业在这三个要素上和商业企业存在着差异。

（1）价值主张。社会企业的价值主张不同于商业企业。对后者来说，它们通常追求的是利润的最大化，因此企业的经营活动始终坚持成本最低和收入最高。社会企业追求的是从根本上可持续性地解决社会问题。当然，在追求社会价值的同时，社会企业仍然会寻求商业利润，不过这里利润始终是企业的次要关注点。社会企业还常常会把利润用于再投资，以促进其可持续发展。

（2）价值创造与交付。与商业企业相比，社会企业更加依赖于组织之间以及组织与人之间的网络来创造和交付价值。同时，商业企业的网络构成往往依赖于交易行为，联系双方依赖于交换来形成稳固的合作。与商业企业不同的是，社会企业的网络则通常依赖于共同的社会愿景。在同样的愿景和价值观的指引下，社会企业、营利性企业、非政府组织或慈善机构、投资者、政府、高校等不同背景的组织或个体能够整合在一起为企业克服资源短缺的问题，并且进一步吸引志同道合的消费者，形成社会规范（Davies and Chambers，2018）。除了网络关系方面的特征以外，社会企业的战略行动通常会偏保守，因为它们更倾向于企业的长期稳健发展，以实现社会价值的可持续性。

（3）价值获取。社会企业和商业企业的价值诉求存在很大差异，在获取方式上也存在很大不同。在商业企业的商业模式中，企业的价值获取方式是通过有效的方式快速占领市场，将产品销售给用户的同时获得收入。社会企业当然也经历类似的环节。但是，由于社会企业拥有明显的社会价值主张，在获取商业价值的同时，它们更为关注如何实现社会价值。换言之，在企业的大力推动下，社会层面的问题是否得到了解决。

6.1.3　社会企业商业模式的特点

社会企业的商业模式首先应当具备一般企业商业模式的特征。在现有的商业模式理论研究和实践中，成功的商业模式一般拥有以下特点。

1. 全面性

正如商业模式的概念所描述的，商业模式是对企业处理和应对用户需求、提供有竞争力的产品、获得商业利润等环节的归纳总结，涉及了组织运营和成长的方方面面。商业模式涵盖了影响组织成长的那些重要因素。无论是在企业经营的基础层面，有关员工操作和流程设计的运行方案，还是在组织发展层面，企业的整体发展目标和战略行动，都在商业模式所囊括的概念范畴内。因此，商业模式的全面性反映了创业者是否对创业发展中所遇到的各类问题进行了全面的思考。因此，从商业模式的概念也可以看出，所谓系统论或者价值创造的视角之所以能够用于解释商业模式的概念内涵，也正是由于商业模式的全面性特征。

2. 独特性

成功的商业模式要具有很强的独特性。创业者要在创业行动中积极彰显自身的独特价值，这种独特价值首先体现在创业者的产品上。创业者的产品要有明确的独特性，要能够与其他同类型的产品具有很明确的区分度。除了产品以外，在运营、渠道、供应链等方面的独特价值也是非常有意义的。当然，商业模式的独特性并不是一味地追求与众不同，商业模式的独特性必须能够创造最终的价值。在现实的案例中，常常可以看到的是，很多企业的商业模式非常奇怪，与市场上的同类企业完全不同，却难以让用户为之买单。

3. 难以模仿性

成功的商业模式必须是难以模仿的。很多有价值而且具有很强独特性的商业模式在市场上推出来之后，很快就有追随者效仿，这就削弱了商业模式的价值。因为迅速跟进的追随者很快就会使得企业的盈利能力大大下降。商业模式的难以模仿性，一方面来自产品或技术方面的优势，这种优势有时候是其他人难以模仿的；另一方面，有些企业的商业模式中，其核心竞争要素来自特定的资源、合作网络甚至是价值理念，这同样是竞争对手难以模仿的。

除了上述特征以外，社会企业由于独特的企业属性和运行机制，其商业模式还展现出以下两个特征。

（1）社会性。传统企业商业模式在遵守法律和政府规定的前提下，以追求经济利益作为首要目标。与此不同，社会企业旨在满足社会需求并使社会更加有效运行，解决诸如气候变化、水资源短缺、贫穷、可持续发展等社会问题。因此，社会价值是其首要目标，社会性贯穿于整个商业模式的始终。而为了维持自身的可持续发展，社会企业的商业模式需要同时兼顾经济价值和社会价值。

（2）网络性。商业企业的伙伴关系多限于供应商、经销商、顾客。社会企业则致力于通过共同的愿景与合作伙伴建立起联系网络，因此其合作伙伴超越了传统的商业交易关系，并且能囊括更为多样化的组织或个体，包括其他社会企业、商业企业、非营利组织、政府、高校、顾客等个体，都能够参与到社会价值的实现过程中。这种网络是社会企业商业模式的重要构成部分。

6.2 社会企业商业计划书

6.2.1 商业计划书

商业计划书本身也是组织计划的一种。顾名思义，作为一种计划，商业计划书的核心内容在于指明组织的发展方向和行动方案。当然，为了使这一方向和方案具有很强的可行性，商业计划书中还要对组织的当前状况进行深入分析。因此，商业计划书的大部分内容实际上都是在对组织的经营历史和发展现状进行分析。不过，由于商业计划书的主要使用范围是创业企业，或者是尚未建立正式组织的创业团队，这种分析也是创业者非常必需的。

从创业过程的整体视角来看，商业计划书的编写是一个承上启下的步骤，如图 6-2 所示。因此，就商业计划书在创业过程中的角色而言，商业计划书首先是创业者对新企业创立之前的所有准备工作的总结和整合。换而言之，创业者需要将新企业组建中所涉及的机会识别和开发、团队成员组建、资源整合等方面的要素加以系统的回顾，并且通过对自身优劣势的积极回答以明确创业行动的基础所在。其次，商业计划书也是创业者未来行动的指南。创业者需要把机会的可能发展趋势、创业者所能采取的战略行动、支持创业行动的各项资源的配置等内容反复论证以得到最为可行的行动方案。从前面所论述的商业模式的概念可以看出，上述要素实际上就是创业行动的价值创造方案。从这个意义上看，商业计划书实际上就是商业模式的书面化。

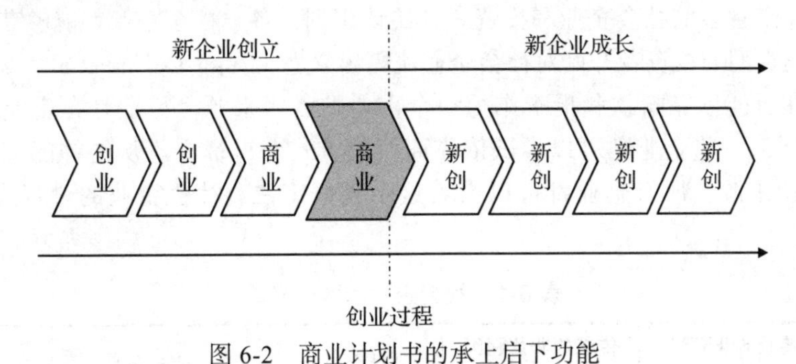

图 6-2　商业计划书的承上启下功能

总体上看，就一般企业的商业计划书而言，创业者撰写商业计划书的目的通常包括以下三个方面。

（1）创业资源获取。显然，这是撰写商业计划书的首要目的。在大多数情况下，当创业者想要从外部获取资源时，他们通常要向资源提供方展现一份正式的商业计划书。这里的资源不仅仅包括最常见的资金资源，在创业者获取人力资源、渠道或供应商资源时，商业计划书也是必不可少的。当然，面向不同资源提供方的商业计划书有其各自的特点，有时候，仅仅是一份简单的计划书也足以体现创业者的诚意。

（2）企业现状审视。在很多时候，创业者撰写商业计划书并不是一定为了获取资源。也就是说，创业者所认真撰写的商业计划书并不是给外部利益相关方看的，此时，商业计划书的读者是创业者自己。不过，即使是创业者自己阅读的商业计划书，创业者仍必须认真撰写。这是因为撰写商业计划书的过程，也是创业者重新审视自身优势与劣势、机会与战略的过程，这一过程是创业者对于创业机会和商业模式的进一步界定。此时，商业计划书的撰写是其他形式的讨论、交流、沟通、思考所不能代替的。

（3）未来发展规划。尽管创业行动与大型企业的活动存在很大差别，在后者的经营中，战略是强有力的成长工具。对创业行动来说，长期的公司战略至少是很难予以充分设计的。不过，面对创业行动的巨大不确定性，创业者在一定程度上对企业未来的成长方向进行探索，对可能出现的压力进行未雨绸缪，是非常有必要的。此时，商业计划书能够起到一个非常好的行动策划的作用。通过系统化的商业计划书撰写过程，创业者对于创业的设想将会更为明确。

6.2.2　社会企业的融资需要与商业计划书

社会企业的商业计划书同样服务于社会创业者的资源获取、现状审视、发展规划等目的，并且体现了社会企业商业模式的核心元素。

通常认为，对社会企业来说，融资被认为是制约其成长的重要因素（Sunley and Pinch，2013）。但是，从社会企业的长期发展来看，社会企业的发展被认为嵌入在特定的社会经济环境中，在这个过程中，如果企业要维持其多样化价值创造的使命，这一过程必须是可持续的（Chell，2016）。

传统的企业使用财务报表和商业计划书来接近不同类型的投资者——股权投资者、银行、债券投资者、风险投资者等，为他们提供不同组合的风险和投资收益。社会企业所面临的机会没这么多，它们通常难以从商业投资机构那里获得资金的支持。但是这一现状在发生变化，越来越多的社会企业和投资者开始认识到，各类社会企业都能够获得财务方面的回报，不同类型的投资者开始对社会企业流露出兴趣（Bugg-Levine et al.，2012）。

一些企业可能依靠赠款和捐赠作为一个重要的收入来源，特别是在企业受益者无法支付的情况下，一些企业则可以尝试依靠商业的方式获得资金。从纯粹的慈善事业到商业的金融支持来源，所有企业都可以沿着这个光谱定位。社会企业的融资光谱如表 6-1 所示。

表 6-1 社会企业的融资光谱

特征	传统的非营利组织	传统的非营利组织 / 社会企业	社会企业	社会企业	社会企业
融资光谱	完全慈善支持	部分自给自足	可获得必须要的现金	可获得运作资金	可获得商业融资
收入水平	没有赚取的收入，依靠财政补贴来维持运营	赚取的收入涵盖了部分运营费用或一些项目成本	营业收入占企业经营费用的比例低于市场水平	在没有完全的市场成本（资本和投资）下，赚取的收入涵盖所有的运营费用	所得收入可以按市场收益率支付所有经营和投资费用
补贴水平	100% 补贴	企业和 / 或母公司大多得到补贴	在赚取的收入和支出、资本投资和增长补贴之间存在赤字	为贷款和资本支出提供部分补贴	完全无补贴
生存能力	无法生存，需要持续的外部融资（补助金）。成本回收常常被看作一种副作用，而不是项目所预期的	无法生存，组织依赖赠款和捐助生存；可以独立地服务或活动	接近生存水平，直接成本可被覆盖；对成本结构和增长进行补贴；收入覆盖日常运作直至盈亏平衡	预期可生存。经营盈亏平衡；没有多余的收入，补贴减少；收入涵盖所有的运营费用	可盈利。收入涵盖所有经营和财务成本；留存收益融资增长。非营利组织可能会将其法律地位改为营利实体
补贴类型	• 慈善捐赠 • 补助金 • 实物支持 • 志愿劳动	• 慈善捐赠 • 补助金 • 实物支持 • 志愿劳动 • 上级组织支持	• 亏损补助 • 折扣和税收优惠 • 自愿或低于市场劳动力（实习生） • 低于市场利率 • 上级组织支持 • 优惠合同	• 折扣和税收优惠 • 低于市场利率 • 上级组织支持 • 桥梁 / 间隙基金；特定成本的补助金 • 优惠合同	• 如果组织保持非营利地位，法律允许税收福利 • 优惠合同

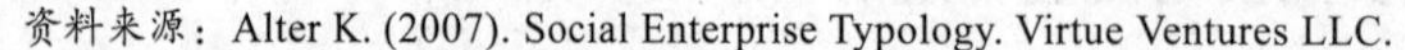
资料来源：Alter K. (2007). Social Enterprise Typology. Virtue Ventures LLC.

因此，社会企业的融资模式很可能包括不同的来源组合，可能是“自愿的”或实物捐赠，可能是捐赠和赠款援助，也可能是其他营利性投资机构——它们的多样化组合有利于社会企业的可持续发展。为了从这种多样化的融资模式中获得可供社会企业发展的资源，社会企业需要积极进行商业计划书的准备。

根据社会企业的特征，社会企业商业计划书的重点与一般商业企业商业计划书略有不同。根据社会企业商业模式的特点，上述差异体现在价值主张、价值创造与交付、价值获取上。

1. 商业计划书的价值主张

在价值主张方面，由于社会企业积极追求的是可持续地解决社会问题，因此创业者需要传递的是为何这一需求具有很强烈的社会价值。在一般企业的商业计划书中，有关企业所面向的用户需求和企业能够提供的用户价值部分，是通过对企业的市场和产品的描述来实现的。

市场是指创业者所要面临的行业市场特征。市场分析也是创业者组建商业模式的重要步骤。创业者的行动总是依托于具体的市场。社会企业的运行也并不是脱离开市场的空中楼阁。社会企业所面临的市场要具有一定的规模和前景，能够实现产品的销售，也就实现了与用户的价值交换。社会企业的市场分析并不是单纯从商业价值的角度分析市场特征，它们非常重视市场需求的社会价值。那些项目社会受益面广、具有潜在拓展空间的项目才能够吸引外部的投资者。

产品指的是企业所提供的核心产品或者服务。产品是创业行动之所以能够创造价值的载体。社会创业行动同样需要通过具体的产品或者服务来传达创业者的社会价值主张。在商业计划书中，有必要对于产品或者服务的细节进行描述（在不暴露商业机密的前提下）。因为，只有详细的产品论述才能够充分展现出创业者的创业主张是反复思考过的，产品方案是充分可行的。因此对于产品要素的论证实际上也是创业者的深刻反思过程。那些仅仅停留在实验室的产品雏形通常很难越过这一关。

2. 商业计划书的价值创造与交付

商业计划书中需要阐明，创业者所积极主张的社会价值是如何实现的。对于社会企业领域，与用户及供应相关的合同和采购过程，以及产品或服务的递送模式是社会企业的商业计划中的主要特征（Curtis，2008）。因为创业主张是创业者的设想，如果没有可行的方案予以实施，这种设想很难成为现实。在社会企业范畴内，价值创造和支付尤其重要，因为社会企业的价值创造并不仅仅是依靠商业逻辑来考量的。这就使得创业者尤其需要审慎地提供社会企业价值创造的逻辑。在社会企业的价值创造和交付中，创业资源的获取、运营管理的描述是必要的。

创业资源要素是创业者组建和运行整个企业所需的人、财、物等要素的统称。创业行动本身就是在资源匮乏情境下的企业成长管理。对创业者来说，资源少并不是一件坏事。创业者应当善于从不同个体或组织那里获得多样化的资源以支持企业的成长。在社会创业行动中，创业资源的获取则与通常的商业创业有所不同。对后者来说，资源获取通常是依赖于商业交易的方式。但是，社会创业行动本身并不仅仅是以商业逻辑来组织的。为了有效获取支持社会创业活动的资源，创业者需要向外部资源提供方呈现自身的社会价值主张，以吸纳更多合作伙伴共同开发社会价值，这些人甚至有可能成为创业者的核心团队成员。

企业运营管理是创业者对于如何维持和发展创业组织的说明。在一般创业行动的商业计划书中，运营部分的说明是非常必要的。运营就是管理者将所获得的人、财、物以适当的方式整合起来，完成企业的进货、生产、研发、渠道等方面的事务。良好的运营过程是创业者能够生产出可靠产品的保证。很多创业者提供的产品是实验室中的产物，一旦商业化开发就会遇到种种障碍，这些问题往往出在企业的运营环节，因为创业者事先通常对运营管理有着不切实际的预期。在社会企业的商业计划书中，运营管理同样需要认真撰写。因为社会企业的运营面临的困境更大，所以更需要多样化的措施来保障社会企业的有效运行。

3. 商业计划书的价值获取

价值获取就是企业最终实现价值的过程。对商业行为来说，价值获取也就是企业所获得的财务收益。但在社会创业领域，价值本身具有多重含义。商业价值固然非常重要，但是与社会长期可持续发展相关的社会价值也是社会创业行动的重要组成部分。因此，在商业计划书中除了要汇报商业价值的获取过程以外，还需要把重点放在社会价值的获取方面。在社会企业的价值获取方面，主要涉及市场和营销，以及企业的成长预期。

市场和营销要素主要是指创业者如何向用户推广自身的产品或服务。创业者的产品之所以最终能够实现价值创造，一方面是来自创业者的精巧设计和开发，另一方面也离不开合理的市场推广措施，而这些内容恰恰是企业在获取资源时，资源提供方重点关注的。不仅如此，有些时候社会创业行动的产品由于附加了太多社会属性，还在一定程度上削弱了其商业属性，这使得常规化的市场和营销手段失去了效力。此时，有针对性的营销是创业者能够实现价值获取的根本保障。

企业的成长预期是指企业未来的可能成长空间。社会企业的成长一般较商业企业略为缓慢，因为社会价值的实现需要创业者的精耕细作，社会需求的激发也需要较长时间的积累。投资者往往会关注的是，企业的价值获取是否具有可持续性，在看得见的未来，企业有多少的成长空间。如果企业的经营目的中带有明显的社会可持续目标，投资者更会关注这一社会发展目标本身是否有长远的存在空间。在创业者汇报这些信息时，应当基于对未来的理论判断，而不是简单的臆断。

6.2.3 社会企业商业计划书的撰写原则

为了更好地在商业计划书中阐明创业者的主张，彰显创业行动的社会价值，在撰写商业计划书的时候需要遵循以下几个重要原则。

1. 目标清晰明确

商业计划书的撰写目的是多样化的，无论是哪一种，商业计划书的编排设计以及文字措辞都必须与之相对应。例如，不同的阅读者在浏览商业计划书时的侧重点会有所不同，针对不同人群的商业计划书就要有意识地使用不同的撰写方案，以展现计划书中最有价值的观点。当然，不论是哪一类商业计划书，对社会企业来说，都必须把社会价值创造作为核心目标。

2. 重点鲜明突出

社会企业的商业计划书是对其商业模式的书面总结，它将积极传递创业者的社会价值主张，并且对未来发展进行预测。企业社会价值的论证不同于商业价值，在商业企业的计划书中，有关组织未来发展的定性判断和财务状况的定量测算是并重的，尤其是后者，创业者需要投入大量的数据测算以达到较准确的预测。但在社会企业范畴内，由于社会价值本身是难以计量的，所以对有关社会价值的来源、特征、潜力等内容的定性描述要重于定量测算。在这样的定性描述中，重点鲜明突出是计划书能够彰显其特色和说服力的有力工具。

3. 形式丰富多样

实际上，不论是一般企业的商业计划书，还是社会企业的商业计划书，它们的形式都非常重要。形式是传递创业者主张的首要工具。外部投资者拿到商业计划书后，首先进入其视线范围的是商业计划书的外观。如果在形式上能够传递积极正面的信息，商业计划书的成功概率也会大大上升。在社会企业的商业计划书中，由于商业价值的比重大为下降(有些项目甚至在相对长的时间内很难盈利)，多样化的形式在提升读者关注度，帮助企业成功获得资源方面则更为重要。

6.3　社会企业商业计划书的撰写

商业计划书通常有许多现成的通用模板。不过，无论是哪一种模板，其内在的逻辑都是统一的——创业者的价值主张是什么，创业者的价值创造和交付是如何实施的，创业者如何获取最终价值。它们之间的逻辑关系如图 6-3 所示。在社会企业的商业计划书中，同样可以看到类似的逻辑。由于篇幅所限，本章仅仅介绍商业计划书中最为关键的几个部分，指出其关键的撰写要点。需要指明的是，这里的介绍是以融资类型的商业计划书为例。

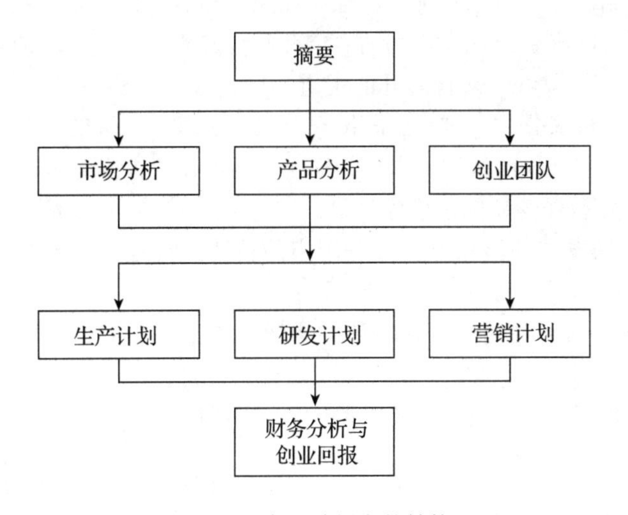

图 6-3　商业计划书的结构

6.3.1　摘要

商业计划书的摘要往往在商业计划书最开始的部分。在很多情况下，投资者并不会对商业计划书做详细的阅读，特别是当他收到大量的商业计划书时。此时，摘要往往是投资者首先要阅读的。创业者应当紧紧把握这一难得的机会，在摘要中充分展现创业行动的亮点。如果在摘要部分，商业计划书没有迅速吸引投资者的眼球，那么即使后续部分写得再动人，这份商业计划书的价值也要大打折扣。不过，由于摘要本身篇幅短，创业者尤其需要言简意赅地阐明所要表达的核心思想，让读者能够迅速理解企业的商业模式，清楚企业所具备的独特优势，然后做出是否愿意花时间继续读下去的决定。在摘要部分，应该重点向投资者传达下面几点信息：

- 社会创业项目拥有充分的市场需求。
- 社会创业项目的产品具有独特价值。
- 社会创业商业模式具有很好的可行性。
- 当前的创业团队具有很明显的合作优势，可以为创业行动提供坚实的保障。
- 社会创业项目能够实现较为稳定和长期的社会价值和商业价值。

6.3.2 市场分析

市场分析是商业计划书的主要内容之一，也是创业机会和商业模式的核心模块之一。社会创业项目的市场分析具有多重维度，它既要展现出社会创业项目在社会层面所能够处理的社会需求的规模大小和成长潜力，也要充分汇报这一项目在商业方面的潜力。

在市场分析部分，创业者要阐明自身所瞄准的目标市场以及这一市场上的竞争态势。目标市场是企业所关注的终端市场。无论是商业创业还是社会创业，创业者所面向的市场都应当是一个聚焦的细分市场。因为从一开始就针对一个较大型市场开展经营具有很大的难度，也会面临大型竞争对手的压力。除了市场的界定和市场容量的分析以外，创业者还需要就当前这个市场内的竞争态势进行论证。如果已经有类似的企业在同一个市场开展运营，这会影响到项目的吸引力。在市场的界定和趋势分析上，创业者应当尽量用数据来支持自己的观点。这些数据可以来自公开的报道、行业报告，或是创业者自身的调研数据。总而言之，在市场分析部分，应该重点向投资者传达下面几点信息：

- 企业的目标市场（按照区域、人口特征、生活习惯等标准分类）。
- 目标市场的发展程度和未来趋势。
- 影响目标市场发展的因素分析——国家的整体经济走向、政策导向、社会文化变迁，或者是技术发展等其他要素。
- 在这个市场上活动的所有经济主体的概况，包括竞争者、供应商、销售渠道和顾客等。
- 进入该行业的障碍是什么，可能的跟随者多不多。

6.3.3 产品分析

社会企业的产品特征是创业者需要重点展现的另一个重要特征。投资者在评估创业项目时，不仅要知道企业生产和出售什么产品或服务，还要对产品本身能否适应市场的要求做出评估，这些结果可以对投资者的投资决策产生关键影响。

关于产品特征的描述，应该在两个方面重点考虑。一方面是产品能否有效地满足市场需求，这里的市场需求包含了社会人群在商业利益之外的需求。社会企业的产品不仅应当能够有效满足这些与健康、环境保护、关注弱势群体等内容相关的特定需求，其满足方式还应当是一种相对成本低廉的方式。另一方面则是在可以预见的未来是否很快会看到产品的替代品。企业的发展需要考虑其可持续性，如果随着技术的进步或者目标人群的变化，很快会出现新的产品或模式来处理企业所瞄准的社会需求，企业的成长也会受到限制。具体而言，对于产品特征的描述可以从以下几个方面进行：

- 产品的最显著特征（性能、价格、使用条件等）。
- 市场上是否已经有或即将有同类产品。
- 与同类产品相比，产品的独特性在哪些方面。
- 产品的价位如何，这一价位是否合理。
- 产品的市场前景和竞争力如何。

6.3.4 创业团队

企业的运行依赖于具体的人员。在创业行动中，最重要的人显然是创业团队。创业行动本身包含了大量复杂的决策事务，创业者一般要依赖一个核心团队来共同推进创业行动。在很多情况下，投资者对于创业项目的评判中，对于团队的考察占据了最重要的地位。

创业者要在商业计划书中展示管理团队或业务经营的关键人物。在介绍这些关键人物时，一定要突出他们对于企业发展的重要作用。那些过去拥有在相关领域从业经历的人员可以适当展现他们之前的经营业绩。另外，在展示创业团队时，创业者应当强调团队成员之间的互补性，教育背景或工作经历太单一都不利于吸引风险投资。这些不同背景、不同资历的团队成员应该被配置在特定的工作岗位上以发挥其经验和优势。创业团队展示的内容可以分为以下这些方面：

- 创业团队成员的优势所在（工作经历、教育背景、行业经验等）。
- 创业团队成员在产品设计与开发、财务管理、市场营销等方面的过往业绩。
- 创业团队成员的职业道德、能力与素质。
- 创业团队的分工，其依据是什么。
- 团队决策机制和冲突管理机制。

6.3.5 生产、研发与营销计划

企业的工作计划是商业计划书的重要构成，创业者需要在这个部分展现项目的未来运营方案。一般来说，可以从生产、研发、营销三个方面进行分析。

生产计划的目的在于回答创业者如何把设想中的产品生产出来。从实验室中的产品到真正能够市场化的产品，还有很长的距离。创业者应尽可能把新产品的生产制造及经营过程展示给投资者。例如，产品的原料如何采购、供应商的有关情况、员工配置、生产资金的使用、相应的厂房、土地的规划安排等。这些生产流程的工作方案将会表明创业者是否有足够的能力将产品进行量产。

研发计划反映了企业在应对未来的技术发展趋势以及技术竞争方面的行动方案。对高新技术领域的创业项目来说，这一点是必不可少的。因为技术的发展非常迅速，如果没有

能力在技术方面占据相对前沿的位置，创业者很容易在竞争中处于下风。在这里，创业者需要介绍企业投入研发的力度，同时必须指出这些研发投入所要实现的目标，通过这些内容来表明企业在研发方面的主张。

营销计划回答的是创业者如何实现市场上的销售，这也正是前面所提的创业者如何获取价值的内容。任何一个投资者都十分关心企业在推出产品时的营销策略。营销计划是系统性的经营计划，包括产品从生产现场到最终用户手中的全过程。创业者需要就营销的每个环节进行适当的解释，以表明创业者有信心让用户接受产品。

总而言之，在商业计划书中，应该说明以下几个方面的问题：

- 生产过程中的关键环节介绍；
- 生产的品质控制和质量改进能力；
- 研发计划的发展方向和目标；
- 研发新产品的成本预算及时间进度；
- 营销计划和营销人员的配置；
- 预计的销量和发生时间；
- 市场营销中意外情况的应急对策。

6.3.6 财务分析与创业回报

社会创业项目的价值实现最终要体现在数据化的商业利润和定性化的社会回报上。在财务分析与创业回报部分，创业者需要基于市场、产品等方面的分析就企业未来可能的发展前景进行预测，特别是回答企业是否有效实现了创业者的价值主张。这一部分需要着重论述以下内容。

（1）未来的财务盈利状况。因为社会创业归根结底仍然要在商业上实现价值，才能保障企业的运行和发展，为企业实现社会价值提供支撑。创业者需要根据商业计划书中提到的企业在生产、研发、销售等方面的计划对未来的经营中发生的各项成本和费用，所能够产生的现金流进行预测，在此基础上形成规范的财务报表，确保投资者相信企业未来具有良好的财务前景。

（2）项目的社会回报。社会回报是社会创业之所以不同于商业创业行动的核心差异，也是项目能够打动某些致力于社会创业领域投资者的核心内容。在项目社会回报部分，创业者应当就项目最终能够解决的社会问题、能够惠及的社会人群，以及项目的可持续性进行较详细的解说。

（3）项目的融资需求和收益。这主要针对用于融资的商业计划书。创业者可以就融资的几种方式进行设计和建议，也可以在一定程度上就融资的某些细节进行探讨。更重要的是，创业者需要在前期的商业价值和社会回报的分析基础上，告知投资者如果对项目进行资金的投入，有可能获得的回报。通常，创业者需要从以下几个方面论述：

- 未来 3～5 年企业的运营状况和财务预测（财务报表展示）；
- 未来 3～5 年企业所能够带来的社会价值（定性和定量分析）；
- 预计吸收的投资金额；
- 可能的融资方式和一定的融资条件；
- 可能的风险和投资退出方式。

本章小结

- 本章讨论社会企业的商业模式特征，并且基于价值主张、价值创造与交付、价值获取三个维度，分析社会企业商业模式与一般商业企业的不同之处。
- 本章探讨社会企业商业计划书的特征和撰写方案。社会企业的商业计划书实际上就是其商业模式的书面化版本，因此也在价值主张、价值创造与交付、价值获取三个维度上与通常的商业计划书有所不同。
- 本章进一步分析了社会企业商业计划书的撰写原则和撰写要点。

复习思考题

1. 你认为社会企业商业模式最核心的模块是什么？为什么？
2. 对社会创业者来说，商业计划书越长越好吗？为什么？
3. 在撰写社会企业的商业计划书时，如果还没有成型的产品，那么如何进行产品分析？

讨论案例

"滴滴养猪"的商业模式

"精准扶贫"是这两年来非常热门的词。2018 年中央一号文件再次锁定"三农"，对实施乡村振兴战略进行了全面部署，并与精准扶贫相结合。在此刺激下，新的创业机会在这些领域涌现。

问题的关键在于，精准扶贫类型的创业项目，不能当成给农民简单发钱的事情，授人以鱼不如授人以渔，创业项目就得本身在商业模式上站住脚，成为兼顾经济效益和社会效益的事情。

作为全国人大代表，四川省苍溪县白驿镇岫云村党支部书记李君就在不断思考这一问题。过去 10 年他在扶贫路上的坚守，曾创造出全国推广的"岫云扶贫模式"，他荣获过"全国脱贫攻坚奋进奖"，也曾登上 2017 年的世界互联网大会侃侃而谈。

如今，李君决心在四川发展类似于"滴滴养猪"的崭新创业项目模式，集合小农户的力量，以去规模化、去重量化、去中间化、定制化实现精细化养猪，保证养猪的品质，为农民增收；同时，通过创新的渠道，也让城里人享受到优质优价的猪肉。这一项目，结合了"互联网 +"、共享经济、新零售等多种模式。

李君可不是一位简单的村支书，他本身就有过创业经验。李君 1985 年出生在苍溪县白驿镇岫云村一户农家。2003 年，李君考上成都的大学，学习计算机专业。他在大二阶段首次创业做大学生兼职中介，团队七八个人，来自四川省内各个高校，据当时的媒体报道，一年挣了 10 万元。

一年多以后，李君和当初兼职中介的创业者在学校周围开店，做起了学生市场的电子商务，一度拿到 100 万元的风投。但几个月后因为风投出现问题，项目停摆。挥泪告别创业的伙伴之后，他先后去过餐饮公司、广告公司等搞策划。

"5·12"汶川特大地震彻底改变了他的想法。李君和父母团聚在岫云村。这里跟很多的贫困村一样，以小农户居多，山地多，搞不了规模化种养，村里年轻人大多都出去了，剩下的都是老幼妇孺。这让他有了要为村子多做点什么的想法。

在很多人都梦想离开农村时，2008 年他辞掉成都的工作回到岫云村，在村里找了份村主任助理的差事。2010 年他全票当选了岫云村村支书。从那时起，他开始从农村特点与实际出发，规划起一条新出路。

至今，李君在农村已打拼整整 10 年，带领村民各种尝试。例如，让"互联网 + 小农经济"实现融合，首倡"远山结亲·以购代捐"的模式，变无偿捐助为有偿交换；

让贫困户有尊严地参与到共赢的产业中去，破解山区小农经济发展难题。又如，他组建了岫云村生态农产品专业合作社和四川一品一家农业发展公司，在成都开体验式餐厅，让市民可实地品尝岫云村的农产品。再如，前期合作1 000多农户，涉及了“时光鸡”“岁月鸭”“年华猪”等品牌。

2017年12月26日，四川年华猪农业科技有限责任公司成立，注册资本240万元，这个公司的成立运营，旨在推动养猪的精细化生产。新公司团队目前10人左右，分布在生产、流通（宰杀后配送到成都专卖店）、产品开发等领域。

在公司创立初期拿到的数百万元投资中，有意思的是，一家在新三板挂牌公司的老板参与了这个项目的早期投资，而此人正是李君当年在校创业的时候吸引的搭档之一。投这个项目不只看两人的感情，还看准了这一项目背后的商业前景和社会效益。

为什么在选品上是养猪而不是养禽类？

第一，猪肉在我国是刚需。比如温氏上市后市值2 000亿元，市场份额却只占2%左右。因为生猪有着万亿级的市场，只要产品品质过硬，就一定不愁销路。

第二，相比鸡，猪的单价更高，在成本控制上也更利于采用耳标等智能溯源。生猪产业的发展，对于调整农业产业结构、改变农业发展现状、甚至带动农民脱贫致富，都具有极其重要的作用。

第三，和市场痛点以及李君设想的解决方法高度关联。城里人对于绿色、健康、无公害的肉类需求量不断增加。但是，养猪业管理粗放，设施陈旧，养殖场以及部分养猪户受经济利益的驱动而滥用工业饲料、激素、抗生素，以大幅缩短生猪的养殖周期，其后果就是猪肉品质的不断下降，甚至严重影响了消费者的身体健康。

整个模式可以概括为，建立“公司+合伙人+农户”的模式，整合村里有地、地里有菜、家里有圈且有能力养殖生猪的农户，创新性地以时间而不是重量作为“年华猪”的重要养殖标准，把农户的生产信息纳入“猪儿妞妞”App进行系统化管理，引入诚信体系和价格保护体系，在平台上实现年华猪的共享养殖。

从组织架构分工上看，农户负责养殖年华猪，合伙人负责本村农户，公司负责线上线下营销。这里的村级合伙人，一般可以由村组干部担任。要求是村级合伙人不但要熟知当地各种信息，并且对互联网有一定的了解和认识。当消费者在线上选取农户下单时，合伙人通知相应的农户进行养殖，负责管理并定期上传文字、图片甚至视频记录，而这些操作，全部可以在App上完成。这样可以实现组织、监管农户生产，生产农户和消费者订单一一对应。

在建立产品标准体系方面，李君实施的养殖办法，就是摒弃传统的规模养殖，走小规模、绿色生态的养殖道路。为什么要创新性地以时间作为年华猪的重要养殖标准？因为公司收购猪不按重量计价，而是按喂养时间，一头猪必须养够300天，这样从成本上讲，农户就没有动力去搞饲料催肥、违规用药，保证了农产品的绿色环保。这一过程中会引入智能耳标，从仔猪佩戴耳标到年华猪出栏，建立完整的溯源体系，并逐渐由单纯的时间节点追溯向实时监测过渡。

在价格保护方面，改变了传统的计价方式，最大程度降低了农户的风险，保障了农户的劳动价值。只要农户严格按照公司制定的养殖标准来饲养，就能拿到2 000元/头的保底价。以底价计算，农户自购仔猪400元/头，公司补贴100元/头；养殖过程耗费粮食400斤左右，预计成本600元；由于农村养猪业的特殊性，青菜、干猪草、饲养工时均不能计入养殖成本，最终农户养殖利润不低于1 000元/头。而且，养殖规模适当增加，每头年华猪的养殖成本还会有所减少。不仅如此，评价高的农户每年收购价还会在保底价的基础上以3%叠加，直至3 000元/头。

在互联网工具端，公司开发的猪儿妞妞App链接农户、消费者。每家农户的信息都能在上面看到，消费者付出金钱，换取农户闲散的生产能力以及生产资源，在平台上实现年华猪的共享养殖，进而突破地域限制，方便并且相对价廉地认养年华猪。用户可以通过 App 查看认养年猪的生长情况，直至年华猪出栏。还可以选择自己进村宰杀，或者由公司专业人员宰杀、分割、包装、送货到家。预订可以采用一次性或两次付款的方式，目前正在走通付款和银行第三方监管流程。

按照推算，一个村 200 户，以其中 150 户户均饲育生猪 2～4 头计算，每个村每年年华猪的总量在 300～600 头，一个村的量，刚好就可以满足一个门店、一个社区居民的需求。仅苍溪县，这样的村子有 785 个。

如果销售及生产计划能够顺利推动，按照 700 个村子，每村每年产 300 头年华猪，收购价 2 000 元 / 头计算。全县农户每年生猪养殖收入预计为 4.2 亿元，而这仅仅是第一年的数据，随着农户养殖年限的增加，这个数字会不断增大。

从养猪出栏环节，去除给付农户的费用之后，公司平台利润只需一头猪做到 100 元，其中 40～50 元给村级合伙人，50 元留给平台。

而在城市的线下猪肉店面终端，一头猪甚至可以做到 2 000 元以上利润。年华猪公司会介入这一流通环节，通过凌晨宰杀，在早市通过公路运输送到成都，以此加厚自身的市场。

年华猪科技公司计划首先在成都开设年华猪门店，定位中高端成熟社区底商。服务半径 3 千米内的，通过线下猪肉产品销售和体验切入市场，并结合新产品的售卖，比如卖卤肉、饺子、包子以及苍溪当地特产“肉和尚”等。据说，制作苍溪“肉和尚”，看似简单，其实要做出上品必有诀窍，所用之肉，选苍溪用蔬菜与杂粮喂出来的土猪腊肉为最好。

资料来源：“滴滴养猪”来了！四川村支书连续创业，互联网 + 精准扶贫引投资。天虎科技 . 罗曙驰 http://www.tianhukeji.com/show-255-980467-1.html。

讨论题：

1. 你认为推进“滴滴养猪”成功的最重要因素是什么？
2. “滴滴养猪”的商业模式可以复制到其他类型的农产品吗？为什么？

文献研读

Business Model Design in Sustainable Entrepreneurship: Illuminating the Commercial Logic of Hybrid Businesses

【文献摘要】Article Summary: In recent years, a new stream of entrepreneurial activities and corresponding research have received increasing attention: businesses and entrepreneurs that pursue social and/or ecological goals while being guided by a distinct business mindset and some form of commercial orientation. Such endeavors are often discussed with terms such as hybrid businesses, sustainable entrepreneurship or social enterprises. Such entrepreneurs and their respective ventures are said to be of significant practical, political, and academic interest. One aspect that has attracted significant attention in research on hybrid and sustainable businesses is the entrepreneur's motivation. Beyond this micro perspective, there is high demand to develop a better understanding of “ the distinctive nature of the mission, processes, and resources leveraged” . This understanding is especially relevant in the sustainable and hybrid business context, where business approaches reside somewhere between nonprofits and traditional companies to align social or ecological goals with economic ones.

Recently, the business model peculiarities of such sustainability oriented organizations have become the focus of academic research. Other than pure nonprofit organizations or charities, hybrid businesses often do not

rely on donations or similar sources of income to pursue their nonfinancial goals; thus, hybrid businesses regularly seem to focus on innovative approaches to achieve the companies'mission. Specifically, hybrid businesses implement a business model following a commercial logic as a prerequisite for achieving sustainability for themselves and to contribute to a more sustainable society. However, little is known about the peculiarities of hybrid or sustainable business models with regard to their ability to successfully operate on commercial markets as a prerequisite of achieving social/ecological goals and research has only recently begun to dig deeper into issues of business models in this domain.

Similar to the topic of hybrid businesses and sustainable entrepreneurship, academic focus on business model design has sharply increased in recent years. Research on startup firms usually emphasizes the development of the business as a function that supports the firms'strategic development. This emphasis on the business model design of new ventures will help identify opportunities and create sustainable competitive advantages. Various business model elements and themes have been shown to affect company performance. So far, however, insights from this stream of research have not been utilized to shed light on the commercial grounding of hybrid businesses. We thus see a missing link between the business model domain and the context of hybrid businesses. We deem this omission to be relevant for two reasons. On the one hand, the (nonfinancial) performance of a hybrid business can be directly linked to its success in achieving social or ecological goals. On the other hand, the (financial) performance of a hybrid business is relevant already because it is a prerequisite of achieving social/ecological goals.

We address this gap and build on these two emerging research streams to help explain the commercial stability of hybrid businesses as a prerequisite for achieving social or ecological goals and how these two aspects (i.e., commercial orientation and societal goals) are connected. We conduct a deductive multiple-case study that applies a business model design framework from an entrepreneurship perspective to 18 in-depth case studies of hybrid businesses. The framework is structured along two dimensions: a) four business models design elements (novelty, lock-in, complementarities, and efficiency) and b) three business model themes (content, structure, and governance) that go beyond interdependencies among the activities or notions of network structure. This framework allows us to map the various hybrid businesses' commercial business models, which serve as their economic foundation to reach different social and ecological goals. With this framework, we will shed light on our research question: How do sustainable entrepreneurs strive for commercial stability in their businesses, to reach multiple sustainability-related goals? In sum, we contribute empirically to the emerging research fields of business model design and hybrid businesses by identifying distinct business model approaches in hybrid businesses.

【文献评述】近年来，越来越多的学者开始关注一系列新的创业活动：创业者和它的组织追求社会和/或生态目标，同时以独特的商业竞争心态为企业的经营导向。这样的努力通常用“混合企业”（hybrid businesses）、“可持续创业”（sustainable entrepreneurship）或“社会企业”（social enterprise）等术语来讨论。这些创业者和他们各自的企业被认为具有重大的实践、政治和学术意义。

近年来，这种可持续性组织的商业模式特点已成为学术研究的热点。社会企业通常不依赖于捐赠或类似收入来源来追求它们的非财务目标，因此，社会企业似乎经常专注于实现公司使命的创新方法。

具体而言，社会企业遵循商业逻辑作

为实现自身可持续性的前提，并为更可持续的社会做出贡献。然而，有关社会企业商业模式的研究还非常少。

本章致力于回答解释，社会企业如何在保持商业运营稳定的情况下实现社会或生态目标，以及商业方向和社会目标是如何连接的。文章进行了多案例研究，并且形成了一个商业模式设计框架。该框架包括两个维度：四个商业模式设计元素（新颖性、锁定、互补性和效率）和三个商业模式主题（内容、结构和治理），它们之间并不仅仅是传统网络结构所涉及的关系。这个框架允许读者对不同社会企业的商业模式进行考察，并且回答：社会创业者如何在商业竞争中争取达到客观的商业利润，以支持多目标的实现？

本章的价值是多方面的。首先，文章所建构的社会企业商业模式框架与传统的商业企业的商业模式框架存在一定的差异。在这一框架的两个维度中，设计元素属于商业模式的优势所在，特别是当企业与其他类型的企业发展市场竞争时，新颖性、锁定、互补性和效率上的优势可以让企业具有很强的竞争力。主题则是区分一般企业商业模式和社会企业商业模式的关键所在。通过这两个维度，文章实际上建构了社会企业商业模式的竞争力模型。

其次，本章所采用的研究方法是多案例的研究方法，所得到的结论具有很强的探索性。在未来的研究中，可以进一步就本章所开发的商业模式框架的两个维度进行进一步的理论分析，也可以就文章中所发现的商业模式设计方面的两大类型（prevalent novelty and efficiency-related design），或是两类基本的效率导向的商业模式类别（intermediary efficiency and platform efficiency）进行理论和实证方面的探讨。这些内容为商业模式领域的进一步研究提供了丰富的研究线索和研究基础。

最后，文章也有很强的实践价值。文章为社会企业如何开发和形成有力的竞争工具，促进社会创业项目业务的商业化，同时实现社会或生态目标提供了见解。文章所提到的不同案例，以及案例之间所形成的不同竞争类型，说明社会企业应当注重新颖性和高效性业务，强调独特的价值主张，从而形成一种新颖的商业模式，并且在模式方面强调很强的可持续性特征。这些见解有利于实践中的社会创业者明确合理的发展方向，建构有效的商业模式。

【文献出处】Hahn R, Spieth P, Ince I. Business model design in sustainable entrepreneurship: illuminating the commercial logic of hybrid businesses[J]. Journal of Cleaner Production, 2018, 176, 439-451.

本章作者

林嵩，中央财经大学商学院教授、副院长，博士。主要研究方向为创业管理与企业战略。在国内外重要期刊上发表论文数十篇，主持多项国家自然科学基金课题。

参考文献

[1] Alter K. (2007). Social Enterprise Typology[M]. Virtue Ventures LLC.

[2] Amit R, Zott C.Value creation in e-business[J]. Strategic Management Journal, 2001, 22(special issue), 493–520.

[3] Bocken N M P, Short S W, Rana P, Evans S. A literature and practice review to develop sustainable business model archetypes[J]. Journal of Cleaner Production, 2014, 65, 42-56.

[4] Bugg-Levine A, Kogut B, Kulatilaka N. A new approach to funding social enterprises[J]. Harvard

Business Review, 2012 (January-February): 119–133.

[5] Chell, E. (2016). Social enterprise and entrepreneurship: towards a convergent theory of the entrepreneurial process[J]. International Small Business Journal, 25（1）, 5-26.

[6] Chesbrough H. Business model innovation: it's not just about technology anymore[J]. Strategy & leadership, 2007, 35（6）, 12-17.

[7] Curtis T. (2008). Finding that grit makes a pearl[J].?International Journal of Entrepreneurial Behaviour & Research, 14（5）, 276-290.

[8] Davies I A, Chambers L. Integrating hybridity and business model theory in sustainable entrepreneurship[J]. Journal of Cleaner Production, 2018, 177, 378-386.

[9] Morris M, Schindehutte M, Allen J. The entrepreneur's business model: toward a unified perspective[J]. Journal of Business Research, 2005, 58（6）, 726-735.

[10] Pfitzer M, Bockstette V, Stamp M. (2013). Innovating for shared value[J]. Harvard Business Review, 91（9）, 1000-1009.

[11] Shafer S M, Smith H J, Linder J C. The power of business models[J]. Business horizons, 2005, 48（3）, 199-207.

[12] Slywotzky A J. Value migration. Boston (MA) [M]. Harvard Business Review Press, 1996.

[13] Stewart D W, Zhao Q. Internet marketing, business models, and public policy[J]. Journal of Public Policy & Marketing,1999, 19（2）, 287-296.

[14] Sunley P, Pinch S. (2013). Financing social enterprise: social bricolage or evolutionary entrepreneurialism? [J]. Social Enterprise Journal, 8（2）, 108-122.

第7章　社会企业的运营和管理

学习目标

- ☑ 理解社会企业的概念
- ☑ 了解不同社会企业概念之间的差异
- ☑ 了解社会企业认定标准的概念
- ☑ 了解理解社会企业认定标准的相对性的关系
- ☑ 社会企业与资源配置、经济发展
- ☑ 理解非营利组织运营与管理的特点
- ☑ 掌握社会企业管理的二元性
- ☑ 比较社会企业与中国情境下的儒商概念

本章纲要

- ☑ 社会企业的概念
- ☑ 社会企业的认定标准
- ☑ 社会企业与资源配置
- ☑ 社会企业的运营和管理
- ☑ 社会企业管理的二元性

开篇案例

用投资的视角看待慈善：杰德·艾默生自述

我想解释，我为何对社会企业饱含激情，以及我对社会企业的理解与其他人有何不同，在解释这些问题时，我想用爱因斯坦的一句名言："不要努力成为成功的人，而要努力成为有价值的人。"在思考社会企业时，我认为当今的人们太过于关注社会企业的成功，而不是它究竟应该从世界获得什么，又应该推动什么。我越来越觉得，这一切都是价值与价值创造的问题。创办社会企业只不过是达成目的的一种手段罢了，我害怕的是，在大量的讨论、辩论、会议、讲座和教学中，我们将逐渐失去重点，转而专注于讨论手段本身。这些手段是重要的，但在讨论进行了15~20年之后，也许我们该推动对话进入另一个阶段。

以我为例，1989年我离开拉金街青年服务中心的原因之一，是因为我看透了传统非营利事业管理：它存在着人权服务机构的管理方式、慈善机构的运行理念，以及资本分配的策略和实践之间的脱节。我希望今时今日比20年前要好得多，但当时传统的慈善事业似乎建立在政治观念和游说之上，而非基于影响力、价值创造和改变。

于是我离开了拉金街，此后经历了一系列有趣的故事。我过去20年的事业发展要归功于乔治·罗伯茨，因为正是他说："我欣赏慈善、欣赏公益、欣赏非营利领域，但作为一名商人，他们的运作方式令我毫无兴趣，我感兴趣的是去探索如何用投资角度看待慈善，而不是将慈善视为顺手写张支票，然后等着一年后收到报告就完事了。"他所提出的用崭新的方式看待慈善的挑战，为我打开了眼界，我开始思考如何不同的方式参与慈善事业与非营利事业的工作。

在这一过程中，我于1989年下半年进行了一项6个月的调查研究。我知道，采用类商业模式进行社会工作慈善工作并不是一个新鲜主意。从20世纪60年代开始，社区经济发展以及社区改良机构就已经在从事这些工作，现有的模式也有很多。因此对我来说，问题并不是你如何看待这种模式，而是其他人如何思考，我们能从中学到什么，又如何能够将其推到另一个高度，不至于重复前人犯过的错误。我访问了大约125人，这些人都是经济发展领域、无家可归者就业培训或其他相关领域的专家，在进行访问的时候我也花了很多的时间在湾区附近的社区中进行调查，但我真正寻找的是那些不仅仅是提供一般性服务的机构，而是在此基础上寻找不同途径来提供服务的机构。

有一次在访问密西西比东部一家大型基金会的一名资深项目经理时，我经历了醍醐灌顶的一刻。该基金会是一家经验丰富、专业技能扎实的大型基金会。基金会的负责人告诉我："在经历了30年的实践和探索之后，如果说我们对非营利领域有什么了解，那就是他们干不了商业企业，所以别把你的钱投进去，关注就业培训项目吧，如果你想对无家可归者的生活真正产生影响，这才是有效的行动"。

当时大部分人所关注的就是基于《就业培训合作方案》的就业培训项目。该法案的策略大致是这样的：我们把无家可归者送入教室，教会他们一项新的技能，30天后他们毕业并得到一份工作。问题在于，正如我们的一位投资者所形容的，我们的培训只有30天，他们却需要30个月的帮助。对无家可归者而言，他们最需要的并不是那份工作，而是良好的就业环境、精神健康培训与支援、滥用药物问题、与家人重新建立联系、学会如何与其他人进行人际交往等。由此，关键在于重建他们个人生活所需的整个空间，而工作本身只不过是达到目的的一种手段。

社会企业发展过程中的一个问题是，投资者与行动者双方都有太多人花大量精力于宣传推广他们的项目，而这些项目往往并不是真正有效的、能带来变革的项目，很多非营利组织更着重于宣传。我们经历了整个过程，现在才意识到，可以通过另外一种方法来思考这件事，我们不应该陷在传统慈善事业的思维定式中。我们不能仅凭一份策划书就批准资助，等半年到一年后再去评价项目表现。因为他们在递交策划书时还不知道自己在做什么，而我们也不知道该期待些什么。我们不能再采取传统的资助程序。于是，我们开始与受资助的机构总监、企业经理等人每月定期召开会议，在我们资助的人群中创建一种共享学习圈。虽然我们也会投资未经实践的商业策略，但要求每周根据实际经验对之不断修改完善。

非营利组织进行慈善的传统做法是一次提供多笔资助，这虽然会让受资助机构激动不已，但资助效果并不理想。我们改变了这种做法，我们的策略是尽力帮助有潜力的资助机构发展，而不是一次给出多笔资助。我们花了4年时间与大湾区的40～50家以不同方式关注社会问题的机构进行合作。我们的最低资助是15万美元，之后我们会在商业策略的各个阶段追加投资。我们并不盲目追求地理区域的覆盖，例如，5年之内覆盖

5个城市，而是想要加深与这片区域内我们真正信任机构的合作，获得更加深刻的价值和影响。

我想这又是一次令人激动的改革，我希望用我们的工作震惊所有人，而不是仅仅凭借宣传。这种扩大投资规模的方式也让我们获得一定程度的自由，因为我们可以在过程中“失败着前进”。如果当时我们召开了大型媒体发布会，谈论我们的工作有多伟大，或是吹嘘传统慈善事业中常常出现的那些数字，那么如今我们必然不能享受这种自由。

我们对于非营利性资助的另一个做法是，“如果你进行资助之后发现没有效果，这没关系，但必须明白它为什么没有效果，而你必须清楚地告诉我们问题出在哪里。因为如果你拿15万美元打了水漂，就必须从中学到些东西，不能空手而归”。这一套做法完全来自商业投资的理念。于是，当我们在1996年出版第一本关于社会企业的著作时，书中最精彩的部分是受资助者的简短案例，而书的最后一页写道：“在我拿这笔钱打水漂之前，我真希望知道的10件事。”

时至今日，这些理念已经十分流行，但当我们开始对组织表现进行评测时，甚至还没有追踪社会回报的评价手段。于是我们将其当作十分严重的问题，创造了对投资社会回报进行评估的第一个正式测评系统，我们投了一笔资金建立这一信息系统，以便让我们能够跟踪并评测机构的表现和影响。作为投资者，我们可以用评测结果作为衡量投资效果的基准，而这随之带来了在这一交叉领域的一系列探索，也促使我开始与营利机构进行同样的对话。

20世纪八九十年代，越来越多的社会投资网络型商业企业涌现，它们希望成为承担社会责任的营利机构，于是我们开始花越来越多的时间与这些企业的人在一起。在与他们进行讨论的过程中，我意识到他们讨论的正是我脑海中浮现的理念，他们不再是以非此即彼的方式理解企业价值，而是能够兼容并包考虑。当思考企业所创造的价值时，他们也不再因为自己是营利机构而受到限制，认为不应该考虑社会因素或环境因素。相似地，如果是非营利机构，他们也能够在评测表现时加入一部分经济表现，并将这些因素都综合起来考虑。

我们如何理解营利机构与非营利机构的组织结构？一些组织试图超越营利与非营利的分野，也发现这种分类方式会带来限制。最后我对究竟该用哪种方式不再执着，不关心它究竟是非营利、营利还是兼具，也不关心它有怎样组织结构，因为那只是躯壳罢了。非营利组织可以拥有全资的营利子公司，营利机构也可以有非营利的分支机构，这些都可以并存。尤其在今天，你能够做的比以往要多得多，关键并不在于你是非营利机构还是营利机构，而在于你作为机构领导者如何通过管理来获得最大的价值与影响力，我们怎样才能够创造，尽可能实现其潜在价值的组织。

我相信社会企业并不存在一个单一的定义，它是一系列不同的形式主题和表现交织而成的矩阵，从社会企业到民间创新，从非营利到营利再到兼具营利与非营利，它包括一系列不同形式的资本和组织架构，也允许人们进行能够获得私人回报的投资。我们从基金会获得贷款，将其投入一家机构，如果它表现得好，产生了一定的影响，这笔贷款就转变为股权；相反，如果机构表现不如人意，我们就把这笔投资当作无偿资助。这种组织架构是相当新颖的。我们有许多看待社会企业的方式，如果我们将界限划得太过清晰，或者是花太多时间争论究竟有多少社会企业家能够在一个大头针上跳舞，那么我们无异于画地为牢。将营利与非营利的界限画得是否清晰，这一点根本不重要，因为这并不是问题所在。

我还意识到一件事情，特别是在过去3～5年里，许多社会网络平台开始蓬勃发展。那就是说，社会企业从根本上来说是一个全球性的活动，它是一种全球性现象，在世界各地都有体现。从东非到纽约的东哈莱姆有着不同的形式，这很正常。根据我的经验，我们并不应该为所有人制定一个统一的定义，我曾花费许多时间撰写关于“什么是社会企业”的文章，但根本没有人关注，他们只是动手想做自己想要的，因为他们是创业者。

用我自己对爱因斯坦名言的理解作为结束：“不要努力成为一个成功的人，而要努力成为一个拥有深刻影响力和融合价值观的人。”这就是我们最终想要做到的。我们可以随我们的喜欢给我们做的事情起名，也可以随我们的喜欢来做这件事，但对于它究竟是什么事情我们又在做什么，我们必须拥有一种广阔全面且包容的视野，因为很多事情只不过是达到目标的一种手段，而真正重要的是目标本身。

资料来源：夏露萍．真正的问题解决者：社会资企业如何用创新改变世界[M]. 刘冉，译．北京：中国人民大学出版社，2014.

7.1 社会企业的概念

7.1.1 OECD关于社会企业的观点

早在18世纪，当时就存在一类致力于“把经济资源转移到对社会更有裨益的领域”的企业家，他们被称为社会企业家，这是社会企业的源头。

1994年，欧洲经济合作与发展组织（OECD）的一份报告指出，社会企业是指既利用市场资源又利用非市场资源，使低技术工人重返工作岗位的组织。1996年，“欧洲对社会排挤的新回答”项目组织（EMES）认为，社会企业是一种以企业战略和社会目的为共同特征的实体，它们在不同的国家拥有不同的名称。在欧洲，社会企业主要是由OECD于1999年提出的新概念，它指任何可以产生公共利益的私人活动，具有企业精神策略，以达成特定经济和社会目标，而非以利润最大化为主要追求，而且有助于解决社会排挤和失业问题的组织。1999年，OECD在一份报告中对社会企业提出了更完善的定义，认为“任何为公共利益而进行的私人活动，它依据的是企业战略，但目的不是利润最大化，而是实现一定的经济目标和社会目标，而且它具有一种为社会排挤和失业问题带来创新性解决办法的能力”。

虽然OECD和EMES对社会企业的定义侧重点不同，并从不同角度诠释了社会企业的功能，但都强调社会问题相对突出的领域是社会企业活动的主要领域。2003年，OECD出版的《变革经济中的非营利部门》一书中对社会企业做了进一步界定，认为社会企业是介于公司部门间的组织，其主要形态为利用交易活动以达成社会目标及财务自主的非营利组织。社会企业除采用私营部门的营业技巧之外，也具有非营利组织强烈社会使命的特质，社会企业的主要形态包括员工拥有的企业、储蓄互助会、合作社、社会合作社、社会公司、中型劳工市场组织、小区企业以及慈善的贸易部门，其主要活动包含两个领域：训练和整合劳动市场排除的员工；传送个人及福利服务。

欧洲委员会认为，社会企业是合作社与非营利组织的交叉组织，其中合作社包括劳动者合作社及使用者合作社，非营利组织包括生产型非营利组织和倡导型非营利组织。欧洲委员会下的社会企业网络EMES，制定了社会企业的社会指标：由一群公民首创，权力不是以资本所有权为基础，牵涉受活动影响的人们的参与，有限的利润分配，以及施惠于社会的清楚目标。这些指标对社会企业的特征进行了清晰的描述。

7.1.2　英国关于社会企业的观点

英国是现代产业制度和福利制度的发源地，也是较早推动社会企业的国家。社会企业已成为促进英国经济和社会迅速发展的强大动力与现实存在。英国社会企业的存在形式有社区企业、工人合作社、住房合作社、农业合作社、社区贷款基金公司、慈善教育部门等。英国政府把社会企业定义为拥有基本的社会目标，而不是以最大化股东和所有者利益为动机的企业，所获得的利润再投入到企业或社会之中（Bartlett，2007）。

英国政府认为，社会企业旨在实现社会目标，将其利润盈余进行再投资，以实现企业和社区等社会目标，而不是受股东和业主利益最大化驱使。英国贸易及工业部出版的《社会企业：成功策略》一书认为，社会企业主要是追求社会目的，盈利主要是用于投资企业本身或社会，而非为了替股东或企业持有人谋取最大利益（沙勇，2013）。

英国著名学者吉登斯在《第三条道路》一书中指出了社会企业的必要性。他认为面对经济化和全球化浪潮中的充分就业难题，福利国家的老路已不可取，而减少福利会导致更多人拥入本来已经十分拥挤的低收入劳动市场。因此，政府应该积极介入社会企业，将国家的福利投入转变为对社会企业的投资，通过促进失业者在社会企业中的就业来构建积极的福利社会。因此，社会企业的初衷是与社会福利制度改革紧密相连的，是针对社会问题的政府经济投入形式（Giddens，2000）。

英国社会企业联盟为社会企业提供的定义为“运用商业手段实现社会目的”，并为定义做了如下限定：①企业导向——直接参与为社会为市场提供产品或服务；②社会目标——有明确的社会和环境目标，如创造就业机会、培训、提供本地服务；③社会所有制——治理结构和所有制结构通常建立在利益相关者（如员工、用户、客户、地方社区团体和社会投资者）或代表更为广泛的利益相关者对企业实施控制的托管人或董事的参与基础之上的自治组织。它们就其产生的社会环境和经济影响，向其利益相关者以及更广泛的社区负责，收益少部分可作为利益相关者的分红加以分配（Lipan and Yaoying，2006）。

7.1.3　其他欧洲国家关于社会企业的观点

德国认为它们的经济属于“社会市场”经济，而非仅是“市场”经济。自 20 世纪 70 年代开始，政府积极运用劳动政策去解决本国的就业问题，为长期就业困难的人提供工作岗位、解决人们的就业难题，是德国大多数社会企业的目标。德国基于工作整合机制的社会企业及其政策主要包括政府资助逐渐减少的社会企业、福利机构式的社会企业、社区创新型的社会企业和市政府建立的社会企业四种形式。多数工作整合机制社会企业的运营有一定的自主权，它们将运营所得转投社区，以创造就业机会及弥补公共需求的缺口。在这类企业中，员工多为劳动力市场的弱势群体，志愿者在提供公共服务的企业中发挥重要的作用。该类企业的建立者包括弱势群体、工会、私营企业、政府机构（孙柳苑，2009）。

芬兰的社会企业是指以社会企业名义注册的企业，专门为残障人士和长期失业者提供就业机会。2003 年，在芬兰赫尔辛基通过的《社会企业法案》对社会企业的注册条件给予

了严格的限制，社会企业必须满足法案要求：社会企业中至少要有30%的残障人士或长期失业人员，以后无论公认的生产力如何，企业都有责任付给他们工资。另外，对于社会企业安置的残障人士或长期失业者，地方政府机构会给企业主相应的工资补贴。

7.1.4 美国关于社会企业的观点

美国对社会企业给出了更宽泛的定义，认为社会企业是从事非营利事务过程中可能采取不同形式的组织，包括具有社会目的的私营企业。这一定义被许多社会企业咨询公司所认同。美国学术界倾向于用"社会企业精神"（social entrepreneurship）来代替"社会经济"（social economy）这一概念。在过去20年，社会企业成为美国顶尖商学院和行政学院争相研究和开课的现象日益凸显，与此同时，美国公民社会呈现爆炸式增长，全国现有200多万个民间组织中超过60%是在这一背景中产生的。美国学术界倾向于将社会企业视为一种主要以收入为基础来实现社会目标的手段。

在有关社会企业的研究中，美国学者丹尼斯·杨认为，社会企业是采用企业方案和商业活动，以促进社会进步或对公共财政有所贡献为目标。若再进一步从决策结构的角度分析，社会企业包括两种界定方式：其一为营利商业组织对于公共财政的贡献：其二为非营利组织透过商业化手段赚取营收。社会企业乃是一个连续体的组织，并可区分为三种组织形态，包括企业慈善、社会目的组织，以及处于两者之间的混合组织（Young，2003）。

Dees提出了著名的社会企业光谱概念，从主要动机、方法和目标以及主要利益相关者的角度，对社会企业和传统的营利组织之间的关系做了分析。在他的社会企业光谱中，社会企业是处于纯慈善与纯商业之间的连续体。此概念也揭示出非营利组织商业化或市场化是转变为社会企业的途径（Dees，2003）。

在Dees的基础上，阿特绘制出可持续发展的光谱图——社会组织演进趋势图。该图表明传统的非营利组织与传统的营利企业在社会变革环境下，尽管初始的目标有所差异，但是为了实现可持续性的发展战略，两种组织形式最终还是向中间状态"社会企业"和"社会负责企业"靠拢（Alter，2007）。可以看出，社会企业正在挑战传统公司企业的社会责任，其从事道德商业活动是出于内心的社会责任。

按照功利主义的企业社会责任学派的观点，传统公司的社会责任是受市场驱动的、有利于公司整体利益或者说服从于公司整体利益的一种行为，并且它们的责任往往成为一种"附加责任"，常常被认为是为了改善企业社会形象、缓解商业经营引发的矛盾的一种企业活动。而社会企业的社会性目标不带有任何商业目的，纯粹以解决社会问题为追求。因此，社会企业明确的社会性目标是对传统企业以商业目标为核心的彻底颠覆，表明社会企业从事道德商业活动是出于明确的社会责任目标（赵莉和严中华，2009）。

从传统的纯营利性企业、履行社会责任的营利性企业和社会企业三者的区别来看：①在竞争手段上，传统的营利性企业是以价格和质量求胜，履行社会责任的营利性企业以道德和声誉求胜，而社会企业则是两者的结合；②在客户方面，传统的营利性企业是以产品交易满足客户，履行社会责任的营利性企业以道德交易满足客户，社会企业视客户为核心；③从发展目标看，传统的营利性企业的发展目标是企业自身的发展，履行社会企业的营利性企业是确保企业发展的同时为社会做出贡献，社会企业则以可持续的商业模式实现社会目标；④从效益角度看，传统的营利性企业主要为股东带来利润，履行社会责任的营利性企业是盈利的同时提升公司形象，社会企业则是解决社会问题，实现之前确立的社会目标，提高股东和企业的社会价值。这几方面的比较描绘出了三种不同商业企业模式的典型类型，有助于区分传统的营利性企业、履行社会责任的营利性企业、社会企业三种模式的差别，从而为深度观察研究社会企业提供必要的参考。

7.1.5 欧美社会企业定义的差异

比较美国和西欧对社会企业的定义可以看出，社会企业的定义本质都是通过商业运作手段来达成社会目的，或者帮助组织实现社会使命，但欧洲与美国的社会企业由于各自发展的历史背景不同，其定义展现出不同的侧重点和独特性。

7.1.6 我国学者对社会企业的定义

我国学者对社会企业的概念界定在本质上和欧美是一致的，体现了社会企业的混合体特征和可持续性。王名和朱晓红（2009）在梳理国内外有关社会企业研究的基础上，概括了社会企业的认识框架，包括认识社会企业的现象与本质两个维度，观察社会企业的公益、市场和文化的三个视角，以及分析社会企业的市场实践、公益创新、政策支持和理想价值的四个层次。在此基础上，把社会企业定义为一种介于公益和盈利之间的企业形态，是社会公益与社会经济有机结合的产物，是一种表现为非营利组织和企业双重属性、双重特征的社会组织。

潘晓娟（2011）从社会企业所具有的共同基本特征出发，认为社会企业是介于传统的以盈利为目的的企业和民间非营利组织之间的，以社会责任感而非利益驱动的，为实现既定的社会、环境目标和可持续发展而进行商业交易的组织。杨家宁（2009）认为，社会企业是非营利组织面对经费紧缺及为提高自身运行绩效，以企业行为来解决社会问题，实现非营利组织社会使命的组织形式。徐永光（2015）将社会企业划分为四种类型：在民政部门登记注册的以民办非企业运作的 NPO 慈善型、在工商部门商业登记但不分配收入和利润的 NPO 企业型、兼具 NPO 投资和市场投资的混合投资型，以及纯粹地来源于私人投资但以解决社会问题为目标的私人投资型。

中国社会组织网认为，社会企业不是纯粹的企业，也不是一般的社会服务，社会企业透过商业运作手法赚取利润以贡献社会。它们将所得盈余用于扶助弱势社会群体、促进小区发展以及社会企业本身的投资，它们重视社会价值多于追求最大的企业盈利。社会企业的基本特征主要表现在不以盈利最大化为目标，但又要追求盈利。社会企业的社会目标是满足社会需要，创造就业机会，促进员工发展，建立社会资本，推动可持续发展。

吕力（2017a）认为，社会企业是将社会目标与利润目标相混合或相统一的企业或公益组织。该定义强调了社会目标与利润目标相统一的可能性，它表明了这样的观点：社会目标与利润目标之间并不总是此消彼长的替代关系，不是在所有情况下利润目标多一些，社会目标就必然少一些。因为在很多情况下，利润意味着可以聘用更多高素质人员，可以扩大规模，可以进行更好的市场宣传，因而会促进社会目标的实现，而非营利组织的“时时免费”往往使得一件好事办得效率不高，结果并不理想。在当前情形下，尤其应强调社会目标与利润目标相统一的可能性。

7.1.7 中国情境下的儒商与社会企业

根据周生春（2010）的考证，“儒贾”一词的出现和流行在明朝嘉靖、万历之际。“儒商”一词最早出现于清朝康熙年间杜浚所撰写的《汪时甫家传》中，其时间在1671～1678年。“这一现象表明，在社会迅速商业化的同时，人们开始呼唤和强调士人尤其是商贾的道德和商业伦理，重建以儒家价值观为基础的道德规范、商业伦理和商业精神，促进商业和社会的良性发展。”

进入21世纪后，随着改革开放的持续深入以及中国本土企业家的逐步成熟，有关儒商的各类讨论持续升温，各种与儒商有关注的组织不断出现。然而，关于当代儒商，学术界至今没有一个为各方所接受的定义。黎红雷（2017）总结了儒商六个方面的特征：尊敬儒家先师孔子；承担儒家历史使命；践行儒家道德理念；秉承儒家经营哲学；弘扬儒家伦理精神；履行儒家社会责任。周生春指出，“儒商是具有以儒家为核心的中华文化底蕴，关爱亲友、孤弱，热心乡里和社会公益之事，能做到儒行与贾业的统一和良性互动，具有厚重底蕴的工商营业者”。吕力（2018）将儒商定义为：以儒家完美人格为追求，以创新和创富于社会为己任，并将此付诸商业实践的企业家。儒商的信念即“君子务商”与“新物、富民、止于至善”。

显然以上定义并不相同，但在“儒商将社会价值看作高于商业价值”这一点上，无论何种定义都是相同的。周生春的定义尤其强调了“关爱亲友、孤弱，热心乡里和社会公益”，这与目前很多社会企业的目标宗旨完全一致。以上表明儒商虽然是一个中国本土的概念，却在一定程度上具有普世意义。基于此，我们认为，中国情境下的儒商在相当大程度上等同于社会企业。换言之，因为儒商根植于中国文化，西方社会企业根植于西方文化，因此它们在根源、实现路径上各有其特殊性，但在表现形式上却高度类似（吕力，2018）。

吕力（2019）认为，从中国文化的角度似乎更容易理解企业社会责任和社会企业的概念。根据儒家的经典论述，中国文化中的责任显然不限于“君臣父子夫妇”，而涵盖“天下”之义。儒家强调“修身、齐家、治国、平天下”，其中“平天下”是儒家的最高理想，当然也是儒家的最高责任，这种责任就是顾炎武所说的“天下兴亡，匹夫有责”。根据赵汀阳（2008）的理解，中国传统政治是为了创建一个有良好秩序的“社会”，如果一种政治完美到万民归心，就将成为整个世界社会的政治，这个“世界性社会”就是“天下”。从中西文化关于责任的理念差异出发，企业社会责任中的“责任”似乎更倾向于“天下责任”，而非“契约责任”。西方经济学将企业视为“一系列契约的结合体”，在这一思路之下，企业的社会责任可以只限于契约责任。顺着此思路，西方的企业社会责任理念最远可以延伸到企业的各利益共同体，因为各利益共同体与企业之间存在显性或隐性契约，而很难延展到整个社会。

中国传统文化将个人或团体视为社会的有机组成部分，企业作为一种团体性组织自然也应承担“天下之责任”。因此，似乎中国文化更容易理解“社会企业”的概念（吕力，2019）。将儒商与社会企业两个概念相勾连，可以在中国文化环境下促进社会企业的发展，同时也提供了世界社会企业发展的中国样本（吕力，2018）。

7.2 社会企业的认定标准

根据对各国社会企业立法的考察，各国政府主要从组织目标、收入来源、利润分配、资产处置、治理结构五个维度对社会企业进行认定（王世强，2012）。

7.2.1 组织目标维度

有些国家对社会企业的目标规定较窄。韩国的社会企业分为提供工作型、社会服务型、混合型。其中，提供工作型社会企业至少有 50% 的员工是弱势群体；社会服务型社会企业至少 60% 的服务是提供给弱势群体；混合型社会企业为弱势群体提供的岗位和社会服务占总量的 30% 以上。芬兰的社会企业针对的是残障人士和长期失业者两类弱势群体，如果一个社会企业 30% 的工作岗位提供给他们，政府将会对其给予补助。波兰的工人合作社主要支持失业者和弱势群体，其中失业者和弱势群体包括无家可归者、酒精和药物成瘾者、精神疾病患者、有前科的罪犯和难民。立陶宛的社会企业的目标是使弱势群体回归到劳动力市场，促进社会融合以及减少社会排斥，政府规定，社会企业应有 40% 以上的员工来自弱势群体，人数不少于 4 人。

1991 年，意大利立法创设了“社会团结合作社”（后来更名为“社会合作社”），并区分了两种类别：“以提供社会、健康和教育方面服务的 A 类社会合作社”和“以为弱势群体提供工作整合的 B 类社会合作社”。A 类社会合作社提供服务的对象十分广泛，包括长者、未成年人、残障人士、吸毒者、流浪者和移民；B 类社会合作社按照法案要求，须至少雇用 30%的弱势劳工，这类合作社的社会保障缴款可以免税，并获得政府补贴。

有些国家对社会企业的目标规定较宽。例如，英国规定社区利益公司应在章程中明确追求社会公益和社区利益目标，“社区”可以包括英国或其他地区的社区或人群，或者是一个可定义的部门或人群，任何个人构成的群体都可以成为一个社区。详见第 2 章，在此不做赘述。

7.2.2 收入来源维度

社会企业的收入主要来自产品生产和服务。各国规定，社会企业也可以接受捐赠，但不能依赖于捐赠。作为主要收入来源，各国一般都规定社会企业收入中应有一定比例来自商业活动。意大利的社会企业的主要活动是生产产品和提供服务，规定商业收入应占总收入的 70% 以上；芬兰的社会企业至少有 50% 的收入来自商业收入；韩国规定社会企业申请登记前 6 个月的业务收入应超过工资总额的 30%。

但是，也有国家不明确规定收入来源的比例构成，只强调社会企业的商业特点。例如，英国规定社区利益公司的主要活动是生产和销售产品或服务。

7.2.3 利润分配维度

各国普遍对社会企业的利润分配进行限制。有些国家允许所有者或投资人分配有限利润，只有个别国家不限制利润的分配。在多数采取合作社法律形式的国家，社会企业都不能分配利润。例如，意大利禁止社会企业的股东和管理者直接或间接分配利润；拉脱维亚的社会企业不允许分配利润；西班牙的社会倡议合作社不能分配利润，应储存所有盈余。不允许利润分配的理念基于“将社会企业视为一种非营利组织”，所得利润要全部用于社会目的。

也有部分国家限定社会企业利润分配的最高比例。在允许分配利润的情况下，对于具体比例的高低，各国的规定有所不同。英国规定的社区利益公司股东利润分配的最高上限，每股分红的最高上限是 20%，利润分配的累计总额不能超过可分配利润总额的 35%；法国的集体利益合作社应留存 50% 的利润，剩余利润允许有限分配；韩国规定应将至少 2/3 的利润用于社会目标，最多可以分配 1/3 的利润。

极少数利润分配不受限制的国家包括：芬兰的社会企业可以自由分配利润而且不受限制；在美国一些州为社会企业制定的法律形式中，低利有限责任公司、受益公司、弹性目标公司都不限制利润分配。

7.2.4 资产处置维度

各国一般都规定社会企业的剩余资产也用于社会及环境目的，创办者不能收回资产，有些国家规定社会企业可以分配一定资产和自由处置资产。例如，英国规定社区利益公司遵循“资产锁定”原则，资产只能用于社区目的，公司注销后需要其他遵循“资产锁定原则”的使命相同的机构接管，并用作社区用途。以上原则与非营利组织的规定相同：社会企业一旦成立，其资产就已经归属于社会。韩国规定社会企业在解散时应将至少 2/3 的剩余资产捐赠给其他社会企业或公共基金，可以分配最多 1/3 的资产。在法国、西班牙、葡萄、希腊、立陶宛、美国等国，对社会企业的资产处置方式未做出具体规定，创办者和管理者可以自由地处置剩余资产。

7.2.5 治理结构维度

欧洲十分强调社会企业的民主管理方式。例如，意大利规定社会企业的工人和受益者应通过信息咨询或参与机制来参与机构决策过程；希腊规定有限责任合作社员工的构成中应至少有 15 位是残障人士，占员工总数的 35%；法国的集体利益合作社协会中，员工和受益人必须在董事会中有代表；比利时规定社会目的公司员工有权在工作一年后成为会员；韩国规定员工和客户应参与决策过程。

但这对美国等其他国家而言，并不是必须具备的。社会企业也可以是与普通企业相同的治理方式。在这种情况下，社会企业具有与公司同样的治理结构。因此，这种形式可以为社会企业在构建治理规则方面提供较大的自由度，为所有者和管理者提供法律保护，可以吸引资本投资。

2008 年以来，美国许多州在本州商业公司的法律框架中，设立了“低利润有限责任公司”“共益公司”“弹性目标公司”“社会目的公司”四种社会企业法律形式。但是，美国的这些社会企业形式并不属于非营利组织，而仍然是营利性公司，股东有权得到公司的利润分配和价值增值。这些社会企业立法的最大价值就在于改变了英美传统公司法中原有的关于公司董事必须以股东利益最大化为目标的限定，使得公司董事可以在营利性公司的框架下同时实现利润目标和社会目标。美国的这些社会企业形式可以同时具备普通商业企业和非营利组织的优势。例如，它们既可以从传统资本市场寻求投资，也可以获得基金会的投资，而且在实现社会目标的过程中，公司董事可基于社会利益进行决策，而不必担心遭到股东的诉讼。因为美国这些社会企业形式不属于非营利组织，因此企业本身不享受任何优惠或政府补贴，但是这些社会企业却可基于其内涵的道德价值和社会目标，获得更高程度的市场和消费者的认可（见第 2 章）。

7.2.6　对社会企业认定标准的评述

社会企业的认定标准与国家政策支持、税收优惠等密切相关。显然，国家政策支持、税收优惠对于社会企业的发展具有无法估量的影响。尤其是税收优惠政策，可以大大促进社会企业的发展，而其认定标准是税收优惠的前提条件。因而，制定社会企业认定标准非常紧迫和重要。

在社会企业的认定标准上，各国存在巨大差异。如前所述，由于各国政治、经济、文化条件的巨大不同，各国甚至一国内的各州在社会企业的认定标准上存在巨大差异，这充分说明，认定标准的制定需要充分考虑国家和地区的差异。

不宜将国家认定的社会企业与工商实践中的社会企业画等号。换言之，不宜认为“只有符合国家认定标准并挂牌的社会企业才是社会企业”。这是因为，不同社会企业之间存在巨大的差异。从本章开篇案例可以看到，企业可以灵活使用营利和非营利两种经营手段；从学术上看，营利与非营利之间存在大量中间地带；且企业可以从营利转向非营利，也可以从非营利转向营利。如果认为“凡不符合认定标准的企业”都不是社会企业，则大大限制了企业为社会创造价值的可能性。

有关政策支持、税收优惠应与具体项目相结合。由于社会企业无论在时间上还是业务上都具有横跨营利性与非营利性的特点，因而，最好实施税收优惠与具体项目相结合的管理方法。这样，一方面鼓励了商业企业逐步向社会企业过渡，另一方面也可以更加精准地使用税收优惠政策，达到激励企业社会责任的目的。

7.3　社会企业的资源配置方式

7.3.1　三种传统的资源配置方式

现代西方主流经济学将以“自利”为主要动机的市场方式作为主要的资源配置方式。亚当·斯密认为，每个人从“利己心”出发追求自己的利益，会达到他并非本意要达到的目的，即更有效地促进社会的利益。与市场方式相比，计划资源配置是通过政府的行政命令来强制驱动的，即政府通过计划来确定生产、流通、消费等各环节。当前，在全球绝大多数国家已不存在完全的计划资源配置方式，市场配置是一种主要的资源配置方式。

然而，市场机制并不是万能的，市场失灵的现象经常出现。市场失灵主要表现在不完全竞争、负外部效应、信息不充分等方面。市场失灵导致的一个主要后果是：市场很难对资源进行长时段的、可持续的、公平的配置。①市场机制主要通过价格来传递资源配置信号，而价格只能表示目前状态下的资源稀缺情况。尽管存在远期、期货等市场，但纯粹的价格机制仍然不能很好地预测未来的走向，而且远期或期货市场仅覆盖金融产品或少量大宗商品，这意味着价格对于传递较远期的需求往往是无能为力的。②市场机制通过传统企业行为来配置资源，较远期的资源投入往往意味着较大的风险，即使将风险排除在外，传统企业也必须首先考虑企业股东所要求的近期回报，因此它们往往会选择近期的投资目标。③消除负的市场外部性需要成本，而按照新古典经济学理论，传统企业以利润最大化为唯一目的，自然会将负的市场外部性控制在法律所规定的底线。从社会总体来说，这未必是长远、可持续性资源配置的最好方式。④传统企业以效率为唯一导向，而效率与公平在某些情形下是矛盾的，即提升效率可能有损公平、而提升公平则可能损失效率。从而，基于公平的资源配置方式和基于效率的资源配置方式在某些情况下是相互矛盾的。

基于以上市场资源配置方式的问题，通常的做法是“以市场配置为主、以政府调节为辅”的资源配置。政府调节方式的主要着眼点是纠正市场失灵，这意味着企业仍然坚持利润最大化的目标，但政府通过立法、政策等限制企业负的外部性、消除信息不对称；或者通过补贴的方式引导企业的长期导向；或者通过政府直接投资的形式发展公共事业以及目前尚不盈利的高新技术。

市场配置为主、政府调节为辅是目前最主流的资源配置方式，但这种方式也存在诸多问题：要求政府具有较强的预见性，尤其是在科学技术等公共品的投资上；去竞争化，政府投资在某种程度上本身意味着缺乏竞争，失去竞争则意味着效率的损失；要求政府承担更多责任，自然也就要相应扩大税收，增加政府雇员，从而导致政府扩张、效率降低。总之，政府调节的面越广，越需要一个大规模、高效、精明的政府，这增加了调控的难度。

7.3.2 社会企业作为一种新型的资源配置方式

根据 OECD 对社会企业的定义，“社会企业是指任何为公共利益而进行的私人活动”，它依据的是企业战略，但其目的不是利润最大化。2003 年，OECD 对社会企业的补充定义为：社会企业乃是介于公私部门间的组织，其主要形态为利用交易活动以达成目标及财务自主的非营利组织，社会企业除采取私营部门的企业技巧之外，也具有非营利组织强烈社会使命的特质。显然，OECD 倾向于将社会企业的目标与传统企业明确区分开来，即社会企业是以实现公共利益为主的非营利组织，而之所以称为企业，主要是采用了交易方式、企业经营、战略等手段。

与 OECD 的定义有所差别的是，美国学术界更强调社会目标与利润目标的混合。例如，Young（2003）将社会企业定义为：社会企业是指采取企业的方案及商业活动，以促进社会进步或对公共财政有所贡献为目标的企业。它包括两种方式：其一是营利商业组织对于公共财政的贡献；其二为非营利组织透过商业化手段赚取营收。Dees（2003）直接提出，社会企业是一种多元混合的综合体，他提出了社会企业光谱的概念，指出了社会企业处于传统企业与非营利组织之间宽广的空间。

实际上，并非所有情况下社会目标都与利润目标相矛盾，在某些情形下社会目标与利润目标是统一的，社会企业是将社会目标与利润目标相混合或相统一的企业或公益组织（吕力，2107）。社会企业的主要特点：一是在一个较长的时期内放弃将利润最大化作为唯一目标，考虑或部分考虑社会目标的实现，这是社会企业区别于传统企业的主要特点；二是使用商业的手段达到其社会目标，这是社会企业区别于传统公益组织的主要特点。因此，尽管社会企业处于从传统企业到传统公益组织之间宽广的光谱带上，但其在理论上仍然与传统企业和传统公益组织有本质区别。从企业实践来看，如果某一企业将社会责任置于一个非常重要的位置，并成为其经营理念的一个组成部分，这一企业本质上就不再是传统企业而是社会企业。

无论是从 Dees 的光谱说（2003）出发，还是从混合统一并行说（吕力，2017a）出发，传统企业完全可能成为社会企业：传统企业承担一定的社会责任就意味着某种程度的社会化。传统企业社会化表明企业放弃或部分放弃利润最大化目标。由于社会责任的驱使，不久的将来，很大一部分传统企业将进行社会化转变。与此同时，如果某一公益组织实施或部分实施企业化运作，这种企业化的公益组织也可称为社会企业。

社会企业、大量传统企业社会化与公益组织企业化合并在一起将形成一种新型的资源配置方式，这一新的资源配置方式具有如下特点：通过企业的自主行为达到社会目标，从而会减轻政府负担，提高政府效率；由于社会企业放弃了利润最大化目标，从而在很大程度上避免了市场的短视与无序，但仍保留了市场竞争优胜劣汰的优良特点，因而是一种更优的配置方式。

7.3.3　社会企业与经济增长方式

资源配置方式是与经济增长方式密切相关的。社会企业与传统企业社会化既然可以改变资源配置方式，那么它也可以改变经济增长方式。社会企业改变经济增长方式的主要有以下途径。

（1）压缩粗放式资源消耗型企业的数量，提升社会资源的利用水平。全球社会企业运动的一个重要方面就是有关资源环境方面的社会与技术创新，这方面的创新加上已有传统企业基于社会责任考虑的技术改造，将大大压缩粗放式资源消耗型企业的数量，提升社会资源利用水平，从而改变已有的资源消耗型经济增长方式。

（2）促进社会公平，提升经济增长的可持续性。众所周知，严重不公平的经济增长是不可持续的。全球社会企业运动的一个重要目标就是解决社会问题，促进社会公平，社会企业的大量增加必将改善社会公平状况，从而促进经济增长的可持续性。

（3）加快前瞻性技术进步的速度。传统上，过于超前的技术投资由于风险性太大，传统企业往往持一种谨慎的态度，而社会企业兼顾利润目标与社会目标，对于风险的考虑自然会降低，因而相比于传统企业与社会，当然会加速技术进步的进度。

（4）社会企业与社会企业家强烈的创新精神将成为整个社会创新的先导。由于社会企业不以利润最大化为根本目标，因而更有创新的勇气。这种创新的勇气表现在利用创新解决社会难题、创新商业模式，以及超前的技术创新等方面。社会企业在诸多方面的创新往往成为传统企业创新的先导和风向标，其成果通过社会扩散可以为传统企业所使用或借鉴，例如，最近谷歌极富想象力的航天计划就属于此类。社会企业的强烈创新精神将带动整个社会的创新，从而从根本上改变经济增长方式。

在主流经济学中，经济增长是由于“利润动机”所引致的，而社会企业引致经济增长在于其“道德动机”，这与主流经济学中因为“利润动机”引致的经济增长有本质区别，且社会企业引致经济增长的方式也与传统经济增长方式相区别（吕力，2016）。既然如此，政府有必要通过大力倡导和发展社会企业来促进资源配置的优化与经济增长方式的转变。

当然，这并非一种强求，在未来社会中，既存在传统企业，也存在社会企业；既存在传统企业社会化，也存在社会企业去社会化，这应该是一种常态（吕力，2017a)。与此相对应，政府也应该采用市场为主、调节为辅、价值观为引导的经济治理方式。

7.4 社会企业的运营和管理

7.4.1 非营利组织运营和管理中的问题：以商业企业的视角看非营利管理的不足

非营利组织往往缺乏战略规划，需要不断地处理威胁和应付紧急事件。这个问题通常会有不同的借口和许多不同的形态出现，例如，“我们根本没有时间去做计划，我们很忙，只要能把手边的工作做完就谢天谢地了”“哪有必要写计划书，那根本是没人看的东西，一旦有紧急的事计划书就扔到一边去了”“计划当然是好事，但是每天柴米油盐的，谁管这呀”“能领到下个月的薪水已经不错啦，做未来三年的计划，我看免了吧”。这些问题的心态和借口都不相同，但都来自同一根源，那就是这个非营利组织对它未来五年想做什么并没有明确的想法。事实上，这是可以避免的。

非营利组织往往着眼于具体项目，而忘了要从大处着眼。这个问题可能以以下方式出现：未来几年有哪些事情会影响我们的机构，我们又怎么会知道呢？眼前的计划零零碎碎，哪有什么重点和主题可言？我们只是一个劲儿地做，哪里还有时间想到后果，所以有时结果出来后我们自己也很意外！我们需要一个更好的决策方式。

非营利组织往往缺乏宣传能力，所在社区通常不了解非营利组织在做什么。通常距我们仅有几步之遥的人们都不知道我们在干什么，更别说我们所在的社区了。非营利组织无法通过直接邮件更好地募集资金，一个简单的原因是我们没能让人们更好地了解我们。如果人们没有向我们捐款的理由，我们又怎么能够责怪他们不支持我们的工作呢？新闻媒体对我们的支持也好不了多少，让媒体刊登我们的消息是一件非常困难的事情。

非营利组织往往缺乏充足的资金。有谁不需要更多的钱？很难想象一个非营利组织由于有充足的资金而决定缩减它的筹款计划。令人遗憾的是，事实表明，无论处于什么样的经济环境，总有大量非营利组织无法募集到源源不断的资金。

非营利组织往往缺乏良好的财务管理。很多非营利组织通常很难掌握到底花了多少钱，更难以对募款成效进行专业评估，也不清楚哪些地方可以再节约一些经费。由于缺乏优秀的财会人员，会计部门的报表通常只有他们自己才看得懂，因此也很难向资助人交代，向他们解释说赞助费到底用到哪里去了。在非营利组织里像这样的抱怨经常可以听到，如果说存在一个所有的非营利组织管理者都遇到的问题，那就非财务问题莫属了。如何看懂财务报表是所有非营利组织的管理人员必须解决的问题。

非营利组织往往缺乏优质的人力资源。如何留住肯干又能干的人才是所有非营利组织面临的严重挑战，这样的人才在计算机、法律、医药的营利组织中有越来越多的发展机会，因此非营利组织常常遇到人才流失的问题。虽然也有越来越多的人开始认识到传统价值的重要性，他们并不把赚钱当作人生的最优目标，而是希望自己能有所创新，对社会有所贡献。但是，非营利组织往往并不深入研究上述人口统计、个人和家庭价值观的变化趋势，也没有发展出相应的激励机制。

非营利组织内部管理效率低下。非营利组织的通病之一是甲部门通常不清楚乙部门在做些什么，即使他们所从事的工作密切相关，情况似乎也好不到哪里去。在非营利组织里经常开会，但是会议时间不是过长就是过短，或是激烈争吵，以至于机构的工作人员毫无沟通可言。非营利组织的内部沟通情形尚且如此，因而也无法和社会大众沟通。随着非营利组织规模的扩大，通常内部沟通会越来越困难。

许多非营利组织的日常治理很不完善。志愿者理事会特别是小型非营利组织机构理事会，往往管的内容过细，从墙壁应该涂什么颜色到应该聘用什么人，他们都发表意见，有时候连买什么型号的计算机也要追问。但是，这些理事却不帮助组织去了解所在的社区，不告诉执行人员应该向哪个部门寻求赞助或者如何去找一个合适的办公地点，他们也不能提供机构未来 10 年的发展规划。

在许多非营利组织中，传统志愿者模式作为主要运营模式效率低下。正如在后面讨论影响非营利组织的一些趋势中所提到的，非营利组织越来越难招募和留住好的志愿者。这包含以下几个问题，非营利组织需要了解自身的属性或志愿者属性的变化，并了解志愿者真正想加入什么样的非营利组织，成功的非营利组织不仅要做好招募工作，还要做好对不同层次志愿者的训练和培养工作。

许多非营利组织的员工管理水平较低下、工作满意度低。筋疲力尽是许多非营利组织工作的大敌。的确需要做的事情太多，人手太少，挫折太多，酬劳太少，在某些工作中，例如照料和抚养残障儿童、辅助贫困潦倒的成年人等工作精疲力竭，几乎是难以避免的，但是良好的管理会大大提高这些工作的效率。然而遗憾的是，大量非营利组织的管理不是提升了这些工作的效率，在很多情况下甚至使得工作更加繁杂，执行人员的工作满意度日益下降，使得他们很难持续性地开展工作。

7.4.2 非营利组织运营和管理中的特殊性和难点：以商业企业的视角看非营利管理的复杂性

早期的非营利组织出现在市场体系之前，人类最早的学校、医院，其实都是以非营利组织的形式出现的。其中许多由教会创办、也有贵族创办的，但是随着市场体系的出现和发展，早期的非营利组织开始分化。学校和医院中有一部分走向了市场，另一部分则一直保留着非营利组织的形式。在第二次世界大战后，特别是 20 世纪 80 年代以后，在世界各主要国家社会生活的方方面面都涌现出大量的非营利组织。

有学者从 20 世纪 80 年代开始做这方面的统计，发现非营利部门在各国社会经济生活中的地位和贡献度并不低，但是各国之间存在一定的差异。大体来看，有的发达国家非营利部门比较发达，比如在美国和欧洲，许多国家非营利部门占 GDP 的比重超过 5%，占就业的比重达 10% 左右。在印度和孟加拉国，非营利部门也比较发达。

当今全球最大的跨国公司员工可能达到数十万人，收入达到千亿美元的量级，显然，还没有一个非营利组织能达到如此规模，然而这并不意味着非营利组织的管理要比企业管理容易。事实上，非营利组织的管理具有一些难以把握的特殊性和难点（王名和王超，2016）。

1. 非营利组织的愿景

一般而言，非营利组织的产生有两种动力：第一种动力是愿景的驱动；第二种动力是社会的需要。对非营利组织而言，愿景其实是人们心中的某种具有公益性的期待和梦想，这种梦想使人产生使命感。使命通常包括四个方面的问题：一是你是谁；二是你相信什么；三是你希望达成什么；四是你如何来达成。对所有非营利组织来说，愿景和使命都非常重要，是内在驱动力的源泉。每一个成功的非营利组织都有伟大的愿景和使命。正因为有了明确的公益愿景和对其使命的驱动，才产生了非营利组织，这是非营利组织的第一种动力。例如，世界宣明会的愿景是：愿每一个孩子活出丰盛，求每一颗心灵矢志达成。

非营利组织的第二种驱动力是社会的需要。这与愿景有很大的不同，面对的是当下紧迫的社会问题，比如自闭症儿童的救助和关怀。非营利组织选择面对这样的社会问题，并积极回应这种社会需要。特蕾莎修女到印度的时候看到无数病人患病露宿街头、抛尸荒野，她深受震动，下决心要去帮助穷人，让他们有尊严地离开这个世界。她发起了一个叫“博济会”的志愿机构，在加尔各答帮助穷人，世界各地的很多人都来到印度加入博济会和特蕾莎修女一起帮助穷人。这个博济会就是一家非营利组织，它产生的驱动力来自印度普遍的社会问题和救助穷人的社会需要。

愿景和社会需要的结合是许多非营利组织产生的原因。公益的愿景往往能够唤起很多人的共鸣，因而也成为共享的愿景。当一个人能与他人共享愿景的时候，他就会加入非营利组织，许多志愿组织就是这样产生的。最著名的如无国界医生，作为一个由医务人员自愿组成的非营利组织，其共享的愿景是为身处困境的人们以及天灾人祸和武装冲突的受害者提供帮助。这样的愿景吸引了一大批来自世界各地的愿意共享这一愿景的医生，他们加入无国界医生，可以申请做一年的志愿服务，无国界医生把他们安排到印度、非洲某国或者是世界上需要医疗服务的地方做一年的专业志愿者。公益的愿景和使命是非营利组织的灵魂。

2. 非营利组织的领导者

非营利组织的领导者必备的品格，首先是正直、公益、有爱心和愿意承担，这些都是非常重要的领导品格。

其次，与其他领导者一样，非营利组织的领导者通常都会面临一个问题，那就是怎样树立和维持在组织中的威望和感召力。对非营利组织来说，当组织成员追随一个非营利组织的领导者时，也就会认同这个组织的使命和愿景，也会认同领导者本人的品格、德行、修养和信心。领导者有一系列特质，拥有心甘情愿的追随者，而不是被迫和被强制的追随者，这是非营利组织领导者的一个重要特点，也是一项重要指标。

再次，非营利组织的领导者也应当是一个好的倡导者，能够把愿景和使命表达出来，让大家共享。领导者要努力创建一个学习型的组织环境或场域，使人能够在其中创造学习和产生影响，使追随者也能成为领导者，这对非营利组织的追随者来说尤其重要。每一个加入非营利组织的人都是带着理想愿景来的，希望在这里能成就一番事业、对社会做出贡献，这对一个领导者来讲也是一个很高的要求。一个优秀的领导者应该是一个非常艺术的催化者，能够催化环境、催化学习者、催化机构健康成长并走向卓越。

最后，非营利组织的领导者应该是一个终身学生，他永远能跟上社会变革的步调，他一定要是一个持续的高效学习者。

3. 非营利组织的治理结构

非营利组织和商业组织在治理结构上存在很大差异，也与政府自上而下的科层制治理结构有很大的不同。相对于企业来说，企业的社会责任是外在的，是组织使命之外的社会责任，而对一个非营利组织来说，践行公益的社会责任是内在于组织使命，因此要求其治理结构要充分体现一种对社会公益的责任。这就要求在非营利组织的治理结构中必须有一定比例的理事对社会负责，不仅要对财产的出资人负责，更要对社会负责。

非营利组织的理事会成员都是志愿者，没有任何薪酬，理事们来自不同的领域，基本上都是国家和国际层面一些精英和受尊敬的社会人士。在人员构成上也有一些安排和设计，目的是希望有影响的人，特别是法律界的知名专家、企业界领袖等精英，能够以志愿者身份加入理事会。

正规和大型非营利组织机构的领导者与理事会之间的关系较为清晰，通常理事会不会介入机构管理层面的事物，而更多地关注治理层面和机构大的方向。但是，大多数的中小型非营利组织的理事会职责并不清晰。

4. 非营利组织的人力资源管理

非营利组织和企业一样，也有固定的员工。但非营利组织具有较高的理想性，员工通常带着自己的价值观和理念进入组织，对组织和主管有着比企业更高的期待，这使非营利组织的人力资源管理显得更加复杂。非营利组织人力资源管理的目标是吸引招募合适的潜在员工，激励员工，留住所需的员工，提高组织效率，改进工作质量，帮助员工在组织内发展。特别是以人为本的人力资源管理，要求把人视为核心资源，非营利组织要把帮助员工在组织内的发展作为人力资源管理的重要目标，以激励其发挥潜能。

与企业不同，非营利组织人力资源中包括志愿者。志愿者是基于志愿精神来到非营利组织并参与各种活动的特殊人力资源。志愿者管理鲜明地体现了非营利组织的特殊性，是非营利组织所特有的人力资源管理。志愿精神是一种利他主义和慈善主义精神，志愿者是志愿精神的实践者。志愿服务，包括有组织的志愿服务和非组织的志愿服务两种形式，志愿服务的界定是一个复杂的问题，通常用报酬、收费和自愿性来界定。非营利性组织的志愿者可分为管理型志愿者、日常型志愿者和项目型志愿者，志愿者和普通员工一样，享有一定的权利并履行一定的义务，他们是不发工资的员工。

志愿项目的设计与管理是非营利组织与企业组织管理的重大不同，志愿者的管理需要回答四个问题：需要设计和创造什么样的志愿工作机会和如何确定志愿者的责任？志愿机构根据这些如何向志愿者解释和指导工作？志愿者的招募类型是什么？评估志愿者的依据是什么？志愿者招募通常有两种方式：一是一般招募，主要是招募岗位要求简单、技术性不强的志愿者；二是目标招募。目标招募的志愿者需要一定的技能，不是所有人都可以胜任的。

就一个非营利组织的人力资源管理而言，不仅要点燃或唤醒个人内在的精神，更重要的是创造条件，让人们去实现这样的内在价值，而且这个过程能够持续。这是一件非常困难的事情，你让他奉献一天甚至是一年，这样的短期风险是可以做到的，但是一辈子去奉献是很难做到的，因为相应的保障和支持条件没有跟上。因此，与企业组织相比，非营利组织很难招聘到专业的、高水平的，有竞争力的人才，这是一个很大的威胁。在人才市场上作为招聘方的非营利机构没有太强的竞争力，这直接影响到非营利组织的工作成效。如果年轻人进入公益领域工作，但是又缺乏必要的保障，那么结果是他们没有办法坚持下去，因为每个人都要养家，如果没有物质方面的保障作为支持，人们最后只能辞掉这份工作，所以非营利组织不能永远只靠使命驱动，还必须有相应的保障性措施，提供体面的薪酬、医疗保险等社会保障，只有这些措施跟上来才能够吸引和留住优秀人才。

5. 非营利组织的营销和筹款

营销管理是非营利组织管理的核心环节之一，营销活动对非营利组织的重要性表现在：第一，通过营销分析确认公众的需求，非营利组织可据此提供正确的公共服务，并有意识地引导公众的健康需求；第二，通过营销，非营利组织可以把自身的组织宗旨和其他信息传达给公众，从而提高其公众形象并刺激公众给予回应；第三，非营利组织可根据营销的状况决定组织目标，并拓宽组织资源的吸收途径，使任务的实现更为顺利；第四，非营利组织可以通过营销，引起公众注意，吸引非营利组织需要的各种关注和支持；第五，营销使非营利组织在社会上具有更大的影响力。

非营利组织提供的一般是竞争性的公共物品，而企业提供的一般是私人物品，所以非营利组织的营销不同于企业。许多非营利组织的营销活动涉及无形的社会利益与精神利益，存在评估上的困难，并且得到准确信息的难度大，这使非营利组织的营销与企业相比，显得更为复杂。

筹款是将分散的社会公益资源动员并集中起来的过程，筹款是一个需要艺术、策略、专业化知识和技巧的市场运作的系统化过程。筹款是非营利组织基于组织的宗旨和目标，向政府、企业、社会大众或基金会等发动筹集资金、物资和劳务的过程。

非营利组织筹款的理念发展大致经过了三个阶段，即产品导向阶段、推销导向阶段和顾客导向阶段。最初的筹款战略是一种产品导向战略，这个阶段的特点是，大部分的款项是由非营利组织的高级管理人员利用他们的关系网筹得，不存在专门的筹款人；有些组织还依赖志愿者友好人士得到一些捐赠，少量忠心的捐赠者提供了大部分的捐款。

随着非营利组织之间的竞争加剧，筹款形势日益严峻，以产品为导向的筹款越来越困难，非营利组织意识到，必须走出去采取推销导向继而营销导向的手段。随着非营利组织采取营销导向，现在筹款的策略上也开始采取顾客导向，主动分析组织在市场中的位置，关注那些接受组织宗旨的人，设计使潜在捐款人满意的活动计划，甚至和潜在捐款人一起合作设计活动项目，同时也通过筹款活动培养新的潜在捐款人。

6. 非营利组织的项目管理

项目管理能力是非营利组织的核心竞争能力。好的项目管理基本上是非营利组织的生存之道。例如，能不能筹到款，能不能持续成长下去，都取决于项目管理是否做得好。它其实是一个非常复杂的系统，关系到筹款、志愿者招募、财务管理、组织活动等重要内容。

通常非营利组织的项目管理是为回应社会需要和社会问题而出现的，比如灾害救助、灾后重建。从项目周期来看，它要求有更加广阔的视野，比如一个项目周期应是从项目设计、项目的实施与监控到项目评估，最后回到最初的项目设计。对每一个周期来讲，既非常丰富，也非常复杂；对项目管理人员来讲，在整个项目周期中，项目设计是最重要的部分，因为后面的项目实施和监控、项目评估都是依据完备的项目设计来开展的。

非营利组织的项目策划，应该有三个层面：第一个是政策和体制层面；第二个是组织层面和战略层面；第三个才是项目层面。如果把整个框架拿出来看，政策和体制层面要与中国现实相符合，比如一些相关的政策法规，这是很重要的政策环境因素。在组织层面，组织的核心是愿景和使命；战略层面的内容包括组织的定位，到底要做什么事情，如何做，采用什么样的战略；最后是项目层面。

项目管理，最关键的是项目周期管理，大致有四个周期：项目的选择和确定、项目设计、项目运作和项目评估。再有新的项目，再经历一个项目周期。这是理论上的路线，许多非营利组织常犯的错误就是面对大量零散的项目，缺少整体框架上的设计，导致很多项目不能实现组织的战略意图。

无论是非营利项目还是商业项目，每个项目都要在一定的预算和时间范围内实现目标，项目管理同样受到预算和资源的限制。但是，部分非营利项目（如扶贫和发展项目）中的一些不是用投资回报率来计算的，而用其他目标来衡量，最常见的是受助者能力的提升，这对非营利组织往往是比较大的挑战。从发展的角度讲，有的发展项目比较强调过程，认为人的发展是学习的过程，应该把项目设计成针对学习过程的催化，使人在这个过程中得到提升，这些都是相比非营利项目管理的特有理念。

7. 非营利组织的问责、公信力建设与信息公开

问责指为某一件事进行报告、解释和辩护的责任，为自己的行为负责任并接受质询。问责是非营利组织向利益相关方负责并对其履行责任的过程及结果做出说明的义务和相应的制度安排。公信力是在评估和问责的基础上，社会公众对非营利组织形成的普遍信任程度，公信力建设是非营利组织为达成社会对其的普遍信任而做出的种种努力，非营利组织的问责与公信力建设紧密联系。

（1）问责的逻辑有三种：一是代表逻辑，被问责者对其所代表的群体和利益负责；二是契约逻辑，被问责者对其所代理的活动向受托方负责；三是利益相关者逻辑，被问责者对所有的利益相关者和社会公众负责。

（2）问责的主要机制包括：

- 评估认证：非营利组织根据相应的框架和指标进行评估，并得到相应级别的认证，获得一定程度的公信力。
- 行为准则：非营利组织在行业领域或区域层面达成共识，就公共问责制定统一的行为准则，并向社会发布。
- 监督问责：捐赠者对其所捐赠对象进行问责，通常由第三方专业机构通过相应的框架、量度标准和指责体指标体系，就捐赠的非营利组织对受赠情况、项目目标及其运行、项目效果及受益情况等，进行定期内部和外部评估，形成一定的监督问责报告。
- 参与问责：收益人、活动社区或社群对非营利组织进行问责，也包括非营利组织的内部员工及志愿者对非营利组织的问责，这种问责都以参与的方式进行，包括信息公开、公众参与、讨论互动和提出意见等。
- 公开报告：通过媒体网络等渠道发布非营利组织的问责报告，接受媒体和社会公众的监督。

（3）非营利组织的信息公开。非营利组织的信息公开是指非营利组织将成立申请、决策制定、财务信息、治理信息等组织信息以及已组织相关的信息（如关联交易方的信息），以章程、定期报告、临时报告、专门报告等形式向捐赠者、登记管理机关和社会公众等利益相关者公开披露的行为。信息公开的基本要求有三个：充分披露、持续披露、有限度的扩展披露。

7.4.3 社会企业运营与管理：盈利与非盈利的结合

1. 社会企业的多重使命

社会企业运用独特的运营模式开展商业活动，通过销售产品和提供服务获取资金支持，满足了目标群体的要求，完成了服务社会的使命，可以说使命是社会企业的精神根基。一个成功的社会企业往往可以把双重底线置入使命，通过多种使命发挥作用。

第七代公司是一家销售清洁和个人护理产品的公司，由艾伦·纽曼创立于1988年。公司之所以取名"第七代"，是因为每个决策都要考虑未来七代人的影响，作为社会企业的先驱，第七代致力于用自己的实践使我们拥有一个更加美好和可持续发展的未来。杰弗里·霍伦德是第七代公司的联合创始人兼CEO，他认为第七代公司成功地将双重底线置入了公司使命。具体而言，第七代公司拥有如下多重使命：

第一个使命是为弱势就业者提供工作机会，为此第七代公司不仅使员工通过工作达到自给自足，还努力使员工可以在工作中获得满足感，使他们有机会像正常人一样成长和发展。第二个使命是为消费者提供更加安全和健康的家居产品。为达成这一目标，第七代公司努力加强对消费者的环境、社会和健康问题教育，让消费者相信自己的行为可以带来改变。第三个使命是可以在社会企业运营中实现使命与利润的整合，目前第七代公司有着1亿美元的销售收入和近50%的利润率。

霍伦德试图建立一个最成功的社会企业，而且至少可以完成三个使命。在他看来，摈弃单一使命、拥有多重使命会产生神奇的作用。

2. 社会企业的常见运营模式

社会企业的目的是同时实现经济价值和社会价值创造，根据社会企业内部商业活动和社会使命的不同关系，以及商业活动与社会项目的不同集成水平，产生了七种社会运营模式。它们描述了社会企业商业业务和社会活动之间的关系，说明了社会企业经济价值和社会价值的创造过程，用创造性的方法促进社会价值和经济价值的融合（Alter，2000）。

（1）创业支持模式。社会企业为目标人群（个人或企业）提供商业支持和金融服务，目标人群再向开放市场提供产品和服务，以此获取收入。现实中，小额信贷机构、小型企业和业务发展计划多采用创业支持模式，常见的类型有：金融机构、管理咨询等专业服务机构。

创业支持模式往往可以形成一个嵌入式社会企业，社会项目即商业活动，而该社会企业的使命是通过支持企业家的创业活动，使他们获取收入。这种模式的缺点在于其应用范围狭窄且有限，只适用于经济发展组织或就业创业支持项目。此外，由于创业支持模式的客户主要为弱势群体，这使组织生存能力受限。

（2）市场中介模式。社会企业为目标人群（个人企业和合作社）提供产品开发、市场准入和信贷服务。客户生产产品后，社会企业以合理的价格购买产品，然后再在市场上销售。在现实中，市场供销合作社多采用市场中介模式，常见的类型有食品公司、农产品公司。该社会企业的使命是帮助客户在市场上实现产品销售，社会企业通过产品销售获取收入，用于支付项目成本和运营开支。

市场中介模式的优点与创业支持模式类似，即通过自负盈亏扩大社会影响，强化组织使命。但其业务仅面向生产商，由于市场饱和、产品质量差等问题，为客户制造的产品要想找到合适的市场有时面临困难。此外，由于生产商比较分散，社会企业对产品的质量要求难以控制。

（3）就业模式。社会企业为其目标人群（存在就业障碍的人群，如残疾人、无家可归者、边缘青少年、前罪犯、妇女等）提供就业机会和在职培训，通过在公开市场销售产品或提供服务获取收入，用于支付项目成本和运营开支，包括工资和雇用导致的其他费用。现实中，就业模式被广泛用于残疾人组织和青年组织，以及关注低收入妇女、吸毒者、无家可归的组织，常见的类型有清洁公司、网吧、书店、旧货店、面包店、修理厂。该类社会企业的使命是为目标人群提供就业机会，开发目标人群的技能，增加目标人群的收入。

就业模式的优点在于，操作方便；就业模式的缺点在于，由于客户多为弱势群体，会在一定程度上影响组织的生存能力。此外，就业模式社会企业与商业企业在市场上的竞争造成效率低下，也使这类社会企业的生存面临挑战。

（4）有偿服务模式。社会企业商业化其社会服务，或者直接销售给目标人群（如个人、企业、社区），或者间接卖给第三方。社会企业通过收取服务费来实现财政自给自足，盈余可以用来补贴其他社会项目。现实中有偿服务模式应用非常广泛，超越了非营利部门的界限，常见的类型有：会员组织、行业协会、教育机构、公园、博物馆、医院、诊所。

有偿服务模式的优点是易于实施，但许多组织仅仅将有偿服务作为一种创收方式，而不是作为一个可扩展的商业业务。当有偿服务模式在经济上获得成功时，组织的逐利倾向会使其使命和利润产生冲突。

（5）服务补贴模式。社会企业向外部市场销售产品或提供服务，产生的收入用于补贴社会项目，满足目标人群的需求。服务补贴模式往往可以形成一个整合式社会企业：商业活动和社会项目交叉，共享成本和收入。商业活动主要用于社会项目的融资机制，盈利收入主要用于补贴或全部支持组织的社会服务。现实中，服务补贴模式主要用于存在多种服务人群的组织，常见的类型有咨询、教育、物流、就业培训等。

服务补贴模式的优点在于其可以广泛应用于各种类型的组织，如非营利组织、企业、公共部门等。该模式还可以通过策略化地商业化其服务，扩大社会企业的影响。但是，一个组织采用这种形式，必须能够清楚地界定自己所提供的社会服务。

（6）市场联动模式。社会企业充当经纪人角色，连接买家和生产者，提供市场信息，促进目标人群（小生产者、当地企业和合作社）与外部市场之间的贸易关系，然后收取服务费用。

与其他运营模式不同，市场联动模式的客户大多是有经济实力的私营部门，因而社会企业生存能力较强。现实中，市场联动模式为贸易协会、网络组织、合作社提供各种服务，帮助它们进行进出口贸易，开展市场调研服务和其他活动。

（7）组织支持模式。社会企业在外部市场开展商业活动，销售产品和服务，获取收入，然后用于支持社会服务组织的社会项目。组织支持模式往往可以形成一个外部式社会企业：商业活动与社会项目分离。因此，社会企业根据财务优势选择商业活动，而这些商业活动并不一定与组织的使命相关。

与服务补贴模式、市场联动模式的优点类似，组织支持模式在现实中的应用非常广泛。尽管商业活动与组织使命无关，但组织的收入大部分来自商业活动，所以商业业务必须高度有利可图。在缺点方面，组织模式也存在使命与利润的冲突，并且更加严重。所以，这一模式最好由业务娴熟的组织来运行。

7.4.4 社会企业的悖论、融合与社会企业管理的二元性

1. 社会企业、社会企业光谱与社会企业悖论

根据 OECD 在 1999 年的定义，社会企业指任何可以产生公共利益的私人活动，它依据企业战略，但其目的不是利润最大化，而是实现一定的经济目标和社会目标。Dees（2003）提出“社会企业光谱”的概念，他指出，社会企业并非单纯为社会目标而存在，而是一种处于纯公益与纯盈利之间的多元混合的综合体。Dees 提出的社会企业光谱带意味着“社会目标”与“盈利”之间的矛盾性，因为在光谱带中“社会目标”与“盈利”之间存在此多彼少的替代性——“社会目标”多一点，“盈利”就少一点，反之亦反之。但 Dees 忽视了“社会目标”与“盈利”之间的统一性：即社会目标与利润目标之间并不总是此消彼长的替代关系：不是在所有情况下利润目标多一些，社会目标就必然少一些。

社会企业 LLC 的创始人 Alter（2007）指出，社会企业具有如下九个特点：

- 运用商业手段和方法达到社会目标；
- 融合社会和商业的资本和管理方法；
- 创造社会和经济价值；
- 从商业活动中获得收益来支持社会项目；
- 由市场驱动同时由使命引导；
- 同时衡量财务绩效和社会影响；
- 在提供公共产品的过程中满足经济目标；
- 从无约束收入中享受财务上的自由；
- 在达成使命过程中融入商业战略。

从 Alter 提出的如上九个特点可以看到，“社会目标”与“盈利”之间相融合的可能性。“社会目标”与“商业盈利”之间不仅具有相互矛盾、此消彼长的关系，也具有相互融合与统一的可能性（吕力，2017a）。可以将社会企业中“社会目标”与“商业盈利”之间既矛盾又统一的关系称为社会企业悖论（吕力，2017b）。

社会企业悖论并非指严格意义上的逻辑学或修辞学悖论，借鉴管理悖论理论的提出者 Lewis（2000）的观点，“社会目标”与“盈利”是“相互关联且相互冲突的同时性长期共存的要素”，因而构成社会企业悖论。管理研究中较早的悖论是 Thompson 提出的行政管理中变革与稳定之间的悖论，Thompson（1967）将变革与稳定视为相互关联又一定程度上相互矛盾的两种并行状态，并认为它是管理学的中心悖论，这一悖论因此被大量研究。

在最近的研究文献中，庞大龙 (2017) 系统地总结了管理学领域中曾出现的 140 个悖论。将社会企业悖论与上述传统悖论相比较可以发现，社会企业悖论无论是在两矛盾要素联系的紧密性还是冲突的激烈性方面都远胜于以往，属于极为典型的管理悖论。

2. 社会企业悖论对企业管理的影响

社会企业悖论的核心是“社会目标”与“商业盈利”两要素在绝大多数情形下存在矛盾，而两要素一旦分开，社会企业就演变为纯粹商业组织或纯粹公益组织，而不再是社会企业。

社会企业两要素之间的矛盾表现在：在相当多的情形下，盈利所占比重多一分，社会企业的社会性就少一分。社会企业两要素之间的联系表现在：社会企业的发展在很大程度上依赖于盈利，只有盈利，社会企业才可以雇用高素质员工，迅速扩大规模，才可能进行高效率的市场运作和生产经营运作等。总之，社会企业的管理要始终面对社会企业悖论，需要将相互矛盾的两要素混合或统一起来。为此，社会企业必须实施双元化管理。

（1）战略双元化。根据企业战略的定义，企业战略是组织发展的长期方向。为此，社会企业长期目标中的“社会目标”和“盈利目标”必须双元化，使得企业能够在同时并存、彼此之间相互对立的目标中寻求折中、平衡或统一。

（2）组织与激励双元化。根据组织的定义，组织是一个相互影响、互相依赖，为了达到某一共同目标的工作群体的集合。传统上，营利组织与非营利组织存在很大的差别，而社会企业为了同时达到公益与盈利目标，必须实施组织与激励的双元化。

（3）领导方式双元化。领导是通过支配、控制和影响组织中个体或群体的行为来实现组织目标的组织角色。因为组织目标的二重性，自然领导方式也应双元化。

（4）营销手段双元化。传统上，社会营销与商品营销存在很大差异，社会企业由于其根本性悖论的存在，必须在两者之间实施双元化。

3. 社会企业的两种类型

根据 Dees 提出的社会企业光谱的概念，相当一部分企业介于传统企业与社会企业之间。从企业经营业务来说，社会经营部分与传统经营部分同时存在，两者从企业的层面来看相互混合，我们将这一类企业称为混合型社会企业。混合型社会企业根据社会经营部分与传统经营部分两者所占比重的不同，又可细分为偏社会型企业和偏传统型企业。

由于社会企业是将社会目标与利润目标相混合或相统一的企业或公益组织，因此，社会目标与盈利目标相结合的方式除了“混合”之外，还存在“融合”的可能性。我们将“社会目标”与“盈利目标”相互融合的社会企业称为融合型社会企业。

4. 社会企业的四种发展路径

从静态的角度看，无论是混合型社会企业还是融合型社会企业，都存在管理双元化的问题；从动态角度看，社会企业在发展过程中其目标也会发生偏移。社会企业有四种发展路径。

（1）社会创业。社会创业意味着自始建立社会企业，意味着创新地利用资源解决社会问题。显然，社会创业自始便面临着社会企业悖论，即“盈利”与“解决社会问题”之间的矛盾，这一悖论也可称为社会创业悖论。由于企业初创，其悖论表现得尤为突出。

（2）传统企业社会化。传统企业社会化意味着传统企业从“利润最大化”的单一目标向“利润与公益兼顾”的目标转化，在转化的过程，由于相互矛盾的目标，其悖论逐渐凸显。

（3）社会企业去社会化。已经存在的社会企业如果逐渐放弃公益目标，将重心放之于盈利目标，则可称为社会企业去社会化。就组织的战略、结构调整等而言，去社会化的过程同样会面临很多的矛盾。

（4）社会化循环与周期性。大部分企业在 Dees 光谱图中的位置并不稳定，它可能从偏社会型向偏传统型转变，也可能反之，这种摇摆甚至可能出现一种循环与周期性。

5. 组织整合、路径依赖与双元化管理

（1）双元化管理的三种情形，可以将悖论两元素共存的情形分为三种：

- 同时但不同空间共存。例如，社会企业同时实施两个项目，其中一个是公益项目，一个是盈利项目。
- 同空间但不同时共存。例如，社会企业在成立之初以公益目标为主，而发展之后以盈利目标为主。
- 同时、同空间共存。例如，融合型社会企业。

对第一种情形而言，双元化管理的重点在于组织整合：虽然项目不同，但同属于一个组织，因而在组织文化、结构等方面需要一种整合的双元管理手段。对于第二种情形而言，虽然在不同的时间有不同的实施重点，但上一阶段的管理方式会对下一阶段的管理造成严重影响，这就是路径依赖。基于此，第二种情形下双元化管理的重点是对于路径依赖的管理。对于第三种情形而言，则应发展一种折中的文化并一以贯之。

（2）被动使用与主动交替使用的双元化管理。从使用动机来看，双元化管理可能是不得已而为之，尤其是在混合型社会企业中，这种"被动使用"的情况很常见。造成被动使用的情况可能是以下两种：企业一味追求规模、效率，导致公益目标的逐渐丧失；企业执着于公益而不断陷入财务危机。在以上情况下，企业不得不被动调整策略而不能掌握主动权。

事实上，除被动调整之外，企业也可以主动实施双元化管理。企业如果主动在不同的时间段交替使用不同策略，可能优于被动调整，从而掌握社会企业发展的主动权。

本章小结

- 比较各国对社会企业的定义，可以看出社会企业的定义本质都是通过商业运作手段来达成社会目的，或者帮助组织实现社会使命，但各国的社会企业由于各自发展历史和背景的不同，其定义展现出不同的侧重点和独特性。
- 在社会企业的认定标准上，各国存在巨大差异。由于各国政治经济文化条件的巨大不同，各国甚至一国内各州在社会企业的认定标准上存在巨大差异，这充分说明，认定标准的制定需要充分考虑国家和地区差异。
- 社会企业的认定标准与国家政策支持、税收优惠等密切相关。显然，国家政策支持、税收优惠对社会企业的发展具有无法估量的影响。尤其是税收优惠政策，可以大大促进社会资企业的发展，而其认定标准是税收优惠的前提条件，因而制定社会企业认定标准非常紧迫和重要。
- 不宜将国家认定的社会企业与工商实践中的社会企业画等号。换言之，不宜认为"只有符合国家认定标准并挂牌的社会企业才是社会企业"。
- 社会企业的常见运营模式包括：创业支持、市场中介、就业模式、有偿服务、服务补贴、市场联动、组织支持。
- Dees提出"社会企业光谱"的概念，他指出，社会企业并非单纯为社会目标而存在，而是一种处于纯公益与纯盈利之间的多元混合的综合体。"社会目标"与"盈利目标"之间不仅具有相互矛盾、此消彼长的关系，也具有相互融合与统一的可能性。可以将社会企业中"社会目标"与"盈利目标"之间既矛盾又统一的关系称为社会企业运营悖论。因此，社会企业的管理在某种程度上可视为一种"悖论管理"。

复习思考题

1. 各国对社会企业的定义及认定标准各有哪些侧重？
2. “是否只有符合社会企业认定标准的企业才能算社会企业？”谈谈你的理解。
3. 以商业企业管理的视角来看，非盈利管理的突出问题与难点有哪些？
4. 社会企业的运营管理为什么可以视为一种“悖论管理”？

讨论案例

舍瑙生态电力合作社

一、简介

厄休拉·斯拉德克是舍瑙生态电力合作社的发起人。舍瑙生态电力合作社不仅是欧洲最大的生态电力供应商之一，同时也是一家最大的由公民自发运营的电力公司。舍瑙生态电力合作社致力于电力供应的去中心化和民主化，它的网络在德国国内不断扩张，逐渐成为采用系列技术的独立发电站的核心。

在德国黑森林地区深处有一座仅有 2 500 名居民的小镇——舍瑙。在舍瑙的一个教堂里有一座高塔，如果你爬上这座高台眺望全城，在一天中的某些时刻，你会看到数百个太阳能电池板在太阳下反射着耀眼的光芒，仿佛在冲你眨眼，你甚至会觉得它们是在眨眼睛对你说：“是的，我们做到了，做到了，是我们打破了电力垄断，我们是电力之源，我们是黑森林之光。”

二、家庭主妇能量大

1986 年，厄休拉还是一个家庭主妇，和大多数欧洲人一样，她十分关注和担忧切尔诺贝利核事故给自己的城市环境以及孩子们所带来的影响。切尔诺贝利核事故给厄休拉的人生带来了转折，福岛核事故又成功触发了她的事业。相隔 25 年，这两场核事故先后将地球能源问题摆在了世人面前。在切尔诺贝利核事故发生的那一年，厄休拉的股骨受伤，当放射性核物质蔓延到她的小镇，降落在大街小巷时，看着自己的孩子们在外面欢乐玩耍，厄休拉忧心忡忡。厄休拉告诉一家德国报纸，我们天真地以为在切尔诺贝利核事故之后，能源政策和能源工业会有改变，然而一切照旧，既然没有其他的选择，我们只好自力更生，大干一场了。

也就是在此时，厄休拉意识到她必须将放射性尘埃从自己的人生中赶出去，她发誓要终结这种潜藏巨大灾难性后果的能源。在丈夫和社区伙伴的协助下，厄休拉创办了“无核化未来家长联盟”——一个为儿童提供安全替代方案的组织。在接下来的 13 年，厄休拉和她四处吸引来的“家庭成员”们致力于向居民和政客普及减少能源消耗、推进无核能源的必要性和方法，他们在学习如何节约能源的同时也了解到如何制造能源。在那段时间里，他们最终赢得了一项全民公投，从而得以让舍瑙这个小镇从德国电网中分离出来，并自行发展可再生能源。在这漫长的成功历程之后，厄休拉意识到这项公投获得的大规模支持都归功于舍瑙的民众，因此他们有信心完成别人认为不可能的事情。

厄休拉说，从前我只是一个家庭主妇、一个家长。我曾经很害羞，从来没做过这样的事情。我没有做过生意，更不是什么科学家，我只好从每次迈出一小步开始。就这样，在 1991 年她率先尝试收购本地电网，包括电力传输和分布系统，并组建了一家新公司以取代原有的电力公司，这是德国也是欧洲首个采用合作经营方式的电力供应商。经过 6 年的呼吁和努力，厄休拉和她那被媒体称为“电力叛军”的团队在几乎不可能完成的时间内，在全国范围内奇迹般地筹集到了用于购买电网的巨额资金。

舍瑙生态电力合作社建造了加油站，安装了太阳能板，开始自行发电。德国的百年电力垄断历史就此终结，而舍瑙生态电力合

作社正准备影响发电和能源行业的整体结构。非常巧合的是，就在一年后，德国政府放开了对能源行业的管制，舍瑙生态电力合作社就这样走向了全德国。

三、可替换、可反思、可改造、可再生

如果你的使命深深植根于社会变革，那么你完全可以自由地创造一种属于自己的商业模式，从而让那些能够帮助推动运动进程的人加入进来。坚守着舍瑙生态电力合作社的分布式供电和民主化的目标，厄休拉决定将公司真正公开化，公司的投资者将自己自动成为所有者，同时拥有公司事务的投票权。这个理念非常好，然而为了动员全城居民进行投资，首先她得向大家普及关于核电、煤炭发电和可再生能源的各种常识，劝说他们参与可再生资源的生产和发现，同时向他们说明投资电力公司是一个非常明智的决定。

这种杂糅的社会创新模式在德国是前所未有的，甚至在全世界范围内也不多见。但是随着工作的开展，厄休拉意识到，推进一项运动需要很多人的努力，并且要对他们加以智力上、情感上和经济上的投入。厄休拉的模式，使得人人都能够参与进来解决自身的能源需求，从而成为自己未来的主人，所有的参与者都成为变革的一分子，这是改革的重要元素，他们在不同程度上都以自己的期望和能够应对的方式成为创变者。

1997 年，舍瑙生态电力合作社在小镇成立时，只有 650 名当地成员，现在这个合作社发展到了拥有 1 500 名成员，能够向 12 万户居民供电，全德国有 25 万人受益于此。合作社的能源全部都是绿色的，大部分来自水力发电，此外源于太阳能发电、风力发电和小型家庭热电联产。合作社成员可使用自己生产的电能，同时将剩余的电能销售给德国国家电网。在合作社股东获得股息后，剩余的收益将可用于可再生发电厂的新建，以及有意愿建设绿色能源项目的社区的培训支持。

现在，许多受到舍瑙生态电力合作社启发的合营公司如雨后春笋般出现。在德国的小型城市中，甚至一些像斯图加特这样的大城市也打算尝试自建电网、自己自主。很多城市开始和舍瑙生态电力合作社打造自己的合营模式，并且让更多的市民从一开始就参与其中。此外，舍瑙生态电力合作收到了来自世界其他许多国家的合作请求，如意大利、荷兰、日本、韩国、智利、美国、加拿大等这些国家，都曾经派出代表参观舍瑙，探求舍瑙模式在本国的可行性。每年厄休拉都会接到超过 100 次的演讲邀请。多年前在日本，厄休拉曾在三个星期内做了 16 场演讲，遗憾的是，她没能成功说服日本人减少对核电的依赖。不过，自从福岛核事故后她重新获得了日本人的巨大关注。为此，厄休拉顺势发布了《反对核电的 100 个理由》这个小册子的日文版。2012 年她还受邀前往横滨，在当地召开的全球无核化大会上发言。

四、多赢的解决方案

有点讽刺的是，2008 年金融危机帮了厄休拉大忙。她开始注意到现在鲜有公民个人上门寻求复制舍瑙模式，相反，越来越多的城市管理者和政治家纷至沓来，他们一直在研究舍瑙模式，以买回原本属于自己的电网。而且有意思的是，他们这么做的两个理由都令人信服：一方面，同舍瑙生态电力合作社一样，他们希望拥有高比例的可再生能源和自主权；另一方面，他们也意识到，如果大型电力公司一直控制着电力系统，那么自己将得不到一分钱，而如果运营自己的电力公司，这些钱就不会外流了。既然所有的社区都可以获得额外的财政资源，上述两个理由互为补充，一定能将电力生产的价值主张向着生态良好、社区所有的电力供应链方向推进。

这样一来，相关的环境管控和经济回报就能够形成强大的综合性激励作用。然而，尽管一些城市的政府部门已经做好了改变的准备，为保证变革确实有效，它们依然需要大量指导，并引进经验丰富的合作伙伴。因此，这些地方的政府部门向厄休拉和舍瑙生态电力合作社寻求帮助，当被询问是否愿意合作时，厄休拉提出的首要条件便是它们必须建立合作经营的模式，从而保证当地居民能够以合伙人和合作变

革者的身份投入新电网的全部建设中去。

有趣的是，除了和市民一起推动自下而上的改革之外，厄休拉现在也开始和政府部门合作，从另外一个方向推进变革。她的这种模式成功潜力极大，蕴含着可观的经济回报，同时更能保证环境的可持续发展，这对市场政府和市民来说都有着巨大的吸引力。

五、动员普通人参与

在厄休拉看来，舍瑙生态电力合作社的发展历程是激动人心的。2009年，它的市值达到6700万欧元，2010年这个数字又上升至8200万欧元。厄休拉希望在接下来的几年内，能够为100万用户提供服务。在告别单调的家庭主妇生涯25年之后，厄休拉依然坚定相信舍瑙模式的核心是广大民众——这些所谓的普通人的参与。她明白，他们不仅投入了金钱，更从实际行动上创造和使用可再生能源。例如，舍瑙生态电力合作社鼓励大家安装风能或太阳能发电装置，并对安装者给予实际支持。厄休拉认为，当人们投资于合营公司时，他们将会发现自己不仅能够获得经济上的回报，而且能获得环境上的巨大红利。

资料来源：贝弗利·施瓦茨. 涟漪效应：以商业思维做社会公益的18个世界经典案例 [M]. 北京：中信集团出版社，2106.

讨论题：

1. 舍瑙生态电力合作社是怎样在最初阶段以及发展阶段进行商业运作的？
2. 舍瑙生态电力合作社是怎样将社会目标与商业运作结合在一起的？
3. 厄休拉是怎样看待社会企业与政府机构的合作的？舍瑙生态电力合作社在与电力商业企业竞争时的核心优势是什么？
4. 厄休拉是怎样将生态电力合作社发展为一种“商业模式”的？

文献研读

Can Social Enterprise Remain Sustainable and Mission-Focused? Applying Resiliency Theory

【文献摘要】Article Summary: Purpose: The purpose of this paper is to adapt concepts for resiliency theory to understand the conditions under which social enterprise may remain true to form and purpose or are likely to change their character. This leads us to consider issues of governance, economic incentives associated with different or organizational forms of social enterprise and the effects of the financial environment, the role of organizational slack and the influence of organizational leadership on the dynamics of social enterprises. Three cases studies of organizations in the USA are analyzed to illustrate the application of resiliency to the stability of social enterprises. The fact that all forms of social enterprise must reconcile the tension of social purpose and market raises important questions about the dynamics of these enterprise.

Design/methodology/approach: theory and case study analysis

Findings: Governance, financial incentives structure, organization slack and leadership influence the stability of social enterprise

Originality/value: First applications of resiliency theory to the analysis of enterprise stability

【文献评述】本篇文献提供了对社会企业的二元性特征进行分析的一个动态模型。

文献首先梳理了有关社会的相关概念，指出社会企业的使命、目标可能不断在商业目标和社会目标之间摇摆，并给出了此前文献中使用的W模型。W模型有一个有趣的推论，就是当公司处于W模型中间顶端时，是否可以保持稳定状态？这实际上是Dees社会企业光谱的一个典型情形。

文章从这一问题出发，提出了“使命漂移”“组织变迁”等概念并给出了详细定义。此外，针对组织的动态变化，还提出了稳定性的概念。在以上工作的基础上，作者基于W模型，对其进行了拓展，发展了数个类W模型。这些模型包括W模型在内，实际上都可以看作对Dees光谱模型的拓展。其价值表现在：Dees模型中社会企业在光谱中处于一个稳定的点，而在W模型、类W模型中，社会企业随着条件的变化，可以动态地向两端转化。

文章详细描述了社会资企业转化的各种条件以及不同情形下，转化的速率、路径。文章使用的理论框架是生态种群理论中的“弹性理论”。

文章加深了我们对社会企业的认识，本章可以与国内学者提出的“商业企业社会化”“社会企业去社会化、再社会化”和“社会化循环”等概念进行对比。

【文献出处】Dennis R. Young Choony Kim, 2015, “ Can social enterprise remain sustainable and mission-focused? Applying resiliency theory ” , Social Enterprise Journal, Vol, 11, Iss, 3, pp. 233-259.

本章作者

吕力，武汉工程大学管理学院教授，副院长；中国企业伦理管理论坛常务理事、副理事长；中国本土管理青年论坛常务理事、副理事长；《中国文化与管理》执行主编。主要研究方向包括企业伦理、中国本土管理等。

参考文献

[1] Alter K. A Business Planning Reference Guide for Social Enterprise[M]. Creative Commons Attribution-Share Alike, 2000.

[2] Alter K. Social Enterprise Typology, 2007. http://www.virtueventures.com

[3] Dees J G. New Definition of Social Entrepreneurship: Free Eye Exams and Wheelchair, 2003. http://www. fuqua. edu.

[4] EMES. Targeted Socio-Economic Research. 1996.

[5] Lewis M W. Exploring paradox:Toward a more comprehensive guide[J]. Academy of Management Review, 2000, 25（4）.

[6] Li Pan, Yao Ying. New Experience of “ Social Enterprise ” of British[J]. 21st century Business Review, 2006.

[7] OECD. Social Enterprises. 1999.

[8] OECD. The Non-profit Sector in a Changing Economy. 2003.

[9] Thompson J. Organization in Action: Social Science Bases of Administrative Theory[M]. New York: McGraw-Hill, 1967.

[10] Van Til, John. Growing Civil Society: From Nonprofit Sector to Third Space[M]. Indiana University Press, 2000.

[11] Young D R. Organization Identity in Nonprofit Organization Strategic and Structural Implication[J]. Nonprofit Management & Leadership, 2003.

[12] 巴特利特 J，韦伯 M. 创业的价值：英国的社会企业 [J]. 吕增奎，译 . 经济社会体制比较，2007（10）.

[13] 盖拉特 P J. 非营利组织管理 [M]. 北京：中国人民大学出版社，2013.

[14] 安东尼 . 吉登斯 . 第三条道路：社会民主主义的复兴 [M]. 郑戈，译 . 北京：北京大学出版社，2000.

[15] 吕力，李君，李倩 . 道德动机引致的经济增长、社会企业和以“德治”为手段的经济发展 [J]. 科技创业月刊，2016（21）.

[16] 吕力（2017a）. 社会企业：一种新的资源配置方式 [J]. 合作经济与科技，2017（9）.

[17] 吕力（2017b）. 社会企业悖论、路径依赖与管理双元化 [J]. 合作经济与科技，2017（10）.

[18] 吕力（2017c）. 创造作为一种责任：新工业文明时代的儒学与儒商 [J]. 科技创业月刊，2017（5）.

[19] 吕力 . 儒商与新物、富民、止于至善 [J]. 合作经济与科技，2018（5）.

[20] 吕力 . 多学科视角下的企业社会责任理念 [J]. 合作经济与科技，2019（7）.

[21] 苗青 . 社会企业：链接商业与公益 [M]. 杭州：浙江大学出版社，2014.

[22] 黎红雷 . 儒家商道智慧 [M]. 北京：人民出版社，2017.

[23] 庞大龙，徐立国，席酉民 . 悖论管理的思想、特征启示与未来前景 [J]. 管理学报，2017，14（2）

[24] 沙勇 . 中国社会企业研究 [M]. 北京：中央编译出版社，2013.

[25] 孙柳苑 . 德国工作整合机制社会企业——对中国多元化就业路径的启示 [J]. 科技创业月刊，2009（5）.

[26] 夏露萍 . 真正的问题解决者 [M]. 北京：中国人民大学出版社，2014.

[27] 潘小娟 . 社会企业初探 [J]. 中国行政管理，2011（7）.

[28] 王名，王超 . 非营利组织管理 [M]. 北京：中国人民大学出版社，2016.

[29] 王名，朱晓红 . 社会企业论纲 [J]. 中国非营利评论，2010（2）.

[30] 王世强 . 社会企业官方定义及认定标准 [J]. 社团管理研究，2012（6）.

[31] 徐永光 . 社会企业是公益通向新常态的桥梁 [J]. 中国慈善家，2015（4）.

[32] 杨家宁 . 社会企业研究述评——基于概念分类 [J]. 广东行政学院学报，2009（3）.

[33] 赵莉，严中华 . 国外社会企业理论综述 [J]. 理论月刊，2009（6）.

[34] 周生春，杨缨 . 历史上的儒商与儒商精神 [J]. 中国经济史研究，2010（4）.

[35] 赵汀阳 . 天下体系的一个简要表述 [J]. 世界经济与政治，2008（10）.

第 8 章　公益创投

学习目标

☑ 理解公益创投概念
☑ 理解公益创投的特征
☑ 了解公益创投分类
☑ 理解公益创投的核心内容
☑ 掌握公益创投对社会创业的作用与意义

本章纲要

☑ 公益创投的定义
☑ 公益创投的特征与分类
☑ 公益创投的运行机制
☑ 公益创投发展面临的挑战与对策建议

开篇案例

社会创新机构阿育王

“公益创业”（social entrepreneurship）一词是由美国人比尔·德雷顿（Bill Drayton）首创。他在 1980 年成立了一个全球性的非营利组织——社会创新机构阿育王（Ashoka），希望像创业投资基金一样去资助和支持那些力图以创造社会价值为主兼顾商业价值，它是以商业化运行模式解决诸如医疗、贫困、环保等社会问题的社会创业者。

该组织致力于在全球范围内推广公益创业，专门物色和培养公益创业人才，为以社会使命为目标的人提供种子基金，使他们有机会能运用自己的创新想法，对社会产生大规模而持久的改进，主要涉及领域为社会公正、社区发展、环境保护，以及满足弱势群体（如少数民族、妇女、老人、残疾人和孩子）的需求等。阿育王的宗旨是激发人们采用并传播它们的创新想法，并向所有的公民表明他们有潜力成为强大的变革者，使社会产生好的变化。

作为全球领先且最大的社会创新机构，阿育王每年投入 3000 多万美元，从资金与专业技术上支持社会企业家创业。从成立至今，阿育王已经成功资助 3000 多位社会创

业家，他们被称为“益创者”（Ashoka Fellows），这些创业者分布在全球70多个国家，服务人群超过300万人。与此同时，阿育王为这些社会企业家提供交流平台，建立了阿育王益创者网络。阿育王益创者热衷于服务社会，并用自己的实际行动感染和启迪他人。作为社会的模范，他们不断地鼓舞其他人主动投身于服务社会、解决社会问题的行列，由此形成了一个可以不断培育社会企业家的良性循环。

阿育王将过去200年来推动商业发展的创新与创业家精神重新导入社会创新领域，推动后者取得了前所未有的高速发展，从而使我们的社会更加美好和谐。随着全球各地社会创业家逐渐增多，阿育王将不断为他们提供适当的合作与发展模式以及所需的基础支持。到目前为止，阿育王资助的社会企业家的事业范围包括扶贫、普教、医改、环保、妇幼权益、劳工权益、社区发展等诸多领域，形成了一个推动社会变革的巨大力量。2005年10月25日，比尔·德雷顿被《美国新闻与世界报道》评为2005年“美国最杰出的领袖”。

上述案例说明，公益创业（social entrepreneurship）作为解决社会问题的一种新型组织形式近年来蓬勃发展。公益创投就是支持公益创业的金融中介组织。公益创投旨在通过创意投标、项目运作、第三方评估等，培育和发展公益性社会组织，促进其规范治理和提升专业服务能力，推进社会发育和成长。通过公益创投，推动政府购买公共服务理念的提升，建立政府和社会组织合作共赢的新机制，创新社会管理。

现阶段，我国已进入社会转型与经济转轨的关键期，社会结构与社会利益正处于剧烈变迁中，社会矛盾、社会问题与社会风险不断加剧。要实现社会长治久安、社会经济可持续发展，就必须加快推进民生为本的社会建设，加快社会管理体制改革，努力培育和发展社会公益组织，积极回应社会需要。因此，加快公益创投发展有着特殊的历史使命和重要的现实意义。

- 公益创投是培育与发展社会组织的重要创新方式，能够为社会组织的培育和发展提供资金、技术和管理等方面的帮助。
- 公益创投是促进行业标准建设的重要路径，随着接受公益创投所支持的社会目标组织的数量不断扩大，公益创投的相关制度规范将逐步成为具有规范性、引领性的行业标准，对社会组织自身建设具有很强的示范引领意义。
- 公益创投是推进社会福利发展的重要助推器，运用公益创投发展模式，可以整合各方资源并实现资源的相对有效配置，有助于从提升个体服务对象的福利，转向提升全社会的福利水平。
- 公益创投是促进社会就业的重要路径，每个社会公益项目培育成熟后蜕变转型为相应的社会公益组织，它将产生一定数量的就业岗位和机会。
- 公益创投是发展民生服务的重要融资支持机构，公益创投可以为由社会公益组织或个人根据社会需要设计和实施不同的社会公益服务项目提供财务与非财务增值服务支持，促进社会企业的发展。

此外，公益创投还是建立政府购买服务体系的孵化器，公益创投作为社会服务项目的创新平台，能够不断发掘社会群体的公共需求，发现行之有效的解决路径，促进行业标准的建立，培养标准化、专业化的社会组织。

8.1 公益创投的概念

8.1.1 公益创投的兴起

公益创投起源于20世纪90年代中期的美国，同时期引入到英国并迅速扩展至整个欧洲，目前欧洲大有后来者居上的趋势。2002年，第一只公益创投基金 Impetus Trust 在英国成立，同年第一支标准意义上的公益创投基金 Fondazione Oltre 在意大利成立。2004年，作为首个促进公益创投发展的推进机构——欧洲公益创业投资协会（EVPA）成立，标志着欧洲公益创投进入了快速发展时期。截至2016年年中，在EVPA调研报告中接受调研的从事公益创投活动的机构已经达到108家（EVPA，2016），EVPA成员包括来自29个国家的超过210个机构，投入资金并提供了相应的增值服务，有效推动了欧洲社会目标组织的孵化与可持续发展。自2006年起，亚洲国家对公益创投的兴趣稳步增长，印度、新加坡、日本、韩国、中国等国家纷纷开始了对公益创投理论和实践的探索。亚洲公益创投网络（AVPN）成立于2011年年底，其业务范围覆盖整个亚太地区，截至2016年年底，已有来自29个国家370多个公益创投组织加入。

公益创投的兴起及其在全球的扩展源自传统公益方式运行的诸多不足，即 Salamon（1987）所指出的“公益失灵”。由于传统慈善手段在支持社会事务方面难以取得令人满意的效果，很多成功的社会创业者开始采用商业创投的模式来处理社会事务，即像商业创投者一样对慈善事业的每个过程进行管理和监督，并追求最大化的社会影响力回报（Greenfeld，2000）。Porter 等人（1999）就提出，慈善基金会要改变将私人资金低效率投资于受捐助机构的被动角色，以创造更大的价值。Wagner（2002）也强调，将战略投资应用于非营利部门，以帮助它们从投资中获取社会回报。公益创投的兴起极大地促进了非营利部门的社会影响力的创造。

8.1.2 公益创投对社会创业的作用和意义

公益创投在推动社会创业方面具有重要的作用和意义：①公益创投的兴起与非营利组织面临的募资困难和对社会组织支持不足等发展困境有关，传统非营利组织已有的运作模式已经不能适应社会创业的新背景。社会创业到了一个新阶段，传统的救济慈善需要升级到产业慈善，以适应不断涌现的社会问题。由此，市场机制和企业家精神成为解决问题的新思路，这也就使得公益创投的发展对社会创业具有重要的促进作用。②在鼓励包容性发展和社会创业的国际背景下，公益创投被认为是更具市场化和专业化的促进社会创业的形式。相比社会企业家依靠自身力量创办社会企业、大企业投资创办社会企业和政府支持型社会创业，公益创投推动的社会创业形式强调项目筛选的科学性、投资的契约性以及退出的可持续性，不仅为社会企业发展提供紧缺资金，而且能有效提高社会企业的运营能力。③公益创投已被欧美证明是社会企业孵化的有效形式，尽管从国内实践看，目前公益创投运行并不理想。公益创投与各类中介组织共同构建的高效生态圈与全球社会企业部门的繁荣发展密切相关。

8.1.3 公益创投的定义

公益创投的定义，最早由美国慈善家约翰·洛克菲勒三世在1969年提出。他将公益创投定义为一种“采用风险手段投资于非主流社会事业的投资形式”（Bishop and Green，2008）。1984年，美国半岛社区基金会首次使用“venture philanthropy”表达商业创投和资助行为的结合。不久之后，REDF等机构也明确地将商业创投的一些方法和协助管理的商业模式应用到公益捐赠中（Emerson and Twersky，1996）。Lett等人（1997）发表了一篇影响深远的文章，奠定了公益创投的基准，他们挑战了传统公益基金的做法，提出传统公益基金应借鉴商业创投在投资中的做法。Pepin（2005）将公益创投定义为“企业家、商业创投者、信托基金或公司将人力资源和资金投资于慈善事业，并寻求投资的社会回报”。但是上述定义没有清晰识别公益创投的价值主张，使得公益创投的目标对象难以界定（Scarlata and Alemany，2010）。Pepin（2005）进一步明确了公益创投的主要目标对象就是社会企业。在Letts等人（1997）研究的基础上，Scarlata和Alemany（2011）提出了一个更加全面的公益创投定义，认为公益创投是一种针对具有潜在社会影响力的社会企业进行的投资，其中包括：投资前进行尽职调查；投资目标是获取最大化社会影响力；投资内容包括财务支持和非财务性增值服务。

随着实践的发展，公益创投的定义和内涵也在不断演化（Buckland et al.，2013）。但是，越来越多的学者意识到，已有公益创投的界定只是考虑了与传统公益融资的区别，忽视了其本质的资本属性。本书认为，任何新金融工具的出现都是金融分工和深化的产物，公益创投不仅是一种新型的投融资方式，更是一种从商业创投中分离出来的专门执行社会企业投资职能的独立资本形态，[⊖]它具有独立的资本人格化代表——公益创投家，执行着独立的组织化资本职能——社会企业初期阶段投资职能，有着独特的投资目的——获取投资收益和社会影响力。只有站在资本属性的角度来理解公益创投才可能完整理解其独特运行过程。此外，理解公益创投，也应该基于包容性金融体系的视角。作为包容性金融体系的重要组成部分，公益创投区别于社会天使、影响力投资等其他社会资本形态。在包容性金融体系中，社会天使、小额信贷等主要针对种子期社会目标组织，影响力投资、社会债券等主要针对成熟期社会目标组织，公益创投则主要针对初创期的社会企业。因此，本书将公益创投定义为一种借鉴商业创投方法，对初创期社会目标组织（主要是社会企业）进行投资孵化的包容性资本形态。

8.2 公益创投的特征与分类

8.2.1 公益创投的特征

公益创投和公益慈善业、商业创投紧密相关，但也形成了自身的特征（Battilana and Dorado，2010）。Letts等人（1997）首次从传统公益中区分出来公益创投，并且提出了公益创投相比于传统公益的五个特征：公益创投需考虑投资风险性；应具有明确的业绩目标和评价方式；与被投资者建立更加长期和深度的伙伴关系；能帮助被投资者获取持续投资；具有明确的退出战略。相似地，Hafenmayer（2013）提出，公益创投具有以社会企业为投资对象、进行尽职调查、量体化投资、长期投资、监督和业绩评价、优先社会回报等特

⊖ 创业资本运行过程也存在筹资、投资、退出的资本割裂问题，详见刘志阳，“创业资本运动机理：一个马克思主义视角”，《南开学报（哲学社会科学版）》，2005，3。

性。EVPA（2016）把公益创投看作各种投资主体以寻求社会收益为目的而投资在善举上的创业资本和人力资源。EVPA（2016）认为公益创投具有六大基本特征：

- 高度参与性（公益创投介入社会目标组织的运营）；
- 量体裁衣的融资安排（提供定制化的融资工具，包括可转换债券、混合工具等）；
- 长期资金支持（时间通常为 3～5 年甚至更长）；
- 非资金支持（提供包括战略规划、收入策略指导等非财务增值服务）；
- 组织能力建设（致力于组织的长期能力建设，以实现可持续经营）；
- 绩效评估（社会影响力的度量）。

8.2.2 公益创投的分类

公益创投综合采用整个金融工具谱（捐赠、股权、债务等）等方式以取得最大的社会影响力。图 8-1 所示的公益创投光谱（EVPA Specturm）体现了公益创投家与社会影响力投资者所采取的战略。它可以分为三类：①只有社会影响力战略，即预期产生正的社会影响力和负的财务回报；②社会影响力优先战略，即预期产生正的社会影响力，同时也产生正的财务回报；③财务回报优先战略，即预期以最大化财务回报为目标，社会影响力次之，这种类型不属于公益创投定义范围。因此，由于公益创投以最大化社会影响力为目标，可以将现有的公益创投划分为三组，即只求社会影响力、社会影响力优先兼顾财务回报，以及社会影响力与财务回报同等重要三种类型。

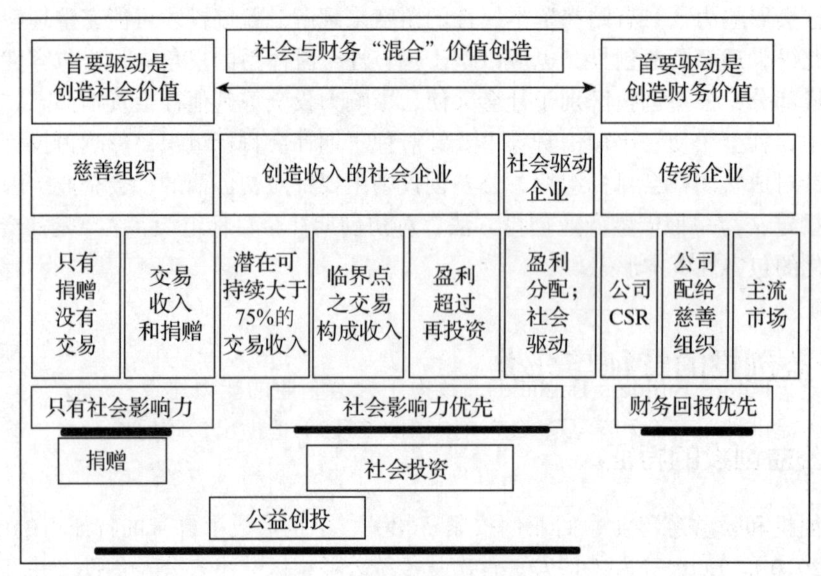

图 8-1 公益创投光谱

资料来源：根据 EVPA（2016）报告整理。

8.3 公益创投的运行机制及与商业创投的区别

商业创业投资运行一般经过筹资、投资和退出三个阶段（Gompers and Lerner，2001；Kaplan and Stromberg，2001）。同样，公益创投运行也依次经过这三个阶段（Scarlata and

Alemany，2010；Boiardi and Hehenberger，2015）。首先，公益创投以筹资者的身份出现在公益资本市场，获得公益创投资本；其次，公益创投以投资者的身份，对社会企业进行筛选和谨慎调查，选定社会企业作为投资对象进行投资，帮助社会企业生产出具有市场价值、能够解决特定社会问题的创新产品，公益创投依据投入资金享有社会企业的股权或债权；最后，公益创投作为卖方，再回到公益资本市场，在社会企业具有一定的可持续发展能力时，并且自身获得社会影响力的前提下，把社会企业的股权卖出去，并将投资收益留存作为下一个投资的资本。和商业创投一样，公益创投总是依次经过这三个阶段，并最终恢复到原来的起点，而后随着新基金的筹集，这一过程又开始了新的循环（见图 8-2）。

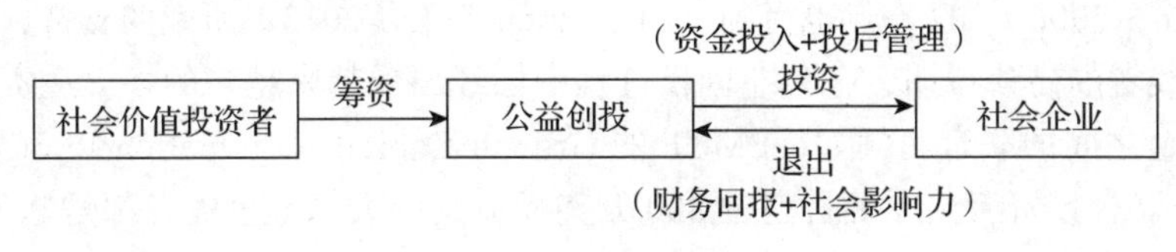

图 8-2　公益创投的运行机制

8.3.1　社会资本为主的筹资机制

公益创投发展的一个重大挑战就是如何增加投资资本的数量（Buckland et al.，2013）。Grenier（2006）将公益创投的筹资来源分为四种：富人、非营利组织、公司、政府部门或公共机构。Scarlata（2011）、刘志阳等人（2014）进一步补充了公益创投的筹资来源还包括私募股权机构和基金。总的来看，公益创投的筹资来源包括社会天使、非营利组织、公司、私募股权机构、基金和政府部门六类，其中政府部门、社会天使和各类基金占了主要部分（Boiardic and Gianoncelli，2016），并且，越发达的地区，筹资渠道越广泛（刘志阳等，2014）。Boiardic 和 Gianoncelli（2016）的报告显示，欧洲公益创投的资金来源中，除去回收的投资收益部分，各类基金（占比 27%）、政府部门（占比 24%）、社会天使（占比 18%）为筹资来源最主要的三个渠道。

具体而言，政府部门或公共机构是公益创投早期发展中主要的推动力（刘志阳等，2014）。政府部门或公共机构通常会先发起一个公益创投组织，然后与其他类型投资者合作推进（Bammi and Verma，2014）。例如，英国政府注资 1.25 亿英镑建立了英格兰未来建设者基金（Future Builders England），致力于社会企业的能力建设，为社会企业获得新技术和市场提供种子基金和学习基金。刘志阳（2015）也提出，政府要建立公益创投“母基金”，引导社会资金投入公益创投。Jing（2012）还提出，政府支持的公益创投项目可能是中国目前激励社会创新最有效的方式，并且这个效应还将持续。

随着公益创投模式的不断成熟，社会天使、私募股权及大公司等社会化筹资渠道开始扮演越来越重要的角色。社会天使对公益创投的建立具有不可低估的作用，它们主要是由已经通过商业创投等方式积累了一定的财富，具有投资背景的人群组成（Bammi and Verma，2014）。这类社会天使会拒绝传统的慈善方式，寻求基于市场原则、借鉴商业创投的新型慈善方式（Martin，2005）。私募股权资本的进入可以为公益创投机构带来商业创投中的工具和管理经验，帮助公益创投更好地利用商业创投的方法来促进社会企业的发展，并且出于回报社会和帮助社会企业发展的意图，私募股权越来越成为公益创投的主要资本来源（Bammi and Verma，2014）。基金参与公益创投主要是由于很多公益创投机构都是由各类基金设立来作为其用于公益投资或捐赠的主要子单位（Bammi and Verma，2014），但基金支持的公益创投有时也有其弊端（Larson，2002）。公司参与到公益创投机构中则主要是希望通过这一过程参与到慈善事业和社会企业建设当中去，公益创投也是公司进行社会投资的一种形式（Cooke，2010）。例如，联想集团在2007年建立了公益创投基金，旨在为具有社会创业意向的个人以及希望获得持续发展的社会企业提供能力建设和财务支持（Lenssen et al.，2017）。

事实上，大多数公益创投的资金通常来自上述不同来源资金的组合，为公益创投活动筹集更多的资金和分散风险（Hummels，2016）。多元化资本来源已经成为公益创投的重要特征（John，2006）。这一点也得到了Grossman等人（2013）研究的支持，他们通过对公益创投实践者的访谈得知，在公益创投过程中已经出现越来越多的多渠道资本，包括富人与传统基金之间的联合。例如，EMCF的Growth Capital Aggregation Pilot发布于2007年，由19位联合投资者共同筹资超过800万美元，其中大部分投资者都是非公益创投者。这种资金募集的趋势使得很多公益慈善家学会通过公益创投流程分配资金，而不需要自己亲自采用公益创投模式。公益创投实践者充当各种资金的协调者，负责将其他捐赠者召集到一起。

在进行筹资同时，公益创投还需要选择合适的组织运营形式。已有研究可以看出，目前主要存在合伙制和信托制两种类型的公益创投组织形式。在合伙制下，公益创投结成的合伙制组织直接对社会企业进行投资和提供投后服务（Eikenberry，2006），公益创投组织会高度涉入被投资社会组织的各个方面的经营管理，目的是提升社会组织的管理能力与绩效，如美国的GCF；在信托制下，公益创投者不参与直接投资，而是将资本和技能投入到公益信托基金中，通过公益信托基金投资社会企业（Defourny et al.，2007），这种形式在欧洲十分普遍，如英国的Impetus Trust就是第一只公益信托基金。

在筹资阶段，已有研究揭示了公益创投的不同筹资来源以及不同筹资渠道间的组合现象。但对公益创投基金来说，不同筹资渠道的资本效用是否一样？多渠道资本如何进行协调？不同筹资形式下的投资效果如何？这些问题还未得到解答。

8.3.2 双重使命驱动的投资机制

公益创投通过投资社会企业来获取回报（Scarlata et al.，2016）。由于社会企业的组织特性本质上是双元的（Austin et al.，2006；Certo and Miller，2008；Santos，2012），公益创投必然要在社会企业的社会目标和经济目标之间进行权衡（Zahra et al.，2009），即公益创投在选择投资对象时，需要同时追求社会目标和经济目标（Zahra et al.，2009）。因此，公益创投的对象往往是那些努力提供产品或服务来满足基本的、长期的社会需求的组织，如教育、健康或救助等领域的组织（Scarlata and Alemany，2010）。美国的公益创投机构Investors'Circle就致力于投资那些使用创新的、可持续的商业模式解决贫困问题的新创企业（Investors'Circle，2016）。

由于没有对社会企业定价的市场，在进行投资对象选择时，公益创投难以像传统商业创投那样运用多重的评价标准对社会企业进行评价（Scarlata and Alemany，2010）。但随着实践的发展，公益创投目前已经形成了一套投资决策准则来评价社会企业的潜在效力（Clark and Gaillard，2003），可以归纳为以下三类标准。

（1）解决特定社会问题。公益创投企业投资社会企业的首要目的是获取社会回报（Scarlata et al.，2016）。Miller 和 Wesley（2010）的研究也发现，影响公益创投机构投资决策的首要标准是社会企业的社会属性价值，并提出了从社会企业的社会使命、社会变革的企业家精神，以及创业者以社区为基础的社会网络三个方面来评价社会企业的社会属性价值。同样，Alemany 和 Scarlata（2010）指出，公益创投机构选择的目标社会企业必须能够通过有效和可持续的模式来提供高质量的服务和商品，以满足紧迫的、广泛存在的社会需求，以及社会企业必须具有实现社会变革的能力。Bammi 和 Verma（2014）则认为，公益创投会倾向于选择印度等新兴国家，因为这些国家往往存在较大的贫富差距等社会问题。

（2）具有一定商业价值。公益创投同时也是受经济回报驱动的（Metz and Hehenberger，2011）。Miller 和 Wesley（2010）指出，影响公益创投机构投资决策的另一标准是社会企业的商业属性价值，并提出了从企业创新能力、创业者的商业经验、收入能力或可持续性、社会创业者的受教育水平以及评价社会企业绩效的方法五个方面来评价社会企业的商业属性价值。Alemany 和 Scarlata（2010）也认为，公益创投选择的目标社会企业必须具备实现高绩效、应对挑战、有效地管理财务和建立品牌影响力的能力。

（3）可获得更大的社会影响力。公益创投的价值主张的基本假设是，被投资的社会企业能够创造和最大化社会影响力（Scarlata et al.，2017）。Grossman 等人（2013）将社会影响力规模作为投资决策的标准，认为只有那些具有能够产生“突破式社会创新”的创新模式，具有显著的、可持续的社会影响力潜力的企业，才会获得公益创投者的兴趣。

在确定投资对象后，公益创投总体上使用与商业创投类似的投资工具，但是公益创投包括一种特殊的工具——捐赠（Balbo et al.，2008）。因此，公益创投的投资工具可以分为捐赠、债权和股权投资三大类（Boiardi and Gianoncelli，2016）。具体而言，捐赠是公益创投最常用的金融工具，即以慈善为意图，不考虑利益回报的方式（John，2007；Boiardi and Gianoncelli，2016）。并且，公益创投者的道德损害感知越小，越多地会使用捐赠的投资方式（Scarlata et al.，2010）。然而，公益创投以捐赠作为主要投资方式的格局正在逐渐发生变化，Boiardi 和 Gianoncelli（2016）的报告显示，虽然目前捐赠仍是公益创投使用比例最高的工具，但有超过 50% 的公益创投组织开始使用股权等其他投资工具。John（2007）的研究也显示，股权正越来越多地成为公益创投的投资工具。对于股权方式的适用性，Kingston 和 Bolton（2004）提出，对那些债务融资不适合的社会企业来说，准股权是合适的融资工具。准股权工具允许投资者占有公司未来收益的一部分，以使投资者和被投资者共同承担风险和收益（Cheng，2008）。Pepin（2005）、Clark 和 Gaillard（2003）则认为，公益创投机构通常在社会企业发展的早期阶段通过股权方式进行投资。除了股权投资工具之外，债权正成为公益创投投资工具的另一首要选择（Bammi and Verma，2014）。此外，为了鼓励退出，一些公益创投机构还探索出了一些创新性的投资工具，如混合债权和贷款（只有被投资的社会企业达到一定的目标后才需要偿还）、挑战基金（通过预测，为被投资的社会企业精准匹配资金）、担保（提供担保来促使传统金融机构投资社会企业）等（Boiardi and Hehenberger，2015）。

公益创投在解决社会企业外部融资问题的同时，与传统商业创投一样，还为社会企业提供投后增值服务（Nicholls，2010；Boiardi and Gianoncellil，2016），因为公益创投与被投资的社会企业之间往往会建立起一种管家关系（John，2007），而这种管家角色会促使它们参与到被投资企业的成长过程中去，并会在必要的时候实施矫正措施，为社会企业提供管理支持（Scarlata and Alemany，2010）。Newman（2006）的案例研究也显示，投后增值服务是公益创投管家角色的重要内容。总的来看，公益创投为社会企业提供的投后增值服务主要包括战略咨询、公司治理、财务预算、运营管理和网络构建等（John，2007；Buckland et al.，2013），其中最重要的是战略咨询（Scarlata and Alemany，2010）。例如，Acumen Fund、REDF 和 Venture Philanthropy Partners 等公益创投机构在为社会企业提供财务资源的同时，也提供咨询以及组织间关系网络构建等支持。对于如何提供增值服务，John（2007）发现，公益创投机构通常是通过自身员工和董事会成员来为社会企业提供其所需要的多元化技能等支持服务。Grossman 等人（2013）则认为，公益创投提供的服务类型和程度可能随着组织管理需求和投资周期的变化而变化。例如，对于早期的组织，在人力资本和管理支持上投资更多，而成熟型企业则需要大型基础设施投资。

如何评价公益创投的投资绩效也是投资过程中的关键问题，Zahra 等人（2009）最早提出了一个综合性的评价框架，即将经济和社会绩效两方面的元素整合到一起来评价绩效。之后，Boiardi、Hehenberger（2015）和 Scarlata 等人（2016）也提出，公益创投组织要从经济回报和社会回报两个方面来对投资绩效进行评价，但 Boiardi 和 Hehenberger（2015）进一步指出，若使用的是捐赠工具，由于期望的财务回报是 -100%，所以投资绩效完全是通过评价社会影响力目标的实现程度来评价的；若使用债权工具，投资绩效的评价除了社会影响力评价外，还要看债务的清偿以及利息（如果有）的获取情况；若使用股权工具，投资绩效的评价包括股权出售价格、投资成本以及社会影响力获取三个方面。Scarlata 等人（2016）则提出，通过加总来得到总的投资绩效，其中经济绩效采用其投资企业中实现了财务可持续的企业数来衡量，社会绩效采用其投资的社会企业的社会创新水平来衡量。

在投资阶段，已有研究界定了公益创投的投资对象，描述了公益创投的投资工资，也指出了投后管理的重要性。但不同投资工具的适用情况及其效果如何，投资的契约价格如何确定等问题还不可知。已有研究还为公益创投处理投资关系以及投后管理提供了具体的方向和措施，过度参与到被投资社会企业，可能会面临退出困难的风险。因此，如何在扮演管家角色的同时有效执行退出策略，是公益创投当前面临的关键问题之一。

8.3.3 社会影响力导向的退出机制

公益创投的目标是要保证被投资企业的独立和财务可持续性，而非成为社会企业的依靠者（Reis and Clohesey，2003），并且公益创投需要将其有限的资源运用在能够获取最大影响力的地方。所以对公益创投来说，在合适的时机退出十分必要（Boiard iand Hehenberger，2015）。

对于退出时机的选择，通常认为在被投资企业实现独立和可持续发展后，公益创投会实施退出战略（Hero，2001），即当被投资的社会企业具备了进入下一阶段发展的能力，以及能够正确利用其他资本时，公益创投可以考虑退出（Alter et al.，2001）。更加具体地，Alemany 和 Scarlata（2010）给出了五条公益创投退出的先决条件：具备了好的领导者和管理者；具备了坚实的组织结构；能够在稳定的基础上实现短期目标；能够实现组织的社会使命，并能创造积极的社会价值；形成了未来明确的社会使命。社会企业具备上述条件时，说明其已经能够进一步获取新的资金，能够实现长期持续发展。Boiardi 和 Hehenberger（2015）进一步提出，公益创投组织的退出时机除了取决于被投资企业财务可持续性和组织完备性之外，更重要的还取决于社会影响力回报。对于如何评价社会影响力，EVPA 提出了影响力测量五步法，Acumen 基金提出了 BACO（Best Available Charitable Option）评价方法。Acumen 基金在衡量社会影响力方面的努力催生了全球影响力投资网络（GIIN）推出 IRIS（Impact Reporting & Investment Standards），让社会影响力的透明度和可信度向前迈进了一大步。之后，REFD 基金、EVPA 等机构又相继发布了 SROI（Social Return on Investment）等社会影响力衡量方法。总的来看，公益创投机构对社会企业的支持通常在2～6年，并且越来越多的公益创投组织趋向于长期支持（Boiardi and Gianoncelli，2016）。相比于传统商业创投，公益创投的退出机会更少（Miller and Wesley，2010）。

不同于商业创投有着明确的退出模式，公益创投的退出模式仍在探索中（Grossman et al.，2013）。目前，公益创投主要形成了四种退出模式：兼并或出售、IPO、管理层收购和清算（Boiardi and Hehenberger，2015）。由于退出意味着公益创投与社会企业财务关系的结束，公益创投退出模式的选择很大程度上又是由其最初选择的投资工具决定的（Hehenberger et al.，2016）。Hehenberger 等人（2016）的研究显示，债权工具下的退出模式一般是债务清偿，并且对公益创投者来说，这种退出模式往往难以执行，因为可能存在声誉风险，或者被投资企业无能力偿还，因此往往需要引入第三方。捐赠工具下的退出模式一般是，在捐赠期间结束后或时机成熟时停止捐赠，直接退出，而受助对象或独立工作，或寻求下一个投资者（Gray and Speir，2004）；股权工具下的退出模式与商业创投类似，即兼并或出售、股权出售、管理层收购以及非营利性 IPO，但是 IPO 模式目前仍然很少使用。针对 IPO 模式，Posner、West（2014）和刘志阳（2014）指出，会员制平台和社会企业交易所是实现社会企业股票交易的平台，以英国 2013 年建立的“社会股票交易所”为代表的会员制平台已经广泛存在，但是到目前为止，真正存在的社会企业交易所只有一家，即新加坡 2013 年发起的“影响力交易所”。此外，Gordon（2014）还从退出动机角度将公益创投退出模式分为积极退出和消极退出（在计划退出时机之前退出）两种，如果约定的契约没有被执行，公益创投会选择消极退出，公益创投会在被投资企业发展态势很好时选择积极退出，但是，如果被投资企业没有取得发展，公益创投有保留退出的权利。

公益创投退出对公益创投的正常运行极其重要，一个好的退出计划是成功进行投资的关键。不过，由于缺乏有时间约束的退出策略和有效的退出评价工具，只有少数的公益创投成功退出（Bammi and Verma，2014）。虽然已经存在 IRIS、SROI 等评价社会影响力的方法，但目前还没有形成一个统一的，能够完整有效地评价社会影响力的方法，这是公益创投的重要缺陷。Boiardi 和 Gianoncelli（2016）的报告显示，由于评估的困难，越来越多的公益创投组织开始放弃影响力评估。此外，关于获取大规模影响力的潜在路径，也需要进一步的研究。

8.3.4 公益创投与商业创投的运行机制比较

商业创业投资已经吸引了大量学者进行研究（Dimov and Milanov，2010；Hopp and Lukas，2014），公益创投作为融合商业创投方法的包容性资本形态，不可避免地与商业创投有着大致相似的运行机制，并且在投资过程中都重视对投资机会的评估，也越来越多地采用联合投资的方式，都会为被投资企业提供资本之外的增值服务；在退出过程中也都寻求投资回报。

然而，公益创投的双重使命的复杂特征也决定了其在整个运行机制中又与商业创投存在截然不同的特点（Mair and Hehenberger，2014），如表 8-1 所示。

表 8-1　公益创投与商业创投的运行机制比较

机　制		公益创投	商业创投
筹资	筹资来源	社会天使、机构投资者、基金、政府、私募基金等，其中政府和各类基金占比高	机构投资者、基金、银行、保险公司、政府、个人与家庭等，机构投资者和养老基金占主要地位
	组织形式	合伙制、信托制	合伙制、公司制、信托制
投资	筛选标准	以社会价值为首要目标，同时考虑经济目标，关注企业的产品或服务是否能够满足社会需求或解决社会问题	根据市场前景、预期收益率、企业家能力等经济指标对项目进行筛选
	投资工具	捐赠、股权、低息债权、夹层融资等，关键问题在于对社会回报与财务回报的权重配比，以及投资对象的现金流充足程度 量体裁衣，以满足投资对象需求为原则	股权、债权、优先股、可转债等，关键问题是投资的变现和投资风险防范，以及对创业企业的控制 以投资者偏好为原则
	投资规模	投资组合规模通常比较小，会选择把大量的资本和资源投入到少数的几个项目中去	高风险、高收益的投资组合策略，同时投资于多个项目，投资组合规模大
	投资关系	管家关系，深度的投资前和投资后的参与和互动关系	委托代理关系，投资后建立起高度的合作关系
	投后管理	深入投资对象的运营过程，大量运用外部力量，通过战略咨询、社会网络、组织建设等方式，协助投资对象达到社会价值最大化	为投资对象的运营提供意见，通过战略咨询、法律帮助、引进其他融资等方式，协助投资对象达到经济价值最大化
退出	绩效评价	利用 BACO、SROI、IRIS 和 EVPA 五步法等工具进行社会价值评估	资产评估法、权益评估法、贴现现金流量评估法等
	退出时机	被投资者实现自身可持续发展，并取得一定社会影响力时	自身财务回报最大时
	退出方式	出售股份、社会目标组织管理层回购、社会企业交易所 IPO 等，但 IPO 方式还很少	出售、并购、IPO 等，其中 IPO 是最常见的也是最为成功的方式
	收益分配	一般不存在收益分配问题，投资回报用于再投资	把投资收益分配给基金的投资者

资料来源：作者根据资料整理。

在筹资过程中存在不同特点：①筹资来源不同。相比于商业创投，公益创投的资本来源相对狭窄，并且其中政府和各类基金的占比高，而商业创投中机构投资者和个人占主要地位。②组织形式不同。与商业创投普遍采用合伙制、公司制、信托制三种组织形式不同，公益创投主要以合伙制和信托制为主。

在投资过程中存在不同特点：①筛选标准不同。商业创投家一般根据市场前景、预期收益率、企业家能力等经济指标对项目进行初步筛选（Kaplan and Stromberg，2001），而公益创投在项目选择时必须要以社会价值为首要目标，同时考虑经济目标，不仅要关注企业的市场前景、预期收益率和企业家能力等，更要关注企业的产品或服务是否能够满足社会需求或解决社会问题。②投资工具不同。相比于商业创投，公益创投采用的捐赠、担保

和债权等投资工具都是低息或无息的。并且，公益创投投资工具的选择主要建立在被投资者的有效需求之上，具有量体化特色，而商业创投的投资工具选择主要建立在投资者的偏好之上。例如，欧洲大多数的公益创投组织都是针对被投资者的需求来采用投资工具（Boiardi and Gianoncelli，2016）。③投资规模不同。公益创投的投资组合规模通常比较小，会选择把大量的资本和资源投入到少数的几个项目中去，这不同于商业创投通常采取高风险、高收益的投资组合策略，同时投资于多个项目，投资组合规模大。④投资关系不同。在对投资对象进行投资后，商业创投者通常会和被投资企业建立起高度的合作关系，而公益创投与社会企业间的关系通常表现为深度的投资前和投资后的参与和互动关系，并且这种关系会不断地迭代，这远远超出了商业创投中的合作关系，即使最终决定不进行投资，公益创投的双方也可以实现相互增值。⑤投后管理不同。商业创投面临委托代理关系，商业创投家是委托人，企业家是代理人，商业创投家面临着企业未来的不确定性、企业家的逆向选择问题以及企业家的道德危害问题（Amit and Muller，1990），而在公益创投中，管家理论起到了重要的作用，公益创投更倾向于使用不那么复杂的治理结构，而非在传统商业创投中用利益捆绑条例来约束保证自己的股份兑现。

在退出过程中存在不同特点：①绩效评价不同。在商业创投家对绩效的评价中，比较传统的方法包括资产评估法、权益评估法、贴现现金流量评估法等，而在社会企业中，由于不存在分配限制，这种估值过程并不适用。②退出时机不同。商业创投通常选择在自身财务回报最大时退出，而公益创投则是在被投资者实现自身可持续发展，并且取得一定社会影响力时退出。③退出方式不同。首次公开发行（IPO）是商业创投退出渠道中常见的也是最为成功的途径，公益创投虽然也可以采取出售股份、社会目标组织管理层回购等方式实现退出，但公益创投的退出方式仍然不清晰，还没有形成一致的最优退出方式。④收益分配不同。在退出投资之后，对有特定期限的商业创投基金来说，商业创投需要把投资收益分配给基金的投资者，而公益创投一般不存在收益分配问题，公益创投的投资回报一般用于再投资，以创造更多的社会价值。

8.4 我国公益创投发展面临的挑战及政策建议

8.4.1 我国公益创投发展面临的挑战

公益创投的概念进入中国公众视野已经有8年左右，但数量仍旧较少，目前仅有新公益伙伴、恩派、南都基金会、友成企业家扶贫基金会、岚山基金等。其中，岚山基金为国内首个重点关注社会企业的公益创投基金。相较于欧美公益创投的快速发展，中国公益创投行业仍然处于起步期。公益创投在我国发展受到体制机制、制度环境和回报率的影响，以及各方参与主体经验能力的限制，主要面临以下挑战。

（1）市场化运行机制的缺失制约了民间公益创投的参与热情。真正市场化运行的公益创投，在项目筛选中往往会强调社会创业的可持续发展，在项目投资中通常会结合股权、债权或可转换优先股等多种投资工具，在项目退出中往往具有清晰完善的退出计划。在实践中，我国社会创业由于尚未建立以价值为基础的合理收益分配方式和相应的退出机制，导致民间公益创投活力不足，社会创业往往在用完捐赠后就出现资金短缺的情况。

（2）政府、企业、社会组织的新型公益伙伴关系的缺乏影响了公益创投的依法自治和自我发展。多数地方政府在进行公益创投时一般是委托社会组织或与社会组织共同开展，但行政主导依然过强。并且，政府参与公益创投的资金主要来源于各级民政部门的福利彩票公益金，而福利彩票公益金使用的相关规定导致公益创投的资金投向、使用范围、使用方式严格受限，这种闭锁性使得政府必须把公益创投纳入自己的掌控范围，对公益创投自我发展无疑具有较大障碍。

（3）公益创投自身经验不足、人员素质不高限制了社会企业核心能力的提升。公益创投对社会企业的支持除了资金注入外，更为重要的应该是在战略规划、公司治理、人力资源管理、项目管理、财务管理、志愿者管理、信息技术等方面全方位的辅导。上述辅导作用既受到现实中公益创投合同的约束，也离不开公益创投团队的实际执行。我国公益创投由于自身发展历史不长、人员素质不高，在实践中很难对社会企业发展给予有效的监督和管理支持。

8.4.2 我国公益创投发展的对策建议

1. 完善公益创投市场化运行机制

（1）从项目筛选看，公益创投应该强化市场细分。市场细分，一方面能够优化资源配置形成核心竞争能力，另一方面也可打破公益创投彼此竞争的局面，进一步提高投资收益率。同时，也将对未来社会企业的社会价值评估产生巨大帮助。

（2）从投资过程看，公益创投要完善多种投资方式，建立以价值为基础的估值机制和收益分配方式。应该改变现有主要以捐赠为主的投资方式，在法律允许的范围内引进债权、股权和可转换优先股等方式。上述金融工具替代选择，不仅可以解决已有捐赠方式所导致的缺乏资金回报和不可持续问题，还可以对投资对象实现更高效的监督激励。要改变以往社会企业盈利不分配的做法，公益创投估值可以结合社会投资回报（SROI）方法和平衡计分卡方法，综合考虑财务价值和社会价值，也要根据社会企业的生命周期予以准确估值，允许社会投资者在法律范围内按照股权参与社会企业的收益分配。

（3）从基金退出看，要探索建立社会企业交易所，鼓励社会企业之间的并购。传统基金会由于捐赠性质，根本不存在退出方式的考虑。公益创投为了自身可持续发展必须考虑退出方式。借鉴欧洲公益创投经验，可以采取社会企业交易所IPO、股权出售和管理层回购等方式实现退出。英国、德国、南非、葡萄牙、新加坡等国分别成立或开始筹备社会企业交易所，形成了基于市场机制进行社会企业股权交换的场所。随着我国公益创投和社会企业的兴起，我国也迫切需要成立专门的社会企业交易所，为公益创投退出提供有效渠道。

2. 创新政府、社会组织和企业的新型公益伙伴关系

在新型公益伙伴关系中，社会组织最终应该扮演主体角色，政府要起到引导作用，企业要起到参谋和补充作用，三者缺一不可。

（1）政府要建立公益创投“母基金”，引导社会资金投入公益创投。母基金的角色不仅可以大力引导社会基金注入创投事业，而且还可以避免传统慈善基金和政府主导所面临的管理无效等缺点。英国政府注资1.25亿英镑建立了英格兰未来建设者基金（Future Builders England），致力于社会企业的能力建设，为社会企业获得新技术和市场提供种子基金和学习基金。我国为发展科技创投也曾经建设了引导基金。当前，可仿照《科技型中小企业创业投资引导基金管理暂行办法》，建立公益创投母基金给予四种支持方式（阶段参股、跟随投资、风险补助、投资保障），母基金对投资价值较大但投资风险也很大的社会企业先期予以资助，后期再由公益创投对这些社会企业进行股权投资。

（2）政府要降低法律注册门槛，支持公益创投的设立。当前，制约我国公益创投发展的主要法律法规是《民办非企业单位登记管理暂行条例》。"民办非企业"的规定对公益创投发展产生了明显的阻碍作用，尤其是出资人不享有任何财产权利、不能分红、缺乏银行贷款资格、不得免税、不准设立分支机构的"五不"政策，阻碍了民间资本参与公益创投的动力，上述限制性条款需要得到逐步改进。

（3）政府要综合运用政策优惠手段，鼓励更多的创投基金、慈善基金转型为公益创投。

（4）公益创投要重视与慈善基金、商业创投的联合投资。通过慈善基金和商业创投的联合投资，不仅有利于扩大公益创投的基金规模，而且能够在项目筛选上节约成本和精力，并且有利于为社会企业提供高效的增值服务。

3. 加强社会创业教育，促进社会创业生态系统的构建

（1）提高公益创投人员的素质。当前社会企业缺乏专业管理人才的现状，对中国公益创投的人力资源专业化提出了更为迫切的要求。借鉴欧洲公益创投的发展经验，公益创投组建时，应恰当安排内部与外部工作人员配比，可借鉴期权、股份等方式吸引更高素质的人员加入，分流部分不合格人员，以形成专业化的管理团队。

（2）健全社会企业的孵化机制。中国多数社会企业成立时间短暂，缺乏一定社会网络支持和专业化运作经验，因而迫切需要公益创投给予全方位帮助。在社会企业成立初期，最重要的支持是帮助其获得更多资金，接触更多的融资渠道，达成一定的投资意向；在社会企业发展过程中，公益创投的孵化功能要逐步从资金提供者的角色转向帮助社会企业完善企业治理结构，建立有效的激励约束机制；在社会企业发展后期，公益创投的孵化功能体现在帮助社会企业建立可持续经营和规模化的能力上。上述孵化功能的实现，需要公益创投整合各方平台资源，也有赖于自身专业素质的提高。

本章小结

- 作为包容性金融体系的重要组成部分，公益创投区别于社会天使、影响力投资等其他社会资本形态。公益创投定义为一种借鉴商业创投的方法，对初创期社会目标组织（主要是社会企业）进行投资孵化，通过社会目标组织的成功间接为社会创造价值。
- 公益创投具有高度参与性、量体裁衣的融资安排、组织能力建设等特征。
- 公益创投的运行机制包括独特的筹资、投资和退出机制。
- 公益创投在我国发展面临着一些挑战，需要建立相应的支持体系。

复习思考题

1. 公益创投有几种类别？
2. 阐述公益创投的运行机制。
3. 公益创投如何在我国实现良好地发展？

讨论案例

恩派公益组织发展中心

一、恩派公益组织发展中心的成立

恩派公益组织发展中心（NPI，以下简称“恩派”）成立于2006年，是中国领先的支持性公益组织，业务遍及全国40多个城市，是民政部评定的“5A级社会组织”和“全国优秀社会组织”，致力于公益孵化、能力建设、社区服务、政购评估、社会企业投资、社创空间运营等领域，合作伙伴遍及各级政府、基金会和全球500强企业。秉承“助力社会创新，培育公益人才”的使命，恩派首创的“公益孵化器”模式成为社会建设领域的重要制度创新，迄今已孵化超过600家社会组织及社会企业，其他各项业务资助及支持了超过3 000家公益机构，培训公益人才数万人，涵盖养老、教育、环保、青少年发展、扶贫、助残、社区服务、社会工作等诸多领域。恩派扶植的多家机构，如“新途”“手牵手”“青翼”“歌路营”“乐龄”“百特教育”“瓷娃娃”“雷励”“爱有戏”“益众”“十方缘”“绿主妇”“益宝”“翠竹园”“益修”等，已成中国公益领域的知名品牌。

恩派发起了“屋里厢”“联劝”“明善道”“724”“里仁”“安逸舍”“益博云天”“知行”等20余家社会服务机构、基金会和社会企业，在全国范围内托管运营及技术支持约40个社会创新服务园区，承担运营约8万平方米的社区公共空间。除了公益孵化器之外，恩派及其发起机构率先在国内实施了公益创投、政府购买服务招投标平台、联合劝募平台、公益行业交流展示会、社会影响力投资平台、企业社会责任（CSR）咨询、社区综合发展、社会创新智库等一系列具有重要示范意义的创新探索。恩派在全国设立有40多个办事处及项目点，全职员工近300名，服务网络辐射全国。

二、恩派公益创投的模式

1.“高参与度捐赠”模式

作为一个公益支持性组织集合体，恩派从注册的第一个机构——上海浦东非营利组织发展中心开始，就以“助力社会创新，培育公益人才”为己任，旨在为初创期和中小型民间公益组织提供切实的支持。

在恩派成立的早期，为了给草根组织筹资，恩派借鉴了国际上的各类创投模式，用公益创投大赛的方式让企业以项目为载体资助公益组织发展。比如‘联想公益创投’，由联想集团出资千万元，用公益创投的方式去资助草根组织的发展。这样不仅可以激励真正投身解决社会问题的公益团体，而且经过量化指标测算，公益创投在提升企业品牌内涵层面的贡献远超出等量广告费投入的效果。从2007年起，恩派的这种“公益创投大赛”的方式得到了各界的广泛认同，除了最早的联想，之后又与康师傅、英特尔、淡水河谷、帝亚吉欧、招商局等企业合作，托管的公益创投资金超过5 000万元，资助的公益项目近300个。为数千家民间机构提供成长支持服务，培训公益人才过万人，为公益机构筹集超过3亿元的运作资金，涵盖扶贫、教育、环保、青少年发展、助残、社区服务、社会工作等诸多领域。

恩派前些年所开展的公益创投的做法更像是高参与度的捐赠或公益招投标，就是以扶持为主不求回报。但是，公益创投应该呈现新的动向，从传统的输血式公益向营造公益造血机能进行有益探索。

第一是和企业合作的模式。在与企业的合作过程中，恩派有自己的一套指标体系。事实上，一家公益组织要真正成为公益创投的资助对象，需经过项目的筛选及评审、核定投资方案、资助方决议、签订资助协议、项目跟踪管理、成果展示等流程。除了给予资金支持之外，恩派需要用自己所掌握的资源帮助资助对象发展壮大，为投资对象梳理业务的同时，要帮它们在财务规范、团队管理的制度和流程优化，项目设计、能力建设、市场开发、计划完成度、阶段性评估、成果展示等方面基于“陪伴式”服务。

第二是和政府合作的模式。自2008年公益创投的做法较为成功之后，恩派将其推荐给了上海市民政局。上海民政局拿出了千万元量级的资金在2009年发起“上海社区公益创投大赛”，自此开创了民间公益组织同政府合作推动政府资金资助社会服务型机构的模式。之后，恩派又和苏州市、东莞市、深圳市、北京市等地方政府合作，同全国各地有意发展社会组织的相关部门一起掀起政府资助公益组织发展、购买社会组织服务的潮流。

无论是企业创投还是政府创投，大部分选用的都是公益创投大赛的方式。此外，还有一些公开招募或招标，分别依据资助方向，用专业指标体系测评的方式优选出被资助机构。“不管是企业还是政府，都希望资助到的是能够明确看到潜力、具有参与市场竞争的能力、社会效应更易被验证的机构解决方案，特别是已经具备一定品牌效应的公益项目或机构。”恩派公益组织发展中心副主任王维娜表示。

2. 恩派公益创投的第三种模式

早期的恩派通过与企业及政府的合作模式开展公益创投，然而，资助对象中不乏存在一些不能够明确看到潜力且不具有市场竞争能力的草根机构是企业和政府支持以外的。为了资助这类草根组织，恩派于2015年成立了非公募基金会——恩派基金会，旨在支持恩派体系创新并扶植国内的初创期社会创新型组织。

同时，考虑到处于成长期机构的资金需求，基金会下设了一个基金，该基金在推动一个公益创投计划，以社会投资的机制推动有潜力的社会企业实现快速发展。该基金为“恩派公益创投基金”，引入社会影响力投资，包括LGT影响力投资，以及其他几家投资方共同组建资金池，用恩派多年所积累的标准，资助一些真正有潜力、有价值、将来可能参与到社会问题解决、参与到市场竞争的社会型企业。这种模式便是恩派公益创投的第三种模式。

恩派计划尝试借鉴商业领域的投资视角，以参股的方式获得投资回报并回馈到基金中，使得机构形成造血机能之后保障基金本身得到可持续发展。不过该基金2015年刚成立，还处在一个探索阶段，仍需要长期打磨。

三、恩派的多元化发展

根据资源依赖理论（resource dependency theory），组织在生存中为了避免对环境中其他组织资源的依赖，可以选择两条途径：一是尽量将对其他组织的资源依赖最小化；二是尽量把其他组织对自身的依赖最大化。

恩派通过寻求多元化资源而逐步减少对浦东新区政府的依赖。这种多元化既包括寻求浦东新区之外的政府资源，也包括寻求政府之外的其他社会资源。

（1）将业务扩展到浦东新区之外的整个上海。除公益孵化器外，起初恩派的主要项目来自浦东新区政府。例如，2007年承担浦东新区财政局“政府向民间组织购买服务流程规范”研究课题；2008年，委托管理浦东三林世博家园市民中心等；2009年，恩派将业务拓展到整个上海市，承办上海市民政局委托的首届“上海社区公益创投大赛”；2010年，托管“上海社会创新孵化园”；2011年，托管“上海市闵行区社会组织孵化园”等。

（2）立足上海辐射全国。从2008年开始，恩派分别在成都、北京、深圳、南京、苏州、珠海等地成立办事处。2009年，设计承办“公益项目北京交流展示会”；2010年，与成都高新区合作推动青年公寓社区服务中心建设；2011年，承办首届东莞市、苏州市公益创投大赛；2012年，托管南京市雨花台区区社会组织孵化中心，协办“中国公益慈善项目交流展示会”等。

（3）寻求政府之外的资源。恩派从不拒绝把企业资源引导到公益领域的各种尝试，从成立伊始便注意资源获取的多样性。这些资源有国内的、国际的，也有企业的、公益慈善组织的，合作伙伴包括南都公益基金会、陈一心家族基金会、上海市慈善基金会、上海市浦东新区老年基金会、联想集团、万科集团、安佰深公司、英特尔、诺基亚、SAP公司、世界银行、香港社区伙伴、香港乐施会、英国全国社会创业支持网络、英国大使馆文化处、JICA日本国际协力机构等。合作项目包括2007年协助世界银行推动“中国发展市场”项目，2009

年与诺基亚启动“阳光生活社区重建项目”，2010年与友成基金会举办首届“新公益嘉年华”项目，2013年与汇丰银行启动中国社区建设计划等。

从资金来源看，恩派发展几年之后，很快就实现了收入的多元化，除了政府购买项目收入之外，还有企业和基金会捐赠和项目服务收入，政府资金仅占其全部收入的30%。以2010年为例，捐赠收入占全部收入的84%，而政府补助及提供服务收入则分别仅占12%和4%。可见那时恩派对政府特别是浦东新区政府的依赖程度已大大降低。

四、恩派与政府之间的资源互补性

恩派通过不断服务创新提升自身的能力来强化与政府之间的资源互补性。

恩派的迅速发展源自其强大的创新能力。2006年，它在国内首创“公益孵化器”模式，被认为是近年来社会建设领域的重要制度创新，很快在北京、深圳等地得到推广。随后，恩派率先在国内实施了公益创投、政府购买服务招投标平台、联合劝募、公益行业交流展示会、企业CSR咨询、社区综合发展等专业性的业务模块，在业界产生重要示范效应。多年来，恩派还在社会组织能力建设与绩效评估、社区公共空间托管、社会影响力投资、社会创业媒体平台等诸多领域深耕细作，积累了丰富的理论和实践经验。如今，恩派已经成为国内支持型社会组织中的知名品牌。

事实上，在浦东新区政府和恩派的合作初期，政府对于初出茅庐的恩派信任有加，但依赖有限。政府并不十分清楚恩派能带来什么，恩派也的确没有足够的资源，因而当时双方的合作带有尝试性质。2006年，恩派被允许登记注册后，直至2007年才正式承接两个政府购买服务项目，一个是浦东新区民政局的公益组织孵化器托管，另一个是浦东新区财政局有关政府购买服务问题的课题研究。随着恩派的各种创新服务项目渐次落地，其培育和支持社会组织方面的强大能力才逐步提高和显现出来，双方的合作才不断深入，合作领域也不断拓展。2008年，恩派受托管理浦东三林世博家园市民中心，同年恩派迁入由新区政府免费提供的社会组织服务大楼，并在浦东新区发起注册“上海屋里厢社区服务中心”，探索社会组织托管政府社区服务中心新模式。目前，浦东新区所属的24个乡镇、12个街道已全部成为屋里厢社区服务中心的合作伙伴，浦东新区政府对恩派的倚重从中可见一斑。

显然，随着自身的不断成长壮大，恩派与浦东新区政府间最初的依附关系发生了改变，加之双方合作的竞争程度不断提高，两者之间的关系就开始从管家关系朝着伙伴关系转变。正像吕朝所说：“恩派通过坚持作为一个本土NPO支持性组织的‘主体意识’，得到了更多的机会和尊重。”

五、创投行为本身并不存在100%的成功率

恩派在公益创投方面经过多年的努力，像新途、手牵手、青翼、WABC、歌路营、乐龄、百特教育、瓷娃娃、雷励中国、爱有戏、益众、十方缘、绿主妇等机构已经成为中国公益领域的知名品牌。有些机构甚至在国际上都具有一定的影响力，以致联合国的有些项目都在向它们抛橄榄枝。

但是，创投行为本身并不存在100%的成功率。一般情况下，委托恩派运营的政府创投及企业创投的周期为12～18个月，经过这个周期，机构都会发生根本性变化，这其中不乏一些不成功的案例。这里面有几个因素会为创投行为带来不确定性：一是创业者对自身及外界压力的承受能力；二是创业过程中不可抗风险；三是机构的业务未经市场验证，对需求的预判失当。因此，恩派只能通过多年的实践不断总结出未来创投操作规避这些风险的方式和手段，将这些风险降到最低。

六、公益创投为行业带来的影响

首先，恩派改变了企业投入公益慈善的方式。和联想的持续合作，发掘出大批的年轻社会创业者。以往的企业选择公益的方式大多类似希望工程、大灾大难捐款等，而这种资助草根组织的行为是从大规模做公益创投开始的。

其次，恩派还跟电视台合作，如上海东

方卫视、旅游卫视、中央电视台等，一方面挖掘出了很多好的项目及组织，更重要的是在行业内起到了很好的传播及倡导的作用。

最后，恩派和上海民政局的合作开辟了政府购买草根组织服务的先河，此后，财政部委托民政部投了2亿元来做全国范围内的政府购买服务，如今政府购买服务已在全国各地蔚然成风。

讨论题：

1. 恩派公益组织发展中心的公益创投模式是怎样的？
2. 请从资源依赖的视角分析恩派公益组织发展中心如何实现资源的多元化。
3. 如何降低公益创投失败的风险，提高公益创投的成功率？
4. 从公益创投的角度看，恩派公益组织发展中心对我国发展公益创投的启示是什么？

文献研读

Deal Structuring in Philanthropic Venture Capital Investments: Financing Instrument，Valuation and Covenants

【文献摘要】Article Summary: Philanthropic venture capital (PhVC) is a financing option available for social enterprises that, like traditional venture capital, provides capital and value added services to portfolio organizations. Differently from venture capital，PhVC has an ethical dimension as it aims at maximizing the social return on the investment. This article examines the deal structuring phase of PhVC investments in terms of instrument used (from equity to grant), valuation, and covenants included in the contractual agreement. By content analyzing a set of semi-structured interviews and thereafter surveying the entire population of PhVC funds that are active in Europe and in the United States, findings indicate that the non-distribution constraint holding for non-profit social enterprises is an effective tool to align the interests of both investor and investee. This makes the investor behaving as a steward rather than as a principal. Conversely, while backing non-profit social ventures, philanthropic venture capitalists structure their deal similarly as traditional venture capital, as the absence of the non-distribution constraint makes such investments subject to moral hazard risk both in terms of perks and stealing and social impact focus.

【文献评述】本篇文献为第一个分析介绍了公益创投投资交易结构阶段的文章。文献分析了从所使用的融资工具（从股权到捐赠）、估值和合同中所包含的契约来评估公益创投的交易结构阶段。通过分析一系列访谈，然后调查在欧洲和美国活跃的公益创投的全部人员，结果表明非营利性社会企业的非分配约束，即非营利组织不能把获得的净收入分配给对该组织实施控制的个人，包括组织成员、管理人员等，这种方式是调整投资者和被投资者利益的有效工具，使得投资者作为一个管理者而不只是一个委托人。文献以不对称信息框架为基础，旨在理解公益创投公司的融资行为，同时界定融资条件。

（1）公益创投者对道德风险的认识越低，运用捐赠融资的频率就越高。公益创投纠正了在商业决策中将利润最大化放在优先位置的做法。这与传统的风险投资观点形成鲜明对比，公益创投的重点在于投资者的保护，而不是投资者的有效需求。前人的调查显示，频繁使用捐款的融资方式可能存在于营利性社会企业（存在非分配约束），也可能存在于营利性社会企业（不存在非分配约束），这可能是显示其道德风险低的一个指标。理由是，因为公益创投的投资者知道这些赠款可能是涉及代理问题的捐赠，如果还使用这些捐款，那么这些公益创投者并不关心他所支持的社会企业可能存

在机会主义行为。

（2）公益创投者拥有的管理权越高，估价模型的使用越少。管理理论是以服务为中心，而不是以控制为中心，首先是从愿意为一个比自己体量大的集体负责的意愿开始。这也表明，这种情况下的公益创投管理者在他们的利益与其所支持的社会企业的利益一致时，做出的决定才更有效。如果公益创投者掌握管理权，那么可以推测他们使用管理相关的会计信息比与估价相关的会计信息更多，这意味着公益创投者往往具有特定需求的估值，而不是企业估值。

（3）公益创投者对道德风险的看法越低，使用约束性合约的规定就越少。由于较低的道德风险认知，也可能是这样一种情况，即公益创投者偏好较少使用捆绑条款的治理结构，而不是以像风险投资的方式那样来激励支持的企业家在公司中表现良好并留在公司。此外，风险投资家还试图尽量减少创业者出售公司的意愿，以此最大限度地降低公司的价值，从而最大限度地降低风险投资（重新谈判）的价值。管理机制的出现是为了保护交易各方免受不可预见的事件或机会主义行为的影响，这些行为可能对经济福利产生不利影响。机会主义行为的风险与使用约束性治理结构之间存在正相关关系。

（4）公益创投者对道德风险的认识越低，重新谈判条款的使用越少。在一个动态的道德风险背景下，重新谈判条款，即反稀释保护，可以确保合同方通过约束重新谈判来对企业进行有效的事前投资。反稀释的作用是抵消更加便宜股份的摊薄效应，在没有这个条款的情况下，为了实现当事人权益的改变，可能会扭曲当事人在公司收益的份额，从而扭曲他们的事前投资。

（5）公益创投者的管理水平越高，信任相比正式合同条款的重要性就越高。这里提出的讨论可能表明管理理论而不是道德风险更能够解释公益创投者的交易结构行为。学者认为，如果授权者之间存在利益分歧，则可以应用代理理论。尽管代理理论似乎能够解释风险投资家与企业家之间的关系，但代理理论似乎不能很好地解释公益创投者与社会企业之间的关系。因此，由于在管理理论中，委托使管理者能够为组织的最大利益行事的这种约束关系，是建立在信任机制的基础之上，因此管理者可以做出使组织的长期回报最大化的选择。事实上，严格控制管理者会显著地使其失去动力，这对管理者和组织会起反作用。

文献发现：首先，最重要的是，非营利性社会企业的非分配约束是调整投资者和被投资者利益的有效工具。事实上，公益创投公司往往不太经常正式监督它们所资助的社会企业，它们往往更重视相互之间的信任，而不是正式的控制手段。本章分析的数据表明，如果一个公益创投者和支持的社会企业之间的利益趋同，当公益创投所支持的组织是非营利组织时，管理者能够更好地描述公益创投投资的交易结构阶段。

其次，道德风险确实是一个相关的问题，营利性社会企业融资不适用于非分配约束，更类似于传统的创业型企业，相比而言公益创投更像是传统的风险投资。一方面，营利性的社会企业家可能会追求福利—偷窃策略。另一方面，他们可能把注意力集中在追求利益最大化而不是社会影响最大化上。同样，数据显示，与管理相关的会计信息比正式的会计估值使用得更多，因为公益创投者们大量使用传统的估值方法来估计在信任它们时的价值。信任是必不可少的，同时重视社会企业的需求，因为没有一个市场可以对社会组织进行定价，因此没有可比性的东西可以像传统的风险投资那样应用多种估值。结果表明，代理理论的主导可以减少分析私募股权的多样性和深度的范围。

【文献出处】Scarlata M, Alemany L. Deal structuring in philanthropic venture capital investments: Financing instrument, valuation and covenants. Journal of Business Ethics 95.2, (2010): 121-145.

本章作者

刘志阳，上海财经大学教授，经济学博士。主要研究方向包括风险投资、创业创新管理、社会创业、新兴产业发展等，主要讲授“社会创业”“创业学”“风险投资”等课程。

本章撰写：刘志阳、王陆峰（上海财经大学企业管理博士研究生）、刘姿含（上海财经大学企业管理博士研究生）。

本章文献评述：刘志阳。

注：在本章撰写过程中，李斌（上海财经大学企业管理博士研究生）提供了宝贵资料。

参考文献

[1] 王闻 . 为何需要富豪慈善家，厉以宁“第三次分配”解读 [DB/OL].（2004-03-30）[2007-10-01] http:// finance. sina. com. cn/ crz/20040330/ 1934694347. shtml.

[2] Bitektine A. Toward a theory of social judgments of organizations: The case of legitimacy, reputation, and status[J]. Academy of Management Review, 2011, 36（1）: 151-179.

[3] Burdge R J, Vanclay F. Social impact assessment: a contribution to the state of the art series[J]. Impact Assessment, 1996, 14（1）: 59-86.

[4] Chell E.Social enterprise and entrepreneurship: towards a convergent theory of the entrepreneurial process[J]. International small business journal, 2007, 25（1）: 5-26.

[5] Cummins R A. The domains of life satisfaction: An attempt to order chaos[J]. Social indicators research, 1996, 38（3）: 303-328.

[6] Diochon M, Anderson A R. Social enterprise and effectiveness: a process typology[J]. Social Enterprise Journal, 2009, 5（1）: 7-29.

[7] Erdogan B, Bauer T N, Truxillo D M, Mansfield L R. Whistle while you work: A review of the life satisfaction literature[J]. Journal of Management, 2012, 38（4）: 1038-1083.

[8] Forbes D P. Measuring the unmeasurable: Empirical studies of nonprofit organization effectiveness from 1977 to 1997[J]. Nonprofit and voluntary sector quarterly, 1998, 27（2）: 183-202.

[9] Layard R. Measuring subjective well-being[J]. Science, 2010, 327（5965）: 534-535.

[10] Suldo S M, Savage J A, Mercer S H. Increasing middle school students' life satisfaction: Efficacy of a positive psychology group intervention[J]. Journal of happiness studies, 2014, 15（1）: 19-42.

[11] Afrin S, Islam N, Ahmed S U. Micro credit and rural women entrepreneurship Development in Bangladesh: A multivariate Model. 2010.

[12] Austin J, Stevenson H, Wei-Skillern J. Social and commercial entrepreneurship: same, different, or both? [J]. Entrepreneurship theory and practice, 2006, 30（1）: 1-22.

[13] Barney J B, Busenitz L, Fiet J O, Moesel D. The Structure of Venture Capital Governance: An Organizational Economic Analysis of Relations Between Venture Capital Firms and New Ventures[J]. Academy of Management, 1989（1）: 64-68.

[14] Binder M. Subjective well-being capabilities: Bridging the gap between the capability approach and subjective well-being research[J]. Journal of Happiness Studies, 2014, 15（5）: 1197-1217.

[15] Bottazzi L, Da Rin M, Hellmann T. Who are the active investors?: Evidence from venture capital[J]. Journal of Financial Economics, 2008, 89（3）: 488-512.

[16] Certo S T, Miller T. Social entrepreneurship: Key issues and concepts[J]. Business horizons, 2008, 51（4）,267-271.

[17] Chan Y S, Siegel D, Thakor A V. Learning, corporate control and performance requirements in venture capital contracts[J]. International Economic Review, 1990: 365-381.

[18] Colombo M G, Grilli L. Founders' human capital and the growth of new technology-based firms: A competence-based view[J]. Research policy, 2005, 34（6）: 795-816.

[19] Dacin P A, Dacin M T, Matear M. Social entrepreneurship: Why we don't need a new theory and how we move forward from here[J]. The academy of management perspectives, 2010, 24（3）: 37-57.

[20] Gompers P, Lerner J. The venture capital revolution[J]. Journal of economic perspectives, 2001, 15（2）: 145-168.

[21] Grossman A, Appleby S, Reimers C. Venture Philanthropy: Its evolution and its future[J]. Harvard Business School, 2013（9）: 1-25.

[22] Grossman S J, Hart O D. The costs and benefits of ownership: A theory of vertical and lateral integration[J]. Journal of political economy, 1986, 94（4）: 691-719.

[23] Hansmann H B. The role of nonprofit enterprise[J]. The Yale law journal, 1980, 89（5）: 835-901.

[24] Havens J J, Schervish P G. Why the $41 trillion wealth transfer estimate is still valid: A review of challenges and questions[J]. The Journal. 2003.

[25] Hehenberger L, Harling A M. European venture philanthropy and social investment 2011/2012[C]. European Venture Philanthropy Association, Brussels, 2013.

[26] John R. Venture philanthropy: The evolution of high engagement philanthropy in Europe. 2006.

[27] Kaplan S N, Stromberg P. Venture capitals as principals: contracting, screening, and monitoring[J]. American Economic Review, 2001, 91（2）: 426-430.

[28] Lawrence S, Mukai R. Foundation growth and giving estimates[M]. Foundation Center: New York, NY, USA, 2012 .

[29] Letts C W, Ryan W, Grossman A. Virtuous capital: What foundations can learn from venture capitalists[J]. Harvard business review, 1997（75）: 36-50.

[30] MacIntoch J G. Legal and Institutional Barriers to financing Innovative Entreprise in Canada（1994）(No. 94-10）.

[31] Miller T L, Wesley I I, Curtis L. Assessing mission and resources for social change: An organizational identity perspective on social venture capitalists' decision criteria[J]. Entrepreneurship Theory and Practice, 2010, 34（4）: 705-733.

[32] Moss T W, Short J C, Payne G T, Lumpkin G T. Dual identities in social ventures: An exploratory study[J]. Entrepreneurship theory and practice,2011, 35（4）: 805-830.

[33] Nicholls A. 'We do good things, don't we?': 'Blended Value Accounting' in social entrepreneurship[J]. Accounting, organizations and society, 2009, 34（6-7）: 755-769.

[34] Pepin J. Venture capitalists and entrepreneurs become venture philanthropists[J]. International Journal of Nonprofit and Voluntary Sector Marketing, 2005,10（3）: 165-173.

[35] Porter M E, Kramer M R. Philanthropy's new agenda: creating value[J]. Harvard business review, 1999（77）: 121-131.

[36] Randjelovic J, O'Rourke A R, Orsato R J. The emergence of green venture capital[J]. Business strategy and the environment, 2003, 12（4）: 240-253.

[37] Scarlata M, Alemany L. Deal structuring in philanthropic venture capital investments: Financing instrument, valuation and covenants[J]. Journal of Business Ethics, 2010, 95（2）: 121-145.

[38] Walske J M, Zacharakis A. Genetically engineered: Why some venture capital firms are more successful than others[J]. Entrepreneurship Theory and Practice, 2009, 33（1）: 297-318.

第9章 社会创业及其可持续发展

学习目标

☑ 理解可持续发展的核心内容
☑ 了解社会创业面临的可持续发展难题
☑ 理解社会创业提供服务的可持续发展
☑ 理解社会创业的可持续发展

本章纲要

☑ 可持续发展的定义
☑ 社会创业可持续发展的价值与意义
☑ 社会创业面临的可持续发展困境
☑ 社会创业实现可持续发展的路径

开篇案例

老爸评测㊀

2015年春季开学前，正在为女儿的新书包书皮的魏文锋被书皮刺鼻的气味震住了。十余年在检测行业的工作经验告诉魏文锋，这种带胶水的自粘包书皮肯定有问题。为了保证女儿的安全，魏文锋从市场上买来了7款畅销的包书皮，却发现没有一款是可以放心使用的。想到数以万计的孩子都在使用这样的包书皮，魏文锋自掏腰包近万元将包书皮送至第三方检测机构进行检验。检测结果显示，7款包书皮均含有大量的有毒物质，如化学致癌物多环芳烃（PAHs）和具有生殖毒性的邻苯（DEHP）。

为了降低包书皮等产品对中小学生带来的安全隐患，魏文锋通过微博、电话、亲自走访等形式向有关部门反映问题，并通过微信公众号向全国家长宣布检测结果。一时间，魏文锋成了"网红"，引起了社会的广泛关注。然而，问题的解决需要魏文锋付出更多的努力。在众多家长的鼓励下，魏文锋于2015年6月自筹资金100万元在杭州创

㊀ 开篇案例根据中欧国际工商学院案例《老爸评测：一家社会企业的两难抉择》（编号CI-817-060）改编而来，内容得到"老爸评测"的授权确认。

办了“老爸评测”，以一名家长的名义决心与“有毒包书皮”等危害孩子们安全健康的物品死磕到底。

为了扩大社会影响力，“老爸评测”拍摄了一部检测有毒包书皮的纪录片，随后CCTV、《人民日报》等媒体纷纷转发和报道，使得该纪录片获得百万次以上的视频播放量。魏文锋因此被中国数万名家长亲切地称为“魏老爸”。为了与家长们形成一股力量并促进产品标准的建立与完善，魏文锋和团队成员建立了十余个家长群，其中还包括政府监管部门的工作人员。

“烧钱”的检测终归迎来了“生死抉择”。2015 年 10 月底，魏文锋团队的初始资金马上要消耗完毕。家长们源源不断的检测需求、宣传活动所需的巨大投入让“老爸评测”的资金难以为继。魏文锋在家长群里坦言，老爸评测可能要在年底资金全部耗尽时关闭。出人意料的是，家长们“不许”魏老爸关门，并纷纷给予魏老爸经济上的支持——“魏老爸，你一定要不忘初心，为我们检测更多的东西，我们永远支持你”。最终，“老爸评测”通过聚募网平台向 112 名家长成功募集 200 万元，这些家长共同持有老爸评测 10% 的股份。为了让检测项目可持续，“老爸评测”放弃“自筹”，坚持检测产品、检测费用从家长中“众筹”而来。截至 2016 年年底，“老爸评测”微信端众筹检测平台上有 4 640 人筹集金额 240 472.16 元，赞助了 23 个检测项目。

“众筹”事件让魏文锋开始深入思考“老爸评测”的可持续性。怎样赚钱、怎样实现组织的造血功能，成为摆在魏文锋面前的首要难题。这种文章打赏和众筹检测费的模式只能收到很少量的收入，一年下来还不够两个员工的工资开销。无疑，检测仅仅停留在发现问题的层面，而更多家长关心的是如何解决问题。如此看来，“众筹”也很难为企业长久发展持续“造血”。“一天到晚告诉我们这个有毒、那个有害，吓都被你吓死了，你倒不如告诉我买哪个是合格的。”一个家长的抱怨给了魏文锋全新的思路——做商务。

但是，做商务有两种选择：一是面向企业，为其检测产品、颁发证书，进而收取费用；二是面向终端用户，解决他们的痛点。考虑到为企业评测并收取费用的模式很难保持公平公正，与创业最初要解决的社会问题相悖，魏文锋最终决定直面消费者，将经过检验视为合格的产品销售（或推荐）给“粉丝”和大众。通过这种方式，一是可以帮助家长买到安全可靠的产品；二是在销售的过程中获得的利润可以反哺检测这一公益事业上来，从而实现社会企业的可持续发展。

实际上，在 2015 年包书皮事件中，为了应对开学季，魏文锋走访数家包书皮生产厂后和一个厂家签订协议，对方同意使用食品安全级材料生产包书皮，但前提是魏文锋要订购 10 万张。2015 年秋季开学前一周，魏文锋的包书皮通过微信平台开始销售，得到广大家长的积极抢购，短短一周便收到了 5 000 多张团购订单。就这样，名为“老爸良心推荐”的网上微商城于 2015 年年底开张了，品类包括学生文具、母婴用品、厨房用品和美食生鲜等。创办初期，店铺上还公开了进货成本、包装成本、检测成本以及检测报告等信息。2017 年 1～4 月，“老爸评测”微商城的月营收基本稳定在 200 万元以上；其消费用户达到 19 770 人。2017 年 3 月，“老爸评测”的淘宝店也正式上线，月营收达到 20 万元。

在创造经济价值的同时，魏文锋坚持初心，不断创造社会价值。例如，包书皮事件引起了政府监管部门的关注，江苏和上海质监局于 2016 年年初更新了包书皮的检测标准。又如，在众多家长的要求下，“老爸评测”对全国不同城市的 14 所学校的合成跑道进行取样、检测，发现 7 种有毒物质，引起了社会的广泛关注。一些地方的教育厅派调查组去调查，一些学校发现问题后立即铲掉了问题跑道。教育部于 2016 年 1 月更新了塑胶跑道标准，加入了更多有害物质检测要求。再如，为了解决由于家庭装修甲醛含量超标测量不准而带来白血病儿童日益增多的问题，老爸评测利用众筹的资金购买了三台高精准甲醛检测仪。来自全国各地的有需求的家长可以排队依次免费使用该仪器，无须支付押金仅需在“漂流日记”上留言。魏文锋将这次甲醛检测仪漂流项目成为“一场互联网信任的传递实验”。

在“老爸评测”成立两年之际，其月营收达到了200万元，魏文锋将2018年的全年营收目标定为7 000万元。对于一个肩负着社会使命的新创企业，“老爸评测”的成绩令人欣慰。然而，面向未来，“老爸评测”作为一个社会企业要想取得更持久的发展还面临着一个很大的问题。“做检测，是裁判员，家长、消费者作为观众，会相信你；做电商，是运动员，赚的是家长和消费者的钱，如何持续赢得他们的信任，这是我们必须关注的问题。”魏文锋很清楚，“老爸评测”的初心是为了解决消费品安全这一社会问题，而非以追求商业利润最大化：“电商只是实现我们目标的手段，不是我们追求的最终目标。”

上述案例告诉我们，尽管社会创业在我国如雨后春笋般涌现，但其发展状况并不尽如人意，时常面对可持续发展的困境。具体来讲，由于同时兼顾社会价值与经济价值，社会创业实践常常面临合法性缺失、资源匮乏、经营不善等问题，进而阻碍其可持续发展。我国绝大多数的社会企业仍处于发展初期，仅有少量能够自我造血、持续提供社会服务，从而实现可持续发展。与“老爸评测”一样，面临着可持续发展困境的社会企业不在少数，它们急需找到问题的症结所在以及如何跨越前进途中的障碍。本章将对这一议题进行阐释。

9.1 可持续发展的定义

9.1.1 可持续发展理念的兴起

“可持续发展”（sustainable development）一词最早在1972年于斯德哥尔摩举行的联合国人类环境研讨会上被正式讨论。它的文字形式最早出现于1980年由世界自然保护联盟（IUCN）、联合国环境规划署（UNEP）和野生动物基金会（WWF）共同发表的国际自然保护同盟的《世界自然资源保护大纲》：“必须研究自然的、社会的、生态的、经济的，以及利用自然资源过程中的基本关系，以确保全球的可持续发展。”1987年，以布伦兰特夫人为首的世界环境与发展委员会（WCED）出版《我们共同的未来》报告。该报告首次正式使用了“可持续发展”概念，并对此做出较为系统的解释。此概念一直被沿用至今。1991年11月，国际生态学联合会（INTECOL）和国际生物科学联合会（IUBS）联合举行了关于可持续发展问题的专题研讨会，发展并深化了“可持续发展”概念的自然属性。1992年，中国政府也编制了《中国21世纪议程——中国21世纪人口、环境与发展白皮书》，首次把可持续发展战略纳入我国经济和社会发展的长远规划。随着人类对环境保护的日益关注，各国在努力达成可持续发展目标的同时，也致力于丰富可持续发展的内涵，目前该概念已涵盖环境保护、公共关系、经济发展、企业成长等各领域。

9.1.2 社会创业可持续发展的内涵

正如Caldwell（1984）所说，“可持续发展是一个受生态、经济、社会、政治等众多因素影响的发展过程，也应该特别重视政治和社会因素的作用”。由于可持续发展涉及自然、环境、社会、经济、科技、政治等不同方面，学者们对可持续发展的定义不尽相同，我们在表 9-1 梳理了六条经典的“可持续发展”定义供读者参考。

表 9-1 可持续发展的定义

来 源	定 义
世界自然保护联盟（1980）	为了使发展可持续，必须考虑社会、生态和经济因素，考虑生物和非生物资源基础，既能满足当代人的最大利益，又能保证满足后代人的需要
Caldwell（1984）	可持续发展是一个受生态、经济、社会、政治等众多因素影响的发展过程，也应该特别重视政治和社会因素的作用
Pearce（1988）	从代际间的公平来说，可持续发展的核心是目前的决策不应当损害后代人维持和改善生活标准的能力
国际生态学联合会和国际生物科学联合会（1991）	保护和加强环境系统的生产和更新能力
Opschoor（1992）	可持续发展是一种经济发展模式，并不削弱资源再生系统和废弃物吸收系统的功能，同时非再生资源的消耗应由可再生或可再造的等量物的增加而得到补偿
世界资源研究所（1992）	可持续发展是一种有效管理各种资源和资产，以求不断增加财富和福利的发展策略

目前使用最为广泛的可持续发展的定义，是 1987 年世界环境与发展委员会在《我们共同的未来》中提出的，该报告将可持续发展定义为“既能满足当代人的需要，又不对后代人满足其需要的能力构成危害的发展”。可持续发展概念的核心是需求的满足和发展的可持续性。

近年来，在“大众创新、万众创业”等政策支持下，中国创业人数和创业企业不断增加，而创业失败事件也随之猛增。究其原因，新创企业在业务拓展及商业模式开发过程中往往做出较为冒险的决策，而忽略了如何打造自身在 VUCA 时代⊖的可持续发展能力。与商业创业不同，社会创业致力于创建具有一定商业模式的社会企业，在解决社会问题的同时实现自身的可持续发展（刘志阳和李斌，2018）。商业创业的可持续发展聚焦在商业模式盈利的可复制、可移植性，即如何实现“基业长青”；社会创业的可持续发展关注社会企业是否具备“造血”功能、实现自负盈亏，是否能够持续提供产品或服务，从而解决传统社会建设模式中政府、市场和非营利组织“三重失灵”所不能解决的社会问题。

社会创业的可持续发展包含两方面的含义：首先，社会企业能持续地存活和发展；其次，社会企业能够立足于社会需求提供产品或服务，从而可持续性地创造社会价值。

9.2 社会创业可持续发展的价值

随着经济快速发展，一系列诸如贫困、环境污染、资源短缺等社会问题相继涌现，并在全球范围内困扰着各国的发展。市场失灵、政府与第三部门力量的有限性又使这些问题

⊖ VUCA 指的是不稳定（volatile）、不确定（uncertain）、复杂（complex）、模糊（ambiguous）。VUCA 原被用作军事术语，于 20 世纪 90 年代开始普遍用于商业、教育等领域。

长时间得不到有效解决。这些社会问题的加剧、现有解决机制的不足，以及公民意识的觉醒，为社会创业的兴起提供了土壤。由于在以商业手段解决社会问题方面蕴含着巨大的能量，社会创业可以解决由于社会经济发展不均衡所造成的各种社会问题，为人类的福祉提供社会价值。作为新生事物，中国的社会企业尚处于探索阶段，仍存在很多待解决的问题，例如，如何找到稳定的发展模式，从而实现可持续发展。获得可持续发展将有助于社会企业更好地投入到社会问题中，并创造更大的社会价值。具体来说，社会企业可持续发展的价值包括以下几个方面。

1. 促进弱势群体能力的发展，完善社会主动型福利机制

在发达国家，社会创业因其在帮助弱势群体摆脱不利地位中的独特作用而受到人们的关注（Alvord et al.，2004）。越来越多的管理者意识到，"能力发展"而非"经济救助"才是帮助弱势群体摆脱不利地位、实现社会公正的重要途径。社会创业提供了构建主动型福利机制的有效途径，即帮助弱势群体发展自身能力。社会创业通常以"授人以渔"的方式，鼓励服务对象主动对自己的生活负责，而不是把福利当作一种权益。这种机制在当前我国社会福利制度未得到完善的情况下，显得尤为重要。只有社会企业得到可持续发展，才能更好更持久地服务弱势群体，并使这些受益者参与到社会价值的创造过程中，形成良性循环，有效推动主动性福利机制的构建，使社会福利持续并最大限度地关注到需要帮助的群体。

2. 整合社会资本，优化社会资源配置

社会创业采用创新性方法，整合资源去解决贫困及边缘人群面临的社会问题，从而创造社会价值。创业性特征要求社会企业采用商业手段整合利用社会资本和其他资源，加速社会资本的循环利用，创造更大的社会价值和经济价值，避免组织官僚化、低效率等问题，让整个社会充满创业精神和氛围。通过建立合作网络，社会创业者可以调动那些通常被遗忘的资源，解决那些处于孤立状态的问题。可持续发展的社会企业能够持续整合社会资本，以创业和创新的精神努力发现和满足那些未得到满足的社会需求。因此，社会企业的可持续发展能够构建社会资本有效积累的良性循环。在这个循环过程中，社会企业不但创造经济利益，还能实现社会效益，有助于构建基于信任和合作的更为强大、自立的社会共同体（邬爱其和焦豪，2008）。

3. 在实现经济价值的同时，稳定创造社会价值

社会创业的社会性要求社会企业的商业活动要以社会价值为依归。社会创业取得可持续发展的常见方式是，在坚持创造社会价值的前提下引入创新的商业手段来获得盈利，进而为其提供社会服务，提供保障。显然，社会创业能很好地解决商业与公益、经济利益和社会价值之间的冲突，使得创业活动能够同时创造经济价值和社会价值，这正是构建和谐社会所需要的创业范式（邬爱其和焦豪，2008）。因此，社会企业的可持续发展将能够更好地填补商业和慈善事业之间的鸿沟，从而使创业精神得以应用和服务于更多社会领域（Roberts and Woods，2005）。这样，社会创业也能够在解决社会就业问题、缩小收入差距、增强人际信任、激发创业激情等方面发挥更持久的作用。此外，社会企业的可持续发展有利于实现经济价值的同时稳定持续地创造社会价值，这对我国建设和谐社会具有重大的价值与作用。

9.3 社会创业可持续发展的主要困境

9.3.1 社会创业可持续发展问题的特殊性

社会企业的可持续发展难题和解决可以从管理学的“悖论”理论和组织的双元能力的角度来解释。悖论是指长期存在的相互矛盾又相互依赖的因素（Smith and Lewis，2011）。关于悖论的研究多是探索组织如何同时满足不同的需求，认为组织的长期可持续发展需要解决多种不同的需求（Lewis，2000）。社会企业的双重目标之间存在一定的悖论，其长期可持续发展需要处理两种不同目标的冲突，这需要组织具备不同的能力，即双元能力（ambidexterity capability）。

双元化是指组织在复杂情境下，同时具备两种不同能力解决二元悖论的探索和开发性任务（Stettner and Lavie，2014）。组织双元能力是指企业为了更好地利用现有资源提升企业不同能力（如研发、营销等），以适应不断变化的环境的动态能力（欧阳桃花等，2016）。组织双元能力有三种主要机制：结构型双元是指两种相互矛盾的业务或行为分离到不同的事业部；情境型双元指建立有效的组织情境或文化，鼓励员工同时进行两种矛盾性的行为；领导型双元是高管团队在意识、战略层面平衡两种矛盾的业务和行为。组织双元能力是创造较好的社会价值的决定因素（Hahh et al.，2016）。相比商业企业，社会企业获得双元能力的难度往往更大。

第1章简要描述了 Alter（2007）提出的可持续发展的光谱图：为了获得可持续的发展平衡，以盈利为导向、收益在股东之间进行分配的传统商业企业通过“行善得福”的方式履行企业社会责任[⊖]（corporate social responsibility，CSR），来获得各利益相关者的持续关注和认可，实现企业、社会和环境的可持续发展；以社会使命为驱动、收益全部（或绝大部分，如70%）投入社会项目的非营利组织、社会企业，则选择运用商业的手段来支持社会性项目。前者的CSR行为对很多成功的商业企业来说，虽然带来了经济成本，但却得到了社会大众的广泛认可，在一定程度上，企业对CSR的投入可以帮助其提升商誉，反哺商业利益的获得；相反，后者因社会使命的驱使得以创立，同时开展或者后期开展的商业活动虽然带来了经济利益，但是很多时候也带来了隐形的成本，比如丧失社会认同、带来“使命漂移”（mission drift），使得很多社会企业面临着比商业企业更为严重的社会负担和可持续发展的难题。

9.3.2 社会企业的“先天缺陷”

作为新生事物，社会创业在实践过程中面临很多困难与未知，如启动资金的获取、人员的招募、商业模式的开发等。如何在制度范围内创造社会价值，如何在创造社会价值的前提下满足投资人的期望，这些都是令我国社会企业感到头疼的问题。社会资源的约束也使社会创业在可持续发展方面遇到比商业创业更多的障碍。例如，傅颖、斯晓夫和陈卉（2017）发现，创业导向、社会企业过往烙印、市场能力、调动资源的能力都会影响社会

⊖ 企业社会责任，是指企业在创造利润、对股东和员工承担法律责任的同时，还要承担对消费者、社区和环境的责任，企业的社会责任要求企业必须超越把利润作为唯一目标的传统理念，强调在生产过程中对人的价值的关注，强调对环境、消费者、社会的贡献。

企业的成长。在对社会企业可持续发展的关键要素研究中，项继权和耿静（2014）发现，需求空间和制度空间、能力、资源、认同对社会企业的生存与可持续发展至关重要。需求空间是指在各类社会问题得不到解决为社会企业的发展提供的需求与机会，而制度空间是指与社会企业相关的政策法规；能力包括经营、创新和资源整合的能力；认同则包括政治认同与社会认同，前者指政府部门对社会企业的认可，后者则指大众（公民、媒体、第三部门等）对社会企业的评价与认可。

由此可见，我国社会企业要取得可持续发展面临着外部环境的合法性障碍、自身资源约束与盈利能力不足的困境。我们将分别对这三个企业层面的困境进行阐述。

1. 社会认同度低

不同于商业创业和公益慈善，社会创业既不以公司和股东利益最大化为目标，也不是单纯靠政府和基金会资助维持生存，而是利用创新的商业手段同时实现经济目标和社会目标。由于社会创业既要兼顾经济目标又要致力于社会目标的实现，其所需要的能力有所不同，运营逻辑也有差异，甚至会出现冲突。例如，在"老爸评测"案例中，当扮演"裁判员"（提供公平、公正的检测）的"老爸评测"同时扮演"运动员"（和其他商家一样销售商品时）时，其所创造的社会价值将有可能遭受质疑，因此面临着可持续发展的困境。此外，社会企业还需顾及多方利益相关者的期望，包括政府、社会公众、投资人等，不同的利益相关者对社会企业的要求与期望也大相径庭（Tracey，2011）。因此，社会企业在成长中极有可能出现"目标偏离"的现象，从而使可持续发展变得举步维艰（Dacin et al.，2010）。

社会创业在我国仍属于新生事物，在实践过程中会面临很多困难与不确定性，存在着不被顾客、政府、投资人等利益相关者认同与接纳的合法性问题，从而陷入身份认同的困境（Santos，2012）。合法性反映了社会企业的行为方式与现有标准、规范、文化的符合程度，意味着社会系统对社会企业的认可程度。例如，社会企业大都面临资源局限，需要外部资源支持以渡过生存期和发展期，而合法性则是外部对社会企业能力、效率、价值观及规范性等判断的基础，进而决定是否投入资源（厉杰等，2018）。可见，获得社会认同和合法性是社会企业获取资源的前提，已成为横亘在社会企业面前的一座大山，而社会企业只有取得必要的资源，才能获得可持续发展。

2. 资源不足

市场失灵、政府与第三部门力量的有限性是社会创业机会的重要来源，然而这些问题也一定程度上造成了社会创业者难以有效调动社会资源开发社会创业机会。社会创业通过交易获取收益，支撑其社会目标或环境目标的实现，这种以社会价值为最终目标的创业活动使得资源获取的成本与一般创业活动相比更高（Domenico et al.，2010）。我国多数社会企业难以取得外部资源或依赖现有资源承担高投入、低创收、漫长的社会创业活动，也造成多数社会企业始终挣扎在起步阶段。因此，资源的获取对社会企业的生存与发展至关重要，资源也是社会企业可持续发展的基础。若想将社会创业机会成功转换为实践，资源可得性与资源异质性是关键，只有获得资源支持才能产生产品或服务交易，并更好地实现社会目标（王晶晶和王颖，2015）。这就要求社会创业者能够创造出创新的方式，调动想法、能力和社会安排，改善或弥补现有社会福利系统的不足。

3. 造血能力较弱

社会创业兼具盈利与非盈利活动性质，拥有创收业务、市场、客户及合作伙伴等经济价值系统，社会创业者将所得的经济收益再投入于社会价值创造，而经济与社会的双重目标对社会企业提出了更高的造血能力要求。社会创业者往往对获取的经济收益看得很轻，而倾向于将财务收益用于自身的可持续发展，从而更好地回报社会。与商业创业相比，社会创业在商业开发和盈利方面具有先天的劣势。此外，由于社会企业经营所得多用于社会价值再创造，社会企业往往规模较小且获利能力较低、自身“造血”能力较弱（刘振等，2015）。因此，商业模式开发能力、市场能力等都会影响社会企业的可持续发展。学者提出，组织的创新能力、资源开发及内部运作与管理能力是其完成预设目标的必要因素，而社会企业既要具备经营管理能力，又要具备资源整合与社会创新能力，才能实现可持续发展（项继权和耿静，2014）。

9.3.3 解决方案“治标不治本”

在成长的过程中，社会企业不仅面临“如何实现自身的可持续生存”问题，还面临“如何提供可持续性解决方案”的问题。如图 9-1 所示，社会创业应提供可持续性解决方案，从而维持受助群体长期的生机与活力。然而，在很多情况下，社会企业所提供的解决方案是短暂的，如一次性捐款或帮助，而无法给予需要帮助的人以长久的服务。解决方案的可持续发展意味着社会企业应提供长久的、根本性的解决方案，进而从根本上解决社会问题。

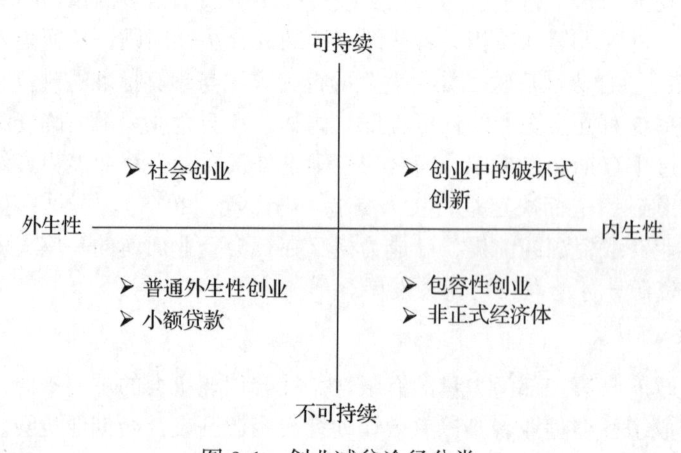

图 9-1 创业减贫途径分类

资料来源：斯晓夫，等．如何通过创业来减少贫穷：理论与实践模式 [J]. 研究与发展管理，2017: 29(6)，1-11.

随着社会的不断进步，社会创业所提供的解决方案正在逐步正规化。然而，不可否认的是，目前我国的社会创业所提供的解决方案仍存在缺乏长久性、难以提供根本性服务、受众范围较小等问题。

1. 缺乏长久性

目前，我国的社会创业主要分布在教育、养老、社会服务等领域，大部分都处于探索阶段。虽然社会创业可以通过自身的服务或产品实现盈利，但由于其利润率远远小于商业创业，大部分入不敷出，这就造成其所提供的解决方案往往是短暂的，无法实现长久稳定的社会价值。以“慈善超市”为例，慈善超市起源于美国，扮演“爱心中转站”的角色。超市将大众捐献的物资转赠给生活贫困的群众，以维持他们的日常所需。然而，慈善超市在中国的运行现状并不理想，大量破旧的捐赠衣物占满了仓库，超市只能通过拍卖较为有价值的物资艰难维持本组织的运转。究其原因，慈善超市既缺乏政府的补助又没有造血功能，很多慈善超市沦落为“花瓶”而无法持续发挥功效。在“老爸评测”案例中我们看到，它解决社会问题的途径是参照国际先进标准提供公平、公正的公益检测服务，这在中国检测标准尚待完善的阶段的确能带来社会价值。然而，当若干年后中国官方检测的标准能够媲美国际水准时，“老爸评测”创造的社会价值当如何得到体现呢？因此，许多社会企业都应当思考其所提供服务的长久有效性。

2. 难以提供根本性解决方案

社会问题本身的异质性造成有些社会问题相对容易解决，例如，残友集团、嫣然天使基金会[⊖]等通过为残障人士提供工作岗位、资助家庭贫困的唇腭裂儿童手术的方法解决受助群体的需求。而有些社会问题受多种因素的制约，并与其他问题紧密相关，很难解决，例如，我国部分地区的贫困问题。相应地，社会企业很难为受困群体提供根本性的解决方案以帮助他们摆脱困境，从而彻底解决这类社会问题。

以“脱贫”为例，从改革开放至今，我国一直致力于“脱贫战”。在这个过程中，产生了很多慈善组织和社会企业，如中国扶贫基金会。起初，扶贫的主要手段是政府为贫困人口办理低保，非营利组织以活动的方式给予贫困人员一定的物资帮助，这些举措虽然对于减缓贫困具有重要的作用，但并不能从根本上帮助贫困人群摆脱困境。只有通过构建主动型福利机制，帮助贫困人群主动自发地摆脱贫困，才能实现该问题的根治（斯晓夫等，2017）。

3. 受众范围较小

社会企业所提供解决方案的受众较小这一弊端是受社会企业局部作用的限制。大部分社会企业或非营利组织，由于其能力和资源有限，很难将“善举”铺开进行，比较普遍的形式是在局部地区进行。以“海角公益组织”为例，其宗旨是通过创新的公益模式为偏远地区的孩子带去优质的教育资源，成立至今，它已经服务超过5 000名学生。但是，由于该组织采取远程在线教学，而真正贫困的地区由于基础设施的缺乏，很难享受到这种帮助，这意味着，最需要优质教育资源的孩子却偏偏享受不到这些帮助。除此之外，即使是资源相对雄厚的南都基金会，其资助的新公民学校主要阵地在北京，也存在受众范围较小的问题。再如，本章文末案例企业残友集团的成功源于它用创新的商业模式推动了残障人士的集体就业、高端就业，就“解决残障人士就业”这一项服务来讲，很大程度上保证了它能够持续带来社会价值。残友集团也在思考将其模式复制到更多省份和国家，但是，其高层经常面临的一个困惑是，面对那些没有机会接受教育、劳动能力较为低下的残障人士，残友集团目前阶段还无法帮助他们实现就业。因此，如何扩大社会企业提供服务的受众面，也是其在可持续发展过程中面临的重要问题。

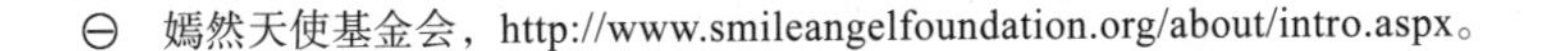

⊖ 嫣然天使基金会，http://www.smileangelfoundation.org/about/intro.aspx。

9.4 社会创业可持续发展的路径

9.4.1 社会创业的可持续发展

1. 谋求社会认同

社会创业谋求合法性等社会认同已成为不可忽视的社会历程，这关乎公众的判断与理解，以及企业战略行动间的彼此作用与联系，企业在生命周期不同阶段能否获得适当的社会认同将会影响社会企业的生存与成长。只有突破社会认同的门槛（legitimacy threshold），社会企业才能获得可持续发展，并创造更大的社会价值。

大多数社会企业可通过“精心设计”的管理举措和组织实践活动来谋求社会认同（Sarpong and Davies，2014），例如，在跨部门伙伴关系管理中，通过与政府部门、行业内外部、顾客间建立伙伴关系，分别提升其规制、规范、认知合法性结果；通过社区参与实践，彰显社会企业与社会价值观、道德规范的一致性，进而谋求规范合法性；借助印象管理策略操纵或顺从公众的期望来影响公众对社会企业“社会性”的认同。然而，采取这些措施并不意味着社会企业一定会取得预期成果，该过程还受到组织构成、组织内部稳定性等内部环境，以及制度环境、竞争环境、行业属性、市场不确定性等外部环境的影响。对那些具备较高社会声誉的社会创业者来说，其创办的社会企业本身就具备一定程度的社会认同，例如，壹基金从成立初始就获得了社会公众的广泛关注与支持。此外，有些社会创业组织形式本身就具备天生的社会认同优势，无须额外付出大量精力采取合法化措施即可获得合法性，如非营利组织、慈善机构等社会目标组织，它们比社会企业更容易得到政府及公众的认可，更容易获得外界的支持。因此，社会企业应当在“社会性”方面对标非营利组织、慈善机构，但还要比它们更加注重利用创新性商业手段可持续地解决社会问题。

2. 实施资源拼凑

资源整合能力是影响社会企业可持续发展的重要因素。社会创业者在争取外部合作时，很大程度上取决于创业者的资源获取、整合与创新应用能力（Liu et al.，2015）。社会企业是一个“多资源”组织，需要充分利用包括资金、人力资源、社会资本等各种市场性和非市场性资源来实现经济和社会目标。其中，社会企业的运作资金可来自不同的渠道，例如，通过提供商品或服务等商业活动获取资金收入，通过公益创投获取资金支持；人力资源是社会企业实现可持续发展的核心力量，社会企业的可持续运营离不开那些有着创新能力、奉献精神的人才支持；社会资本是社会企业所建立的社会网络及由此产生的信任，市场关系网的建立有利于降低社会企业的交易与生产成本。然而，面对资源稀缺性，社会企业该如何突破资源约束，获取异质性资源呢？有学者提出，资源拼凑和构建社会网络关系是社会企业应对资源紧缺的有效措施（Meyskens et al.，2010; Miller et al.，2010）。

所谓资源拼凑，是指为了达到新目的而对现有资源的重构和利用（Baker and Nelson，2005；于晓宇等，2017）。拼凑需要社会创业者重新审视手头资源的功能与价值，对其进行创造性的组合来满足社会企业的资源需求（张秀娥和张坤，2018），对手头现有资源作用的重新审视能够深化对自身资源禀赋的认知，提高资源的易获得性和利用价值，冲破了资源限制对社会创业成败的影响，尤其对资源匮乏的社会企业有着重要启示。资源拼凑能使社会企业摆脱对特定资源或资源持有者的依赖，通过资源重构与组合提高自身能力，甚至开拓新的组织能力，以较低的资源成本获取相对满意甚至意料之外的成果。此外，资源拼凑不仅对解决社会企业资源桎梏有启示意义，也为企业创新和机会识别提供了契机。

3. 构建社会网络关系

在中国制度情境及经济转型背景下，社会网络关系对社会企业获取资源和合法性认同至关重要，甚至会产生代替正式制度的效用（杜运周和张玉利，2012）。社会企业与政府部门、行业内、行业外其他组织的关系，能确立企业的合法性地位，并拓宽企业获取资源的渠道路径（郭毅和李芳荣，2009）。例如，企业与政府部门、管制机构间的政治网络关系能为企业带来政府信息、资金支持、政策扶持等资源（Li and Zhang，2007）；社会企业通过在行业外建立网络资源，寻求供应商、银行、媒体、大学、科研机构、认证机构、行业协会、审计部门、专业社团等接纳与认可，借以扩大企业声誉，提升其合法性水平，以及整合企业外部资源（Zimmerman and Zeitz，2002）；与行业内有话语权和影响力的其他组织建立网络关系，具有“溢出效应”。社会创业创业者应重视社会网络的构建以及与各利益相关者间的动态平衡关系，借此谋求社会创业的社会认同和资源支持（Nicholls，2010），通过与政府及其代理者、行业组织、顾客建立积极的关系网络与互动平台，对社会企业获取社会认同，进而获得相应的关注与资源支持产生重要影响。

4. 提升经营能力

经营与管理能力是社会企业进入市场、参与竞争、创造收益的重要能力。为此有学者指出，社会企业应学习商业企业的运营与管理技巧，或者采取与其他组织进行跨部门合作的策略，创造共同价值的同时，提升自身的运营与管理能力（Weber et al., 2017）。近年来，商业领域的“风险投资”“创业投资”已广泛应用于社会创业领域，即通过公益创投的方式投资社会企业，并对社会企业实施投资后管理，在社会企业拥有可持续发展的能力后撤出（刘志阳和李斌，2018）。公益创投有利于解决社会创业资金短缺问题，是社会企业获取资金支持的来源之一。成长阶段的中小型社会企业在获得资金投入后，更加需要系统性地规范管理能力，保证自身的可持续运营。在此背景下，学者提出投资后管理（post-investment activities），即公益创投除提供资金支持外，还要提供系统的经营管理支持，尤其是在战略管理、人力资源管理、市场营销管理、风险管理、财务管理以及价值实现等方面，例如，帮助社会企业制订完善的战略计划，帮助社会企业建立品牌形象，培育其提升市场营销能力，帮助社会企业吸引优秀人才，建立完善的人力资源管理体系等。这种为社会企业提供资金、技术与管理支撑的公益创投模式，通过参与并指导社会企业的运营，拓展社会企业的价值并提升其发展潜力（钟承运，2013），以更好地实现社会创业经济目标与社会目标的可持续发展。

此外，提升企业的二元能力，有效平衡和结合企业的商业目的和社会目的，将能大大提升企业的社会价值创造，进而获得可持续发展（Hahh et al.，2016）。例如，残友集团通过“基金会 + 非营利社会组织 + 营利社会企业”的“三位一体”的结构型双元机制，将不同目的的行为和业务分在不同的事业部；以“家训”为代表的组织文化的构建在一定程度上展现了它在情境型双元能力的构建，鼓励员工有效实现双重目标；集团高层中 95% 是重度残障人士，出于同理心和道德感，高层在战略制定和制度建设的过程中能够充分平衡商业目标和社会目标，进而保证了残友集团在稳定的双元能力机制下持续向前发展。

9.4.2 提供可持续的解决方案

1. 与更广泛的利益相关者合作

在提供解决方案时，社会企业与广泛的利益相关者展开合作，不仅能将本企业内部资源效用最大化，还能获得许多额外的益处，例如，获得其他组织的经验和能力、资金支持、社会认同等，从而优化自身提供的解决方案。

例如，为了解决进城打工人员子女的教育问题，南都基金会以1亿元在各地建立新公民学校作为解决方案。作为一个资助型的基金会，南都基金会的能力和财力毕竟是有限的。为了更好地解决进城打工人员子女的教育这一社会问题，南都基金会不仅展开与当地政府的合作，还陆续与其他商业企业、媒体、学术界等展开合作。与政府的合作不仅使新公民学校的建立获得“名分”，还获得了政府一系列政策的支持，以及在政府带动下的部分非营利组织的资助。与商业企业的合作，使新公民学校获得企业资助，有效解决了部分资金缺口；与媒体的合作，使农民工子女教育这一社会问题引起了社会大众的关注，进而扩大了新公民学校的知名度；与学术界的合作，使南都基金会在政策制定中拥有了一定的话语权，这为在人大附中享受免费入学待遇的新公民班的成立奠定了基础。除此之外，南都基金会与中国社工协会志愿者工作委员会、中科院心理所、腾讯公益基金会、宋庆龄基金会等组织的合作，进一步推动了社会对农民工子女教育的关注。

通过与不同社会群体的合作，南都基金会成功地调动了政府和其他社会组织的资源，实现了多方力量的整合，促进了“新公民学校”这一解决方案在各地的复制与推广。南都基金会的经验为社会企业解决方案的可持续发展提供了思路：与更广泛的利益相关者进行合作，可以使社会企业所提供的解决方案与利益相关群体联系起来，而不是孤军奋战，从而引发社会的关注，避免社会企业昙花一现的宿命，进而获得长久的社会效应。

2. 提供创新性解决方案

社会企业是为解决社会问题而生。为了更好地解决社会问题，找到其根本原因才能对症下药，提供创新性解决方案。在此过程中，社会企业要基于切实的社会问题与市场需求，为社会问题提供创造性的解决方案及对策，推动社会变革（舒博，2010）。这就要求社会企业明确受助人群最核心的困难，从根源出发，提供最有力的帮助。在上文提到“减贫”这一社会问题中，以往的做法多停留在如何为贫困群体“输血”以维持其基本的生存之需。但是，简单的“输血”并不能彻底帮助贫困群体脱贫，反而会增加政府和社会企业的经济负担。目前，越来越多的社会创业者意识到，只有帮助贫困群体“造血”，才能彻底解决这一社会问题。因此，现有扶贫类的社会企业可以激励贫困群体通过自己的努力脱贫，并为他们培训必要的技能；帮助他们识别商业机会，提供配套的创业服务等，实现脱贫战从“输血”向“造血”模式的转化。

本章小结

- 社会创业的可持续发展包括：社会创业的可持续发展；提供可持续解决方案。
- 社会创业的可持续发展可通过谋求社会认同、实施资源拼凑、构建社会网络关系、提升经营能力等途径来实现。
- 与更广泛的利益相关者合作才能提供从根本上解决社会问题的可持续的解决方案。

复习思考题

1. 你怎么理解社会创业的可持续发展？
2. 阐述社会创业面临的可持续发展困境。
3. 社会创业如何实现可持续发展？

讨论案例

残友集团股份有限公司[1]

一、残友集团股份有限公司简介

1997年，为了让残疾人换一种活法，能够有尊严地活着，身患血友病的郑卫宁先生和另外四位残疾人朋友在深圳自发成立了一个电脑学习兴趣小组。郑卫宁将母亲留给自己的30万元投入其中，购买电脑及相关图书，并请来培训老师为他们传授相关技能，而学习的场所就是郑卫宁的家。为了证明残疾人同样可以在高科技行业立足，郑卫宁带领残疾人兄弟们经历了一次又一次的迭代升级，不断打造企业的模式、链接各类资源、培养员工的能力和素质。

21年后，这个电脑兴趣小组已经发展成为一家拥有一个基金会、14家非营利性社会组织和44家营利社会企业的大型集团——深圳市残友集团控股股份有限公司（以下简称“残友”）。这44家营利性社会企业的业务范围包括软件开发、电子商务、动漫、智能建筑、电影特效等科技行业。残友所雇用的5 000余名员工中，95%以上都是残疾人，均可享受正常的社会医疗保险等福利待遇，其衣、食、住、行等在生活和工作中的需求大多可以通过残友集团下设的社会组织得到保障。残友推出了“基金会为组织顶端，社会组织与社会企业为发展双翼”的“三位一体”模式，使得其事业拓展至中国十余个省市地区，比如新疆喀什。

坚守“感恩、奉献、自助、助人”的核心价值观，“推动残友的平等参与、融入共享”的使命，以及“让全世界残友团结起来、用自己的行动改变命运”的愿景，残友的事业得到了社会的广泛关注和认可，残友集团曾荣获国家级高新技术企业、国际社会企业大奖、中国社会创新奖等荣誉。

二、残友发展过程的几次关键抉择

1. 面临倒闭风险，拒绝千万元级别的投资

电脑小组成立之后，五位创始人废寝忘食，积极学习计算机和网络技术，不到一年便可以制作简单的网页，开始承接一些外包项目。为了提升能力，他们还招聘了近10位对计算机网络技术感兴趣的残疾人朋友。1999年，残友网社成立，并独自开发了中华残疾人服务网（www.2000888.com），随后成为残疾人点击率颇高的网站。[2] 2000年，中华网向郑卫宁发来了收购的邀约，出价1 000万元购买中华残疾人服务网的所有权和经营权；同时，为了经营的专业化和有效性，要求所有在职的残疾人员工必须离职。

当时，虽然残友承接一些网页制作项目，但其收费远低于市场水平，而且来源均限于郑卫宁的个人资源，所以难以带来利润，而初始投资30万元很快要消耗完毕，团队面临着很大的财务压力。然而，即使在这种情况下，郑卫宁也没有将大家辛苦建立起来的中华残疾人服务网卖掉。在他看来，他们做这件事不是为了钱，而是为了残疾人能有新的活法，有一份可以受到他人尊重的、可以持续发展的事业。于是，郑卫宁带领大家寻找新的机会来为组织“造血”。

2. 拒绝网吧盈利诱惑，坚持做软件开发

2000年前后，郑卫宁所在小区的物业

[1] 本案例根据中欧国际工商学院案例《残友集团：如何进行可持续的社会创新？》（编号CI-718-042）改编而来，内容得到残友集团的授权确认。

[2] 目前，该网站网址改为http://www.bcwr.com.cn/，已成为全球点击率最高的福利网站。

将一楼的公共区域的使用权捐赠给残友网社。郑卫宁把握机会，在此处开了一家“爱心庇护网吧”，生意格外火爆。由此，网吧的收入反哺到残友网社，支撑网页制作等技术性含量较高的研发工作。此时，在残联支持下有很多类似的残疾人创办的网吧在市场上兴起，业绩也非常好。其中一家网吧因得到政府授权的连锁经营牌照一口气开了30多家网吧连锁店。但郑卫宁被问到是否愿意接受政府连锁授权时，他陷入了沉思。

“做网吧是赚钱，但毕竟是一种相对低端的服务业，跟常人相比，我们残疾人并不擅长提供这样的服务。我们做这件事，主要是为了支撑网社的研发工作，不是为了拿到牌照去挣钱。”郑卫宁说道。在网吧经营格外盈利的情况下，残友网社坚持把主要精力放在软件研发上面，守住了初心。㊀

3. 争议面前，坚持员工利益为先

2002年，曾以物理满分和浙江省理科状元考入北京大学的李虹加入了残友网社。患有渐冻症的他励志成为“IT界的霍金”。事实上，李虹的加入打开了残友的新局面，大大提升了残友网社网页制作项目的收费水平，并使得残友网社开始向软件开发领域进军。然而，就当软件开发取得突飞猛进发展的时候，李虹的身体已无法再继续工作。

为了体现对残疾人的终极关怀，郑卫宁向其他几位创始人建议推出退养机制，即对不能继续工作的残疾人员工照常发放工资及生活补贴，发放标准为其过去连续三个月的最高收入，一直发到其生命结束。当时几乎所有人提出质疑，担心未来申请退养制度的人多了之后怎么办。郑卫宁认为，残疾人选择就业就是为了避免过接受施舍的生活，而选择退养制度只有在不得已的情况下做出，是对企业做出贡献之后的状态，残友需要支持他们。

最后，郑卫宁利用自己的大股东决策权在企业推出退养机制。截至2017年年底，约15人申请并享受了该项制度。

4. 去郑卫宁化运动，成立基金会

2007年，残友软件有限公司正式成立。从一个电脑学习小组发展为一家科技型企业，残友用了10年时间。然而，在企业发展的过程中，郑卫宁看到了个人所起的作用越来越大，他开始有些担心，因为他很清楚自己随时可能会离开这个世界。为了确保自己的离开不会影响企业的持续发展，郑卫宁开始推行“去郑卫宁化运动”，第一步就是成立了深圳头号基金会——“深圳市郑卫宁慈善基金会”。郑卫宁将其持有的公司所有股份以及“残友”和“郑卫宁”的驰名商标品牌价值等通过法律公证的形式全部裸捐给了基金会。从此，郑卫宁不再是公司的大股东，基金会成了日后残友集团及其下属分公司的最大股东。

基金会的成立让郑卫宁看到了企业持续发展的希望，残友“三位一体”的发展模式也得以创立：残友在深圳民政局注册了14家非营利社会组织，这些社会组织以购买服务的形式向基金会申领资金，所申领的资金服务全国40多家社会企业。

5. 不畏困难，企业文化推动技术升级

残友注重高素质人才的引进和培养，其对高科技的追求和员工的关怀和尊重吸引了全国各地高水平的残疾人朋友加入。在2008年取得国际CMMI三级认证之后，残友软件的高管和员工都非常自豪，因为残友软件的技术成熟度得到了国际认可。然而，当郑卫宁及其请来的技术咨询师提出要向CMMI五级认证（最高级别）冲刺的目标时，残友软件的部分员工有一些不理解甚至有抵抗的情绪。在他们看来，当时的残友软件已经非常不容易了，再进行技术改造必将迎来没日没夜的加班。

“罗马建成非一日之功”，为了让大家齐心协力，残友软件在企业内部推出了共同书写家训的活动，每个员工提出一条家训供集体商议。这场运动使得大家对企业这个大家庭有了更多的思考，对自己为什么来到残友，要和残友一起走向何方有了更成熟的考虑。2012年，奋战三年多后，

㊀ 2004年，残友网社将网吧转让给他人经营，将所有精力转向软件开发。

残友软件顺利通过了CMMI五级认证，其技术操作流程得到了进一步完善和升级，在市场上的认可度得到了大幅度提升，客户的水平和客单价都得到了很大的提高。后来，残友软件将这套家训及文化推广到了集团下面的其他子公司，得到了员工的认可。

6. 前进无止境，积极推动上市

纵然客户水平和客单价提高了，也依然难以支撑残友居高不下的成本，员工生活的方方面面、商务出行等都需要支持，都会带来成本。相比其他科技型公司，残友软件以及其他集团下属子公司似乎只有做得更多才能在竞争中取胜。2015年年初，残友软件以及残友电子善务有限公司（即“残友电商”）开始准备上市，目的是让残友的品牌形象再上一个台阶，证明残疾人朋友可以在更大的舞台上创造价值。经过两年多的准备，残友软件和残友电商分别于2015年12月和2016年2月在新三板成功上市。

上市之后，残友内部的核算制度更加规范，在市场上的地位得到了提升，很多企业开始主动与残友合作。未来，残友还将在坚持基金会控股的前提下，推动更多企业成为公众公司，成为A股市场的优秀公司，进一步扩大残友的影响力。

三、残友模式成功路径分析

以上几点是残友价值观、使命和愿景的体现，也很好地反映了为什么残友事业能够持续发展，取得今日的成绩。概括来讲，残友取得长期不断发展，其经验可以归纳为以下几点。

（1）郑卫宁及其他四位创始人创办残友的初心是为了让残疾人有个新的活法，不再为社会和亲人带去负担。他们渴望接触新科技，渴望证明自己，渴望受到尊重，正是这份渴望与激情驱使着他们不断向前。对初心的坚守让残友能够在发展初期拒绝中华网的收购、抵住了网吧盈利的诱惑，让残友能够心怀远方，为更多残疾人朋友解决生活和工作上的需求，从而支撑企业走得更远。

（2）基金会的成立以及“三位一体”发展模式的确立，为残友能够持续创造社会价值提供了重要保障。作为残友集团的最大股东（90%股份），基金会规定集团及其下属子公司招收的残疾人比例不低于75%，规定经营利润将作为慈善公益基金与企业再发展资金，保证企业不会走向股东利润最大化的利益分配制度。基金会依靠40多家社会企业输入的资金，为14家非营利社会组织提供资金输出，进而保证残疾人员工无障碍出行、无障碍读写、生活便利等。此外，基金会规定“不做残友的分公司，而做当地的残友”，在残友将事业拓展至其他省市的过程中（比如“残友智建”在上海、河南等地区成立合资公司），残友虽然占股51%（主要目的是控制合资公司招收的残疾人比例合乎规定），但是并不要求经营利润回到残友总部，而是鼓励利润留在当地为当地的残疾人提供更多服务。

（3）残友在发展过程中，虽然面临资源约束，但是他们充分利用现有资源，发挥残疾人的优势，获得了持续增长。残友注重和政府、社区、客户、员工保持良好的互动关系。2008～2010年，郑卫宁被授予“中华最具慈善行为楷模”和“全国自强模范”荣誉称号。他积极走访深圳相关政府机构，推动了“郑卫宁基金会”的设立。残友的社会组织格外注重与志愿者组织、义工联的合作，旨在为员工提供更好的服务。在客户资源方面，从早期创始人个人关系、到政府推荐、再到能力提升之后的客户主动上门，残友的客户资源获取方式经历了多次升级。对于员工的招聘、培训和提拔，残友也非常注重优势资源的互补。在残友内部经常看到的是因人定岗，很多新业务的拓展也是围绕某些优秀人才的核心能力来展开的。

（4）残友不断挖掘员工的能力，提升企业的整体实力。残友的员工中，不乏受过高等教育的尖子生，他们虽然四肢残疾，但是头脑健全，求知欲强。在计算机面前，他们行动不便的劣势成了优势，使他们能够集中精力刻苦钻研，能力得到充分挖掘。残友软件申请国际CMMI五级认证是另外一个例子。为了实现企业的长足发展，企业不断提升自己的实力，从各个方面提升企业的文化软实力和技术硬实力。

总之，本着创造社会价值的初心，残友拒绝初期发展的各项诱惑，“三位一体”的发展模式保证了残友作为社会企业的合法性，为企业源源不断获取优质资源提供了保障。残友善于整合资源、不断学习以提升自己的综合能力，是国内很多企业学习的对象。

四、残友的发展模式对社会企业可持续发展的启示

残友的发展为中国社会企业获得可持续发展带来的启示，可以归纳为以下几点。

1. 坚守初心，不断创新

我们对国内外社会创业者的访谈和观察数据显示，社会创业者在介绍自己的事业时常常会以自己的创业故事开场，而非像选择商业创业的创业者那样先分析产品或市场。社会创业者所分享的创业故事里是他们动力的源泉，是其初心的体现。残友几位创始人都是重度残疾患者，他们选择社会创业的初衷是为了解决像他们一样的残疾人的就业问题，而且不仅如此，他们还要在高科技行业证明残疾人的价值，从而赢得社会尊重。这是同理心的驱使，而同理心影响着人们的亲社会行为（Eisenberg and Fabes，1990），也影响着社会创业的动机（Lee and Battilana，2012）。正如残友案例，这种初心能让社会创业在初期抵住经济利益的诱惑。然而，面对长远发展，考虑到社会企业在很多情况下盈利性低于商业企业，社会企业一定要不断思考如何创新，包括在产品、市场和商业模式等各个层面赢得突破。

2. 以人为本，合理合法

为了保证企业的可持续发展，人的因素格外重要，人是重要的资源，也代表着企业能力的高低。在残友案例中，残疾人是员工，是这家社会企业的直接受益者，因此它的合法性更容易得到认可。但是，残友的合法性和社会价值不仅仅体现在“解决残疾人就业”这一社会目的上，更重要的体现在残友解决这一问题的深度和广度上：其一，残友规定残疾人员工的比例不低于75%（实际残疾人员工的比例为90%），并在其培养和发展的机制上基于充分的考虑；其二，残友不仅关注身边的残疾人目前面临的问题，还非常关心更广阔地域的残疾人长期可能面临的问题。例如，即使在2004年前后资源格外匮乏的情况下，残友坚持推出了退养机制；依托“三位一体”的模式，残友为员工的生活和事业发展提供了大力支持，使残疾人朋友在生活上也没有后顾之忧；不顾一切远赴新疆开拓事业，在新疆成立分公司，并派高管亲自“指挥作战”。因此，残友的离职率一直处于非常低的水平（低于3%）。相比其他高离职率的技术型企业为客户带来的不稳定感，残友稳定的团队优势使其能够为客户提供稳定而持久的优质服务。由此可见，社会企业在发展过程中一定要坚持“以人为本，以心为本”，据此推出适合企业发展的模式。

3. 义利结合，模式创新

不论是残友还是“老爸评测”，我们都可以看到社会创业者对解决社会问题的迫切，他们希望扩大社会影响力，心怀他人，有博爱精神。为了解决某一社会问题，他们甘愿自掏腰包、不计代价，发展自己以达到帮助更多人的目的。如果外部环境很难改变，他们就先改变自己，然后慢慢影响周围环境的改变。很多社会创业者都是精致的利他主义者。但是，为了保证持续创造社会价值，很多社会企业，或者自创立时便主动选择，或者发展过程中不得不引入带着商业目的的活动，这导致很多企业质疑社会企业是否有坚守初心，是否具有合法性。因此，为了可持续创造社会价值，并赢得公众认可，社会企业应当采用适合自身企业发展的商业模式，保证其社会目的和商业目的的实现。例如，残友融合公益基金会、非营利社会组织和营利企业的“三位一体”的模式，以及背后的利润分配和运行制度，值得很多社会企业借鉴参考。我们看到，很多社会企业有着类似的实践：同时注册民间非营利组织和商业企业两种性质的组织，商业企业的一部分利润以捐赠的形式回馈到非营利组织，供其创造社会价值。此外，社会企业可以借鉴

采用共益企业（B-Corp）的认准标准来完善企业的运营模式，成为一家符合社会与环境影响力、公信力与透明度，以及法律责任等高标准的企业。

讨论题：

1. 残友最初想解决怎样的社会问题？它是如何解决的？其合法性是如何得到保证的？
2. 残友发展过程中是否存在上文提到的社会企业提供服务所存在的困境？为什么？
3. 残友是如何获得可持续发展的？在未来发展过程中，残友模式存在哪些潜在威胁？如何应对？

文献研读

Building Sustainable Hybrid Organizations: The Case of Commercial Microfinance Organizations

【文献摘要】Article Summary: This article explores how new types of hybrid organizations (also called " novel hybrids ") can build and maintain their hybrid nature. The authors conduct a comparative case study on how two pioneering commercial microfinance organizations (BancoSol and Los Andes) combining banking logic and development logic. These two novel hybrids had similar histories and organizational structures, but they overcome the same challenges of building and maintaining their hybridity differently with varying success.

Like many for-profit spin-offs of nongovernmental organizations (NGO) or nonprofit organizations (NPO), BancoSol and Los Andes were founded to provide services and generating profits to better meet the needs of their beneficiaries. However, such commercial activities may jeopardize the fundamental mission of helping the beneficiaries, so as to cause "mission drift" . Given there doesn't exist any research uncovering the approaches to forming and sustaining hybridity, this study contributes to the literature by identifying the nature of their hybridity and how to build and maintain the hybrid nature. In this case, the hybrid nature of the two commercial microfinance organizations lies in their different logics within the boundaries of organizations, development logic and banking logic. The development logic drives the two commercial microfinance organizations to retain their mission of providing access to financial services to the poor who were excluded from the conventional financial sector, while the banking simultaneously drives them to fulfill the fiduciary obligations of commercial financial institutions. In general, such conflict between different logics is common among many social enterprises.

Through analyzing the hiring policies (on both employees and managers) and socialization (i.e., training, incentives, and promotion) at the two novel hybrids, this case study finds that, to be sustainable, a novel hybrid needs to build a common organization identity that strikes a balance between the logics being combined. In more depth, hiring and socialization policies are crucial early levers for developing organizational identity among the members in novel hybrids. Two approaches were identified by this study. The apprenticeship approach (adopted by Los Andes) combines a tabula rasa hiring approach with a means-focused socialization approach; and integration approach (adopted by BancoSol) is the combination of a mix-and-match hiring approach with an end-focused socialization approach. Either of these two approaches is associated

with different risks and advantages. For the apprenticeship approach: on the one hand, a novel hybrid hire people with few preconceptions regarding the functioning of organizations, thus minimizes the risk of tensions and conflicts and focus their attention on operational excellence; on the other hand, apprenticeship approach may require disciplined control of organizational growth for employees and managers to learn necessary skills to accomplish tasks, yet it requires continuous vigilance to assure that, thus operational excellence does not become an end in the long run. For the integration approach, it focuses on forming a single integrated group committed to the same superordinate goal, thus may enable the novel hybrid to grow fast; however, this approach may cause the conflicts between subgroups who have different identities. The study suggests that a socialization approach that focuses hires'attention on operational excellence may be more effective in developing an organizational identity that strikes a balance between the logics they combine.

【文献评述】本篇精读文献分析了新创的混合型组织（hybrid organizations）在不同逻辑（使命）的指导下，如何处理各种冲突，并取得长期的发展。作者对两家位于玻利维亚的小额信贷组织 BancoSol 和 Los Andes 进行了比较案例研究。这两家小额信贷组织均成立于20世纪90年代初，都是为了向穷人提供更好的贷款服务，而从原来的非政府组织剥离出来经营商业活动的混合型组织，有着相似的组织结构。然而，这两家组织建立并长期保持“混合性”（hybridity）向前发展并取得成功的路径却不尽相同。具体而言，两家组织同时面临着发展逻辑（即原生组织最初创立时的社会使命——为穷人提供相应的金融服务）与银行逻辑（即信托义务——有足够的利润来支持组织存续和业务发展）。

类似这种逻辑冲突存在于很多社会企业当中。相较于传统的商业创业，社会创业是为了解决某一社会问题（如教育、儿童、医疗、环境等）从而创造社会价值，而非商业利润。然而，企业的运营和发展需要资源的支持，与传统的非政府组织（NGO）或者非营利组织（NPO）主要依靠捐赠而获得资源的形式不同，社会企业往往通过“自我造血”来支撑其创造社会价值。如同本研究中的两家小额信贷组织，很多社会企业都会在原生组织中孵化出一个盈利的部门、业务或独立公司，来为原来的业务带来收入来源，使得企业具有了“混合性”，进而也带来了不同经营逻辑的冲突。正如“老爸评测”案例以及残友集团案例中提出的，社会企业的社会目的和商业目的存在着潜在的冲突。

本研究为社会企业解决这种“混合性”所带来的不同逻辑的冲突提供了思路，指明了混合型组织需要在组织中建立共同的组织认同，其实现路径有两种：其一，Los Andes 的“师傅带徒弟”（apprenticeship）方式，即不要求招聘来的新员工有丰富的工作经验，相应地，对这些员工的培训、激励和提拔也会采用一种更加注重过程和手段的方式；其二，以 BancoSol 为代表的“整合”（integration）方式，即在招聘时便考虑员工的多方面能力以及不同的工作逻辑，在培训、激励和提拔方式上遵循目标导向的原则。两种方式各有利弊，例如，“师傅带徒弟”方式能够增强员工对员工，以及员工对组织的认同感，很大程度上避免了个体间的冲突，但是长期来看工作绩效提升并不显著；“整合”方式虽然注重双重目标的实现，但是在真正运行过程中有可能使得不同细分组别间出现潜在冲突。但是从长远来看，在新成立的混合型组织中，虽然“整合”方式存在短期的矛盾，但是其长期发展绩效优于“师傅带徒弟”方式。

这篇文献从一个典型的现象出发提出研究问题，并采用严谨的比较案例研究法进行分析，得出的结论具有一定的普适性，是一篇值得细读的经典文献。

【文献出处】Julie B, Silvia D. Building sustainable hybrid organizations: The case of commercial microfinance organizations [J]. Academy of Management Journal, 2010, 53(6): 1419-1441.

本章作者

于晓宇，上海大学管理学院教授、博士生导师，上海大学战略研究院副院长。主要研究方向是创业失败、生态战略等，讲授“创业管理”“战略管理”等课程。

赵丽缦，中欧国际工商学院案例研究员。主要研究方向包括社会创业、国际创业、商业模式创新等，曾讲授“企业管理案例分析”“创业创新案例分析”等课程。

厉杰，上海大学管理学院副教授。主要研究方向是社会企业合法性、社会创业动机等，讲授“创业管理”等课程。

本章案例撰写：赵丽缦。

本章文献评述：厉杰、赵丽缦。

注：本章撰写过程中，杭州老爸评测科技有限公司、深圳市残友集团控股股份有限公司等提供了宝贵资料。

参考文献

[1] Alter K. Social enterprise typology[EB/OL]. https://www.globalcube.net/clients/philippson/content/medias/download/SE_typology.pdf.

[2] Alvord S H, Brown L D, Letts C W. Social entrepreneurship and societal transformation: An exploratory study[J]. Journal of Applied Behavioral Science, 2004, 40（3）: 260-282.

[3] Baker T, Nelson R E. Creating something from nothing: Resource construction through entrepreneurial bricolage[J]. Administrative Science Quarterly, 2005, 50（3）: 329-366.

[4] Battilana J, Dorado S. Building sustainable hybrid organizations: The case of commercial microfinance organizations[J]. Academy of Management Journal, 2010, 53: 1419-1440.

[5] Caldwell L K. Political aspects of ecologically sustainable development[J]. Environmental Conservation, 1984, 11（4）: 299-308.

[6] Dacin P A, Dacin M T, Matear M. Social entrepreneurship: Why we don't need a new theory and how we move forward from here[J]. Academy of Management Perspectives, 2010, 24（3）: 37-57.

[7] Di Domenico M L, Haugh H, Tracey P. Social bricolage: Theorizing social value creation in social enterprises[J]. Entrepreneurship Theory and Practice, 2010, 34（4）: 681-703.

[8] Eisenberg N, Fabes, R. A. Empathy: Conceptualization, measurement, and relation to prosocial behavior[J]. Motivation and Emotion. 1990, 14（2）: 131-149.

[9] IUCN, UNEP, WWF, Caring for the earth: A strategy for sustainable living[M]. Gland: Switzerland, 1991.

[10] IUCN. World conservation strategy: Living resource conservation for sustainable development[M]. Gland: Switzerland, 1980.

[11] Hahh T, Pinkse J, Preuss L, Figge F. Ambidexterity for Corporate Social Performance[J]. Organization Studies, 2016, 37（2）: 213-235.

[12] Lee M, Battilana J. Uncovering the antecedents of hybrid organizations: The role of entrepreneurs' socialization[C]. 9th NYU-Stern Conference on Social Entrepreneurship. 2012, New York, NY, USA.

[13] Lewis M. Exploring paradox: Toward a more comprehensive guide[J]. Academy of Management Review, 2000, 25: 760-776.

[14] Li H, Zhang Y. The role of managers' political networking and functional experience in new venture performance: Evidence from China's transition economy[J]. Strategic Management Journal, 2007, 28（8）: 791-804.

[15] Liu G, Eng T Y, Takeda S. An investigation of marketing capabilities and social enterprise performance in the UK and Japan[J]. Entrepreneurship Theory and Practice, 2015, 39（2）: 267-298.

[16] Meyskens M, Robb-Post C, Stamp J A, Carsrud A L, Reynolds PD. Social ventures from a Resource-Based perspective: An exploratory study assessing global Ashoka fellows[J]. Entrepreneurship Theory and Practice, 2010, 34（4）: 661-680.

[17] Miller T L, Wesley I I, Curtis L. Assessing mission and resources for social change: An organizational identity perspective on social venture capitalists' decision criteria[J]. Entrepreneurship Theory and Practice, 2010, 34（4）: 705-733.

[18] Nicholls A. The legitimacy of social entrepreneurship: Reflexive isomorphism in a preparadigmatic field[J]. Entrepreneurship Theory and Practice, 2010, 34（4）: 611-633.

[19] Opschoor J B ed, al. Environment, economy and sustainable development[M]. Wolters-Noorhoff Publishers. 1992.

[20] Pearce D W, Barbier E, Markendya A. Sustainable development and cost benefit analysis. London: LEEC Paper 88-03. 1988.

[21] Roberts, D, and Woods, C. Changing the world on a shoestring: The concept of social entrepreneurship[J]. University of Auckland Business Review, 2005, 19（1）: 45-51

[22] Sarpong D, Davies C. Managerial organizing practices and legitimacy seeking in social enterprises[J]. Social Enterprise Journal, 2014, 10（1）: 21-37.

[23] Santos F M. A positive theory of social entrepreneurship[J]. Journal of Business Ethics, 2012, 111（3）: 335-351.

[24] Smith W K, Lewis M W. Toward a Theory of Paradox: A Dynamic Equilibrium Model of Organization[J], The Academy of Management Review. 2011, 36（2）: 381-403.

[25] Stettner U, Lavie D. Ambidexterity under scrutiny: Exploration and exploitation via internal organization, alliances, and acquisitions[J]. Strategic Management Journal, 2014, 35（13）: 1903-1929.

[26] Tracey P, Phillips N, Jarvis O. Bridging institutional entrepreneurship and the creation of new organizational forms: A multilevel model[J]. Organization Science, 2011, 22（1）: 60-80.

[27] WCED, Our Common Future[M]. Oxford: Oxford University Press, 1987.

[28] Weber C, Weidner K, Kroeger A, Wallace J. Social value creation in inter-organizational collaborations in the not-for-profit sector: Give and take from a dyadic perspective[J]. Journal of Management Studies, 2017, 54（6）: 929-956.

[29] Zimmerman M A, Zeitz G J. Beyond survival: Achieving new venture growth by building legitimacy[J]. Academy of Management Review, 2002, 27（3）: 414-431.

[30] 杜运周，张玉利 . 顾客授权与新企业合法性关系实证研究 [J]. 管理学报，2012，9（05）：735-741.

[31] 傅颖，斯晓夫，陈卉 . 基于中国情境的社会创业：前沿理论与问题思考 [J]. 外国经济与管理，2017，39（03）：40-50.

[32] 郭毅，李芳容 . 获取合法性：创业者社会网如何有助于新创组织成功？—项扎根理论的研究 [C] // 中国企业管理案例论坛暨"第三届中国人民大学管理论坛"论文集 [D]. 北京：人民大学，2009.

[33] 厉杰，吕辰，于晓宇 . 社会创业合法性形成机制研究述评 [J]. 研究与发展管理，2018，30（02）：148-158.
[34] 刘振，崔连广，杨俊，李志刚，宫一洧 . 制度逻辑、合法性机制与社会企业成长 [J]. 管理学报，2015，12（04）：565-575.
[35] 刘志阳，李斌 . 公益创投运行机制研究——兼论与商业创投的异同 [J]. 经济社会体制比较，2018，（03）：181-191.
[36] 欧阳桃花，崔争艳，张迪，等 . 多层级双元能力的组合促进高科技企业战略转型研究——以联想移动为案例 [J]. 管理评论，2016，28（1）：219-228.
[37] 斯晓夫，钟筱彤，罗慧颖，陈卉 . 如何通过创业来减少贫穷：理论与实践模式 [J]. 研究与发展管理，2017，（29）：1-11.
[38] 世界银行 .1992 年世界发展报告 [R]，中国财政经济出版社，1992.
[39] 舒博 . 社会企业的崛起及在中国的发展 [D]. 天津：南开大学，2010.
[40] 王晶晶，王颖 . 国外社会创业研究文献回顾与展望 [J]. 管理学报，2015，12（1）：148-155.
[41] 邬爱其，焦豪 . 国外社会创业研究及其对构建和谐社会的启示 [J]. 外国经济与管理，2008（01）：17-22.
[42] 项继权，耿静 . 社会企业的产生与发展：关键要素与驱动主体 [J]. 湖北行政学院学报，2014（05）：77-82.
[43] 于晓宇，李雅洁，陶向明 . 创业拼凑研究综述与未来展望 [J]. 管理学报，2017，14（02）：306-316.
[44] 张秀娥，张坤 . 创业导向对新创社会企业绩效的影响——资源拼凑的中介作用与规制的调节作用 [J]. 科技进步与对策，2018，35（09）：91-99.
[45] 钟承运 . 国内社会企业投资后管理研究 [D]. 成都：西南财经大学，2013.

第10章　社会创业环境

学习目标

- ☑ 了解社会创业环境的概念及其作用
- ☑ 了解社会创业环境构成
- ☑ 掌握社会创业环境分析方法

本章纲要

- ☑ 社会创业环境概述
- ☑ 社会创业环境的构成
- ☑ 社会创业环境分析

开篇案例

400多万人争着为一家倒闭巧克力工厂投钱

在新西兰，发生了件有趣的事。一家巧克力公司倒闭后，几乎整个新西兰450万人都在为一家倒闭的巧克力工厂捐款，不是为了继续吃巧克力，而是为了参加一场比赛。甚至在短短两天内就募捐到了430万新西兰元，硬是把公司救活了。大家这么做的原因并非这家公司的巧克力有多么独特、好吃，这背后其实和公司举办的一场巧克力比赛有关。

这场比赛到底有什么魔力？

先给大家介绍一下这场奇妙的巧克力比赛到底是怎么玩的。比赛在新西兰的但尼丁举办。而比赛规则也非常简单，你只需花1新西兰元购买一颗Jaffa圆形巧克力就能参加。每颗糖果都会被标上独一无二的编号。

巧克力豆会被集中放在但尼丁最陡的鲍德温街上。比赛开始时，裁判一声令下，装有巧克力豆的盒子会被打开，上万颗巧克力豆争先恐后地从大街的最高处奔跑出来，飞奔而下的巧克力海，非常壮观。不过你还是很难盯紧属于自己的那颗巧克力豆，因为据统计，最快的巧克力豆“跑”完全程仅需15～25秒。2016年的巧克力豆大赛有超过1.5万人参加！共75 000颗巧克力豆参与比赛。参赛巧克力豆一共三种颜色，被分为三组，

每组25 000颗豆子。红队、绿队、黄队前5名豆子的得主可以获得奖励，一共15个人。在高速摄影机的帮助下，工作人员们会认真记录下最早到达终点的“巧克力豆选手”信息。去年的奖项据说非常丰富。第一名获得了价值1 000新西兰元的食品券、750新西兰元的加油券还有一篮子价值250新西兰元的巧克力！当然那些“跑”偏了的巧克力豆，活动主办方会有专门的工作人员来清理。不过，若是你气不过，也可以把它们吃掉。

举办比赛的鲍德温大街其实也小有名头，是被吉尼斯世界纪录大全认证为世界最陡的街道。短而直的街道，总长约350米，倾斜度达到惊人的35°。因为陡峭的地形，这里常有活动、挑战举行，游人不断。自1988年起的每年2月，鲍德温街大挑战（Baldwin Street Gutbuster）竞跑比赛，也会在这条街道上举行。据说最快纪录为1988年的1分56秒。除此之外，还有许多极限运动玩家聚集此地。

然而就在大家都等待着今年的巧克力比赛时，这家巧克力公司却突然宣布因为资金断裂，被迫倒闭。一直由其承办的巧克力豆奔跑大赛跟着被终止。厂主也出面跟大家道歉，表示因为经营不力、资金出现问题导致公司破产，对大赛的终止感到十分抱歉。也许你会觉得这个巧克力比赛也不过是个新西兰人的狂欢活动，停了就停了。但真正让这场比赛与众不同的是，它的所有收入都是用于慈善的。这也是大家热爱这家巧克力公司的原因。

在每次巧克力比赛结束后，巧克力公司会在官网上发布收入。上一年的比赛一共筹集到11.9万新西兰元的善款。从2002年起，巧克力比赛就获得了超过90万新西兰元（约合人民币432万元）新西兰元的善款。巧克力公司将这些钱分给当地慈善机构，来拯救绝症儿童、老人、海洋生物等。同时，巧克力公司还会邀请那些患病的儿童免费来参加比赛。希望这份纯粹的快乐可以减少一些病痛带给他们的折磨。将比赛收入全部捐出并不容易，然而巧克力工厂厂主坚持去做。因为从小作坊到被吉百利公司收购变成大巧克力公司，一直以来，都少不了整个地区的人对巧克力工厂的支持。

被收购后的厂主还是公司的负责人。为了感恩，他想为这个地区回馈点什么，为孩子做点什么。将当地最有特色的鲍德温大街和大家喜欢的巧克力结合起来的想法就诞生了。于是从2002年起，巧克力工厂就发起了这样一项慈善活动：Jaffa Race，巧克力豆奔跑大赛！不只是比赛，还是爱。

因为这份巧克力里的独特善心，巧克力公司破产的消息在小镇里一天内就引起了巨大的关注。为了拯救这家一直给大家带去欢乐的巧克力公司，小镇人们自发组织募捐活动。短短的时间，就募集到超过430万新西兰元（约合人民币2 062万元）的澳币。这相当于几乎整个新西兰450万人口每个人都捐了钱。曾有媒体采访小镇的居民，当问到为什么会愿意给巧克力工厂捐钱时，他们质朴地回答：“我根本不知道什么市场规律，只是想着这个比赛能为孩子做点事，这家善心公司要活下去。”捐款活动越演越烈，甚至有许多国外的网友加入其中。有网友留言说自己的女儿听到巧克力大赛不再进行了，非常伤心，把自己的零花钱也捐出来了。

能得到这么多人的支持，巧克力厂长非常感动。就连帮忙募捐的议会议员JimO’M自己在看到募捐金额时，也激动地表示：“太兴奋了！大家的支持简直是难以想象的热情！”得到帮助后的公司表示，他们会尽全力让公司重新经营，今年的巧克力比赛又可以继续进行了。

善心以另一种善心得到回报，这样的世界，真的挺美好。

资料来源：大风号，http://wemedia.ifeng.com/19112701/wemedia.shtml.

10.1 社会创业环境概述

10.1.1 创业环境

创业活动是在特定的环境下进行的，且受到环境中各种因素直接或间接的影响。随着经济社会的发展，创业环境对创业活动的影响日益明显，逐渐引起了社会各界的关注。由于创业活动的特殊性，关于创业环境的定义具有一定的争议，总的来说，可以总结为以下三类。

（1）“平台论”，即创业环境是社会和政府为创业者创办新企业所建立的一个公共平台。例如，叶依广等人（2004）认为，创业环境是一个公共品，政府在提供这个公共品方面承担着重要责任，同时指出创业环境要体现“社会的创业关怀”，其终极目标是“以环境造就创业”。

（2）“因素论”，即创业环境是影响创业行为的各种因素的有机组合。Gnyawali 和 Fogel（1994）将创业环境定义为创业者在实现其创业意愿，进行创业活动的过程中所必须面对和能够利用的各种因素的有机总和，主要包括政策环境、融资环境、创业服务环境、创业文化等环境要素。Deborah（2002）认为创业环境是由社会文化氛围、公共基础设施和政府支持构成。张玉利（2004）认为，创业环境是在创业活动过程中发挥重要作用的要素组合，它既包括影响开展创业活动的所有政治、经济、社会和文化要素，还包括获取创业支持和帮助的可能性。

（3）“系统论”，即创业环境是一个包含各种创业环境要素的复杂系统，创业者周边的经济、政策、技术、文化等境况，是创业者与其企业建立、成长的基础，该系统是多层面的有机整体。目前比较经典的创业环境定义是由 Gartner（1985）给出，创业环境是由可获得的资源、政府的干预、周边大学及科研机构、人们的创业态度等因素组成。他还表明创业环境就是在创业者创立企业的整个过程中，能够对企业成长产生影响的一系列外部因素所组成的有机整体。该定义的核心来源于组织环境理论，在此基础上结合创业活动中的资源可获得性命题，同时引入三螺旋创新模型（即企业或创业者、政府和科研机构）的核心思想。蔡莉等人（2007）在分析 Gartner 等学者观点的基础上，提出创业环境是在企业创建的整个过程中，对创业产生影响的一系列外部因素及其组成的有机整体，包括政策法规环境、科技环境、市场环境、融资环境、文化环境和人才环境。

10.1.2 社会创业环境的定义、类型和特征

1. 社会创业环境的定义

社会创业环境（social entrepreneurial environment, SEE）就是存在于一个社会企业内部和外部的能够影响社会企业目标实现的所有因素的总和。也即社会企业在社会创业过程中，所处的外部市场环境的动态性和组织内部所拥有的资源对于社会创业活动的支持性的综合。社会创业是一种社会性活动，社会创业与环境的关系从本质上而言就是人与社会的关系，社会创业的结果实际上就是通过人与社会的相互作用，双向构建而得以实现的。社会创业活动是在一定的社会环境条件下进行的。在社会创业过程中，多方面因素相互交织、相互作用，在碰撞中形成了现实的社会创业环境系统。参考 Gnyawal（1994）的研究，我们把社会创业环境划分为社会经济条件、创业和管理技能、政府政策和规程、社会创业

资金支持、社会创业实物支持这五个维度（见图 10-1）。

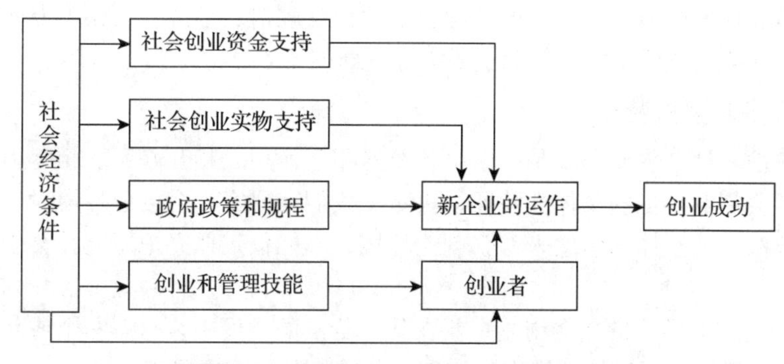

图 10-1　社会创业环境的五维度模型

资料来源：Gnyawali D R, Fogel D S. Environments for Entrepreneurship Development: Key Dimensions and Research Implications[J], Entrepreneurship: Theory & Practice, 1994, 18:43-62.

2. 社会创业环境的表现形式与类型

社会创业环境的基本状况由一个国家的政治、经济、文化、社会的总体条件决定。社会创业环境包括政策环境、地域环境、人际环境和物质环境等，它们在社会创业过程中互相联系、相互作用形成环境系统，构建了社会创业的活动平台。社会创业环境作为一种特殊环境，大约表现为以下几种形式。

（1）社会环境与自然环境。社会环境主要指国情，是对我们所处的社会政治环境、经济环境、法制环境、科技环境、文化环境等宏观因素的综合。自然环境是指由水土、地域、气候等自然事物所形成的环境。它们作为开创活动的宏观背景，对社会创业活动有着巨大的不可抗拒的影响。

（2）内部环境和外部环境。内部环境主要是指社会创业组织内部所拥有的资源，整合资源的能力，以及这些资源与其社会创业活动之间的匹配程度和对社会创业行为的支持程度。内部环境是创业者的家园，是社会创业活动的根基。外部环境指社会创业组织外部的各种创业条件的总和，如市场环境中的消费者、竞争者、产业特征等。

（3）融资环境与投资环境。融资环境是社会创业者为了扩大创业实力而聚集大量资金的社会条件，社会企业从各种渠道以各种形式筹集资金，是资金运动的起点。投资环境指的是社会创业者资金投向的项目、行业及地区的情况。

（4）生产环境与消费环境。生产环境是指社会创业者的资金转化为产品过程中所需要的各种要素，消费环境是指社会创业者的商品转化为货币的过程。

社会企业的社会创业环境，可以从多个角度进行分类。根据社会创业环境要素的物质形态属性不同，可分为硬环境和软环境，其中硬环境是指社会创业环境中有形要素的综合，如有形基础设施、自然区位和经济区位，软环境是指无形的环境要素总和，如政治、法律、经济、文化环境等。从感知角度来分，社会创业环境可分为感性环境和理性环境，其中感性环境要素包括社会认可、社会规范和标准以及创业楷模示范等；理性环境要素包括融资的可期望度、商业机会的可获性以及五类资源（技术、资金、人才、社会资本、市场的接近）的可用性。按照社会创业环境的构成要素分，主要分为政治和法律环境、经济环境、科技环境、营商环境、教育环境、社会文化环境以及自然环境等。按照社会创业环境的层次来划分，主要分为宏观环境、中观环境和微观环境。在社会创业过程中，创业者既要了解微观环境，也要了解宏观环境，更要掌握中观的行业环境。还可将社会创业环境分为一般环境和任务环境，其中一般环境包括社会、政治、经济、文化等方面的因素，任务环境包括与社会创业活动相关的融资环境等方面的要求。

3. 社会创业环境的特征

（1）整体性。社会创业环境是一个由各要素相互作用、相互联系、相互影响而构成的有机整体。社会创业环境的整体性特征，决定了我们在研究社会创业环境时，必须要用系统的原则和方法，从整体的角度来考察创业环境，不能仅仅孤立地研究社会创业环境的某一个方面。

（2）主导性。主导性指社会创业企业在某一阶段的发展中，总有一个或几个要素规定和支配着其他要素。此时，该要素在社会创业环境的各要素中居于主导地位。

（3）动态性。动态性指的是一种“稳定—不稳定”性特征，主要是社会创业环境变化的速度与幅度。随着科技的进步，社会不断发展，社会创业环境也在不断发展变化着。竞争者、顾客、市场趋势变化率、增长机会和创新研发的不可预测性等，都极大地影响着社会创业环境，社会创业者需要用动态发展的眼光去观察和研究社会创业环境，适时调整社会创业活动。

（4）宽松性。宽松性指的是环境支持可持续增长的能力与容量环境中可供社会企业使用的资源的稀缺程度以及企业获取资源的竞争程度。即社会创业环境中的资源与社会企业所需资源的匹配情况，是短缺还是充裕。

（5）异质性。异质性描述的是社会创业环境中各要素之间是否存在相似性或者说其中的某些环境要素是否有别于其他环境要素。也就是社会创业环境中不同的细分市场产品需求以及市场差异。

10.1.3 社会创业环境的作用

创业环境是一个非常重要的创业条件，在社会创业中发挥着不可忽视的作用。社会创业环境包含经济、文化、自然等环境方面的要素，不直接参与社会创业活动却时刻影响着新创社会企业的成长（Gartner. W., 1985）。社会创业环境是社会创业存在与演化的必要条件和土壤，其重要性不仅体现在对社会创业机会、资源等外部条件产生作用，而且通过外部作用对社会创业者的创业意愿、创业项目选择等产生影响。

1. 社会创业环境对创业资源利用的作用

创业资源是创业者开展创业活动必不可少的资源与条件，是实现创业梦想的物质条件与基础，是创业机会落地的桥梁（Alvarez，2001）。Hitt 等人（2008）认为创业资源既涵盖物质资源，也包括非物质资源。社会创业资源既有一般创业资源的共性，也有社会创业本身的特点。蔡莉等人（2007）将环境分为直接和间接匹配环境要素。直接匹配环境要素包括技术、资金及人才，它们直接提供创业企业所需的资源；间接匹配环境要素分为政策法规、中介服务体系、文化、市场、信息化等，它们保障创业企业所需资源的获取。近年来，在我国社会经济的快速发展和“大众创业、万众创新”的新背景下，鼓励社会创业作为大众创业的一种重要形式，积极的创业环境使更多优质资源涌现。社会创业本身就是社会创业者发现、整合并利用资源的一系列社会创业活动的过程。新创社会企业所处的社会创业环境优劣，获取社会创业资源的难易程度、风险大小、途径等决定了创业成功与否。

2. 社会创业环境对创业机会识别的作用

社会创业环境在创业机会识别过程中扮演着非常重要的角色（Javier Monllor, 2010），因此创业者准备创业计划之前，有必要对其进行研究分析，主要包括技术环境分析、市场环境分析和政策环境分析。

（1）技术环境分析。创业者应对所涉及行业的技术变化趋势有所了解和把握，应考虑因政府投入可能带来的技术发展。

（2）市场环境分析。市场环境分析可以从宏观、中观和微观三个层次来进行。在宏观上，主要是对经济因素、文化因素的分析；在中观上，主要是对行业需求的分析，根据波特的竞争模型，潜在的进入者、行业内现有竞争者、替代品的生产者、供应者和购买者是主要的竞争力量；在微观上，包括社会企业的人员、资金、技术、设施、管理模式和营销渠道等各种内部要素与资源。

（3）政策环境分析。政府的政策规定，法律法规等都可能直接或间接影响社会创业的活动。例如，孟加拉国法律政策方面制定了一系列专门的法律、法规，以确保孟加拉乡村银行（格莱珉）的独立自主，促进了农村社区金融生态模式的成功。

完成环境分析之后，可以根据分析结果识别出创业机会。一般来说，有关市场特征、竞争者等的可获数据，常常反过来与一个创业机会中真正的潜力相联系，也就是说，如果市场数据已经可以获得并清晰显示出发展潜力，那么大量的竞争者就会进入该市场，市场中的创业机会就会随之减少。因此，对社会创业环境进行信息收集和分析，推动社会创业机会的搜寻、感知、评价和利用，识别真正的社会创业机会是非常重要的一步。

3. 社会创业环境对创业能力培养和观念转变的作用

创业能力包括创业者的创业意愿、创业动机等。创业环境是影响大学生创业动机形成以及大学生创业活动实际展开的重要因素。有研究表明，金融支持、政府政策、教育和培训、研发转移、国内市场开放程度等能够比较科学、全面地反映中国国情下大学生的创业环境，且是影响创业动机的最显著因素（段利民等，2012）。因此，在中国社会创业环境下，强化社会创业者的社会创业动机和社会创业意识非常重要。另外，社会创业是“舶来品”，我国社会对其认识还非常有限，应积极建立良好的创业文化环境与制度环境，使社会创业活动成为人们发展社会、解决社会问题所需的自主行为，帮助社会个体认识到创业不仅是为了个体生存和成长，积极的社会创业环境有利于推动社会整体的可持续发展。

4. 社会创业环境对创业项目选择的作用

创业环境的不确定性决定着创业项目的选择。在当今市场环境下，信息和知识快速变化，环境中的不确定性日益加剧。社会创业是兼顾经济价值与社会价值的创新立业活动，道德准则是社会创业者的基石，信任、合作、互助的社会风气有利于推动社会创业活动的发展。对创业者来说，社会创业项目目前仍是一片“蓝海”。

5. 社会创业环境对创业战略的作用

现有研究从环境、组织架构和企业绩效的关系分析影响企业战略选择的因素（Child, 1972），同样社会创业环境对创业战略的选择也具有重大影响。社会创业者通过对社会创业环境进行分析，根据分析结果进行创业战略的制定和选择，社会企业战略应该高度适配

社会创业环境，并需要根据环境的变化进行战略的调整。Wallace（1999）指出，社会企业作为一种新型企业形式，不同于商业企业和非营利组织，其企业战略选择也呈现出非常强的独特性。

10.2 社会创业环境的构成

任何创业活动都是产生于一定的环境，又在一定的环境中发展变化。对于创业环境的构成要素，国内外学者已进行了广泛研究并取得了丰硕的成果。

Gnyawali 和 Fogel（1994）认为，创业环境是创业过程中，社会经济条件、创业和管理技能、政府政策和规程、创业资金支持、创业非资金支持等多种因素的有机结合。

Korsching（2011）提出，创业环境包括市场资源环境和制度规范环境。其中，市场资源环境包含资金、技术、人才等创业必备的初始资源，是创业活动产生的基础条件；制度规范环境包含政策、规范等制度要素，影响新创企业获取资源、合法性以及创业者的社会认同。市场资源环境与制度规范环境具有不同的作用机理（见表 10-1）。

表 10-1 市场资源环境和制度规范环境的不同点

相关维度	市场资源环境	制度规范环境
环境主体	市场（生产要素的提供者）	政府和公众
提供的核心要素	资金、技术、人才等资源	政策、文化支持、合法性
运行机制	等价交换的市场规律	宏观调控和价值观
主要威胁	市场不成熟和市场失灵	政府过度干预
主要功能	直接提供创业资源	保障资源获取、激励创业动机

资料来源：Korsching P F, Peter G, Hunger J D. Founder Motivation and Community Context Interaction in Entrepreneurship for Small City Smart Growth[J]，2011.

高建和邱琼（2003）认为，创业环境是由政府政策、政府项目、商业环境、金融支持、市场开放程度、研发转移、创业教育和培训、文化及社会规范、有形基础设施等九个方面构成。

张玉利（2004）认为，创业环境是在创业活动过程中发挥重要作用的要素组合，它既包括影响开展创业活动的所有政治、经济、社会和文化要素，还包括获取创业支持和帮助的可能性。

全球创业观察（GEM）认为，影响创业活动的创业环境因素主要是金融支持、政府政策、政府项目支持、教育与培训、研发转化效率、商业和专业基础设施、进入壁垒、有形基础设施、文化和社会规范九大方面。

本章从层次划分的角度来分析社会创业环境的构成，根据影响范围的大小，将社会创业环境分为宏观环境、中观环境和微观环境三个层次。宏观环境指来自行业以外所有对社会创业有着重要影响的外在因素，主要包括经济环境、政府政策支持、有形基础设施、社会创业教育培训、社会创业文化氛围、国家对外开放程度等；中观环境是指企业所处的行业对企业经营活动产生影响和作用的各要素，主要根据波特五力模型进行分析；微观环境指社会创业组织内部的各种创业要素和资源，主要包括人员、资金、技术、设施、管理等对企业经营活动产生直接影响的各种因素。

10.2.1 宏观环境

1. 经济环境

社会创业与经济环境密切相关。经济环境包括经济结构、经济发展阶段、经济周期、国民收入及其变化趋势，以及资本市场发育程度等因素，它们决定了企业潜在市场的大小。

社会创业会受到一个国家或地区整个经济环境的影响。从国家整体经济环境来看，尽管没有明确证据表明经济增长与创业之间存在正向影响关系，但总体来看，创业活跃的地区往往也是经济增长较快的地区，而创业活动较少的地区，其经济增长速度通常比较缓慢。而从个人经济条件来看，经济富裕者更愿意通过创业来体现自身能力，他们的创业动机来源于抓住机会的强烈愿望，表现出超常的进取心，并把创业作为实现某种目标（如实现自我价值、追求理想等）的手段。

2. 政府政策支持

政府政策支持，指的是政府鼓励社会创业的政策，包括对社会创业环境和安全的规定、企业组织形式的规定、税收的规定、创业政策的执行等。政府在社会管理创新领域的支持政策与财政投入、区域环境内相关法律法规的完善情况与制度环境等，直接影响社会创业者开展社会创业活动的积极性。当个体感知到政府政策法规对社会创业活动有利时，如创业扶植、申请审批程序简化、税务负担较轻等，较低的创业门槛会吸引更多的人参与社会创业。

英国早在 17 世纪初，就颁布了规范非营利企业和行为的法律规范，在 1601 年出台了《慈善用途法》和《救济法》。多样化的法律形式，一方面赋予了社会创业组织地位的合法性，保障了其社会公益性质，使其相对容易得到英国社会各界的认可和支持；另一方面法律制度允许社会企业采用灵活的商业化运行形式获取资源，增强了社会创业组织筹集资金的能力，拓宽了其业务范围。2001 年，英国贸易和工业部（DTI）成立了社会企业小组为社会企业的发展提供支持；2002 年，英国社会企业联盟建立；2005 年，英国确立了社区利益公司（CIC）的法律形式，以利于社会企业注册；2009 年，英国卫生部设立社会企业投资基金；2010 年，历史上第一个社会影响力债券（SIB）在英国出现。英国的主要政党都宣布支持社会企业和社会投资的发展，英国首相卡梅伦提出“大社会政策”，2012 年，“大社会资本”启动；2013 年，英国公共服务（社会价值）法案出台，社会股票交易所在伦敦成立，卡梅伦启动了八国集团社会投资专门小组（韩君，2014；Han, 2017）。

自 2008 年以来，美国各州在商业公司的法律框架中，先后设立了低利润有限责任公司、共益公司、弹性目标公司、社会目的公司四种法律形式，这些形式是对非营利组织和商业企业两者的融合（王世强，2013）。为了适应社会创业发展需要，美国对社会创业提出了支持性政策，推出相关税务优惠计划，这些措施为社会企业提供了良好的制度环境（王世强，2013）。

近年来我国也不断出台创新创业的利好政策。例如，2015 年 3 月，国务院办公厅发布的《关于发展众创空间推进大众创新创业的指导意见》（国办发〔2015〕9 号）提出简化创业企业工商注册手续，为创业者提供优惠的服务和财政补贴以及要加快发展创业孵化服务，大力发展创新工场、车库咖啡等新型孵化器，做大做强众创空间，完善创业孵化服

务；2017年7月，国务院发布的《关于强化实施创新驱动发展战略进一步推进大众创业万众创新深入发展的意见》（国发〔2017〕37号）进一步系统性优化创新创业生态环境，强化政策供给，突破发展瓶颈，充分释放全社会创新创业潜能，在更大范围、更高层次、更深程度上推进大众创业、万众创新。这些政策文件的发布，对于鼓励社会创业有着积极影响。

3. 有形基础设施

有形基础设施包括可利用的有形资源的数量、质量和可获得的程度，如土地和办公空间、水电资源、通信设施、交通等公共设施、互联网等。有形基础设施是社会创业活动的物质载体，有形基础设施的完善程度和获得成本高低，会直接影响到社会创业的效率。随着我国综合国力的不断提高，我国有形基础设施得到较大改善，但由于地域发展不平衡，部分地区的有形基础设施还有待完善。

4. 社会创业教育培训

社会创业教育与培训指各个层次的教育与培训系统对创立或管理社会企业的社会创业者的支持，包括初等教育、高等教育、职业技术教育和创业教育等。在社会创业教育与培训方面，最突出的问题是社会创业者知识技能不足，创业教育和商业管理教育不能满足当前社会创业者创业实践的需求。

随着我国对“双创”的大力支持，作为人才培养基地的高校成为创新创业高素质人才培养的不容忽视的部分。高校进行社会创业教育和实践，可以有效培养大学生的创业能力、强化创业意识、增强创业技能，有助于促进大学生社会责任感和实践能力的提升。当前，多数高校已经开展创新创业教育，并将其纳入学分管理体制，通过创新创业教育，引导学生培养创新意识、成为国家高素质人才。

社会创业的成功率较传统商业创业成功率较高，且具有很强的社会感召力和影响力，在大学生中应该倡导和鼓励。社会创业教育在国外的发展趋势已经得到验证，如牛津大学、哈佛大学、斯坦福大学等世界一流大学，都已经开设了社会创业课程。斯坦福大学、牛津大学、乔治城大学还建立了相应的研究中心。目前国内开设社会创业教育的高校不是很多，仅有北京大学、清华大学、湖南大学、广西师范大学等。

5. 社会创业文化氛围

社会创业文化指个人或集体社会创业中表现出来的基本特性，包括社会习俗和传统价值观。文化和社会规范是影响社会创业活动的重要因素之一，对社会创业行为的产生有一定的促进或阻碍作用。

大多数发达国家从小培养个人的创业意识，创业理念深入人心。在很多发达国家，创业失败并不能说明什么，比如美国社会崇尚和强调个人奋斗、机会均等的平等思想观念，个人创业在美国是较为普遍且引以为荣的事，以至于整个社会形成了一种鼓励创业、宽容失败的氛围。在过去的30多年中，美国个人创业者的数量有了巨大增长。在发展中国家，创业意识相对薄弱，对创业失败不够宽容。因此，一些人在创业时，就会选择风险较小的项目或行业，从而丧失可贵的冒险精神，不利于创业的发展。

倡导和尊重社会创业、宽容社会创业失败的文化氛围能够形成良好的社会创业风气，促进个体参与社会创业活动。良好的社会创业文化一方面要鼓励个人冒险精神，另一方面也要鼓励发扬团队合作精神，从而形成一个充满活力的创业型社会。

6. 国家对外开放程度

国家的对外开放程度一方面指国家积极主动地扩大对外经济交往的程度，另一方面指放宽政策，开放或取消各种限制，不采取封锁国内市场和国内投资场所的保护政策，发展开放型经济的程度。一般来说，一个国家对外开放程度越高，越能营造一种宽松的市场氛围，进一步放宽经营领域，降低市场准入门槛，为自主创业发展创造良好环境，从而促进社会创业活动。

10.2.2　中观环境

中观的行业环境是直接影响社会创业的外部因素，行业经营现状和发展趋势密切关系到社会企业的生存与发展。社会企业所处的社会价值链（Han et al.，2018）也属于中观的行业环境。当今社会科技进步日新月异，行业环境的不确定性日益加剧，深入分析行业环境，有助于社会创业者了解行业竞争状态，制定自身经营战略。

迈克尔·波特于 20 世纪 80 年代初提出五力模型（见图 10-2），具体分析行业中的关键因素，认为行业中存在着决定竞争规模和程度的五种力量，分别为同行业内现有竞争者的竞争能力、潜在竞争者进入的威胁、替代品的替代能力、供应商的议价能力、购买者的议价能力。

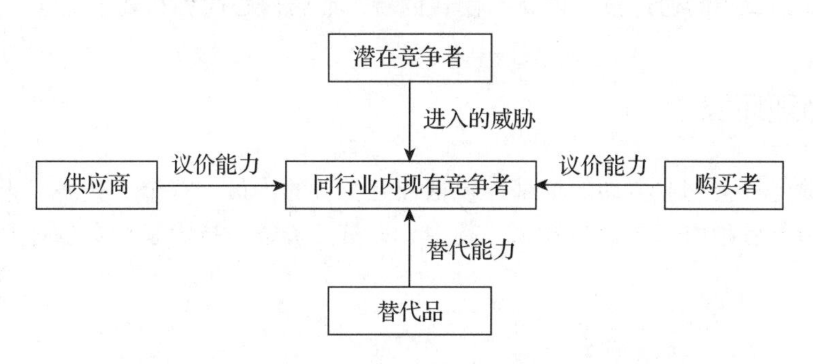

图 10-2　波特五力模型

资料来源：Porter M E, Competitive Strategy: Techniques for Analyzing Industries and Competitors[M]. New York: Free Press, 1980, (Republished with a new introduction, 1998.).

1. 同行业内现有竞争者

行业内现有企业之间的竞争是最普遍的竞争，但社会创业作为解决社会问题、推动社会进步的创新方式，既要满足社会目标，与同类型社会企业竞争，又需要与传统商业企业同台竞技，这无疑加大了社会创业的难度，对社会企业的竞争力提出了更高的要求。

社会创业作为舶来品，目前在我国还没有明确的法律地位，赵莉和严中华（2012）指出，我国社会创业主体的合法性审查缺乏统一标准，社会创业组织的监管机制也同样缺失，其身份的尴尬导致难以被公众、投资者等利益相关者认同的合法性障碍（Santos, 2012）。同时，社会创业运用商业手段解决社会问题，颠覆了社会价值与商业价值不能共存的固有观念，社会公众无法理解甚至怀疑社会企业的商业模式（王晶晶和王颖，2015）。这些严重影响了社会创业过程中的资源获取，使社会企业在同行业竞争中处于弱势地位，阻碍了社会企业的生存与发展。

解决社会创业合法性认知困境，提高在同行业内的竞争力，仅依靠政府的力量是不够的，社会创业者自身要做出努力，利用自己的社会地位与社会资源获取认可，通过选择行业内有共同价值追求的利益相关者影响社会公众对社会创业的理解等。

2. 潜在进入者

潜在进入者进入后，会引发新一轮市场竞争。这种进入威胁主要取决于行业的吸引力和进入障碍的大小。对社会创业来说，主要面临的是进入问题，进入的最大障碍来源于资金。社会创业初期很难拥有全部资源，社会创业又是高风险行为，难以从正规金融机构获得资金支持。王飞绒和池仁勇（2005）提出初创企业有两类重要的资金来源：一是来自亲朋好友的非正式融资；二是创业投资资金。社会创业在我国处于萌芽阶段，价值诉求的不同一定程度上影响了社会创业投资资金的获得。社会创业双重价值属性要求专业的中介机构进行评估、指导与支持，目前国内只有少数公益创投机构进行过这项工作，如友成企业家扶贫基金会等。构建多元化的社会创业融资体系，才能帮助社会企业进入市场并高效运作与成长。同时，为了减少市场竞争，社会创业者可以捕捉市场空白，站稳脚跟后不断发展自己。

3. 替代品

整个行业都面临替代品的威胁，社会创业是追求社会价值和经济价值并重的创业活动，提供的产品或服务不仅面临商业价值的替代品，同样也面临社会价值的替代品。因此，社会企业需要不断通过技术创新与模式创新，形成核心优势和规模优势。

10.2.3 微观环境

微观环境是社会创业活动的根基，包括社会企业的人员、资金、技术、设施、管理模式和营销渠道等各种内部要素与资源。其中，人员、资金、技术是社会创业必备的三种初始资源。

1. 人员

推动社会创业过程的动力有三种：社会创业者和社会创业团队、社会创业机会、资源。其中，最重要的是社会创业者和社会创业团队，这不仅仅是因为它是一个新企业形成的起点，更重要的是它决定了整个社会创业过程的多个方面。影响创业者追求新企业发展倾向的个人因素包括个性、技能、价值观、受教育背景和培训经历（Herron and Robinson, 1993）。社会创业活动也更可能集中出现在具有明显人才优势的地区。在人力资源集中的区域，个人之间会产生知识外溢，个人生产力也会随之提高（Glaeser, 1992），进而刺激社会创业活动。

2. 资金

创业资金的来源主要有三种途径：一是私人权益资本；二是创业资本融资；三是上市融资。社会创业通过商业运作模式来实现社会价值，通常社会创业者在创业初期最需要资金支持，但由于社会创业的特殊性，决定了社会企业相比商业企业而言，筹集资金更为艰难。

3. 技术

社会创业动机和社会创业行业与国家、区域和个人的技术条件有关，但创业与技术的关系更多地表现在创业行业的选择上。技术需求往往会影响到资金需求和人才需求，如企业在早期要通过自主研发来获得技术，则必然会对资金和研发人才有较大需求。

社会创业的微观环境因素是可控的，如社会创业团队人员构成与素质、管理水平、销售渠道等，社会创业者可以通过调整这些内部环境要素，创造性地整合资源以满足社会企业发展需求，形成自己的优势。由于社会创业微观环境的相关因素在其他章节均有涉及，在此不做赘述。

10.3　社会创业环境分析

10.3.1　社会创业环境分析的意义

良好的社会创业环境是保障和促进社会创业活动顺利进行的根本保证与关键。营造适合社会创业的优质外部环境，有利于激起更多人的社会创业动机与意愿，促进社会创业的诞生，推动社会创业活动的顺利实施。

社会创业环境的基本要素对社会创业活动产生了重要的影响，促进了社会创业机会的产生且增强了社会创业能力。社会创业机会与社会创业能力相结合，就会产生社会创业活动。社会创业总是在一定的政策环境和市场环境中进行的。社会创业者必须对环境有深刻的了解，并采取相应的对策，才能为创业活动的成功提供保障。

1. 通过研究社会创业环境，指导社会创业

社会创业活动可以被看成是一个开放的系统，社会创业活动和其所处的环境是相互作用、相互影响的。社会创业者获取资源以及在市场上竞争都离不开其所处的环境背景。通过对社会创业环境的研究，以了解社会创业环境为什么能影响社会创业活动，从而为社会创业者评估自己的社会创业能力和环境因素提供一定的理论参考。

2. 通过研究社会创业环境，规避创业风险，提高创业的成功率

创业者社会创业活动的成功率在整个世界范围内都是较低的。出现这样的结果，除了创业者自身的能力有限、创业资金不足等因素外，更重要的是受到社会创业环境的影响，例如，政府服务意识不强、法制环境不健全、社会服务化程度低，等等。所有这些都会影响社会企业的生存和发展。因此，通过对创业环境的研究，阐明社会创业环境是如何影响社会创业活动的，有助于规避创业风险，提高社会创业的成功率。

3. 通过研究社会创业环境，完善社会服务功能，建立有效的社会创业环境支持体系

社会创业环境对社会创业的影响最终表现在创业的成功率上。在社会创业的过程中，一部分创业者取得了成功，很多的创业者却失败了。分析其深层次的原因，主要是社会创业环境的各个方面对社会创业活动的影响程度较大。并且，不同的因素对社会创业的影响程度不同，同一环境因素在社会创业的不同阶段，也会产生不同的影响。因此，正确评估社会创业环境的影响程度，可以完善社会服务功能，从而建立有效的社会创业环境支持体系。

10.3.2　社会创业环境分析的内容

虽然社会创业环境分析产生于社会创业活动之前，但它将伴随着社会创业活动的开展，一直持续下去。对于社会创业环境的分析应当是一个不间断的循环，具体流程如下。

（1）环境扫描。环境扫描的概念最早是由美国哈佛商学院教授 Francis Aguilar 在 1967 年提出的，他认为环境扫描是指获取和利用外部环境中有关事件信息、趋势信息和关系信息的行为，以协助企业的高级管理层制订其未来行动的计划。通过环境扫描，创业者可以进行直观分析，并做出初步的社会创业计划。

（2）环境监控。环境监控是对社会创业环境的变化进行持续监测。环境监控要求持续跟踪影响未来新企业生存和发展的重要因素的变化。前期扫描的信息被输入到监控过程中，应该对所识别的与新企业相关的变化和实践进行实时监控，这样可以使创业者制定一个可行性强的较为理性的创业计划或战略。

（3）环境预测。环境预测是根据监测到的社会创业环境变化情况，对未来环境发展趋势进行预测。如消费者的购买力水平、利率的变化、通货膨胀等的预测。

（4）环境评估。环境评估是指评价和估量社会创业环境变化及其发展趋势对社会创业活动的影响，这是环境分析中最重要的环节，也是最为困难的环节。社会创业者主要从企业建立和成长的角度对社会创业环境提供的机遇或威胁进行全面的考量，为企业的发展提供决策依据。

10.3.3 创业环境分析的方法

1. 机会分析

在机会分析中，可以采取归纳统计的方法对各种环境因素对于机会的影响大小进行图标定点分析，并从各种环境因素定点的区域来认识各种环境对于机会的重要程度，如图 10-3 所示。横坐标表示机会的吸引力，即成功后能带来的利益的大小；纵坐标表示机会出现的概率，并将机会出现概率和利益大致分为大小或高低两档。根据各环境因素的相应数据在坐标平面上的定点，就可以区分其重要程度。

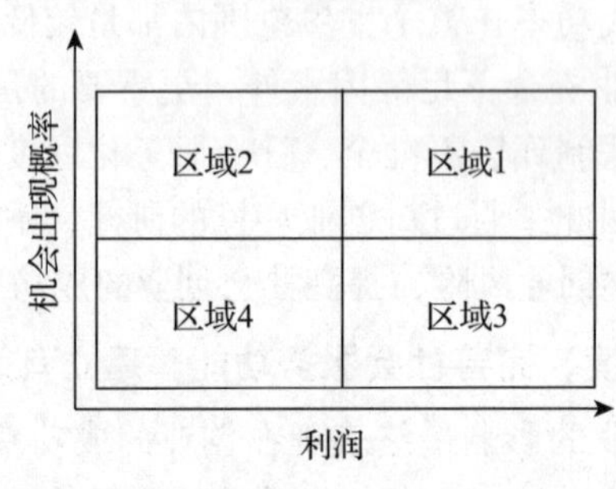

图 10-3 机会的吸引力与出现概率分析矩阵

- 区域 1：机会出现概率高，而且机会出现后会带来较大的利益，因此对创业者的吸引力大，是应该尽量利用的环境。
- 区域 2：机会出现概率高，但机会出现后带来的利益较小，是创业者应该注意开发的环境。
- 区域 3：机会出现概率低，但一旦机会出现后会给企业带来较大的利益，因而创业者应该注意创造条件，力争成功。
- 区域 4：机会出现概率低，并且机会出现后给企业带来的利益较小，是创业者应该注意回避的环境。

2. 威胁分析

采取归纳统计的方法对各种环境下威胁程度的影响进行图标定点分析，并从各环境因素定点的区域来认识各种环境对威胁的影响程度，如图10-4所示。

如图10-4所示，横坐标表示威胁对企业经营影响的严重性，即威胁出现之后所带来损失的大小；纵坐标表示威胁发生的概率，并将发生的概率和严重性大致分为高低和大小两档。根据各环境因素的相应数据在坐标平面上的定点，就可以区分事件的影响程度及其性质。

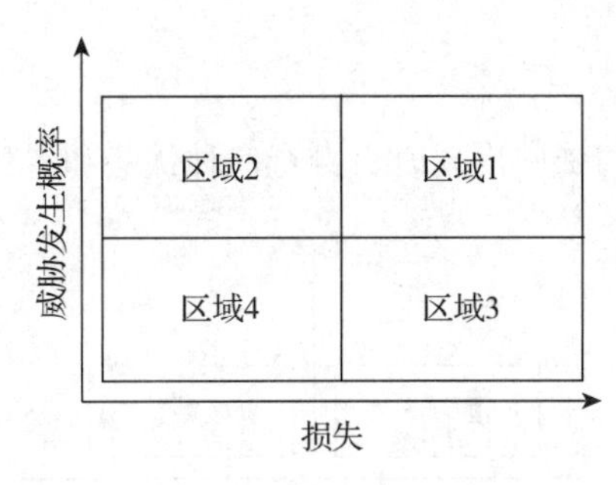

图10-4　威胁的严重性与发生概率分析矩阵

- 区域1：威胁发生的概率高，而且发生后将产生较为严重的负面影响，因此创业者要予以特别关注。
- 区域2：威胁发生的概率高，但发生后带来的负面影响有限，创业者应该予以必要的关注。
- 区域3：威胁发生的概率低，但一旦发生会产生较为严重的负面影响，因而创业者不能掉以轻心。
- 区域4：威胁发生的概率低，并且发生后给企业经营带来的负面影响业比较有限，是可以基本忽略的环境。

3. 机会和威胁分析

通过市场机会和环境威胁矩阵图的分析，可以判断创业者所面临的市场机会和环境威胁的位置，以便找出主攻方向。同时，对市场机会和环境威胁进行比较，还可以预测对社会创业者来说机会和威胁哪一个占主要地位。把两个方面的分析结果重叠，就可以形成新的矩阵图，如图10-5所示，横坐标表示机会水平的高低，纵坐标表示威胁程度的强弱。这样，业务项目就可以分为四种类型。

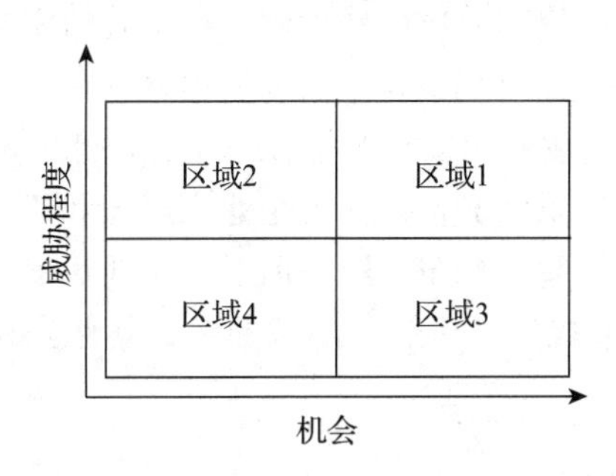

图10-5　机会和威胁分析矩阵

- 区域 1：威胁程度高，机会水平也高，两相比较，难分上下，处于这一区域的是风险型业务。
- 区域 2：威胁程度高，机会水平低，是最差的环境状态，处于这一区域的是困难型业务。
- 区域 3：威胁程度低，机会水平高，是最佳的环境状态，处于这一区域的是理想型业务。
- 区域 4：威胁程度和机会水平均低，虽然盈利能力不高，但也没有多大风险，处于这一区域的是成熟型业务。

4. 优势和劣势分析

判断社会创业者在机会与威胁出现时自身有何种优势和劣势（见图 10-6）。

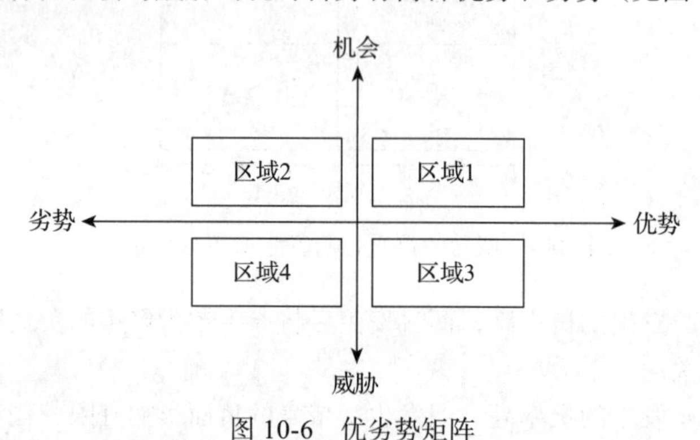

图 10-6 优劣势矩阵

- 区域 1：机会多、优势明显；最佳创业环境，最大限度地利用创业环境。
- 区域 2：机会多、劣势明显；不能有效地利用当前创业环境。
- 区域 3：威胁高、优势明显；风险较大，适合自信的创业者。
- 区域 4：威胁高、劣势明显；最差创业环境，不值得考虑。

5. 社会生态系统环境条件模型

我们采用的关于社会生态系统环境条件的模型，是 Paul N 和 Bloom 在哈佛商学院潘卡吉·盖马沃特（Pankaj Ghemawat）确定的四类重要的环境差异的基础上进行修改所得出的类别。这些类别可以满足社会企业家的需求。社会企业家应该考虑每个类别的现状和潜在变化。这四种环境条件如下所述。

（1）政治与行政结构。这一类别包括规则和条例以及社会企业家所在司法管辖区的政治动态。它还包括影响这些规则的过程和程序，包括政治家和执法官员的腐败程度。例如，1977 年的《社区再投资法》和 1994 年的《里格社区发展和监管改进法》，在塑造美国社区发展融资方面发挥了重要作用，影响了 Selp-Help ⊖和其银行合作伙伴。

（2）经济与市场。这种环境状况包括社会企业家经营和寻求资源的地区的整体经济健康状况，以及该地区的财富和收入分布、经济前景、企业活动水平和相关市场。抵押贷款证券市场的增长为 Selp-Help 提供了机会。不幸的是，其他人利用二级市场来帮助推动次级贷款爆炸式增长。

⊖ Self-Help 是由耶鲁大学法学院毕业生马丁与妻子邦妮于 1980 年创办的，该机构最初为康涅狄格州的工人所拥有的企业提供管理援助，但很快将其重点转移到帮助弱势居民，通过家庭和企业所有权来创造财富。

（3）地理和基础设施。这一类别不仅包括实际地形和位置，还包括社会企业家在交通、通信和其他运营需求方面的基础设施。在人口密集的城市地区有效的工作，可能不适合人口稀少的农村地区。在一个拥有广泛的医疗诊所网络的国家治疗艾滋病，与在主要城市地区以外的诊所数量很少的农村治疗艾滋病，是完全不同的挑战。

（4）文化与社会网络。这种环境状况涵盖了该地区居民的规范和价值观、社会网络和人口趋势。虽然不那么具体，但这些条件与基础设施、政治和经济一样重要。许多小额信贷机构的服务针对的是女性，这项工作的挑战在很大程度上取决于当地妇女在经济中的作用，随着文化规范的不同会有很大差异。

界定这些环境条件，对在单一的、界定明确的地理和政治管辖范围内运作的社会企业家来说是最容易的。在多重法律、经济、文化和地理环境中工作的社会企业家，则面临着更大的挑战。他们需要一个强大的模型，能够在不同的环境条件下蓬勃发展，或者他们需要仔细选择不同的环境，以确保与模型更好地匹配，或者需要调整模型以适应不同的环境条件。

本章小结

- 社会创业环境是存在于一个社会企业内部和外部能够影响社会企业目标实现的所有因素的总和。
- 社会创业环境分为宏观环境、中观环境和微观环境。宏观环境指来自行业以外所有对社会创业有着重要影响的外在因素；中观环境主要是指行业环境，即企业所处的行业中对企业经营活动产生影响和作用的各要素；微观环境指社会创业组织内部的各种创业要素和资源。
- 社会创业活动是在一定的社会环境下进行的，在社会创业过程中，多方面因素相互交织、相互作用，在碰撞中形成了现实的社会创业环境系统。

复习思考题

1. 社会创业环境有哪些方面的作用？
2. 行业环境是怎样影响社会创业的？
3. 社会创业环境分析的方法有哪些？请分别做出阐述。

讨论案例

Change Please：一杯改变命运的咖啡

街头流浪者是繁华都市中的异类，他们狼狈而颓唐，同时也十分孤独；但是也有人关注他们，并用实际行动帮助他们获得体面的生活。*The Big Issue* 杂志是专门为流浪汉创办的杂志，它帮助不少街友自力更生。

如今，纸质读物衰落，可是 *The Big Issue* 的创办者帮助流浪汉的热情却不曾衰减，他们看准了人们对咖啡的热爱这一巨大的市场，联手咖啡餐饮社会企业 Old Spike Roastery 一起创办了社会企业 Change Please，把街友培训成咖啡师，让他们有体面的工作、有住处，有收入，告别流浪汉的身份，让他们的生活从一辆流动咖啡车开始，有了盼头。

目的：让流浪汉过上体面的生活

在伦敦这个国际大都市，摩天大楼鳞次栉比，奢侈品牌、高档餐厅随处可见，国会、大本钟、威斯敏斯特宫等百年名胜静静耸立，熙熙攘攘的人群、色彩斑斓的

霓虹灯，似乎很少人注意到，这光鲜亮丽的光景背后，还有他们……

身在被遗忘的角落，城市的绚丽华彩中没有他们的身影。他们食不果腹、衣衫褴褛，夏天靠着点点树荫乘凉，寒冬裹着薄薄的衣衫在街头巷尾缩成一团瑟瑟发抖。

他们为什么成天在街上流连、无瓦遮头？楼价高、政府削减资助、婚姻破裂、受不了家暴……这些年，伦敦无家可归的人正在成倍地增长，而根据相关统计，英国向当地政府申请游民补助的街友高达8万人。

然而，谁都不想过这种毫无希望的生活，只要拉上一把，他们就能融入社会改变命运。

The Big Issue 这份专门让街友们在街头售卖的杂志，又找到了一种新的方式解决这个社会问题。*The Big Issue* 已经创刊20多年，遍及世界各地，而现在人们的阅读方式发生了很大改变，对纸质杂志的需求大大减少，街友们仅靠卖杂志，生活越来越艰难。

就如街友马利根（Mulligan）所说："（卖杂志）很难100%确保我能熬过一天。"

咖啡餐饮社会企业 Old Spike Roastery 和 *The Big Issue* 一起创办了社会企业 Change Please，它们发现，英国平均每个人一天要喝两杯咖啡，正是这份对咖啡执着的热爱，催生了帮助流浪汉的一个契机。

Change Please，起源于英国街头涂鸦画家、社运活跃分子班克西（Banksy）的作品，就是这一张"I want change"。

用艺术作品凸显社会问题，从而引发大家的思考，是他的风格。

杂志销量下降，但咖啡依旧供不应求。如果让街友们成为咖啡师，有了这份有尊严的工作，他们不仅生活有了保障，还学会了一项新的技能，有了新的人生方向。

方法：让街友成为咖啡师

那么问题来了，Change Please 怎样将露宿街头的流浪汉培养成专业的咖啡师？他们学成之后，又能到哪里工作？

要成为合格的咖啡师，就要熟悉制作咖啡的每一个细节。从选豆、烘焙到冲泡，每一个步骤，Change Please 都给街友们详尽地培训。

Change Please 不但教给街友们制作咖啡的技能，还给他们提供住房补贴，他们再也不用担心会露宿街头，而是可以和其他普通人一样，体面地工作和生活。

掌握了基本的咖啡知识，他们就可以在流动咖啡车旁，给客人们提供服务了。

成为 Change Please 的咖啡师之后，街友们一个星期要工作五天，从早上8点到下午4点，他们都要在移动咖啡车旁给大家做咖啡。

在工作中，他们能够获得10.2英镑的时薪，这笔工资足以支撑其在伦敦的生活开销。不仅如此，Change Please 还会在开银行账户、医疗保障及重返就业等方面给街友们提供帮助。

若有的街友英文不好，Change Please 便会安排的专门的语言课程，帮助他们克服语言障碍。

小小的咖啡车里，配备着不同口味的咖啡豆，只要2.5英镑，你就能买到一杯卡布奇诺。

当 Change Please 咖啡师笑着给你递上一杯醇香的热咖啡，这份暖意定能让你带着美好的心情，开始新的一天。

渐渐地，许多人都成了 Change Please 的常客，他们都说："Change Please 咖啡师的服务非常热情，这样的笑容，在哪家连锁咖啡店都看不到。"

再看看 Change Please 的咖啡杯，每一个都是用百分百可回收的材料制成，从而有效减少了资源浪费。

店里咖啡豆的供应商，全都来自支持当地社区的农场，其中秘鲁的主要协助家暴受害者，而坦桑尼亚的供应商则专门为被地雷炸伤者提供支持。

Change Please 的合作方餐饮社会企业 Old Spike Roastery，则会将其部分盈利用于投入更多的咖啡车。购买了 *The Big Issue* 杂志的顾客，还能在 Change Please 得到一杯免费的咖啡。

每一个环节，社会企业 Change Please 都以别样的方式做着对社会有利的事情。

行动：一杯咖啡让流浪汉有了盼头

“我希望有一天，能够开一间属于自己的咖啡店，彻底摆脱流浪汉的过去。”

露西是Change Please的第一位员工，来自罗马尼亚的她刚开始英语并不太好，经过Change Please的培训后，现在已经可以自如地和顾客沟通了。

积累了一定咖啡烘焙经验后，露西开始带领Change Please的其他员工一起运营咖啡车。在她的动员下，丈夫马里安也通过培训成为咖啡师。

19岁的马利根在刚成年时，家人就把他赶出了家门，让他自食其力。

在成为咖啡师之前，他一直以为冲咖啡很简单，只要咖啡粉加水就成了。直到参加Change Please的培训后，马利根才深深感受到，原来选豆、研磨、烘焙、冲泡每一个步骤，都大有学问。

“我非常喜欢做咖啡！我们现在都有熟客了！”他做的卡布奇诺和热巧克力，一直深受人们欢迎。

几个月后，马利根攒下了一定的收入，租下一个小小的房子，再也不用在街头过着居无定所的生活了。

为了打消房东们的戒心，Change Please为像马利根这样的街头咖啡师做担保，说服他们接纳更多自食其力的街友。

如今，马利根已经给自己立下了小目标：成为世界最好的咖啡师！递给客人的每一杯咖啡，都经过他精心调制，每一天似乎都离梦想更近了一步。

Change Please的咖啡师不仅仅是街友，还有一些勤工俭学的学生和生活有困难的人。

玛丽昂在大学修读健康和营养专业，为了支付高昂的房租，她到零售店做兼职，可仍是杯水车薪。无奈之下，她唯有向学校就业中心求助，然后被引荐到Change Please工作。

在Change Please的帮助下，玛丽昂不仅有了住处，还能够赚取自己的学费和生活费，一步步实现她的助产士梦。

“如果我们能改变一小部分消费者选择买咖啡的地方，我们就可以改变世界。”当更多的人愿意到Change Please咖啡车前购买咖啡，无家可归的街友也会越来越少，青年的失业率和犯罪率也会大大减少。

在Change Please项目运作的前4个月，街友们就卖出了7800杯咖啡。而这个品牌的咖啡豆也在各大超市上架，大家购买这些咖啡豆的同时，也为关注流浪汉群体项目提供了帮助。

在今年的Chivas创业大赛上，Change Please获得了英国最佳社会企业奖，并将参加5月举行的全球决赛。

一杯充满善念的咖啡，也有改变世界的力量，为在夹缝中生存的人点燃生活的希望。

资料来源：友成企业家扶贫基金会，https://mp.weixin.qq.com/s/n0GlLpZY1O-70nei5D4ADrA.

讨论题：

1. 尝试分析案例中Change Please的社会创业环境。
2. 分别阐述宏观环境、行业环境、微观环境对案例中Change Please所起的作用。
3. 结合当下社会创业环境，你认为具备什么样的条件才能进行创业？

文献研读

Cultivate Your Ecosystem

【文献摘要】Article Summary: Social entrepreneurs not only must understand the broad environment in which they work, but also must shape those environments to support their goals, when feasible, Borrowing insights from the field of ecology, the authors offer an ecosystems framework to help social entrepreneurs create long-lasting and significant social change.

【文献评述】这篇文献以一家名为“自

我帮助”（Self-Help）的社会企业为例，提出了生态系统框架（ecosystem framework），并用这一框架分析了“自我帮助”这家机构所处的生态系统环境。之所以选这篇文献，是因为这篇文章把社会创业的生态系统里的要素通过案例分析的形式进行了较为全面详细的分析和梳理。我们将这些要素归类，即可发现一家机构所处的内外部的环境要素。

本文献提出，社会企业家不仅要理解他们所处的大环境，还要在可行的条件下去影响、塑造这些环境因素，以实现系统性社会变革的目标。作者将生态环境系统分解为以下这些要素：资源提供者、竞争者、互补机构和盟友、受益者和客户、反对者和麻烦制造者、旁观者。

- 资源提供者：包括资金、人力、知识、网络、技术的提供者，以及引导这些资源提供的中介机构。
- 竞争者：包括与组织竞争资源和竞争相同受益人群的机构。
- 互补机构和盟友：促进社会企业家产生影响力的组织或个人，包括合作伙伴、支持相同事业的个人和组织，以及提供重要补充服务的人员。
- 受益者和客户：包括客户以及其他从社会企业家活动中受益的人。在某些情况下，付费客户可能不是最终受益者。
- 反对者和麻烦制造者：这些参与者增加了社会企业家所面临的困难，削弱了机构实现和维持其预期影响力的能力，或者在政治上反对他们的努力。
- 旁观者：那些没有直接影响，但受到机构的影响或可能影响机构成功的其他组织或个人。

这些机构生态系统里的要素，可以理解为微观环境和中观组织环境的要素。同时，这篇文章还给出了以下四种宏观环境因素：

- 政治与行政结构：包括规则、条例以及社会企业家所在行政和司法管辖区的政治生态，还包括影响这些规则的过程和程序。
- 经济与市场：包括社会企业家经营和寻求资源的地区的整体经济健康状况，以及该地区的财富和收入分布，经济前景，企业活动水平和相关市场。
- 地理和基础设施：不仅包括实际地理和位置，还包括社会企业家在交通、通信和其他运营需求方面的基础设施。
- 文化与社会网络：涵盖本地区居民的规范和价值观、社会网络和人口趋势等，与基础设施、政治和经济一样重要。

这篇文献提出的生态系统框架可以用于分析一个机构所依赖的环境因素，通过帮助其梳理这些环境因素，培育自己的生态系统，以达到促进系统性变革的目标。这些环境因素主要分为两大类：一类是微观和组织层面的环境因素；另一类是宏观环境要素。将这两者融合和管理好，一个组织将会迎来规模化的发展。

【文献出处】Bloom P, Dees G. “Cultivate Your Ecosystem”, Stanford Social Innovation Review[EB/OC], 2008, 6, 47-53, https://ssir.org/articles/entry/cultivate_your_ecosystem.

本章作者

汪忠，湖南大学工商管理学院副教授，管理学博士。主要研究方向为社会创业、社会企业、绩效评价等，主持多项与社会创业、社会企业相关的国家自然科学基金项目、国家自然科学基金国际（地区）合作交流项目、教育部人文社会科学项目等科研课题，主要讲授“创业基础”“公益创业学”“管理学”等课程。

韩君，牛津大学社会学博士，乔治城大学贝克社会影响力与创新中心博士后研究员。研究兴趣为政治和组织社会学、社会企业与公益金融。论文见于 *VOLUNTAS*、*Chinese Sociological Review*、*China Review*、*Chinese Public Administration Review* 等期刊。

参考文献

[1] Aldrich, Howard E, Fiol C, Marlene.Fools rush in? The institutional context of industry creation [J]. Academy of Management Review, 1994, 19（4）: 645-670.

[2] Aguilar, Francis J.Scanning the business environment [M].Macmillan, 1967.

[3] Bloom, Paul N, Dees J, Gregory. Cultivate your ecosystem [J]. Stanford social innovation review, 2008, 6（1）: 47-53.

[4] Chandler, Gaylen N, Hanks, Steven H.An examination of the substitutability of founders human and financial capital in emerging business ventures [J]. Journal of Business Venturing, 1998, 13（5）: 353-369.

[5] Child John.Organizational Structure, Environment and Performance: The Role Of Strategic Choice [J]. Sociology, 1972, 6（1）: 1-22.

[6] Cooper, Arnold C, Gimeno-Gascon F, Javier, Woo, Carolyn Y.Initial human and financial capital as predictors of new venture performance [J]. Journal of Business Venturing, 1997, 9（5）: 371-395.

[7] Gartner, William B.A Conceptual Framework for Describing the Phenomenon of New Venture Creation [J]. Academy of Management Review, 1985, 10: 696-706.

[8] Ghemawat, Pankaj.Distance still matters [J]. Harvard business review, 2001, 79（8）: 137-147.

[9] Glaeser, Edward L, Kallal, Hedi D, Scheinkman, José A, Shleifer, Andrei.Growth in Cities [J]. Journal of Political Economy, 1992, 100（6）: 1126-1152.

[10] Gnyawali, Devi R, Fogel, Daniel S.Environments for Entrepreneurship Development: Key Dimensions and Research Implications [J], Entrepreneurship Theory & Practice, 1994, 18: 43-62.

[11] Han, Jun.Social Marketisation and Policy Influence of Third Sector Organisations: Evidence from the UK [J]. VOLUNTAS: International Journal of Voluntary and Nonprofit Organizations, 2017, 28（3）: 1209-1225

[12] Han, Jun, Ma, Ji, and Wang, Zhong, Social Value Chains: A New Organizational Framework for Studies on State-Society Relations in China [J]. Chinese Public Administration Review, 2018, 9（1）: 55-74, http://dx.doi.org/10.22140/cpar.v9i1. 152.

[13] Hitt, Michael, Ireland R, Duane Hoskisson, Robert. Strategic Management: Competitiveness and Globalization [M]. Cengage Learning, 2008.

[14] Korsching P F, Peter G, Hunger J, D.Founder Motivation and Community Context Interaction in Entrepreneurship for Small City Smart Growth [J]. Proceedings of Conference on the Small City and Regional Community, Vol, 14, University of Wisconsin-Madison, 2001, 347-358.

[15] Manolova, Tatiana S, Eunni, Rangamohan V, Gyoshev, Bojidar S.Institutional Environments for Entrepreneurship: Evidence from Emerging Economies in Eastern Europe [J]. Entrepreneurship Theory & Practice, 2008, 32（1）: 203–218.

[16] Monllor Javier.Social Entrepreneurship: A Study on the Source and Discovery of Social Opportunities [J].In: Hockerts K, Mair J, Robinson J, (eds) Values and Opportunities in Social Entrepreneurship, Palgrave Macmillan, London 2010.

[17] Oliver Christine. Strategic responses to institutional processes [J]. Academy of Management

Review, 1991, 16（1）: 145-179.

[18] Porter M E.Competitive Strategy: Techniques for Analyzing Industries and Competitors [M]. New York: Free Press, 1980,（Republished with a new introduction, 1998.）.

[19] Santos, Filipe M.A positive theory of social entrepreneurship [J]. Journal of Business Ethics, 2012, 111（3）: 335-351.

[20] Zott, Christoph, Huy, Quy Nguyen.How entrepreneurs use symbolic management to acquire resources [J]. Administrative Science Quarterly, 2007, 52（1）: 70-105.

[21] Zhong WANG, Qian WU, Lin WU.The Relationship between Corporate Strategic Performance and Social Responsibility in Listed Tourism Company[C]. The Conference on Management Innovation Intelligent Technology and Economic Development (MIITED 2012), 2012: 194-197.

[22] 蔡莉，崔启国，史琳 . 创业环境研究框架 [J]. 吉林大学社会科学学报，2007，47（1）：50-56.

[23] 段利民，杜跃平 . 创业环境对大学生创业意愿的影响：兼对 GEM 模型的再检验 [J]. 技术经济，2012，31（10）：64-70.

[24] 韩君 . 英国社会企业的发展现状与认证标准 [J]. 中国第三部门研究，2013，2：010.

[25] 胡玲玉，吴剑琳，古继宝 . 创业环境和创业自我效能对个体创业意向的影响 [J]，管理学报，2014，11（10）：1484.

[26] 厉杰，吕辰，于晓宇 . 社会创业合法性形成机制研究述评 [J]. 研究与发展管理，2018，30（2）：148-158.

[27] 姜彦福 . 全球创业观察 2002 中国报告 [M]. 北京：清华大学出版社，2003.

[28] 清华大学中国创业研究中心 . 中国创业活动评述——全球创业观察中国报告要点 [J]. 中国人才，2003（8）：4-6.

[29] 王飞绒，池仁勇 . 发达国家与发展中国家创业环境比较研究 [J]. 外国经济与管理，2005，27（11）：41-48.

[30] 王晶晶，王颖 . 国外社会创业研究文献回顾与展望 [J]. 管理学报，2015，12（1）：148.

[31] 王世强 . 美国社会企业法律形式的设立与启示 [J]. 太原理工大学学报（社会科学版），2013，31（1）：26-30.

[32] 汪忠，廖宇，吴琳 . 社会创业生态系统的结构与运行机制研究 [J]. 湖南大学学报，2014，28（5）：61-65.

[33] 叶依广，刘志忠 . 创业环境的内涵与评价指标体系探讨 [J]. 南京社会科学，2004（9）：228-230.

[34] 张兵 . 大学生创新创业基础 [M]. 北京：高等教育出版社，2016.

[35] 张帆，中美大学生创业环境的比较分析 [J]. 科学管理研究，2010，28（1）：112-115.

[36] 张玉利，陈立新 . 中小企业创业的核心要素与创业环境分析 [J]. 经济界，2004（3）：29-34.

[37] 张耀辉，杨利平，黄国宾 . 创业环境评估体系研究综述及启示 [J]. 产经评论，2012，3（01）：80-87.

[38] 中国青年报社，中国青年公益创业报告 [M]. 北京：清华大学出版社，2015.

第11章　社会创业与减少贫穷

学习目标

☑ 了解什么是贫穷
☑ 了解贫穷产生的多种原因
☑ 理解社会创业减少贫穷的层次
☑ 理解与掌握通过社会创业减少贫穷的途径与模式
☑ 了解国内外社会创业与减贫的相关研究

本章纲要

☑ 如何定义贫穷
☑ 贫穷产生的原因
☑ 社会创业减少贫穷的层次
☑ 社会创业减少贫穷的途径与模式
☑ 国内外社会创业与减贫的相关研究

开篇案例

哈佛教授揭秘：穷人翻身为何这样难

美国一个跨学科团队近期完成了一项贫穷研究，结论是：穷人和过于忙碌的人有一个共同的思维特质，即注意力被稀缺资源过分占据，引起认知和判断力的全面下降。这项研究是心理学、行为经济学和政策研究学者协作的典范，研究的主导者是哈佛大学终身教授穆来纳森（Sendhil Mullainathan）。

这个研究源于穆来纳森对自己拖延症的憎恨。他7岁从印度移民美国，很快就如鱼得水，哈佛大学毕业后在麻省理工学院教授经济学，获“麦克阿瑟天才奖”后被返聘为哈佛大学终身教授。而立之年就几乎拥有一切，他觉得唯一缺少的就是时间，脑袋里总有不同的计划，想把自己分成几份去“多任务”执行，结果却常常陷入过分承诺、无法兑现的泥潭。一般人遇到这个问题，会去找各种时间管理“圣经”反复研读，但“天才”穆来纳森把正在做的国际扶贫研究和自己的问题联系起来，竟发现他和穷人的焦虑惊人的类似。穷人缺少金钱，他缺少时间，两者内在的一致性在于，即便给穷人一笔钱，给

拖延症者一些时间，他们也无法很好地利用。

在长期资源(钱、时间、有效信息)匮乏的状态下，人们对这些稀缺资源的追逐，已经垄断了这些人的注意力，以至于忽视了更重要、更有价值的因素，造成心理的焦虑和资源管理的困难。也就是说，当你特别穷或特别没时间时，你的智力和判断力就会全面下降，导致进一步失败。研究进一步解释，长期的资源稀缺培养出了“稀缺头脑模式”，导致失去决策所需的心力——穆来纳森称为“带宽”(bandwidth)。一个穷人，为了满足生活所需，不得不精打细算，没有任何“带宽”来考虑投资和发展事宜；一个过度忙碌的人，为了赶截止日期，不得不被看上去最紧急的任务拖累，而没有“带宽”去安排更长远的发展。即便他们摆脱了这种稀缺状态，也会被这种“稀缺头脑模式”纠缠很久。

穆来纳森的研究，对社会阶层理论和国家政策、技术发展模式乃至个人时间管理等问题，都有重要的启示。以下试举几例。

例一：美国共和党认为穷人之所以穷，是因为他们不努力；民主党认为，贫穷根源来自社会不平等，国家应主持再分配来支持穷人。穆来纳森却证明两党都错了：穷人不是不努力，而是因为长期贫穷，失去了摆脱贫穷的智力和判断力，这种状况不变，再努力也是白费；如果仅是简单地分钱给穷人，穷人的“稀缺头脑模式”也会导致无法利用好这些福利以脱贫。所以，一个合理的社会流动方式应当是，建立最基本的社会安全体系，同时保有社会竞争上升通道，资源入口向全社会开放，使得个人能保持正常思维，有尊严地奋斗。

例二：时间不够怎么办？传统时间管理原则是利用片段时间和多任务。穆来纳森研究发现，不是时间不够，而是判断问题的心力不够；利用片段时间和多任务解决方式，反而因分心加强了焦虑，导致无法专心处理主要任务，加剧拖延。解决这个问题，最重要的办法是，减少多任务干扰，求助外界辅导，分割问题，从而淡化处理问题的焦虑。

例三：我们每天都处于信息过载中，很多人被微博信息轰炸得无法判断问题，所以一些人开始用“戒网”的方式来摆脱信息过载。事实上这不是信息过载，而恰恰是“有效信息”匮乏的恶果。在一个严重缺乏公开信息的社会，一旦技术带来部分的信息开放，会造成“饿汉吃自助餐不知如何选择”的问题。同样，我们的头脑还处于有效信息稀缺的时代，有“看到字就觉得很重要”的毛病，尚无法处理高浓度信息。最好的解决方式不是回到信息匮乏状态，而是建立辅助性信息筛选机制，帮助自己挑选重要信息。有趣的是，微信因为是同仁、同事间的互动，起到了一定程度的信息筛选作用，所以微信在中国的发展会慢慢超过今天的微博。

穆来纳森的研究刚刚开始，他关于“稀缺头脑模式”的警示，是我们这个信息和人口爆炸、平均时间和资源都加速减少的时代的一盏指路明灯。

资料来源：管理智慧，2014-08-23。

贫困并不像我们想象的那样，只是因为穷人不努力、素质低，一切都源于穷人本身；又或者源于没有公平的教育机会和发展机会，主流社会制度设计不合理。开篇案例认为：穷人不是不努力，而是因为长期贫穷，失去了摆脱贫穷的智力和判断力，这种状况不变，再努力也是徒劳；如果仅是简单地分钱给穷人，穷人的“稀缺头脑模式”也会导致无法利用好这些福利来脱贫。所以，一个合理的社会流动方式应当是，建立最基本的社会安全体系，同时保有社会竞争上升通道，资源入口向全社会开放，使得个人能保持正常思维，有尊严地奋斗。这样可以有效减少贫穷，使我们的社会更加美好。

11.1　如何定义贫穷

贫穷的定义

贫穷仍是世界性的问题，如何解决贫穷问题也是世界性问题。当今世界，虽然随着经济全球化发展和世界经济增长，全球处于绝对贫困线以下的人口在不断减少，但贫困问题仍然是当今世界最尖锐的社会问题之一（Bruton，Ketchen and Ireland，2013），它不仅严重阻碍了贫穷国家的社会经济发展，也是造成贫困地区冲突、恐怖主义蔓延和环境恶化等问题的重要根源之一。如何定义贫穷？对贫穷的定义有广义与狭义之分，从广义上来看，贫穷是多维度的，还包括经济以外的其他不同挑战，包括能力的剥夺、边缘化、歧视和健康问题等（Amorós and Cristi，2011；Misturelli and Heffernan，2012）。以缓解贫困为主题的 2000～2001 年《世界发展报告》指出：可以从收入、健康和教育程度三方面来定义贫困。但目前的减贫研究与实践，对于贫穷的定义主要还是采用从经济方面来衡量的狭义定义。2015 年 10 月 4 日，世界银行宣布为反映近 10 年来全球不断上升的生活成本，按照购买力平价计算，将国际贫困线标准从此前的一人一天收入 1.25 美元上调到 1.9 美元。据联合国统计，截至 2017 年 6 月，全球仍有 7 亿极端贫困人口，其中 1/2 生活在撒哈拉以南非洲地区，1/3 在南亚。也门、南苏丹、索马里和肯尼亚四国有 2 000 多万人正面临饥荒，为“二战”结束以来最大规模。中国曾经也是一个极度贫穷的国家，1978 年我国农村贫困人口高达 7. 7 亿（按现行我国农村贫困标准为每人每年 2 300 元算），贫困发生率为 97.5%。实施改革开放以后，中国政府首次提出并逐步明确发展生产、消除贫困的工作方向，并取得了举世瞩目的成就。2013～2016 年，我国农村累计脱贫 5 564 万人，即平均每年脱贫 1 391 万人，贫困发生率从 2012 年年底的 10.2% 下降到 2016 年年底的 4.5%，贫困地区农村居民人均收入年均增长 10.7%。联合国发布的《2015 年千年发展目标报告》中也指出，中国对全球减贫的贡献率超过 70%，中国成功脱贫的公民数量是世界上最多的，中国的脱贫经验值得世界各国借鉴。截至 2017 年年末，中国的农村贫困人口从 2012 年年末的 9 899 万人减少至 3 046 万人，累计减少 6 853 万人；贫困发生率从 2012 年年末的 10.2% 下降至 3.1%，累计下降 7.1 个百分点。[⊖]预计到 2020 年，中国将全部消除绝对贫困人口。但要注意的是，在现有的世界银行等机构的文件 / 研究报告中，虽然有一人一天 1.25 美元、1.9 美元等这些衡量贫穷的标准，但总体上来说，贫穷的标准无论是世界还是某个国家，都是动态变化的。因此，从经济方面来衡量的贫穷的定义也是动态变化的。

贫穷作为当今世界最尖锐的社会问题之一，过去几十年一直引起国际社会的重视，世界银行、联合国等机构都有具体的研究项目研究减少贫穷，并动员各国采取具体扶贫行动，宣传和促进全世界的消除贫困工作。例如，1992 年 12 月 22 日，第 47 届联合国大会确定每年 10 月 17 日为“国际消除贫困日”，并提出与消除贫穷相关的具体主题（见表 11-1）。

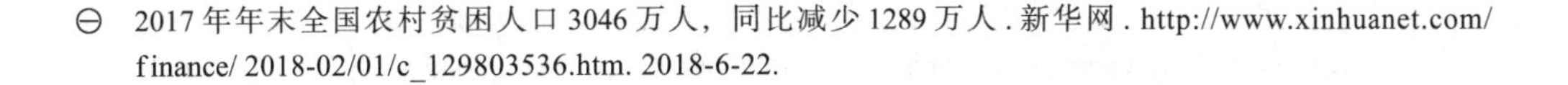

⊖ 2017 年年末全国农村贫困人口 3046 万人，同比减少 1289 万人 . 新华网 . http://www.xinhuanet.com/finance/ 2018-02/01/c_129803536.htm. 2018-6-22.

表 11-1 过去 10 年“国际消除贫困日”主题

年份	主　题
2008 年	贫困人群的人权和尊严
2009 年	儿童及家庭的抗贫呼声
2010 年	缩小贫穷与体面工作之间的差距
2011 年	关注贫困，促进社会进步和发展
2012 年	消除极端贫穷暴力：促进赋权，建设和平
2013 年	从极端贫困人群中汲取经验和知识，共同建立一个没有歧视的世界
2014 年	不丢下一个人：共同思考，共同决定，共同行动，对抗极端贫困
2015 年	构建一个可持续发展的未来：一起消除贫穷和歧视
2016 年	从耻辱和排斥到参与：消除一切形式的贫穷
2017 年	响应 10 月 17 日结束贫困的号召：通往和平包容的社会之路

资料来源：作者根据相关资料整理。

2015 年 9 月举行的联合国发展峰会，通过了 2015 年后发展议程。新发展议程包括 17 个可持续发展目标和 169 个具体目标，可持续发展目标中的第一个就是“在全世界消除一切形式的贫穷”，下设 7 个具体目标，其中第一个目标是“到 2030 年，在世界所有人口中消除极端贫穷”。2017 年 10 月 17 日联合国秘书长古特雷斯在为纪念消除贫困国际日发表的视频致辞中表示：“特别是要求解决贫困的根源性问题，全面消除造成贫困的根本原因，并为此听取贫困人口的意见和指导，与他们共同采取行动。”⊖对于全球减贫问题，中国成功脱贫的人数是世界上最多的，中国的脱贫经验与方案值得世界上很多发展中国家借鉴。

11.2 贫穷产生的原因

11.2.1 穷人的思维方式

贫穷产生的原因有很多种。有人总结，贫穷者本身有以下九大根本性原因：①总找借口；②恐惧；③拒绝学习；④犹豫不决；⑤拖延；⑥三分钟热度；⑦害怕拒绝；⑧自我设限；⑨逃避现实。为什么穷人会一直穷？仅仅是因为他们缺钱，所以在起跑线上就落后了吗？真相并非如此。在弄清楚这个问题之前，首先要了解穷人是怎样思考的。这里有几个非常重要的相关要素来解释穷人的思维方式与成因。

（1）稀缺。它指“拥有”少于“需要”的感觉。例如，你手头上拥有 1 万元存款，但遇到急事，需要 5 万元救急，你会出现金钱上的稀缺；再如，领导交给你一大堆任务，至少得需要一个星期才能完成，而他却只给了你 3 天时间，你就会出现时间上的稀缺。以此类推。

（2）稀缺心态。在稀缺状态下的思维和行为方式。你缺什么，这种所缺乏的东西就会在潜意识里牢牢俘获你的注意力，并改变你的思维方式，影响你的决策和行为方式。例

⊖ 消除贫穷国际日：秘书长敦促采取行动 解决造成贫困的根本原因 | 联合国 | 经济和社会事务部 https://www.un.org/development/desa/zh/news/social/international-day-address-poverty.html. 2018-6-22.

如，你原本想好好挑选一份适合自己的工作，不想再走弯路了，但在缺钱的压力下（比如下个星期就要付房租），你可能会放弃这种想法，转而随便选择一份工作（比如电话销售），尽管这份工作并不适合你，但可以解燃眉之急。相反，不缺钱的人则会花时间认真挑选一份适合自己的好工作。

（3）带宽。带宽即心智的容量，也就是同一时间内我们思考问题的数量。其包括两种能力：认知能力和执行控制力。在稀缺状态下，我们的带宽往往是降低的，因为被眼下的紧急事务占据了，在这种状态下，我们的思考就会缺乏前瞻性。例如，在选择工作时，前瞻性的思考逻辑应该是：①这份工作是否能够充分发挥我的优势？②它能够给我带来怎样的能力提升？③这家公司的晋升空间怎么样，是否值得长期发展？④这家公司在行业内的竞争力如何，是否是一个值得加入的平台？⑤我是否认可这家公司的价值理念，能否融入这家公司？而在缺钱、下个月就要付房租的情况下，你只会关心一个最重要的问题：这份工作的薪水有多少，能否够我付房租？

（4）管窥。管窥即短视，以极窄的视野去看待和思考问题，从而让我们忽略了其他可能更重要、更长远的事情。例如，我们为了生计而选择一份电话销售的工作，但你可能不会想到，6 个月之后再次跳槽时，这份工作会为你的职业发展带来怎样的负面影响。同样，只考虑薪水而不考虑其他因素（比如优势匹配度、晋升空间、公司 / 行业选择等），也属于典型的管窥表现。

（5）认知能力。认知能力是指我们解决问题、获得信息、进行分析和决策的能力，这属于智商的一部分。在稀缺状态下，它会导致我们认知能力下降。如前例所述，当他有时间回顾自己从事电话销售的这一经历时，他自己都会觉得当时的选择很蠢。事实上，对绝大多数人而言，当他们在回顾既往的工作经历时，绝大多数人都会觉得当时的选择并不明智，并为此而后悔。这属于典型的由于稀缺而导致的智商降低状态下做出的短视行为，并在现实工作中屡见不鲜。

（6）执行控制力。我们管理自身的能力，包括计划、关注、行动和控制。在稀缺状态下，我们的执行控制力也会下降。例如，在职场上你往往会发现，那些对工作抱怨越多、越不满意、天天想着要换工作的人，往往只是嘴上说说而已，他们很难通过高效的计划及执行来改变现状。

（7）杂耍。杂耍是指时刻忙于处理紧急事务的状态。你就像一个杂技演员，马不停蹄地处理一项又一项紧急任务，从而导致你更没有时间来思考重要的事情。你刚刚辞去了一份十分糟糕的工作，再也不想重复那种工作状态，于是希望好好规划一下未来的职业生涯。但你下个月要交房租了，要用到钱；好朋友要结婚了，又要准备礼金；晚上睡觉不小心冻着了，去一趟医院又要花去你几百元；手机欠费了，又要充话费……总是有各种各样紧急的事情进入你的视线，你无法摆脱。于是，你又在思考着得抓紧时间再找一份工作，投了一个星期的简历都没有得到回应，于是你着急了。好不容易有一份电话销售的工作，要不要接？算了，急用钱，接吧。以后的职业生涯怎么办？先不管了，以后再说吧！

（8）借用。借用也可以理解为透支，无论时间还是金钱，皆可以透支。在稀缺状态下，我们可以通过借用来应对突发事件，但从长远来看，这会进一步加剧稀缺的状态。例如，你每个月薪水 3 000 元，是个月光族，只够养活自己，但某一天家人突然生病，需要 5 000 元救急，但你没钱，只能从信用卡上透支。

（9）余闲。我们可以用来支配的多余资源。余闲最重要的价值在于它可以让你有能力应对突发事件，提高自身的抗风险能力。例如，当我们手头上拥有10万元存款时，即使当下因病急需支出5万元，我们依然可以游刃有余，从容应对；当我们拥有过硬的一技之长时，就不怕因为找不到工作而随便接受一份稳定但并没有前途的工作。

（10）稀缺陷阱。当你的某种行为会导致或加剧稀缺的形成时，这种行为就是稀缺陷阱。例如，当你因为要付房租而随便选择一份电话销售的工作时，一旦这份工作不适合你，你半年或一年后再次跳槽，就会跳入早就埋下的陷阱。因为用人单位会根据你以往电话销售的工作经验，只给你销售方面的职务，你想转行的想法也最终无法实现。而避免落入稀缺陷阱的唯一方法，就是要拥有余闲，这样才能建立起应对突发事件时的缓冲机制。各种类型的稀缺都会让你搁置那些重要但不紧急的事务。它不仅仅会令我们入不敷出，不知如何分配资源，而且还会让我们在生活的其他方面手足无措。稀缺会使人变笨，变得更加冲动。我们不得不在流体智力和执行控制力减弱的情况下，依靠更为有限的脑力去勉强度日。生活就这样变得举步维艰起来。以上就是穷人的思维方式。

11.2.2 非贫穷者本身的原因

除了上述贫穷者本身的原因，贫困并不像我们想象的那样，就是因为穷人素质低、没文化、愚昧、穷人的思维方式，自然环境条件差等。我们把贫困的原因归结到穷人本身，往往忽视了贫困与政府、制度和主流人群之间的关系。尤其在中国，从原来的7亿多贫困人口到现在的3 000多万贫困人口，主要发生在农村。深入结合实际思考这一问题，可以发现，在很大程度上，贫困源于不合理制度等因素。鲁国平（2014）调查中国农民真正贫困的原因，他说：当我走进贫困的深处面对贫困的时候，我实在没有理由指责在贫困中挣扎的人们。经过长时间的思考，我对贫困有了更清晰的理解。至少有十几种主要的限制穷人权利、导致贫困的不合理制度，这是我们政府需要重新检讨。如果制度上对穷人和富人、城里人和乡下人、老百姓和当官的、主流和非主流是一视同仁的、公平的，农村也不会这么穷！主流社会对很多问题的认识就是建立在自以为是基础上的，这些不平等的制度设计，是有意或无意间形成的。所以，要认真反思反省，找出有效的方案来进一步减少贫穷，使我们的社会发展更加平衡、更加美好。

11.3 社会创业减少贫穷的层次

11.3.1 微观层次

1. 社会创业者

社会创业者往往具有较强的同情心和亲社会动机，这是他们从事社会创业的核心影响因素。具有同情心的个体会综合地思考亲社会行为的成本—收益分析，以及对受苦受难者缓解痛苦的承诺。Katre 和 Salipante（2012）更为细致地归纳了个体层面社会创业的心理动机，包括乐于给予、偏爱发问、利他主义、同情心、骄傲感、责任感、互利性、乡愁等，而年龄、种族、收入、教育、政治意识形态、宗教情感、税负等也可能成为社会创业者的潜在创业动机。Hockerts（2017）的实证研究显示，先前的社会组织经验、同理心、道德责任感、自我效能感、对社会支持的感知，均对样本的社会创业意向有支持作用（傅颖、斯晓夫和陈卉，2017）。社会创业者关注如何通过社会创业来改善穷苦人群的生活，这是他们的动机和激励因素，穷人生活的逐步改善进而又反过来激励他们继续投身到社会创业中，也为社会创业者本身带来幸福感和满足感。

2. 贫困人口

社会创业减少贫穷最直接的受益者就是贫困人口。社会创业对贫困人口的影响可分为短期影响和长期影响。短期影响一般是由社会创业企业连同政府部门等进行援助或其他形式的慈善活动等外部途径给予的金钱帮助，可在较短的时间内减轻贫困人口的生活和经济负担，甚至直接解决部分极端贫困人口的温饱和生存问题。但这些方式往往治标不治本，很难从根本上解决贫困人口的问题。长期影响则更多的是从贫困人口的内部入手对其进行引导与培训，使其获得生存技能或启动资本，进一步帮助其实现就业或创业。例如，社会创业者雇用弱势群体人员，使其获得工作岗位，这样不仅能使其持续获得收入，还能从精神上让其获得存在感和满足感，并且使其家庭成员也能获得经济和精神上的鼓励。社会创业者还可以通过必要的技能培训使贫困人口学习到创业的基本知识与能力，让其自力更生、自主创业；还可通过建立专门项目，指导和带领贫困人口进行创业，从而达到双赢的效果。

11.3.2　中观层次

1. 社会企业

社会企业一般融合了社会福祉与商业利益的双重愿景（傅颖、斯晓夫和陈卉，2017）。社会企业在实现经济利益的同时，也把解决社会问题和满足社会需要作为自己的目标。对那些致力于减少贫穷的社会企业来说，改善贫困人口的生活就是企业发展的使命之一。这一目标的达成不仅可以改善贫困人口的生活，从宏观的角度也改善了整体的经济情况。并且，社会企业往往可以通过搭建中间平台，联结参与创业的贫困人口与创业所需资源，引导贫困的创业者更好地进行创业，并从中获得一定的回报。社会企业也可通过设立专门项目，与贫困的创业者共同创业，共享创业成果。另外，社会企业往往可以从帮助减少贫穷等有益于社会发展、解决社会问题等行为中，获得社会对其企业形象的正面评价，甚至获得诸如金融、人力资源和治安保障（在暴力冲突频发的贫困地区）等方面的利益优惠（傅颖、斯晓夫和陈卉，2017）。

2. 行业发展

减少贫穷不仅对贫困人口以及社会企业有利，对于不同行业的发展也有推动作用。贫困人口其实也是一种潜力巨大的资源，只是由于所处条件的限制，未能发挥其作用，但若条件改善并加以引导与帮助，贫困人口对于推动产业发展乃至整个国家的经济发展都有巨大的作用。在中国，目前很多农村地区的创业扶贫项目大多与当地现成的自然、人文和经济条件相结合，尤其是近年来各地乡村兴起的“农家乐”“生态旅游”等项目比比皆是，均以当地独特的自然环境或人文底蕴为特色，大力发展相配套的休闲、娱乐、饮食、住宿等旅游项目，使得各地乡村的旅游业得到了极大的发展，同时还带旺了如手工艺品、农产品等行业的发展。以浙江省各个县市为代表，如义乌、金华等地，发展出了以小商品为主的区域集群产业，不同的地区有不同的商品品类集群，实现了规模经济的效益，不但使原本穷苦的当地农民通过创业摆脱了贫困，还使大部分当地居民、农民实现了共同富裕，并且使相关的行业（如制造业、批发商、零售商以及外贸等）获得了极大的发展。

11.3.3 宏观层次

1. 国家发展

正如上文所说的，帮助贫困人口改善条件并加以引导和培训，从而使其通过创业改善其生活，不仅对贫困人口本身和行业发展有利，对于整个国家的经济发展也有巨大的推动作用。减少贫穷从改革开放以来一直是我国发展的重要目标之一。贫困人口实现早日脱贫，符合国家经济发展的利益，解决最后一部分贫困人口的贫穷问题，国家就可以把更多的资源投入到进一步改善农村环境、教育和医疗等条件中，改善贫困人口的就业和创业条件，从而帮助贫困人口解决温饱，进而继续提高生活水平，从而全面实现小康的目标。

2. 世界和平与发展

贫穷是世界性的问题，虽然中国在减少贫穷方面取得了令人瞩目的成就，但是世界上还有其他国家仍然无法有效解决贫穷问题，甚至有些国家因为经济衰退而使人们的生活水平重新退回贫困线以下（比如根据世界银行发布的报告显示，截至 2016 年年底，巴西将有 360 万人重回贫困线以下）。贫穷也是导致某些国家和地区常年爆发冲突、生存环境进一步恶化的原因之一，因此寻找有效的途径减少贫穷，仍然是世界各国政府以及国际组织关注的重点问题。逐步减少贫困人口，提高世界贫困人口的生活水平，对于推进世界范围内的和平与经济发展至关重要。

11.4 社会创业减少贫穷的途径与模式

11.4.1 小额贷款

金融财务资本是创业成功的重要因素，然而绝大多数贫困人口所能拥有的财务资源是有限的，小额贷款为贫困人口提供了资金渠道，是贫困地区开展创业活动的一个常见且有效的工具（Chliova et al.，2015），因而有学者提出，小额贷款是促进贫穷地区人们创业的主要因素（Bruton et al.，2011），解决资金来源问题是脱贫最关键的环节。目前，在世界范围内小额贷款发展迅猛，已经成为国际商务研究中非常重要的话题。研究小额贷款如何帮助贫困人口减贫，是创业减贫的一个重要分支（Bruton et al.，2011；2015）。小额贷款一般额度较低，主要用于帮助和资助小型新创企业的发展（Khavul，2010；Ogbuabor et al.，2013）。然而，也有研究结果表明，单纯使用小额贷款，对减少贫穷来说并不能起到明显的积极作用（Bruton et al.，2015；Duvendack et al.，2011）。尤其是其额度往往较低，不足以支撑贫困人群创造出剩余的资本供未来更多的诸如资本投资、雇用家庭成员外的员工等的后续发展活动，但这些后续活动往往才是贫困人口能继续创业的关键（Bruton et al.，2011）。另外，Roodman（2012）指出，很多小额贷款提供者的目标并不是为了解决贫穷

问题，例如，对他们当中的某些人来说，只不过是宗教信仰令他们希望做出一些行动来帮助贫困人群而已，至于贫困人群是否能获得进一步的发展他们并不关心，因此这与小额贷款提供者的目标和愿景也有关系。小额贷款对社会创业减少贫穷来说的确是重要且常见的工具。但是，在使用小额贷款时需要注意考虑贫困人口的未来发展规划，而不能仅仅止步于短期的资金补助。

11.4.2　社会创业者的帮助与引导

总结现有的社会创业减贫研究，可以有两种减贫模式：一种是由外部的创业者帮助贫困人口减少消费支出较少的 BOP 模式；另一种则是贫困人口依靠自主创业增加收入的本土居民创业模式。BOP 模式主要依靠外部力量，例如，社会企业甚至其他成熟企业，通过为穷人提供价格更为低廉的产品，使其能在一定的价格水平下获得生活甚至生产的必要资源，从而改善生活水平，谋求进一步的发展（Bruton et al.，2013；Prahalad and Hammond，2002）。当然，在这一方面，社会企业相比起其他以经济利益为首要目的的企业可能更有倾向性，但薄利多销的产品也会吸引到部分经济导向的企业通过这种途径来实现商业利益。第二种本土居民的创业则是贫困人口自己通过自主创业谋求生活条件的改善。这种模式比较具有长远的发展效果，若是成功，贫困人口往往不只解决温饱，甚至可以彻底改变家庭的生活条件，达到小康甚至富裕水平。但这种模式的实施难度较大，既需要外部力量的帮助和指导，又需要贫困人口自身具备一些内生性条件，如对创业的积极态度与行为、基础的创业知识以及对创业机会的识别与把握等。在这一模式中，社会创业者可以从多方面有针对性地帮助贫困人口，使他们获得创业的基本知识，帮助他们获取创业的资源，激发他们创业的积极性，指导他们的创业过程等。还可设立专门的创业项目让贫困人口参与，从而提高创业的成功率，而社会企业也能获得一定的经济利益作为回报。

11.4.3　创业机会与减少贫穷

创业帮助减少贫穷，关键之一在于发掘创业机会（Murphy and Coombes，2009）。Alvarez 和 Barney（2014）把与创业减贫相关的创业机会分为三类，分别是自我雇用的创业机会、发现型创业机会和创造型创业机会。他们指出，贫困人口以自我雇用形式的创业是全球各地较为常见的创业形式，但自我雇用的创业机会对贫困人口而言很多情况下只能改善生计，可能不具有可持续性。从可持续性角度而言（Bruton et al.，2015），发现型与创造型创业机会可能更为重要。而创业教育和引导可以在一定程度上提高识别和利用发现型与创造型创业机会的成功率。但是，在实践中可以发现，贫困人口由于条件所限，往往不能接受良好的教育，对于创业更多的只是直觉上的认识。例如，浙江省的义乌不沿边、不靠海、地瘠人贫、自然资源匮乏（陆立军，2008），其地势既不适合农业的发展，又没有矿产资源，也没有政府和外界的资助。但是，义乌人自明清时期起就已出现"敲糖帮"，人们肩挑货担走街串巷进行以货易货的买卖，用糖来换取鸡毛等废弃货品以获取小利，后来进一步发展为交换其他小商品，进而发展成今天世界著名的小商品批发中心。可以说他们完全没有接受过商业的教育，却凭借直觉和当地文化的影响，敏感地抓住了创业的机会。并且，他们对于所在地区的深入了解是他们独特的优势和财富。当然，对其他一些创业者来说，帮助他们学习创业的基本知识，可以增加他们对于创业机会的识别和把握的。

11.4.4 创业环境与减贫

创业环境是指创业者在进行创业活动和实现其创业理想过程中必须面对和能够利用的各种因素的总和，一般包括创业服务环境、政策环境、融资环境等环境要素（Gnyawali and Fogel，1994）。创业的环境条件既包括自然环境条件也包括社会环境条件，前者主要聚焦于“当地有什么”，后者则强调“政府已经做了什么和要做什么”。创业的环境条件，无论是自然环境条件还是社会环境条件，都可以是创业机会的丰富土壤。正如上文提到的，目前中国很多的农村创业扶贫项目，都是依托当地特有的自然环境条件来进行开发和利用，从而发展起旅游、农产品、手工艺品等创业项目。尤其是近年来各地乡村的“农家乐”“生态旅游”等项目如火如荼，既为当地居民提供了创业机会，同时又以更绿色的途径发展当地经济。社会环境条件所带来的政策优惠等，可以为制度创业提供很好的创业机会和创业条件。

另外，政府在创业减少贫穷中也扮演着至关重要的角色，政府在政策上的支持与鼓励，可以极大地推动创业减贫的发展；反之，政府的不支持或不作为，将会极大地影响创业减贫的效果。

11.5 国内外社会创业与减贫的相关研究

11.5.1 国际上创业与减少贫穷的研究

目前，国际上主要的减贫措施包括：提高经济增长率，大力发展农业生产；增加人力资本投资，提高人口素质；设立特殊就业项目，建立减贫制度。

加快经济增长速度是摆脱贫困的一项长期战略。从地理分布的角度看，全球贫困人口主要集中在农村地区。发展农业生产对发展中国家减贫来说十分重要，否则再高的经济增长率不一定能达到减贫的效果。人口素质特别是教育水平的提高对减贫起着不可估量的作用，在农业人口由农村向城市转移过程中，如果不重视对人力资源的开发，可能会加剧贫困程度。在南亚、非洲和拉美地区，设立特殊就业项目，建立减贫制度是直接有效的大规模减贫办法。发展中国家常用的减贫制度有两种形式：一是建立自营职业制度；二是实施公共工程项目制度。建立自营职业制度，主要是以贷款形式，使贫困者有能力购买基本生产资料，并向其提供相应的教育和技术、产品销售渠道，提高他们的劳动技能；公共工程项目制度，是指在发生饥荒、自然灾害以及经济调整和萧条等紧急情况时，农村或城市出现大量临时性的贫困者或失业者，政府组织实施公共基础工程项目，为贫困者提供短期就业机会，增加收入。⊖

Alvarez 等人（2015）总结减贫的模式，包括外国援助、所有权释放、地区工业化、BOP 模式、小额贷款等多种形式。对鼓励经济增长和减少贫穷来说，研究经常关注规模经

⊖ 国际消除贫困日：全球贫困状况及减贫措施。新华网，http://www.xinhuanet.com/world/2015-10/17/c_128328219.htm. 2018-6-22.

济和最大化生产（Galbraith，1967；Leff，1979；Naim，2013）、提高生产率（Joness and Romer，2010）、纯粹的资本积累（Lucas，2002；Van Zanden，2009），以及国营部门或小范围的企业岗位创造（Abzug，Simonoff and Ahlstrom，2000；Ogbuabor，Malaolu and Elias，2013）。然而，越来越多的管理学者和经济学家意识到，创业和创新对世界范围内的贫穷减少都是重要的解决方法（Ahlstrom，2010；Alvarez et al.，2015；Baumol，Litan and Schramm，2009；Bruton，2010；Bruton et al.，2013；McCloskey，2010）。

研究表明，许多政府措施和慈善方法尽管花费大量的努力和金钱，但都没能达到显著的效果（Easterly，2006，2008）。近年来，学术界针对创业减贫问题开展了大量研究，并从不同的视角进行分析。例如，比较多的学者关注诸如制度等外部环境因素，如 Boso 等人（2013）对加纳的创业者进行了研究，基于制度理论和社会资本理论验证创业导向和市场导向对于创业者成功的影响；Tobias 等（2013）把创业理论延伸至变革和贫穷的情境；Sutter 等人（2013）探究了犯罪在贫困地区对于创业者的影响，以及创业者如何应对这样的环境；McMullen（2010）明确解释了以市场为基础的减贫途径，尤其关注制度在创业减贫中的阻碍或辅助的角色。还有关注贫困的创业者与小额贷款者之间的关系的，比如 Alison 等人（2013）验证叙述故事的方式如何影响贫困的创业者得到小额贷款的概率和速度。还有另外几位学者也关注了制度对于创业减贫的影响（Kent and Dacin，2013；Khavul et al.，2013；Kistruck et al.，2011；Mair and Marti，2009；Webb et al.，2010）。但是，贫穷环境中的创业者不仅要应对明显的制度空白，同时还面临合适资源的匮乏以及对失败的严重惩罚（如无法支撑家庭的生计）。因此，这些创业者的战略选择和组织过程可能与成熟的企业是完全不同的。总之，不少学者认为，以市场为基础的解决办法，如创业，是在贫穷环境中创造大量和显著积极变化的最佳机会，因此应该要把了解如何帮助穷人创造他们自己的收入来源作为减少贫穷的方法，这样才可以长久地解决贫穷（Ahlstrom，2010；Bruton et al.，2013），而不是治标不治本。

11.5.2　国内创业与减少贫穷的研究

从中国减少贫穷的经验来看，最重要的一条减贫途径和解决方案是，通过创业来减少贫穷（斯晓夫等，2017）。由于贫穷是一个社会、一个国家最典型的社会问题，因此针对解决这样的社会问题，商业创业与社会创业很难区分，往往是两者朝一个共同的目标协同解决问题。从研究的主题来看，目前国内关于创业减贫的大量研究主要是把创业作为一个地区就业的出路，帮助当地人口进行就业和自我雇用，以减少贫穷。最近，尤其是在 2010 年以后，国内关于创业减贫的研究可以归纳为以下三类。

（1）从实际问题出发，试图从贫困人口的个体微观层次找到激发其内生性创业力量的方式方法，并提出一些政策建议（蒋艳，2008），如提供相应的教育和培训（和颖，2010；王玺玮，2017；魏毅和彭珏，2012）。

（2）从政府宏观层面出发，从政府的视角提出创业减贫的诸多举措，包括用政府治理的方式促进农民创业（李博，2016），以多方共同建立包容性区域创新体系（邵希等，2011）以及农民创业园产业化，促进农民创业（黄承伟、覃志敏，2013）。

（3）从理论出发，比如张大维和郑永君（2014）、周晔馨和叶静怡（2014）分别以贫穷理论和社会资本理论，研究了贫困人口自身的脆弱性和社会资本情况对创业减贫绩效的影响。斯晓夫等人（2017）梳理现有研究发现，创业减贫的效果受以两个重要因素影响。

（1）贫困人口是否自发地选择创业行为，即减贫是自上而下的还是自下而上的。以往的贫困研究往往关注政府及社会组织应该通过什么方式来减少贫困人口，即通过自上而下的制度设计来减贫，但也有自下而上由贫困者自发创业减少贫穷，进而促使区域制度变化的案例。贫困人群掌握创业的主动性，很大程度上决定了其脱贫成功的可能性：贫困者只有积极通过自身努力和不断尝试，探索创业减贫的有效途径，才能够更好地整合资源打造竞争优势，从根源上消灭贫困。

（2）创业行为的可持续性，即贫困人群是否能长期有保障地通过创业行为获取经济收益。在贫困地区，非正式经济体与小额贷款蓬勃发展，这些创业减贫方式存在资金来源的局限性，若不转型则难以持续发展。创业减贫活动的可持续性是其核心要素，如缺乏可持续的操作途径，贫困群体只能享受短暂的脱贫机会，通过非可持续手段创业造成的外部依赖性很可能对之后的脱贫成果造成负面影响。以这两个重要影响因素加上创业行为的主体是单独的个体还是处于社会网络作为划分创业减贫途径的三个维度，可以将创业减贫途径划分到不同的象限中（见图11-1）。

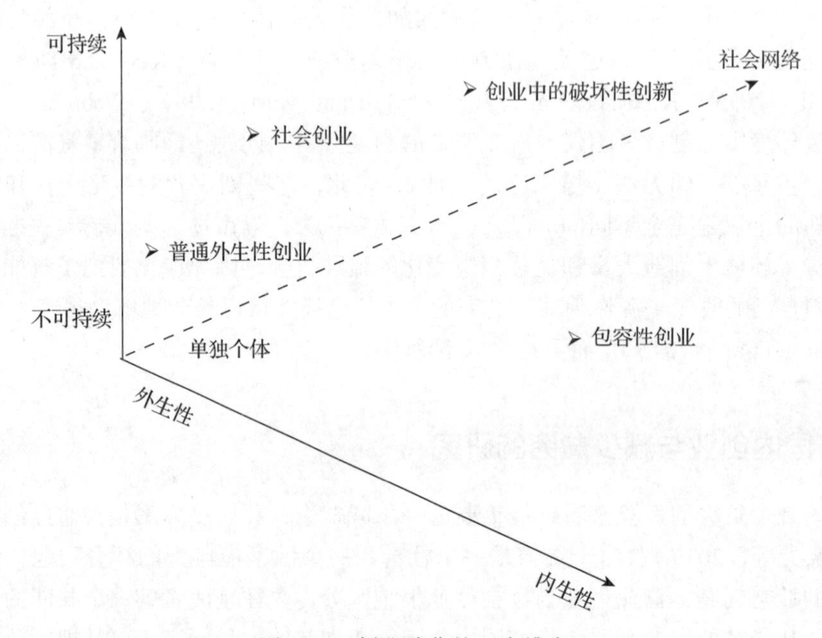

图 11-1 创业减贫的三个维度

但是，以创业视角来研究减少贫穷的方法在我国仍然相当缺乏，对于社会创业减少贫穷的研究更是寥寥无几，显然有待加强。斯晓夫等人（2017）梳理出社会创业减少贫困的几种可能途径，包括：①解决社会问题，如艾滋病、精神疾病、失业、文盲、犯罪和吸毒等。这些社会问题是导致贫困的主要原因，帮助这些被疾病、失业等问题困扰的群体，能够有效减少贫困人数。②增加就业机会和产出，创造社会资本。与普通的商业创业活动相似，社会创业活动能增加社会组织数量，增加就业机会，提供产出。③构建主动型福利机制，社会创业可以通过调动社会资本解决社会问题。主动型福利机制能够鼓励贫困者主动采取脱贫行动，从根本上摆脱贫困。例如，尤努斯作为小额贷款的创始者，在2011年建立了孟加拉国银行帮助穷人自主创业摆脱贫困，这类型的主动型福利机构是社会创业发展的方向（Khandker，2005）。

本章小结

社会创业区别于商业创业的显著特征在于其社会性方面，社会创业源自于发现一些未被解决的社会问题或者没有满足的社会需求。解决社会问题是社会创业者的使命和终极目的，社会创业者为解决社会问题而创造的产品或服务是直接与他们的使命相关的，比如社会创业者雇用弱势群体人员，或者销售与使命相关的产品和服务。减少贫穷也是社会创业的关键目的之一（Narayan，2000），因此在所有的创业类型中，社会创业对于减少贫穷更为关注。由于社会创业更关注社会问题的解决和社会需要的满足，因此在减少贫穷方面，社会创业可能发挥的作用更大，因为这符合社会企业发展的愿景。本章通过从三个层次分析社会创业对于减少贫穷的影响，深入讨论了社会创业减少贫穷在不同层次对不同对象的积极意义。最后，本章归纳总结了目前国内外研究中所讨论的社会创业减少贫穷的途径与影响因素，分析了社会创业减少贫穷的内在机制。

复习思考题

1. 什么是贫穷？
2. 贫穷的主客观原因是什么？
3. 社会创业减少贫穷主要分为哪几个层次？
4. 社会创业减少贫穷的途径有哪些？
5. 社会创业减少贫穷的主要影响因素有哪些？
6. 讲述一两个社会创业减少贫穷的例子，试分析其内在机制。

讨论案例

义乌：从“鸡毛换糖”到“全球最大的小商品批发市场”

无论是对发达国家还是发展中国家而言，减少贫穷都是一个巨大的挑战。目前在世界上，极度贫困人口的数量有了极大的减少。作为世界上最大的发展中国家，中国在减少贫穷方面做出了极大的贡献，Clark（2011）指出，在过去 20 多年，中国已经成功使 5.5 亿极端贫困人口脱贫。中国的经验通过总结、提炼，可以为其他国家所学习和借鉴。义乌是中国大幅度减少贫穷的成功范例，回顾义乌发展的历史，可以把义乌的发展归纳为三个阶段。

一、义乌发展的三个阶段

1. 鸡毛换糖阶段

30 多年前，义乌还被看作浙江省赤贫地区的代表。当时中国的农民大多生活在农村地区，并且耕种分配到户的田地。但义乌所在的山区条件更为恶劣，不沿边、不靠海、地瘠人贫、自然资源匮乏（陆立军，2008），其地势并不适合农业的发展。加上没有矿产，没有工业基础，也没有政府和外界的支持和帮助，农民迫于生计，只能想其他办法增加收入。其中典型的就是“鸡毛换糖”，人们以红糖、草纸等低廉物品，换取居民家中的鸡毛等废品以获取微利。早在明清时期，义乌就出现了“敲糖帮”，卖糖人肩挑糖担，除了在城镇集市活动之外，还深入到偏僻的山区和乡村。因为旧时人们生活水平低，几乎没有多余的钱，因此与卖糖人交易时大多不以现金交易，而是以鸡毛等废旧货物交换。后来卖糖人也不仅仅卖糖，有的还出售针线、小玩具之类的生活用品（王一胜，2015）。20 世纪 50 年代至 70 年代早期，很多义乌的农民沿袭敲糖

帮的做法，“肩挑货郎担、手摇拨浪鼓”，过山访村以售卖小商品或以货易货的形式来赚取微薄的收入。这部分人可以看作最早的一批创业者，他们识别到了市场机会。尽管1949年以后政府管制严格，不允许“投机倒把”的现象出现，但像义乌这样的贫困农村地区，管制也并不能完全覆盖。为了养家糊口，义乌农民冒险从商，并且想尽办法抓住机会，“鸡毛换糖”依旧兴盛。这从客观上来说，也使得贫困的村民可以获得生活的必需物资和服务。“鸡毛换糖”需要翻山越岭，极为辛苦，但利润微薄，可正是这一艰苦的创业过程，培养了义乌人坚韧不拔，不以小利而不为，善于发现、识别和抓住创业机会的创业文化与特质，也使义乌人积累了一定的商业经验，为后来小商品市场的发展奠定了一定的基础（陆立军，2008）。

2. 路边摊阶段

在此阶段，走街串巷的“鸡毛换糖”等交易仍然被视为不合法的行为。尽管如此，义乌的农民们还是通过诸如破坏性创新等创新方式，来克服困难并进行各种创业活动。1981年，中央一号文件正式允许农民参与到多种经营，于是义乌稠城、廿三里等镇的农民抓住机会，自发地在路边摆起了地摊，出现了第一批由“鸡毛换糖”货郎担转变而来的小商品摊位，摆脱了以货易货的束缚，专门从事小商品的销售（王一胜，2015），并逐步形成了交易地址和时间相对固定的交易市场（陆立军，1999）。“鸡毛换糖”最初开始的廿三里镇出现了几百个经营小商品的地摊，并于20世纪70年代末形成了中国第一代小商品市场。这样的非正式经济加速了商品的生产和流通，并建立了农民家庭与外部市场的联系。另一方面，当时中央政府的主要关注焦点在于鼓励农民参与党的活动，当地的干部会打击农民创建的工厂、商店或其他企业形式，但对于小规模的货摊还是部分默许的。这样的默许给义乌农民的创业活动提供了进一步发展的空间。如果说“鸡毛换糖”的交易目的是为了生存，那么在这一阶段农民参与创业的动机就由原来的只求温饱变成渴望积累和分享财富了。

3. 小商品市场阶段

这一阶段的主要标志是1982～1990年在政府和个人层面上的小商品市场的建立。20世纪80年代，各级政府开始同意小规模交易活动的存在，这使得一部分男性劳动者参与到创业的活动中。1982年9月，经县委、县政府同意，由工商部门兴办了第一代仅705个摊位的小商品市场，并对刚刚萌生的个体、私营工商户采取了五项优惠政策（陆立军，2008）。1984年10月，当地政府明确提出推动农村发展并把商贸交易作为地区发展的龙头产业。在这样的政策鼓励下，义乌农民开始积极创业，以家庭所有制的小商品交易形式创建新企业。与西方现代企业不同的是，这种小型的家庭所有制企业并没有明确区分家庭的财产和公司资产；生意是在一个以家族为基础的高度相互信任的创业团队环境中发展的。家庭成员愿意推迟获得自己的劳动报酬，直到新创企业可以创造出足够的利润。1988年，义乌的行业结构有了根本性的改变，第三产业首次超过了第一产业和第二产业。农民的创业动机在这一阶段主要包括两个方面：追求小的收益，以及拥有自己小企业的所有权。

义乌农民通过逐渐参与到以家庭为基础的创业活动中来，使义乌的经济增长迅速，人均收入提高，行业基础设施和生活条件得到了极大的改善，许多人完全脱离了贫困，甚至进入了富裕阶层。根据《义乌统计年鉴（1978～2012年）》，义乌当地的个体户数量由2004年的75 087户激增至2012年的164 683户。这些个体户大部分都集中在批发和零售业务、制造业、房地产和餐饮行业。在私营企业方面，义乌最早的一个私营企业在1981年成立，由于很多破坏性创新的驱动，义乌的私营企业数量也由2004年的6.975

家激增至2011年的18 163家。大部分私营企业是在批发零售行业和制造业。批发零售行业私营企业的数量在2004～2011年年增长率达到了28.2%。个体户和私营企业的发展对义乌的减少贫穷和财富积累做出了巨大的贡献。现如今发展起来的义乌小商品批发市场拥有43个行业、1 900个大类、170万种商品，几乎囊括了工艺品、饰品、小五金、日用百货、雨具、电子电器、玩具、化妆品、文体、袜业、副食品、钟表、线带、针棉、纺织品、领带、服装等所有日用工业品，物美价廉、应有尽有、特色鲜明，使义乌在国际上具有极强的竞争力。

二、义乌通过创业来减少贫穷的主要启示

义乌农民通过创新和创业发现了一系列商业机会以脱贫致富。但是，当时他们所处的环境其实并不理想。首先，农民从政府、银行或其他机构得到贷款的概率很低；其次，农民并没有得到足够的教育和技能培训；最后，在实践中几乎没有可能得到制度上的支持，因为当时商业或创业活动是被官方禁止的。在这样一种不理想的情况下，在坚持不懈地探索、发现以及与制度环境的互动中，义乌农民富有开创性地选择了一系列创业方法和破坏性创新来脱贫；此外，这些原先贫穷的农民企业家还通过国家范围的活动来鼓励和帮助其他穷人脱贫。因此，从义乌的创业减贫案例中，可以得到以下启示。

1. 在态度和行为上由被动转为主动

以往对于减少贫穷的研究往往关注外部因素（如政府和制度的帮助或支持、小额贷款等），并没有把创业看作减贫的重要途径。而贫困人口在态度和行为上由被动变为主动，对于他们追求创业成功和进一步减少贫穷来说至关重要。积极的态度和行为可以驱使人们更积极地克服困难达到目的，有着积极态度和行为的农民企业家也可以通过他们工作上的反馈而得到学习和提高。义乌的例子是独特的，在过去穷苦的阶段，国家和当地政府都没有援助贫困人口的项目，当地人只能选择自己寻求脱贫的方法，这也在某种程度上推动了他们的态度和行为由被动转变为主动。义乌模式的产生不是外生性的，而是内生性的。这种“内生性发展”的实质就在于充分挖掘“本土资源”，从当地的实际情况出发，包括当地所特有的历史、文化、社会结构，现有的人力、物力、技术、财政、资源及其区情所特有的限制，自主寻求发展路径。这种内生性不否认外因的重要作用，但其核心认为发展最终必须是从内部激发和创造出来的，而不能单纯依靠外部力量（鲍洪俊，2008）。因此，减少贫穷不能只想着靠外部的支持和帮助，主要还是靠穷人自身主动通过创业活动去发现和利用商业机会。

2. 脱贫范例的引导和鼓励作用

在义乌的案例中，农民企业家利用脱贫范例的模式来作为其他渴望通过创业途径脱贫的农民的启示和模板。客观上来说，地区的贫困人口和那些当地已经脱贫的人口之间存在着互动关系，因为在我国农村，许多地区与义乌有着大致相同的经济条件，具有相同的贫穷背景，这样的创业范例更容易在相似的情境中作为一个样板进行部分替换和应用，从而有效地影响和驱动现在依然贫困的人在态度和行为上积极地参与脱贫。更进一步来说，已经脱贫的农民企业家可以把自己原来的社团联结嵌入到贫困地区，既在当地销售又启发其他人成为供应商。这样的互动还产生了相互学习和相互帮助，以及帮助持续地在这种环境动态中发现和创造新的创业机会。

3. 追求小的利润而不是利润最大化

在高度不确定的环境中，义乌的农民企业家不是追求利润最大化，而是追求获得基本能令人满足的小利润。小商品种类繁多，但利润空间很小，要在微利中长久经营，必须凭借长期不断积累的商业经验，从而能敏感地意识到各种商品供求之间微小的盈利空间。也只有在义乌这样条件恶劣几乎没有任何资本和环境优势下挣扎求存的农民企业家，才愿意从事这样极不起眼的创业活动（陆立军和白小虎，2000）。另外，他们还开创了一种“蚁商模式”，企业只有几个人，通过家庭所有制的形式来保持成本

的最低——家庭成员只能拿到很少的报酬，并且都要完成相应的销售任务。在极度贫困的地区，这种蚁商精神影响和形成了人们对脱贫的积极态度和行为，并且让农民企业家通过关注小的但是较容易把握的商业机会而不断积累财富，而不是仅能维持温饱。对这种蚁商模式来说，创业追求的是满意而不是最优，不以小利而不为。

4. 通过破坏性商业模式创新来减少贫穷

采用破坏性创新的商业模式的企业，其产品往往在主流市场的消费者所看重的属性上不如现有企业的产品，但是在其他一些主流市场并不看重的属性方面有自己的优势，如价格更低、更方便、更容易操作等，因此会吸引低级市场或边缘市场的消费者。破坏性创新往往会给市场引入新的评价标准，如便利性或便携性、低价、容易使用等。农民企业家对于当地市场很深的了解和专门满足当地市场需求的创新，使得他们在采取破坏性创新的商业模式时更容易成功（陆立军和白小虎，2000）。他们最初通过“鸡毛换糖”的商贩形式把当地未被服务到的消费者和生产商联系了起来，而之后建立的小商品城作为一个平台，把低价的破坏性产品提供给对价格敏感的顾客，从而吸引了低端市场和边缘市场的客户。这种模式对于贫困的“金字塔底层”的人们有着重要的启示，即破坏性创新可以作为农民创业的重要途径，帮助创造新的机会和工作，并为穷人提供负担得起的低价商品。破坏性创新也转变了原来只是期望得到外界帮助的被动态度和行为，变成了积极投身于基于贫困地区现状的积极创新和创业活动中去。并且，贫困人口在不断参与破坏性创新的过程中，发展了独特的识别创业机会的能力。破坏性创新可以有助于生产商开发和生产新的和有用的产品，同时又为贫困消费者在他们可负担得起的价格范围内提供更简单、更小或更廉价的商品。

义乌通过创业减少贫穷的成功经验在中国被高度肯定和广泛学习。例如，2006年，浙江省政府发布两条重要政策，规定浙江省的其他地方政府在发展当地经济时要学习和实践义乌经验。改革开放以后尤其是20世纪90年代以来，义乌小商品市场及其支柱产业对于促进整个浙江中西部地区的发展发挥了重要的辐射和带动作用。义乌还大力推进与浙江中西部地区许多县（市、区）的产业分工协作，目前周边地区已有6万多家中小企业与义乌市场建立了密切的业务联系（陆立军，2008）。并且，2011年义乌已经被国务院批准为国际贸易综合改革试点城市，为全国提供市场国际化经验和示范（陈文玲和周京，2012）。另外，义乌减少贫穷的实践对世界其他国家和地区减少贫穷有着积极的影响。2005年，联合国与世界银行、摩根士丹利公司等世界权威机构公布的一份中国发展报告，将义乌市场称为“全球最大的小商品批发市场”（陆立军和杨志文，2009）。义乌也为外国人提供了很多创业机会，义乌小商品批发市场商品辐射超过212个国家和地区，远销东南亚、中东、欧美等地，年出口量已达总成交额的60%以上。其中，工艺品、饰品、小五金、眼镜等优势行业商品出口量占行业销量的70%以上；市场内60%以上的商户从事外贸出口业务，越来越多的外国人来到义乌从事创业和商务活动。2003年，有来自189个国家的49 513名外国友人来到义乌做生意。期间，来自36个国家的257家国外商业中介机构在义乌成立。在义乌的外国居民人数从137个国家的8 000人增加至2012年的13 000人。2012年，在义乌的外国商人总数达到了417 000人。值得注意的是，大部分外国人来自中东、印度和非洲等发展中国家或地区，因此，义乌对世界的贫穷减少也做出了贡献。“义乌经验”可以成为世界减少贫穷的宝贵经验。

讨论题：

1. 义乌人是如何从“鸡毛换糖”发展成今天世界最大的小商品批发市场的？
2. 请从社会创业的视角总结义乌创业减少贫穷的不同层次的影响。
3. 请总结案例中社会创业减少贫穷的过程及关键因素。

4. 从社会创业者的角度看，义乌模式对中国乃至世界减少贫穷的启示是什么？

资料来源：

（1）Clark H. Accelerating poverty reduction and sustainable human development. UNDP 2011 Global Poverty Reduction and Development Forum，Beijing，China.

（2）Si S, Yu X, Wu A, Chen S, Chen S, Su, Y. Entrepreneurship and poverty reduction: a case study of Yiwu, China[J]. Asia Pacific Journal of Management, 32(1), 119-143.

（3）陆立军．“义乌模式”的成因及其与“浙江模式”的关系 [J]. 财经论丛，2008(04): 1-7.

（4）王一胜．传统小商贩的现代转型——以义乌敲糖帮为例 [J]. 浙江学刊，2015(03): 49-56.

（5）陆立军，白小虎．从“鸡毛换糖”到企业集群——再论“义乌模式”[J]. 财贸经济，2000(11): 64-70.

（6）陆立军，杨志文．县域经济社会协调发展的“义乌模式”[J]. 开发研究，2009 (02): 1-7.

（7）陈文玲，周京．义乌传统市场转型升级研究 [J]. 中国流通经济，2012, 26(10): 8-12.

（8）鲍洪俊．义乌模式：已有研究和新的解释框架 [J]. 浙江学刊，2008(05): 189-193.

（9）陆立军．“中国小商品城”的崛起与农村市场经济发展的义乌模式 [J]. 经济社会体制比较，1999(01): 71-79.

文献研读

Entrepreneurship and Poverty Reduction: A Case Study of Yiwu, China.

【文献摘要】Article Summary: There has been a significant reduction in the number of desperately poor people in the world in recent years. A great deal of that reduction in poverty can be attributed in China. There is great potential for new insights for scholars, in looking more deeply into the Chinese experience in terms of entrepreneurship and poverty reduction. This paper employs an in-depth case study of how poverty was reduced through entrepreneurship and innovation in the eastern Chinese city of Yiwu. This study is a response to some scholars' call for more direct examination of businesses' involvement with the poor to shed new light on the emerging topic of the roles of business in poverty reduction. Moreover, this study reports on key factors, new insights, and experiences which have led to success in poverty reduction and contributes to theory and practice in this area.

【文献评述】本篇文献是创业减少贫穷的一篇经典文献，它提供了一个详细又深入的案例分析，用义乌的案例讲述如何通过创业和创新来减少贫穷。

文献首先梳理了与创业减少贫穷相关的理论，包括贫穷理论、BOP理论和破坏性创新理论等，并且介绍了目前在管理学和经济学的研究中是如何减少贫穷的。接着就义乌的发展历史进行深入的剖析，作者通过对义乌的农民创业者以及政府官员的访谈、焦点小组访谈以及因子分析等方法，将义乌的发展划分为三个阶段，并总结和归纳了这三个阶段的关键因素，对义乌的创业减少贫穷的过程进行了深入的分析。

这篇文献的贡献主要在于：①在普拉哈拉德（2004，2005）BOP理论的基础上进行了延伸，并结合了克里斯坦森提出的破坏性创新理论和破坏性商业模式创新，为底层草根阶层的创业减贫提供了新的洞见和思路。破坏性创新理论的使用解释了在创新的商业模式中，创业者如何使穷人在他们可负担的水平上获得更简单、更小或更便宜的产品，从而获得创业机会和商业利润，这也对初始创业者如何从低端市场开始竞争业务有所启发。②义乌的发展过程为穷人自己如何通过创新和创业识别和开发独特的市场机会提供了证据。原有的早期研究往往关注的是穷人如何从外界获取诸如小额贷款或其他形式的政府援助等的支持，但这样的理论并不能和贫穷理论

中的创业机会概念结合起来。这篇文献发现，贫困地区的穷苦农民主要依靠自身的能力来发现和利用创业机会，从而通过一系列的创业活动来获利，而并非希望得到外部资助。③这篇文献发现，贫困人口的态度和行为由被动转变为主动是他们追求创业成功并进一步减少贫穷的关键。④从案例的分析发现，农民企业家要获得成功，在某种程度上应该追求的是小而稳定的利润，而并非利润最大化。⑤过往的研究只是把“金字塔”底层的穷人看作还没有被开发的购买力，但这篇文献提出，农民企业家可以通过他们的创业活动以及破坏性商业模式创新把当地未被开发的消费者与生产商连接起来。⑥这篇文献还揭示出，已经脱离贫困的农民企业家与希望脱离贫困的潜在农民企业家之间存在着互动，并且有着积极的影响。这些已经脱离贫困的农民企业家可以通过贫困地区原有的社区纽带，帮助仍未脱贫的人。由于背景条件相似，成功农民企业家的创业实例往往容易被当作模板去模仿或者通过情景化的调整来使用。

【文献出处】Si S, Yu X, Wu A, Chen S, Chen S, Su Y. Entrepreneurship and poverty reduction: a case study of Yiwu，China[J]. Asia Pacific Journal of Management, 2005, 32(1), 119-143.

本章作者

斯晓夫，浙江大学求是讲座教授，管理学博士。主要研究方向包括社会创业、包容性创业、创新管理等，讲授“创业管理”“创新管理”等课程。

陈卉，浙江大学创业管理博士研究生。

本章案例撰写：陈卉（浙江大学创业管理博士研究生）、严雨姗（浙江大学创业管理博士研究生）、斯晓夫。

本章文献评述：斯晓夫、陈卉。

参考文献

[1] Abzug R, Simonoff J S, Ahlstrom D. Nonprofits as large employers: A city-level geographical inquiry[J]. Nonprofit and voluntary sector quarterly, 2000, 29（3）: 455-470.

[2] Ahlstrom D. Innovation and growth: How business contributes to society[J]. Academy of management perspectives, 2010, 24（3）: 11-24.

[3] Allison T H, McKenny A F, Short J C. The effect of entrepreneurial rhetoric on microlending investment: An examination of the warm-glow effect[J]. Journal of Business Venturing, 2013, 28（6）: 690-707.

[4] Alvarez S A, Barney J B. Entrepreneurial opportunities and poverty alleviation[J]. Entrepreneurship Theory and Practice, 2014, 38（1）: 159-184.

[5] Alvarez S A, Barney J B, Newman A M.（2015）. The poverty problem and the industrialization solution[J]. Asia Pacific Journal of Management, 32（1）, 23-37.

[6] Amorós J E, Cristi O. Poverty and Entrepreneurship in Developing countries[J]. The Dynamics of Entrepreneurship: Evidence from Global Entrepreneurship Monitor Data, 2011: 209-230.

[7] Baumol W J, Litan R E, Schramm C J. Good capitalism, bad capitalism, and the economics of growth and prosperity[M]. Yale University Press, 2007.

[8] Boso N, Story V M, Cadogan J W. Entrepreneurial orientation, market orientation, network ties, and performance: Study of entrepreneurial firms in a developing economy[J]. Journal of Business Venturing, 2013, 28（6）: 708-727.

[9] Bruton G D.（2010）. Business and the world's poorest billion—The need for an expanded examination by management scholars[J]. Academy of Management Perspectives, 2010, 24（3）: 6-10.

[10] Bruton G D, Ahlstrom D, Si S. Entrepreneurship, poverty, and Asia: Moving beyond subsistence entrepreneurship[J]. Asia Pacific Journal of Management, 2015, 32（1）: 1-22.

[11] Bruton G D, Ketchen Jr D J, Ireland R D. Entrepreneurship as a solution to poverty[J]. Journal of Business Venturing, 2013, 28（6）: 683-689.

[12] Bruton G D, Khavul S, Chavez H. Microlending in emerging economies: Building a new line of inquiry from the ground up[J]. Journal of International Business Studies, 2011, 42（5）: 718-739.

[13] Chliova M, Brinckmann J, Rosenbusch N. Is microcredit a blessing for the poor? A meta-analysis examining development outcomes and contextual considerations[J]. Journal of Business Venturing 2015, 30（3）: 467-487.

[14] Duvendack M. R. Palmer-Jones R, JG Copestake, L. Hooper, Y. Loke, N. Rao（2011）. ' What Is the Evidence of the Impact of Microfinance on the Well-Being of Poor People? ' . London: EPPI-Centre[J]. Social Science Research Unit, Institute of Education, University of London.

[15] Easterly W, Easterly W R. The white man's burden: why the West's efforts to aid the rest have done so much ill and so little good[M]. Penguin, 2006.

[16] Easterly W. Reinventing foreign aid[M]. The MIT Press, 2008.

[17] Galbraith J K. The new industrial state[M]. Princeton University Press, 2015.

[18] Gnyawali D R, Fogel D S. Environments for entrepreneurship development: key dimensions and research implications[J]. Entrepreneurship theory and practice, 1994, 18（4）: 43-62.

[19] Hockerts K.Determinants of social entrepreneurial intentions[J]. Entrepreneurship Theory and Practice, 2017, 41（1）: 105-130.

[20] Jones C I, Romer P M. The new Kaldor facts: ideas, institutions, population, and human capital[J]. American Economic Journal: Macroeconomics, 2010, 2（1）: 224-45.

[21] Katre A, Salipante P. Start-up social ventures: Blending fine-grained behaviors from two institutions for entrepreneurial success[J]. Entrepreneurship Theory and Practice, 2012, 36（5）: 967-994.

[22] Kent D, Dacin M T. Bankers at the gate: Microfinance and the high cost of borrowed logics[J]. Journal of Business Venturing, 2013, 28（6）: 759-773.

[23] Khandker S R. Microfinance and poverty: Evidence using panel data from Bangladesh[J]. The World Bank Economic Review, 2005, 19（2）: 263-286.

[24] Khavul S, Chavez H, Bruton G D. When institutional change outruns the change agent: The contested terrain of entrepreneurial microfinance for those in poverty[J]. Journal of Business Venturing, 2013, 28（1）: 30-50.

[25] Kistruck G M, Webb J W, Sutter C J, et al. Microfranchising in Base-of-the-Pyramid Markets: Institutional Challenges and Adaptations to the Franchise Model[J]. Entrepreneurship Theory and Practice, 2011, 35（3）: 503-531.

[26] Leff N H. Entrepreneurship and economic development: The problem revisited[J]. Journal of economic literature, 1979, 17（1）: 46-64.

[27] Lucas R E. Lectures on economic growth[M]. Harvard University Press, 2002.

[28] Mair J, Marti I. Entrepreneurship in and around institutional voids: A case study from Bangladesh[J]. Journal of business venturing, 2009, 24（5）: 419-435.

[29] Mccloskey D N. Bourgeois dignity : why economics can't explain the modern world[M]. University of Chicago Press, 2010.

[30] Mcmullen J S. Delineating the Domain of Development Entrepreneurship: A Market-Based Approach to Facilitating Inclusive Economic Growth[J]. Entrepreneurship Theory & Practice, 2011, 35（1）: 185-193.

[31] Misturelli F, Heffernan C. The shape of change: A memetic analysis of the definitions of poverty from the 1970s to the 2000s[J]. Journal of International Development, 2012, 24（S1）: S3-S18.

[32] Murphy P J, Coombes S M. A Model of Social Entrepreneurial Discovery[J]. Journal of Business Ethics, 2009, 87（3）: 325-336.

[33] Naim M. The end of power: From boardrooms to battlefields and churches to states, why being in charge isn't what it used to be[M]. New York: Basic Books, 2013.

[34] Narayan D. Can anyone hear US[M] Voices of the poor. Washington, D C: World Bank Publication, 2000.

[35] Ogbuabor J E, Malaolu V A, Elias T I. Small Scale Enterprises, Poverty Alleviation and Job Creation in Nigeria: Lessons from Burnt Bricklayers in Benue State[J]. Journal of Economics & Sustainable Development, 2013.

[36] Prahalad C K, Hammond A. Serving the world's poor, profitably.[J]. Harv Bus Rev, 2002, 80（9）: 48-57.

[37] Roodman, D. Due diligence: An impertinent inquiry into microfinance[M]. Washington, DC: Center for Global Development, 2012.

[38] Si S, Yu X, Wu A, et al. Entrepreneurship and poverty reduction: A case study of Yiwu, China[J]. Asia Pacific Journal of Management, 2015, 32（1）: 119-143.

[39] Sutter C J, Webb J W, Kistruck G M, et al. Entrepreneurs' responses to semi-formal illegitimate institutional arrangements[J]. Journal of Business Venturing, 2013, 28（6）: 743-758.

[40] Tobias J M, Mair J, Barbosa-Leiker C. Toward a theory of transformative entrepreneuring: Poverty reduction and conflict resolution in Rwanda's entrepreneurial coffee sector[J]. Journal of Business Venturing, 2013, 28（6）: 728-742.

[41] Van Zanden. The long road to the industrial revolution[M]. Boston: Brill, 2009.

[42] Webb J W, Kistruck G M, Ireland R D, et al. The Entrepreneurship Process in Base of the Pyramid Markets:The Case of Multinational Enterprise/Nongovernment Organization Alliances[J]. Entrepreneurship Theory & Practice, 2010, 34（3）: 555-581.

[43] 傅颖，斯晓夫，陈卉 . 基于中国情境的社会创业 : 前沿理论与问题思考 [J]. 外国经济与管理，2017，39（3）：40-50.

[44] 和颖 . 西部民族贫困地区新型农民培养存在的问题及对策研究——以云南为例 [J]. 经济问题探索，2010（2）：68-74.

[45] 黄承伟，覃志敏 . 贫困地区统筹城乡发展与产业化扶贫机制创新——基于重庆市农民创业园产业化扶贫案例的分析 [J]. 农业经济问题，2013（5）：51-55.

[46] 蒋艳 . 贫困地区民营经济内源性力量培育研究 [J]. 上海经济研究，2008（7）：56-61.

[47] 李博 . 乡村治理转型与农村精准扶贫 [J]. 山西农业大学学报（社会科学版），2016（8）：534-538.

[48] 陆立军 . “义乌模式”的成因及其与“浙江模式”的关系 [J]. 财经论丛，2008（04）:1-7.

[49] 邵希，邢小强，仝允桓 . 包容性区域创新体系研究 [J]. 中国人口・资源与环境，2011，21（6）：24-30.

[50] 斯晓夫，钟筱彤，罗慧颖，陈卉 . 如何通过创业来减少贫穷：理论与实践模式 [J]. 研究与发展管理，2017（6）：1-11.

[51] 王玺玮 . 教育对农村地区反贫困的影响研究——基于湖北省 13 个市州面板数据的实证分析 [J]. 社会保障研究，2017（4）：82-89.

[52] 魏毅，彭珏 ."授人以渔"：赋能式扶贫开发效果分析——基于重庆市"雨露计划"培训学员的回访 [J]. 农村经济，2012（2）：66-69.

[53] 张大维，郑永君 . 贫困风险约束：返乡农民工创业的发生机制——基于三个川北返乡农民工家庭的生计选择分析 [J]. 河南大学学报（社会科学版），2014，54（5）：39-45.

[54] 周晔馨，叶静怡 . 社会资本在减轻农村贫困中的作用：文献述评与研究展望 [J]. 南方经济，2014，V32（7）：35-57.

第 12 章　社会创业的国际维度

学习目标

☑ 理解社会创业的国际差异
☑ 了解美国社会创业的影响因素
☑ 理解英国社会创业的影响因素
☑ 掌握中国社会创业的影响因素

本章纲要

☑ 基于国际视角的社会创业比较
☑ 前景性创意发展为成熟商业模式的过程
☑ 英国社会创业的体制环境
☑ 社会网络的特征与维度

开篇案例

"一村一园计划"荣膺"教育界的诺贝尔奖"

2018 年 7 月 17 日，世界教育创新峰会（WISE）在官网上宣布，由中国发展研究基金会发起的"一村一园计划"（OVOP）荣获 2018 年 WISE 世界教育创新项目奖（WISE Awards），成为自该奖项创办以来第一个获奖的中国项目。

WISE 教育项目奖由卡塔尔教育科学与社会发展基金会发起，是一个旨在鼓励和倡导世界范围内教育创新实践的国际性大奖，被 BBC 等国际主流媒体誉为"教育界的诺贝尔奖"。WISE 的评奖标准极其严格。根据其章程，入选项目必须证明已为应对本地区教育挑战提出创新解决方案，并已产生积极社会影响。此外，财务状况稳定、发展目标清晰、运作模式可复制和可规模化也是必要标准。自 2009 年创办至今，已有来自 150 个国家共计 3 000 余个项目参与奖项角逐、60 个项目获奖。

"一村一园计划"缘起于中国发展研究基金会的"山村幼儿园计划"。2009 年，中国发展研究基金会在中央和地方有关部门的关怀和支持下，通过和当地政府、捐赠企业、机构和个人及非营利组织的深度合作，充分利用各村现有闲置校舍和公共场所等资源，招募当地幼教志愿者，为偏远贫困村落 3～6 岁儿童提供低成本、保质量的免费学

前教育。

中国发展研究基金会副理事长兼秘书长卢迈说：“‘一村一园’是我们的愿景，希望到2020年年底，贫困地区每个拥有10个以上适龄儿童的行政村都能有一所‘公办+公益’幼儿园。”“村庄既是为农民家庭提供卫生医疗和学前教育服务的前沿，也是脱贫攻坚的主阵地，‘一村一园计划’瞄准我国社会转型背景下的中国贫困及偏远农村困境儿童，有效填补了农村儿童的学前教育空白，是缓解城乡儿童发展水平差距、阻断贫困的代际传递的助推器，也是助力我国打赢脱贫攻坚战役、实现乡村振兴的重要抓手。”卢迈说。

目前，“一村一园计划”先后覆盖青海、云南、湖南、四川、山西、新疆、贵州、甘肃和河北9个省的21个贫困县，惠及17万贫困地区儿童。“一村一园计划”的成效已得到了实践检验。在青海省海东市乐都区，基金会追踪了8 531名山村幼儿园受益儿童进入义务教育阶段后的学业表现，研究发现，全区排名前40%的学生中超过七成曾就读于山村幼儿园，这些孩子曾经面临留守、贫困等不利境况，他们中的大部分原本没有机会上幼儿园。

提供创新解决方案、产生积极社会影响之余，“一村一园计划”也展示出了强大的可复制性和规模化发展前景。作为中国扶贫攻坚工作的一部分，中国发展研究基金会依托自身及其主管单位国务院发展研究中心强大的科研能力，运用循证研究方法，在各地政府已有资源的基础上，总结出了一套低成本、高效率并能在偏远及贫困农村有效推广的“一村一园”发展模式，并获得了相关部门关注。

“历经10年，辛勤耕耘，硕果累累，名至实归。”中国发展研究基金会理事长、国务院发展研究中心主任李伟用16字总结了“一村一园计划”所获成绩。李伟表示：“‘一村一园计划’为偏远贫困农村儿童提供普惠、优质的公办学前教育，其成果与项目逐年发展壮大的事实表明，该模式具有可行性、可及性与可复制性。”

“一村一园计划”获奖消息公布后，WISE首席执行官斯塔夫罗斯·伊恩努卡（Stavros Yiannouka）先生表示：“2018年WISE教育项目奖总共收到了413份申请，经过严格评估和激烈选拔后选出的这6个项目可以有效地解决来自全球范围内教育领域中的各种挑战。”

中国社会科学院副院长蔡昉认为“一村一园计划”此次获奖实至名归、可喜可贺：“祝愿此项目得到更大范围推广，为实现2020年农村人口脱贫目标和防止贫困代际传递做出更大贡献。”

“此次获奖将激励我们与各级政府、捐赠企业、机构和个人、志愿者老师及项目官员们一道，继续努力，将各方资源投入贫困地区儿童学前教育，为中国可持续脱贫、为实现联合国‘2030可持续发展目标’提供可行的‘中国方案’。”卢迈说。

案例来源：“中国发展研究基金会”微信公众号，https://mp.weixin.qq.com/s/BVY_GRotb-Pmzdf2ziWZg。

正如上述案例中所提到的，社会创业由于其社会性和创业性的两大内涵特征，近年来在世界各国蓬勃发展，成为推动地区发展、解决社会问题、创造社会价值的重要途径。因此，在中国和谐社会背景下研究和推动社会创业对构建和谐社会具有重要的意义（邬爱其和焦豪，2008）。

社会创业最早出现在20世纪80年代的美国，它的兴起与市场在社会经济中地位的提升密不可分（胡馨，2006）。随着社会创业浪潮的不断涌动和经济全球化进程的快速推进，“国际创业”“国际社会创业”“社会创业国际化”等名词也愈发受到学界的关注，由此可见，基于国际视角的社会创业的研究在当今时代环境下是必要的（焦豪和邬爱其，2008）。社会创业会在不同的市场环境、经济体制和文化环境之下呈现出不同的特征，而影响这些特征形成的因素，除了个人层面、组织层面、流程层面和环境层面等的因素之外，也会因国别而有所侧重和不同。因此，本章在梳理大量文献的基础上，对美国、英国和中国的社会创业进行了国际比较，并从个人层面因素、组织层面因素、流程层面因素、环境层面因素等方面对社会创业的影响因素进行了较为系统的评价，为后续研究提供理论分析框架与思路；最后，本章还对影响不同国家社会创业的因素进行了研究，希望对我国进行社会创业活动有所启示。

12.1 基于国际视角的社会创业比较

美国著名基金会汤姆森路透基金会 2016 年的调查数据显示，社会创业发展条件最好的前 15 个国家包括美国、加拿大、英国、韩国等。这些国家已经形成了强有力的政府支持、对人才充满吸引力的条件、可观的工资，以及对社会变革需求的把握等利于社会创业产生和发展的条件。其中，最活跃的社会创业方向主要聚焦于维持健康、教育以及解决环境问题等方面。但是在共性之外，国际环境下各国的社会创业也呈现出了不同的特点。

情境化（contextualizing）在创业研究中的重要性日益凸显，Welter（2017）将情境化定义为，界定某种研究现象的客观环境、存在条件、面临的形势和自然环境的总称，并将创业的研究情境分为企业（business）、社会（social）、空间（spatial）和制度（institutional）四类。作为现象驱动的研究，社会创业植根于情境化之中，因此本节基于国际视角的社会创业的比较也将紧密围绕美国、英国、中国三国的情境背景进行分析（见表 12-1）。

表 12-1 美、英、中三国社会创业活动对比

维　度	美　国	英　国	中　国
经济制度	以私有制为基础，以自主经营的自由企业为主体，同时辅以国家宏观调控	实行资本主义经济制度，是典型的自由资本主义国家	以公有制为主体，多种所有制经济共同发展的经济制度
社会创业发展水平	高水平，领导者	高水平，主要领导者	发展中水平
社会创业主要支持	政府、企业	政府、企业	政府、个体
相关制度成熟程度	成熟完善	成熟完善	待完善
主要支持方法	政策、法律、教育	政策、税收、融资	政策、教育

美国作为社会创业最为活跃的国家之一，不仅是社会创业教育最早期的实践者，更是国际社会创业发展的领导者。在社会创业教育方面，Dees 于 20 世纪 90 年代中期在哈佛大学教书时，将社会创业的理念与案例融入了传统的创业管理课程之中，开创了社会创业教育的先河。在社会创业教育的第二次浪潮中，美国也作为领导者，在 MBA 学院中开设社会创业课程，并招收社会创业博士，形成了由商学院主导，迈向跨学校、跨学科，项目更深入、受众更广泛的教育方式。除此之外，社会创业所涉及的专业也不再为商学院所专属，它被推广到了工程、设计、法律、社会工作、教育等领域。在社会创业的商业领导方面，社会创业联盟（Social Enterprise Alliance）2018 年的调查数据显示，美国是商业领导

努力解决社会问题最积极的国家。在美国，约有 1.4 万个社会创业企业获得了超过 500 亿美元的收入，并为 1 000 多万公民提供了就业机会，是社会价值与商业价值结合的良好体现。美国社会创业在政府支持方面，也位居世界前列，政府在刺激社会创业方面创造了有利的支持条件，促进了社会创业思想的传播与发展。除此之外，社会企业联盟在支持美国社会创业方面也发挥了明显的作用。

英国也具备发展社会创业的最佳条件，SEUK 的调查数据显示，2017 年英国有 67 万～70 万家社会企业，雇用了大约 100 万人，并通过经营活动产生了约 240 亿英镑的收入，其中约 18% 的收入来自国际活动。在英国的企业构成中，社会企业所占比例高达 50%，其中 2/3 的社会企业表现出了对弱势群体的关怀与支持，对弱势群体的雇用率高达 44%。这些成就离不开与社会创业相关的坚实法律基础、政府当局的支持以及合理的监管制度。值得一提的是，英国政府对社会创业最有效的支持方法是在税收方面给予优惠，通过国家融资对企业发展提供金融支持。例如，创建社会创业发展的投资基金，以及在贸易产业部门设立与社会创业相关的部门，以更好地促进公共当局与非公共组织的交流和互动。

我国已有一些非营利组织与个人、相关新闻媒体从事社会创业活动，成为中国社会创业活动的先行者，产生了积极的社会影响。比如《大众商务》和《小投资》杂志，从创刊以来始终把介绍小型投资项目、帮助下岗职工和贫困人口小本创业，作为杂志的服务内容和办刊宗旨，多次免费为下岗职工和弱势人群举办就业项目推介会，不少下岗职工和弱势人群像孟加拉国格莱珉银行施贷的受助者一样走上了劳动创富的道路。2007 年，浙江大学联合英国牛津大学和亚洲创业学院举行了“社会创业国际论坛”（IFSE），来自英国、美国、韩国、日本和西班牙等世界各地的 100 多名专家、学者以及政府、企业界人士出席了会议，在中国首次正式研讨宣传社会创业理念。但是，在我国还没有像国外那样的专门组织结构来统筹承担社会创业活动的普及和开发，相关的资源没有进行有效整合，我国还没有一个系列的短、中、长期规划并有效实施的机制，这些因素都会影响社会创业活动在我国的全面普及和有效开展。因此，相对而言，我国的社会创业活动还需要多方进行推动和支持。

12.2　美国社会创业的影响因素

美国作为社会创业开始的先锋与发展过程中的领导者，其市场环境、法律制度等建设已较为成熟和完善。因此，能够创造社会价值的前景性创意能否转化为成熟有效的商业模式以及运营流程的合理化，成为美国社会创业的主要影响因素。

12.2.1　前景性创意发展为成熟商业模式的概率

Guclu、Dees 和 Anderson（2002）在社会创业机会发展二阶段模型中认为，社会创业者及其团队能否将前景性创意发展成为有吸引力的创业机会，对社会创业的成功起决定性作用。Guclu、Dees 和 Anderson（2002）认为，机会创造和发展的过程不仅包含了创意般的灵感、洞察力与想象力，而且还融合了严密的逻辑分析与客观研究。创新性想法必须被系统性地创造生成，过程的背后基于翔实仔细的观察与推理，以及不可或缺的创造性（Drucker，1985）。在基于机会识别、创造与发展的社会创业二阶段模型中（见图 12-1），他们将社会创业中的业务机会创造过程分为两个主要阶段：阶段一是社会创业者产生一个有前景性的创意；阶段二是社会创业者尝试将这个前景性创意发展成一个具有吸引力的机会。

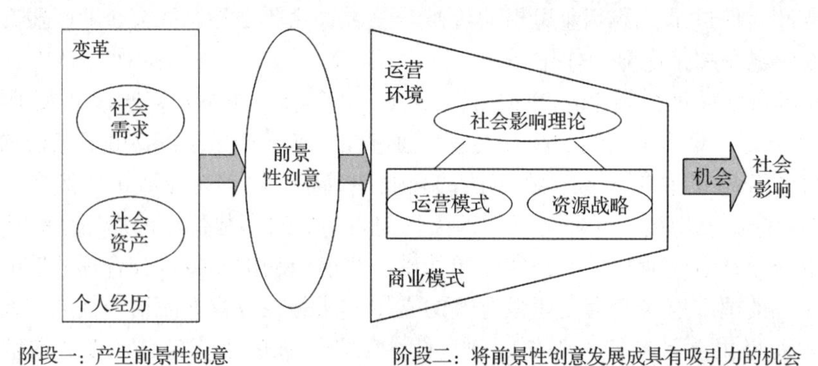

图 12-1 社会创业机会发展的二阶段模型

在第一阶段产生前景性创意的过程中，会受到个人经历、社会需求、社会资产和变革等因素的影响。

（1）个人经历。通常是激发前景性创意的基础。

（2）社会需求。个人经历是有价值的，但毕竟是有限制的或者是具备异质性的，可靠的社会创业想法是对社会真正需求的及时响应。这里的社会需求主要是指社会中所期待的梦想和现实实际存在的差距。

（3）社会资产。社会资产是产生前景性创意的支撑。社会创业者已有的有形或无形资产可以引导那些前景性创意的进一步发展，但是社会创业者不能拘泥于已有的一些资源，要不断地开拓新的社会资产。

（4）变革。变革可以创造一些新的需求与资产，可以开拓一些新的可能性，从而促使社会创业者去产生一些新的前景性创意。

只有当社会创业者采取机会导向的思维模式，并积极地寻求引发重要社会影响的新的可能机会时，个人经历、社会需求、社会资产和变革四因素才有可能刺激产生前景性创意。因此，社会创业者应该将这种机会导向贯彻到随后的机会发展过程中，持续创新、适应、分析和学习。

第二阶段是将前景性创意发展成具有吸引力的机会。机会发展框架里面包含了社会影响理论、运营环境、商业模式、资源战略、运营模式等要素。其中，社会影响理论是商业模式未来航向的指南针，决定着商业模式的社会价值和影响力大小。同时，在利益相关者市场、产业结构、政治文化环境的影响下，商业模式的两大要素资源战略和运营模式共同将社会影响理论运用到社会创业中，资源战略不断地培育符合实践的运营模式，实现社会创业者与环境的匹配，从而创造持续社会价值与影响力，实现社会创业的终极目的。

该模型清晰地描述了在美国进行一场成功社会创业的过程，它给我们的启示是：在决定一个前景性创意是否值得投入使其转化成机会时，社会创业者有必要清楚地阐明一个令人信服的社会影响与社会价值以及可行的商业模式。此外，发展一个可行的商业模式需要设计一个有效的经营模式，并打造一个可行的资源战略，以上这些要素必须有机匹配在一起，并且社会创业者有意识在特定的环境中去运作。最后，还要考虑社会创业者自身的因素，如个人承诺、以往资历和年龄。当所有这些元素都是可行的并且统一到一起时，社会创业成功机会才会比较高，才能为社会创造价值并产生正向影响。

其他学者也讨论了机会如何转变为成功的运营模式。例如，Robinson（2006）在基于机会识别和评估的社会创业过程模型中认为，社会创业活动是一个逐步发现机会并克服各种障碍的过程，如果这个过程中的一个环节或要素出现偏差，那么社会创业的最终结果就会偏离其初始目标。了解为谁服务是确保服务效率和真正产生重要社会影响的关键因素。

Robinson（2006）基于机会识别和评估的社会创业过程模型，详细地对社会创业机会进行了审视，并且通过深度案例研究对这类社会创业机会的识别与评估过程进行了描述。他认为，社会创业机会在现实中是存在的，但并不会被每个人所感知。具体原因为，社会创业机会是独特地嵌入在社会市场结构中的，并且社会市场也是高度受正式的与非正式的社会制度因素影响。一些人认为这些因素是进入障碍壁垒（如经济进入壁垒、社会关系进入壁垒、规则进入壁垒、正式制度进入壁垒、文化壁垒等），而其他人则不然，所以社会创业机会只能被少数人感知并发现。

接着，Robinson（2006）提出了三大问题：为什么社会创业机会不同于其他类型的机会？什么使社会创业如此独特？社会创业者如何发现社会创业机会？然后，运用基于机会识别和评估的社会创业过程模型进行了解释与分析（见图 12-2）。具体为：由于社会创业机会高度受市场和（或）社区中的社会制度结构影响，所以对社会个体产生了进入障碍壁垒。因此，社会创业被认为是一个逐步发现机会并解决障碍的流程。在这个过程中，社会创业者通过不断探索由独特市场和（或）社区所决定的进入障碍壁垒，最终使社会创业战略用来解决社会问题。最后，社会创业者是否发现机会取决于个人以往的经验和工作经历，以及他们想进入的市场和（或）社区的特征。

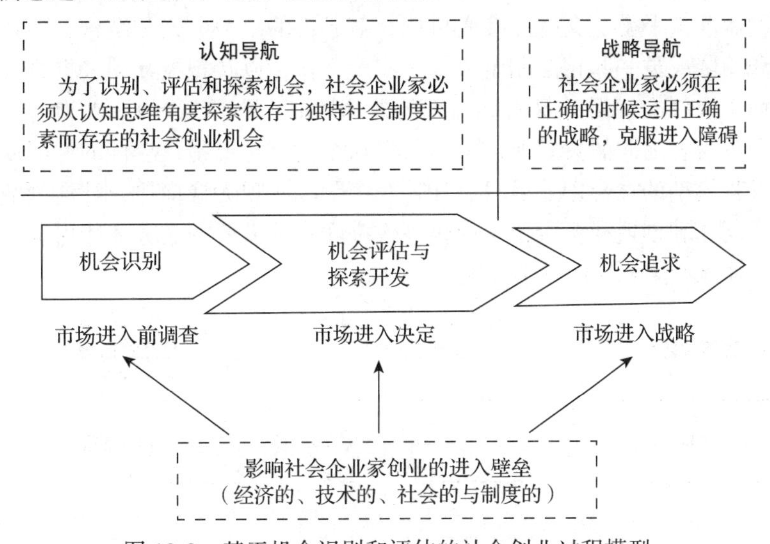

图 12-2　基于机会识别和评估的社会创业过程模型

Robinson 的研究发现主要体现在三个方面：成功的社会创业者总是从他们最熟悉的社会与制度环境中识别和发现社会创业机会；当成功的社会创业者评估能够创立社会型企业的社会创业机会时，他们总是考虑社会与制度因素；在探索与开发新的社会型企业机会时，成功的社会创业者总是直接考虑适应并满足那些嵌入到独特市场和（或）社区中的社会与制度因素。

通过对 Robinson（2006）基于机会识别和评估的社会创业过程模型的分析，我们发现，Robinson 把学术研究的严谨性和创造性引入了社会创业研究领域，从而使社会创业成为可以研究的领域。具体体现在：Robinson 对六个早期阶段社会企业的纵向时间分析从广度和深度上对将来的研究提供了研究框架；Robinson 应用了商业计划分析和深度案例研究等多种研究方法对基于机会识别和评估的社会创业过程模型进行了深入研究，从而有利于抓住现象实质；Robinson 引入了市场的社会学视角，从认知维度和战略维度对社会创业者克服社会与制度障碍进行了导航分析。

12.2.2 社会创业决策过程的合理化

除上述前景性创意发展为成熟商业模式的概率对美国的社会创业产生了重要影响之外，流程层面也有重要的影响作用。社会创业是一个多阶段的动态发展过程，社会企业能否建立起有效的运营流程对于其创业绩效水平影响较大。现有研究也高度重视流程方面的因素对社会创业活动的影响，这方面的因素主要包括创业机会的形成与发展、目标客户的认同度、服务能力等。

Dees、Emerson 和 Economy（2002）认为，社会企业要深刻了解自己的目标客户，分析他们的爱好和需求，在此基础上运用创新性手段构建内部运营流程，满足目标客户，才能实现社会创业活动的目标。在随后的研究中，他们认为社会创业具有三个动态过程，即过渡型阶段、变革性阶段和稳定性阶段，其中过渡性阶段包括由社会创业者组成的创业团队的创立，进而形成组织雏形，这个创业团队包括来自相互具有分歧与矛盾原则和社会实践领域的个体（如来自营利性或非营利性组织的个体）；变革性阶段包括通过协商、沟通，进而制定某种制度来平衡、支持和接受可能相对异常的组织形式和结构；稳定性阶段包括社会创业者和团队成员一起相互制定决策，实施运作，以及积极互动来提升社会企业的内在能力，进而解决社会问题并且防御组织的外部挑战（见图 12-3）。因为这三个动态过程由社会资产和参与者之间的关系所定义，所以这个过程主要是社会性的，因此这个过程被定义为基于过程模型的社会创业。只有让这三个阶段实现无缝衔接，社会创业活动才可能真正解决社会问题和创造社会价值。提供高效率和真正需要的服务才能保证社会创业活动为社会所需，才能产生积极的社会影响。

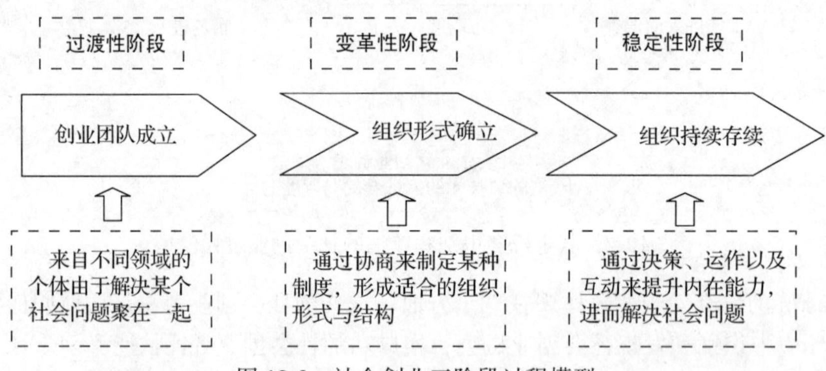

图 12-3 社会创业三阶段过程模型

Dees、Emerson 和 Economy（2002）等人的社会创业三阶段过程模型，只是划分了社会创业者在社会创业过程中的三个阶段，分析了这三个阶段的特征，并没有为社会创业者如何在这三个阶段无缝衔接提出建设性的指导建议。因此，社会创业是一个复杂的多阶段演进过程，通过对社会创业过程中不同要素的特征状况，以及不同阶段所面临的特征问题进行识别和有效的管理，可以为社会创业的成功实施提供有益的指导。尽管从不同的视角对社会创业过程模型进行了相关研究，但是研究成果还比较零散，彼此之间的关联度不是太大，研究结论也存在一定程度上的差异性，这为相关研究成果的扩散和继承形成了一定的制约。

可见，在美国情境下，社会创业的成功更加注重社会创业者具有明确的创业机会，还要科学设计组织的内部流程，并提供高效优质的服务。

12.3 英国社会创业的影响因素

对英国而言，环境层面因素对社会创业活动的发起和实施都有重要影响，具体包括社会创业精神的普及教育、公众对社会创业的认知度、政府部门的支持、基金会和企业的财务支持、其他非营利组织的支持、对社会创业企业的监督和评测体系等。

12.3.1 社会环境因素：社会创业环境是前提

20 世纪 80 年代以来，欧洲主要发达国家采取了新自由主义经济政策，导致政府对非营利组织的直接资助经费逐年减少，对社会福利事业的资助也大为削减。新自由主义经济导致的“市场失灵”引起了许多社会问题，导致人们对非营利组织的社会服务需求有增无减。在这样的情况下，非营利组织面临着改善运作效率和持续发展的巨大压力，需要借用市场化运作技术来提高自身的效率。因此，社会创业在西欧等国家蓬勃兴起，主要是由于这些国家和地区的社会创业环境和氛围孵化和哺育了社会创业活动，基金会、研究机构、公司等机构都为社会创业理念的传播和实施发挥了积极作用。例如，一些基金会挑选有前途的社会创业家，并专门接受社会创业者带着项目计划书申请创业资金，基金会提供创业初期的技术支持和培训。具体支持表现为，向选中的社会创业家每年提供 3 万～10 万美元的创业资助，并资助 2～3 年；数个基金会都评选杰出的公益企业家给予奖励；此外，还有著名的大咨询公司为一些社会创业产生的公益企业免费提供咨询。

此外，西欧地区关于社会创业的研究机构已经不胜枚举，在该领域的出版物和数据库也越来越多。Dahle（2004）统计研究发现，在美国、加拿大和英国，至少有 30 个商学院教授“社会创业”课程。世界著名商学院基本上都建立了相关的研究中心，如英国牛津大学的 Skoll 社会创业者精神研究中心等，这些中心的网站往往也可以作为取得相关研究数据库的端口，从而促进了社会创业在全地区内的普及和传播，促进了社会创业活动的蓬勃发展。

因此，无论是基金会还是研究机构，都为社会创业理念的传播和实施贡献了各自的力量。归纳起来，社会创业活动之所以能够在北美和西欧地区盛行，可以发现是因为这些地区具备了以下社会环境因素：

- 宽松的社会创业环境，如基金会和商业企业的鼎力支持；

- 社会创业精神的普及教育，如相关研究机构的不懈努力；
- 充足的社会创业资金；
- 有完善的对社会创业企业的监督和评测体系。

12.3.2 体制环境因素：制度、政府和公共机构的支持是基础

除基金会和研究机构等非营利组织的支持外，公共政府机构的支持对社会创业活动的促进作用也非常关键。英国的社会创业活动非常活跃，公民积极参与社会创业活动，这与政府的支持息息相关。例如，英国前首相布莱尔在位期间曾呼吁政府支持社会创业者的活动，他认为社会创业者解决了社会问题，与此同时创造了社会影响与价值，就如同商业企业家创造商业财富一样，都为人类的进步做出了不朽的贡献。不仅政府领袖人物倡导社会创业活动，英国政府在2002年也专门推行了一项政策来鼓励更多的人投入到社会创业活动中，从而极大地推动了英国民众参与社会创业活动的热情。在很多领域，如帮助弱势群体、扶贫、戒毒和环境保护方面，社会创业者都积极参与，这为英国社会问题的解决做出了努力。

此外，20世纪80年代以来，西方发达国家采取了以市场作为调节资源主要机制的新自由主义经济政策，结果导致政府对非营利组织的直接资助经费逐年减少，政府对福利事业的资助大幅削减，而“市场失灵”导致人们对非营利组织提供社会服务的需求却有增无减，于是非营利组织急剧膨胀（Johnson，2000）。Reis（1999）认为，在这种传统资源不断减少而获取这些公益资源的竞争又加剧的情形下，非营利组织面对着改善运作有效性和持续发展的强烈需求和压力，非营利组织需要开始借用商界专业化操作和市场运作的技术来提高自身的效率，更好地进行公益服务，这也推动了社会创业活动的蓬勃开展。

12.4 中国社会创业的影响因素

12.4.1 社会创业者的个人价值观与特质

对中国而言，其社会环境与商业环境均处于发展阶段，因此中国社会创业的影响因素更多地体现在个体层面。社会创业活动涉及众多利益相关者，其中社会创业者是核心利益相关者。社会创业者在社会使命的激发下，在非营利领域应用商业领域的专业手段，追求创新、效率和社会效果，积极推动社会创业活动。社会创业者的人格魅力、理想、社会使命感和开创性等个人特征影响着社会创业活动的开展，是社会创业能否实施的关键因素。

社会使命感、人格魅力和坚定信念是社会创业者的一个显著个性特征，这些特征是社会创业者开展社会创业活动的动力源泉和保障因素。社会使命感促使社会创业者持续推动社会创业活动；社会创业者的人格魅力有助于吸引志同道合的同伴一起进行社会创业，保证了创业过程中人员的充足性和持有共同的信念，保证了社会创业活动的顺利进行。因为只有企业家具有使命感才能有激情。激情会使社会企业家全身心投入创业活动，用各种各样的创新方式去推广宣传，带动他人来关注社会创业，从而引起社会对社会创业的兴趣，

开拓市场，进而不断积累影响力，获得越来越多人的理解与支持。Leadbeater（1997）认为，成功的社会创业者具有六种品质、乐于自我纠正、乐于分享荣誉、乐于突破自我、乐于超越边界、乐于默默无闻地工作、具有强大的道德推动力。Dees（1998）认为，社会创业者与企业家的关键区别就在于，社会创业者奉行和遵循着创造社会价值和社会影响的使命，而不是单纯追寻个人私利。同时，社会创业者在追求社会使命时不是一般的扶贫救困，也不是简单地将商业模式应用于解决社会问题之中，而是要对社会部门的某些行事方式进行基础性变革。正是由于强烈的社会使命感，使得社会创业者主动去深刻了解所要服务的目标人群，确保社会创业活动能够真正解决社会问题和产生社会价值。

善于整合利用资源是社会创业者的另一个重要特质。社会创业者的资源整合能力保证和促进了社会创业活动，是社会创业的实现机制。Davis（2002）认为，社会创业活动不会受资源约束，社会创业者要能够主动动员别人的资源来实现社会创业的目标。Dees（2003）在比较社会创业者和政府行政人员时发现，与行政人员不同，社会创业者不是依照已有的经费行事，而是致力于开拓事业。社会创业者总是在不断地创新、调整和学习，这个特征推动社会创业活动的蓬勃开展和顺利实施。可见，社会创业者的社会使命感、人格魅力和信念是社会创业活动的动力源泉，社会创业者的资源整合利用能力是社会创业活动的实现机制，这两个方面共同促进了社会创业活动的蓬勃发展。

12.4.2　社会创业者的个人创业意向形成决策

学者们还研究了社会创业者的认知因素对社会创业活动的影响。Mair 和 Noboa（2006）研究了社会创业者的社会创业意向的形成过程，他们发现，社会创业者的创业意向受到社会创业者自身的认知愿望和认知可行性的影响。认知愿望指社会创业者感知到的进行社会创业的价值大小，它主要受社会创业者的个人感情、态度等因素的影响；认知可行性指社会创业者感知到的创办社会事业的可能性高低，主要受社会创业者的自我效能和得到的社会支持等因素的影响。他们指出，社会创业者对社会创业的认知态度会影响其对社会创业的行为意向，最终会对是否实施社会创业活动产生关键性的影响。可见，社会创业者个人的内在感知因素会影响到社会创业的发起情况，而个人的感知情况受到个人自身和环境因素的共同影响。

Prabhu（1999）认为，由于社会创业者的独特个性，以及他们所追求机会的特殊性，还有他们追求结果的社会价值与经济利益的双重属性，所以社会创业是一个值得我们研究的独特领域。在进一步的研究基础上，Mair 和 Noboa（2006）认为，社会创业是社会创业者通过实施社会创业行为创办了社会企业的一系列流程，也就是说，社会创业是创新性地实施资源组合进而追求机会，最终是为了创造产出和持续社会福利的组织和 / 或社会实践活动。进一步地，由于行为意向是行为发生的有效预示指标，特别是对有目的性的、计划性的和目标导向性的行为（Bagozzi，Baumgartner and Yi，1989）。

所以，Mair 和 Noboa（2006）为了进一步深入探索社会创业的一般流程，他们聚焦于社会创业意向形成这一重要方面（见图 12-4）。简言之，在 Mair 和 Noboa（2006）的社会创业意向形成模型中，社会创业者的社会创业意向受社会创业者自身认知称许性（desirability）和认知可行性（feasibility）的影响，前者主要衡量社会创业者内心认为社会创业行动值得去做的程度，后者主要衡量社会创业者个人是否相信它能创办社会企业的程度。此外，社会创业者的认知称许性受感情态度（如移情等）和认知态度（如道德判断等）的影响，认知可行性由一些使能要素（如自我效能和直接社会支持因素等）促发。

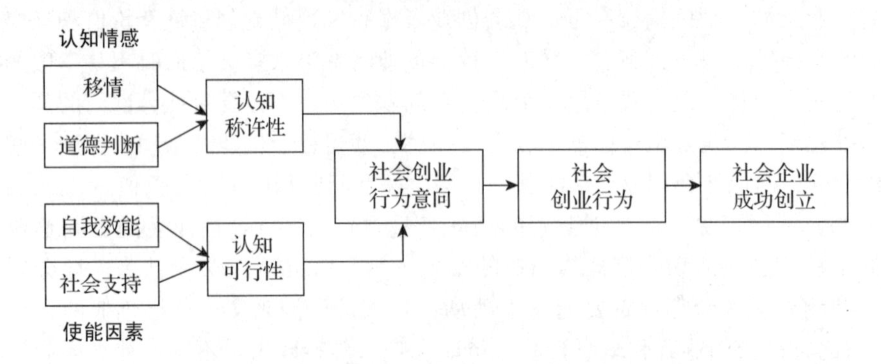

图 12-4　社会创业者个人创业意向形成过程

该模型较好地印证了中国的社会创业形成过程，它给我们的启示是：社会创业意向的形成是一个多阶段过程，受个人认知心理等各方面多因素的影响。政府和决策者可以通过对个体社会创业意愿过程的剖析，对各个影响因素采取正向的鼓励与疏导，促成社会创业行为的产生，最终使社会企业成功创立，从而增进社会价值与人类福祉。此外，Mair 和 Noboa（2006）的社会创业者个人创业意向形成过程模型剥离了情形变量因素，专门选取了个人变量因素研究社会创业意向形成的过程机理，并且从社会创业者个人认知过程的角度进行分析。

12.4.3　社会创业者社会网络的影响

中国的社会创业中，除创业者个体层面的特征之外，社会网络也是社会创业活动是否顺利进行的重要决定因素。当决定进行社会创业活动之后，组织层面因素对社会创业活动的顺利实施具有重要影响。组织层面影响因素主要包括社会企业或社会事业（social business）所拥有的资金、社会企业的组织结构特征、高层管理团队的构成情况，以及社会创业者的社会网络的稳定性、可拓展程度等。所有的经济活动都是嵌套在社会关系中的，并且这种关系会影响到商业的建立和经营艺术。社会创业依赖的最重要的资源就是社会资源。社会资源是存在于人们的社会关系中，并建立在信任互惠基础上的一种资源，如嵌套在社会网络中的社会资本。一些研究发现，一些社会问题由于积重难返，光凭政府单方面的力量来解决往往难度很大，社会企业家之所以能够不受缺少资源的限制，就是因为他们能够用积极改变社会现状的激情来感召大家，并以此建立相互理解和相互信任的关系，从而调动种种社会关系和资源，最终达到社会创业的目的。Sharir 和 Lerner（2006）基于文献综述归纳出，社会企业创立初期所拥有的资本数量、员工构成、高层管理人员的绩效，会影响到社会创业的顺利实施。他们在对以色列 33 家社会企业进行探索性研究后发现，社会企业的资本累积情况、创业团队的组成、社会创业者和核心团队成员的社会网络，都深刻地影响着社会企业的运营情况。

在有限的资源环境下扩展社会创业的组织能力，必须关注资源之间的网络关系，能够

创造性地安排这些关系（Dees，1998）。对社会创业而言，商业网络是很重要的资源，政治的、社会关系型的网络对社会创业者来说也是至关重要的，因为他们依赖的很大部分资源是不可以直接控制的，社会创业者必须依靠更具创造性的战略来使社会资本良性循环，用以招募、维系和激励员工、志愿者、会员和创立者。因此，社会资本的良性循环是社会创业成功的基础要素。社会企业组织的发展分六个阶段，这个完整的过程起始于对社会资本的继承，终止于社会资本投资的回报，这就是社会资本的良性循环过程。例如，在社会创业的第一阶段主要是继承并创造社会资本，之后开始积累更多的资本，然后又将这些资本投入到新产品和新服务的创造上。最后阶段，如果投资成功的话，项目将开始以不同的方式来实现利益回报，这些回报可以建立一个永久的、对社区来说具有很大价值的基础设施，如重建社区中心、医院、体育活动设施等。这些创业活动将积累更多的社会资本，表现为社区和合作伙伴及资助者之间形成更加牢固的信任和合作关系，日益广泛的人际关系网成为社会企业进一步发展的基石。因此，社会创业成功的关键就是使这个循环得以运转。

有学者专门对社会创业活动中组织成员的社会网络做了进一步的研究。Leadbeater（1997）在《社会企业家的崛起》一书中认为，蕴含在社会创业者的社会网络之中的社会资本能否良性循环，是社会创业能否成功的基础因素。因为成功的社会创业要经历许多发展阶段，每个阶段都需要从合作伙伴、资助者那里获得不同的技能和支持。所以，社会创业者必须借助其社会网络才可能保证社会创业的成功。每一阶段社会创业的成功，都将进一步巩固与社区、合作伙伴和资助者之间的信任和合作关系，日益广泛的人际关系网成为社会创业活动进一步发展的基石。Dees 等人（2002）也认为，社会创业者必须关注社会创业活动所需资源与网络之间的匹配关系，社会网络是影响社会创业活动的重要因素，因为社会创业活动所依赖的大部分资源不是社会创业者直接控制的，必须依靠社会创业者的社会网络来获取。

社会创业者的社会网络中，社会资本的良性循环是社会创业活动成功的基础要素（Leadbeater，1997）。社会创业活动要继承、创造和投资社会网络中的资本要素，使之良性循环。成功的社会创业者要经历一个相互关联的成长周期。在每个阶段，他们都有可能失败，他们的组织也有可能陷入衰退。因此，在每个阶段，他们都需要从合作伙伴以及资助者那里获得不同的技能和支持，他们必须借助社会网络才可以保证社会创业活动的成功。社会创业活动每一个阶段的成功将在社区和合作伙伴及资助者之间形成更加牢固的信任和合作关系。日益广泛的人际关系网成为社会创业活动进一步发展的基石。

Bornstein（2004）在《如何改变世界：社会企业家与新思想的威力》中描述了社会创业者的社会网络对社会创业活动的巨大帮助作用。例如，印度贾维德·奥贝迪推动的残障人士维权运动和彼尔·德雷顿建立的阿育王。贾维德·奥贝迪作为一名残障人士领袖，在推动社会变革的过程中遇到了常人难以想象的困难。但是，他出身印度名门，具备先天的社会网络，特别是与甘地的女儿印度国大党主席索尼娅·甘地保持着良好的私人关系，并从她那里得到了帮助。丰富的社会网络是帮助贾维德·奥贝迪取得社会创业成功的重要因素之一。可见，以社会创业者的社会网络为代表的组织层面因素，对社会创业者开展社会创业活动、改善社会创业活动的组织运营模式等都有着重大影响，改善了社会创业活动的组织运营模式，促进了社会创业活动的成功。

本章小结

- 社会创业活动经历了创业机会的识别、探索、开发与实施等一系列过程，社会创业者个人、组织、流程和环境等层面的因素都会对此过程产生影响，进而影响到社会创业活动的最终结果。
- 美国社会创业的影响因素主要集中在创造社会价值的前景性创意能否转化为成熟有效的商业模式，以及运营流程的合理化，具体包括社会创业机会的形成与发展、与其他组织的长期合作、目标客户的认同度以及服务能力等。
- 英国社会创业的影响因素主要集中在外部环境层面，包括公众对社会创业的认知度、政府机构的支持、基金会和企业的财务支持、其他非营利组织的支持等。
- 中国社会创业活动的影响主要集中在个人层面，主要包括社会创业者的社会使命感、人格魅力、坚定信念、以经验和经历为基础的资源整合利用能力，以及对社会创业的认知态度等。此外，还包含高层管理团队的构成、组织结构、各个阶段从家庭和朋友方面获得的支持，以及社会创业者社会网络的稳定性、利用程度和可拓展程度等影响因素。

复习思考题

1. 以中国为例，你怎么理解社会创业者的社会网络在社会创业中的作用？
2. 根据美国社会创业的情况，阐述基于机会识别和评估的社会创业过程。
3. 以英国为例，你觉得社会创业精神的普及教育、公众对社会创业的认知度、政府机构的支持、基金会和企业的财务支持、其他非营利组织的支持、对社会创业企业的监督和评测体系等因素，对社会创业活动的发起和实施的重要影响体现在哪些方面？

讨论案例

香港银杏馆：为长者创造就业机会的典范

香港政府统计处数据显示，香港65岁以上的人口达80万，其中只有5%即4万人就业。目前劳动市场开放给长者的职位并不多，主要是看更和清洁之类的工作。事实上，时至今日，随着整体生活水平的提高、医疗卫生的改善，不少长者即使过了退休年龄，仍是身壮力健、精力充沛，绝对有应付工作的能力。他们即使没有经济压力，也可以通过工作多一份精神寄托，促进身心健康。无奈目前能为长者提供就业的机会实在太少。

更不幸的是，在当前金钱挂帅，汰弱留强制度下的香港社会，长者往往被视为社会负累的一群。为了讲求效率，雇主大多不愿意雇用长者，即使经验丰富，仍然有工作能力的长者也要被迫退下来。政府政策中也未有为长者提供就业辅导或再培训等服务。在此背景下，刻意为长者提供就业机会的“银杏馆”之创立及成长，增添了特殊的意义及启示。

一、银杏馆初露锋芒

银杏馆创办于2006年9月，是一间供应意法菜色的西餐厅。地方不算很大，两层共有40多个座位。位于中环歌赋街，不属于核心商业地区，但在中环上班一族的步行范围内。同一条街还有多家颇有名气的食肆。所有员工除了主厨及传菜员外，皆为60岁以上的长者，目前共有20名长者员工，占总员工人数超过90%。

开业仅一年，它便荣获2007年汇丰银行“营商新动力”奖励计划钻石奖，在158家参赛公司中脱颖而出，获得该计划的最高荣誉。

银杏馆并非慈善事业，而是一家具有竞争力的企业。它有鲜明的社会使命，但

同时是一门生意。生意做得不好，社会使命也得落空。它是否应该叫作“社会企业”也有点争议，因为创办者不希望它被人看作政府所鼓吹及资助的社会企业。这些企业主要靠政府资助来维持，经费用完，要不结业，要不申请另一个资助计划，在社会上已产生负面效应，不少行内人士觉得它们只是“福利企业”，而非“社会企业”。事实上，银杏馆创办人深信，必须要生意做得好，营商有道，才能实现社会使命。银杏馆创造的收入及利润，扣除成本后，全部用作服务长者用途。从这个角度来看，银杏馆是一家社会企业，只是太多政府支持的所谓社会企业经营效益不佳，有点像变相的福利事业，令社会人士感到混淆。

虽然所有服务员皆为长者，但银杏馆并不以此招揽顾客。他们深信，顾客来光顾，不是因为银杏馆只聘用60岁以上的长者——他们根本未必知道这安排——而只是因为食物质量高、服务好才来帮衬。事实上，银杏馆的西餐水准确实一流，比起大酒店及高级餐厅的菜色毫不逊色，价钱则便宜得多。所以开业以来门庭如市，平日午餐及晚餐，如无订座，便有向隅之虞。银杏馆开宗明义是以“五星级美食、五星级服务”为宗旨，力求做到一丝不苟，为顾客提供意想不到的优质服务，做到让顾客有宾至如归的感觉。

二、关键在餐饮质量

银杏馆深明餐饮业成功的关键因素，即必须要搞好餐饮质素。所以，即使成立的社会使命在于提供长者就业，但在最关键的岗位上，不坚持以长者为主力。银杏馆的主厨、二厨等都是年轻小伙子。主厨Rico曾在五星级酒店及高级意法餐厅任大厨，具有丰富的高级西式餐饮经验，更有心不断钻研食材的配搭，风格创新，还善于结合传统及新派厨艺思维，突破口味的层次，使银杏馆慢慢地建立起一种独特的风味，既获顾客好评，又获多种传媒广为推介。

银杏馆开业初期沿用一般宣传方式，如街头派传单、寄发单张给社会服务机构、邀请饮食杂志采访等。好的服务会有广泛口碑，这是现时银杏馆最佳的宣传推广策略。

三、成本较高一样有竞争力

不可否认，银杏馆坚持为长者创造就业机会，整体运作成本不可避免地会比其他餐馆高。最主要的额外开支在于员工培训。银杏馆聘用的长者服务员，绝大部分以前从未涉足这个行业，需要从最基本的训练入手，但这正是银杏馆的社会使命，所以成本稍高也值得。此外，银杏馆虽然设有工作表现评核制度，鼓励员工不断进步，但由于本着“以人为本”的经营信念，即使员工表现稍有失准，也不会严苛责备，更不会有“实时解雇”的做法。相反地，由于要照顾长者员工的全面需要，还在母公司借调社会工作者为有需要的员工做辅导，如员工的工作协调、面对健康的焦虑、人际沟通问题、生活安排及与家人相处等。同时，所有长者员工每天工作五小时，以不致令他们过分操劳，以及多些工余时间。凡此种种，虽令成本有所提高，但也无碍发挥竞争力。

一般人对雇用长者都有很多疑惑和保留（长者手脚慢、记忆力较差、固有想法难改变），但是长者也有他们的优点，例如，长者员工肯虚心学习、守时、对工作投入，态度认真而严谨，处处尽显细心及用心，令不少顾客对银杏馆留下“亲切而温馨”的评语。

现时长者员工的平均工资为每小时25～50港元，按经验而定，比市场工资高。

四、同时创造利润及长者就业的生意

银杏馆的成功，在于一开始便把它作为一门生意来看待。创办人拿出真金白银，冒着风险来创办这间餐馆，投资额约为180万港元。由于之前从未做过餐饮生意，所以创办人抱着战战兢兢的心情来创办这个事业。为了为长者就业杀出一条生路，创办人清楚衡量过失败的代价与成功的社会效益。失败风险当然存在，但成功的机会也不能抹杀。结果皇天不负有心人，银杏馆开业不到一年便做到收支平衡，“同时创造利润及长者就业”的双重目标完全在望。

五、不靠政策倾斜的优惠

值得一提的是，在整个创业过程中银杏馆并未申请或获得政府的任何资助，也不靠“政策倾斜”的优惠，完全是在高度竞

争环境下靠自身的实力做到持续经营的境界。同时值得指出的是，政府目前支持社会企业的方式往往顾虑到是否会对中小企业构成竞争，因为政府用纳税人的钱去资助这些企业，好像对其他中小企业来说是不公平竞争。但像银杏馆这样有鲜明公益使命的企业，绝对不用为这个问题而操心，它本身就是一个中小企业，既有商业竞争能力同时又有公益使命，何乐而不为？它正是我们需要的社会企业。

六、创办人的社会企业精神

什么人会创办这样一个企业？我们走访了银杏馆母公司乐天集团发展有限公司的主席黎明辉先生。公司名称已突显了商业味道，与众不同的是它的社会使命。

原来乐天集团发展有限公司的两位创办人都是资深的社会工作者，在社会服务界工作多年，拥有丰富的社会工作经验和缤纷的梦想。也许就是这些梦想令他们不满足于社会工作，终于在1998年毅然辞去社工的职务而去开创自己的生意。用他们自己的说法，是想做到“营商创福利”。他们希望创办一所能灵活变通、充满活力、富有创意且具盈利能力的民办社会服务机构。当时，香港还没有社会企业这个概念。现在看来，银杏馆充分体现了社会企业的精神。

集团成立以来，先后创办了四所私营安老院及四所复康中心，专注为长者及复康人士提供全面的服务，全部以商业运作模式来经营，完全没有政府资助，自负盈亏创造收入及利润，整体经济效益异常理想。2000年，集团运用所得收益创办了一个慈善事业——乐天关怀行动，致力于为不幸或贫困人士提供辅助及服务，特别是处于困境的弱势群体。

银杏馆的前身是一间附设于乐天关怀行动温情轩小区中心的凉茶铺，创办的目的就是为长者提供就业机会，但经营了一年多便停办了，原因是没有经济效益又得不到政府的资助。总结经验后，决定集中资源进军餐饮业，直接造福长者，于是在中环创办了银杏馆。

七、创业精神不可或缺

银杏馆的创办人对于长者就业的热忱，配以创意及干劲，再加上集团其他业务创造的利润，令银杏馆可以在毫无外界资助的情况下创办起来，这就是创业精神的威力。没有这种精神，企业就像没有灵魂一样，这也是大部分政府资助的社会企业不能持续经营的原因。

目前银杏馆已取得初步成绩，还要在这基础上不断改进，精益求精。现在银杏馆由一位长者资深餐饮从业人员担任馆监，正稳步前进。创办人现在又面临新的挑战：如何在银杏馆的基础上，建立下一家甚至更多的餐馆。黎先生表示绝对有可能开办第二家餐馆，但银杏馆的经验令他们更加谨慎行事。他认为人才最重要，没有好的人才，什么也不能开展。但另外一个重要考虑因素是租金。银杏馆开业不足两年，所处地段的租金已节节上升，大部分收益为租金所蚕食。如何面对租金不断上升的压力是一个很大的挑战，这也是创业者不断要面对的问题。

创业难，守业更难，不断创业更难，创业者与创业家的分别就在这里。银杏馆今后的挑战是如何不断扩大规模。相对于80万65岁以上的长者来说，银杏馆提供的二三十个职位实在是杯水车薪。黎先生相信，银杏馆已成功地证明，以商业模式运作同时实现社会使命，并非是不可能的事。集团会珍惜及运用这个经验，不断探索进一步扩展的可能性。但是，也希望社会人士以及有志于公益创业的朋友，可以借镜银杏馆的经验，在不同的行业开拓公益创业的商机。

文献研读

Gauging the Success of Social Ventures Initiated by Individual Social Entrepreneurs

【文献摘要】Article Summary: This paper focuses on identifying the factors affecting the success of social ventures operating in social settings in Israel. An exploratory qualitative field study included 33 social ventures, founded in the 1990s by individuals acting independently of their positions in other organizations. The study demonstrates eight variables as contributing to the success of the social ventures, arranged in the order of their value: ① the entrepreneur's social network; ② total dedication to the venture's success; ③ the capital base at the establishment stage; ④ the acceptance of the venture idea in the public discourse; ⑤ the composition of the venturing team, including the ratio of volunteers to salaried employees; ⑥ forming cooperations in the public and nonprofit sectors in the long-term; ⑦ the ability of the service to stand the market test; and ⑧ the entrepreneurs' previous managerial experience.

【文献评述】本篇文献是基于国际视角研究影响社会创业因素的一篇经典文献，它提供了一个详细又深入的框架，从个体层面、组织层面、流程层面和社会 / 环境层面等相关研究文献中出现频率较高的四个层面研究分析它们对社会创业的影响传导机制，以期为社会创业实践提供理论依据和经验指导，为社会创业理论的进一步研究做出贡献。

Sharir 和 Lerner（2006）引进了一个社会创业过程影响因素模型。该模型认为，新创社会事业一般会历经创业机会的识别、发现、探索与开发等一系列发展阶段，社会创业者个人、组织、环境和流程等层面的因素会影响社会事业的创业过程。其中，个人层面因素包括社会创业者的经验和经历、社会创业者对创业成功的献身精神、创业初期社会创业者从家庭和朋友方面获得的支持；组织层面因素包括创立阶段企业所拥有的资本和员工情况、高层管理人员的绩效水平等；环境层面因素包括公众对社会创业的认知度，政府机构、基金会和其他非营利组织对社会创业的支持；流程层面因素包括社会事业所具备的社会网络的稳定性和可拓展性、创业创意的计划、社会事业与其他组织的长期合作关系等。

这篇文献的贡献主要在于：基于对以色列 33 个社会事业的探索性实证研究，归纳出了影响社会创业成功的八个影响因素：社会创业者的社会网络，社会创业者的献身精神，社会创业者的管理经验，创业组织初期的资本累积基础，公众对创业理念的接受度，创业团队的组成，创业组织与公共部门、非营利组织之间的长期合作关系，创业组织的服务能力。其中，社会创业者的献身精神和社会网络是社会创业成功最为关键的两个因素，而且这两个因素的作用贯穿于社会创业的各个阶段。

【文献出处】Sharir M, Lerner M. Gauging the success of social ventures initiated by individual social entrepreneurs [J]. Journal of World Business, 2006, 41: 6-20.

本章作者

焦豪，北京师范大学经济与工商管理学院教授、博士生导师。现任战略管理系主任和 MBA 教育中心副主任，兼任 *Technological Forecasting and Social Change* 副主编、*Journal of Knowledge Management* 亚洲区主编。主持国家自然科学基金面上和青年科学基金项目、教育部人文社会科学研究项目、北京市哲学社会科学规划项目等，曾获教育部霍英东教育基金会第十六届高等院校青年教师奖、教育部高等学校科学研究优秀成果奖（人文社会科学）三等奖、蒋一苇企业改革与发展学术基金优秀专著奖、全国商业科技进步奖一等奖、北京高校青年教师社会调研优秀项目一等奖等奖项。

邬爱其，浙江大学管理学院教授、博士生导师。现任浙江大学全球浙商研究院副院长等。浙江省新世纪 151 人才（第三层

次)、美国密歇根大学和澳大利亚墨尔本大学访问学者。主要从事战略管理和创业管理领域的科研与教学工作，主持国家自然科学基金项目四项和省部级项目多项，在 *Journal of World Business*、*Management and Organization Review*、*International Business Review*、《管理世界》《中国工业经济》等国内外重要学术期刊上发表数十论文。

张月遥：北京师范大学经济与工商管理学院创新创业与持续竞争力研究中心研究助理。

本章案例撰写：邬爱其、焦豪、张月遥。

本章文献评述：焦豪、邬爱其、张月遥。

参考文献

[1] Bornstein D. How to Change the World: Social Entrepreneurs and the Power of New Ideas [M]. Oxford: Oxford University Press, 2004.

[2] Dahle C. The New World-Changer: Social entrepreneurs and business school students the world over indicate that dot-orgs may be more powerful than dot-coms[J]. Fast Company, 2004,（86）: 45.

[3] Davis. Social entrepreneurship: towards an entrepreneurial culture for social and economic development[EB/OL], 2002. Coming from http:// www.ashoka.org/golbal/yespaper.pdf.

[4] Dees J G. The Meaning of ' Social Entrepreneurship ' [EB/OL]. Comments and suggestions contributed from the Social Entrepreneurship Funders Working Group, http;//www.the-ef.org/resources-dees103198. htm, 1998.

[5] Dees, Emerson J, Economy P. Strategic tools for social entrepreneurs: Enhancing the performance of your enterprising nonprofit [M]. NY: John Wiley & Sons, 2002.

[6] Drucker P. Innovation and entrepreneurship[M]. New York: Harper & Row, 1985.

[7] GucluA J, Dees G, Anderson B. The process of social entrepreneurship: Creating opportunities worthy of serious pursuit [EB/OL]. http://www.caseatduke.org/documents/ seprocess. pdf, 2002.

[8] Johnson S.Literature Review on Social Entrepreneurship [EB/OL]. http://www.business.ualberta.ca/ccse/publications/default.htm, 2000.

[9] Leadbeater C. The Rise of the Social Entrepreneur[M]. Demos: London, 1997.

[10] Mair J, Noboa E. Social entrepreneurship and social transformation: An exploratory Study[R]. University of Navarra - IESE Business School Working Paper Series 955, 2006.

[11] Prabhu G N. Sociology and entrepreneurship: concepts and contributions [J]. Entrepreneurship Theory and Practice, 1991, 16（2）: 47-70.

[12] Reis T. Unleashing the New Resources and Entrepreneurship for the Common Good: a Scan, Synthesis and Scenario for Action[M]. Battle Creek, MI: WK. Kellogg Foundation, 1999.

[13] Robinson J A. Navigating social and institutional barriers to markets: How social entrepreneurs identify and evaluate opportunities[A]. in J Mair, Jeffrey, A Robinson, K Hockerts (Eds). Social entrepreneurship [M]. New York: Palgrave Macmillan, 2006.

[14] Sharir M, Lerner M. Gauging the success of social ventures initiated by individual social entrepreneurs [J]. Journal of World Business, 2006,（41）:6-20.

[15] Welter F. Contextualizing Entrepreneurship—Conceptual Challenges and Ways Forward[J]. Entrepreneurship Theory and Practice, 2017, 35（1）: 165-184.

[16] 胡馨 . 什么是“Social Entrepreneurship”[J]. 经济社会体制比较，2006（2）：23-27.

[17] 焦豪，邬爱其 . 国外经典社会创业过程模型评介与创新 [J]. 外国经济与管理，2008（3）：16-28。

[18] 邬爱其，焦豪 . 国外社会创业研究及其对构建和谐社会的启示 [J]. 外国经济与管理，2008（1）：7-27。

第 13 章　精益社会创业

学习目标

☑ 发现社会问题
☑ 提出解决社会问题的想法
☑ 设计相应的假设和最简可行产品
☑ 选择合适的社会组织形式
☑ 测试和调整产品与组织形式

本章纲要

☑ 精益社会创业的 PISO 模式
☑ 精益社会创业和问题驱动
☑ 社会创新和解决方案
☑ 价值假设和最简可行产品
☑ 产品—组织组合图（POM）
☑ 假设测试和调整
☑ 深度理解精益原理

开篇案例

Worldreader

Worldreader（世界读者）是一家非营利组织。该组织于 2010 年确定了清晰的使命：为弱势儿童及其家人提供电子图书和相应的阅读器。仅仅用了五年时间，该组织就将业务扩展到 54 个发展中国家。如今，它以 43 种语言提供了 4 万本电子书，已经拥有 650 多万读者。

Worldreader 不仅处于国际教育和技术的前沿，它的业务增长是非营利社会创业组织采用"精益创业"的成功典范。精益创业最初是为营利性商业企业开发的，慢慢地开始被一些社会企业采纳。精益创业方法的重点是迅速将产品或服务的新想法带入实验。精益实践者开发称为"最简可行产品"（minimum viable product，MVP），即进行快速实地实验的简单的产品原型，以便从潜在用户那里获得反馈，然后基于这些反馈进一步改

进和开发产品。

Worldreader 的创始团队从第一天开始就采用了精益实验的理念和方法。他们没有花费大量的时间和金钱来推出一个完整的网上阅读平台，而是开发了一个小规模平台先进行测试。在 2010 年 3 月开始的实验中，他们向加纳一所学校的 16 名六年级学生介绍了亚马逊的 Kindle 电子阅读器。他们的假设是：孩子们会接受电子阅读器，他们会阅读更多书籍，并且他们的识字率会提高。

只专注一所学校看起来可能效率非常低。但是，这种高度接触的 MVP 方法使 Worldreader 能够在小规模的实验中找到意想不到的漏洞和问题，并在投入更多时间和资源之前解决这些问题。例如，Worldreader 团队发现，Kindles 阅读器的屏幕经常被打破，因为孩子们在休息期间坐在电子阅读器上。“我们教会学生如何照顾电子阅读器”，Worldreader 的联合创始人兼总裁戴维・里舍（David Risher）说，“同时我们把破碎的屏幕带到了 Kindle 工厂，并要求下一代的 Kindles 屏幕更耐用些。”新款的 Kindles 屏幕确实更耐用。

Worldreader 快速实验方法最重要的测试是在 2011 年年底，当时该组织面临着一个严峻的变化和挑战——具有基本功能的普通手机正在发展中国家激增，远远超出了 Kindle 阅读器的增长。在智能手机时代，这种普通手机被称为“哑巴手机”或傻瓜手机。但是，这种手机能不能为 Worldreader 在发展中国家创造了一个新的发展空间呢？如何能利用这个机会？怎样调整？

对大部分非营利组织来说，面临这种机会可能会开始一系列的战略规划和设计。他们首先会就公司战略进行一系列内部辩论，然后集中精力制订工作计划，向董事会汇报和准备筹资建议。Worldreader 采用了不同的方式。他们没有启动庞大的战略规划和开发工程，而是通过一个小的实验来测试一个关键假设：发展中国家的学童会在普通手机上看书吗？为了回答这个问题，Worldreader 团队与普通手机阅读 App 开发人员合作，开发了简化版本的手机阅读 App，仅包括书籍列表和简单的文本阅读器，没有书籍封面、描述、评级、评论或书签，但它具有足够的功能允许团队测试其假设。

很快就有成千上万的用户下载了这个 App 并开始用它阅读书籍。经过实验验证了用户需求的假设之后，Worldreade 与其 App 开发者签订了正式合同，并开始对产品进行改进。如今，每个月有超过 185 000 名用户在 Worldreader 移动平台上阅读书籍。不断快速的实验以及专注于为儿童及其家庭建立解决方案，使 Worldreader 的增长模式获得巨大成功。Worldreader 因此获得一系列社会创新和社会创业的奖项。

资料来源：根据 Murray 和 Ma（2015），维基百科相关条目和 Worldreader 公司网页整理编写。

从上述案例中，我们了解到一个名词叫“精益创业”。精益创业借鉴了精益生产的理念，但不是照搬，而是有所发展，并切实应用到创业领域。与精益生产的理念类似，精益创业方法旨在消除不必要的投入，并在产品开发阶段增加创造价值的活动和功能，这样创业公司可以在开始的时候无须大量的外部资金投入，不一定需要详细复杂的创业计划和完美的产品，同时会有更大的成功机会。本章将介绍如何把精益创业应用到社会创业领域，即精益社会创业（lean social startup，LSS）。

13.1 精益社会创业的 PISO 模式

精益创业是一种以较少的投入快速开发业务和产品的方法，旨在通过采用业务假设驱动的实验，迭代产品和验证学习的组合来缩短产品开发的周期，进而缩短创业的准备时间，减少时间和资金的投入，降低创业的风险。精益创业方法的核心方法是假设、实验和改进。如果创业公司用迭代的方式开发简单的产品或服务以满足早期客户的需求，它们可以降低市场风险，并避免需要大量初始项目资金和昂贵的产品启动和失败（Ries，2011；Penenberg and Adam，2011）。

精益创业的核心原理是按照开发—测量—学习的循环迭代快速开发产品。团队或公司的有效性取决于其实现想法的能力，快速开发该想法成为一个最简可行产品，衡量其在市场上的有效性，并从该实验中不断学习和改进。换句话说，这是一个将创意转化为产品的循环学习的过程，以便衡量客户对产品的反应，然后决定是继续这个想法还是修改这个想法；该过程根据需要可能重复多次。具体循环的阶段是：想法—开发—产品—测量—数据—学习，如图 13-1 所示（Ries，2011）。这种快速迭代使团队能够发现适合产品和市场的可行路径，并在达到产品与市场的适合度后继续优化和改进商业模式。

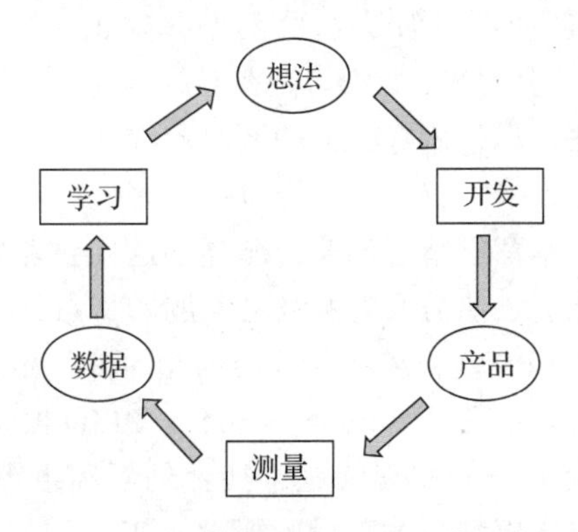

图 13-1　精益创业的循环和迭代示意图

精益创业是企业家总结实践经验提出的，特别强调实用性、系统性和可操作性。精益创业不仅提供了一套系统实用的创业工具和方法，也符合成果导向的教学（outcome-based education，OBE）和行动学习（learning by doing）等教学理念，尤其适合创新创业教育和实践。在精益创业的循环和迭代过程中，有三个动词（开发、测量和学习）和三个名词（产品、数据和想法）一一对应，开发的结果是产品，测量的结果是数据，学习的结果是想法，这是成果导向的学习目标的最佳样板。但是，这些并不意味着精益创业适用所有的领域，也不是说它没有局限。

2013 年，Steve Blank 在《哈佛商业评论》上发表了一篇题为《为何精益创业将改变一切》的文章。Murray 和 Ma（2015）认为，这个标题显然有些夸张，精益创业在商业领域也许在开始普及和渗透，但是在社会创业领域并非如此。虽然精益创业的“想法→构建→产品→测量→数据→学习”的循环迭代过程看起来清清楚楚，步步到位。但是实际应用并没有那么简单，尤其应用到社会创业等领域。精益创业应用到社会创业依然很缓慢，还有一些局限和需要改进的地方。

精益创业的一个关键问题或局限是，迭代和循环的原始想法是哪里来的？这在精益创业里面是没有充分论述的（Mueller and Thoring，2012；张凌燕，2015）。因为精益创业的大部分早期应用案例来自经验丰富的 IT 人士，他们开始创业的时候已经有了比较成熟的想法。但是，对于没有任何经验的大学生和没有经验的社会创业人士，精益创业的循

环和迭代方法并不容易启动。如果没有原始想法，怎么设计产品和测试客户？如果原始想法完全脱离实践，第一步就大错特错，根本就没有必要测试，如果勉强测试反而是浪费时间和投入，无数次的小浪费其结果可能是很大的浪费，这和精益创业少投入的理念恰恰相反。切记不是所有的想法都值得测试！想法的评估和筛选在测试前是必要的。

精益创业的很多案例都是IT软件产品，测试环境是网络平台，没有物理空间和距离的概念。产品是程序代码，容易测试、修改和迭代，测试数据自然产生和自动收集，测试成本不高。但是，社会创业的产品非常复杂，有实物产品，也有需要密切人际接触的服务，存在物理空间，交通费用可能很高，即便是简单的产品测试也可能是很昂贵的并需要时间。而且，社会效应不是短时间就可以测试出来的。有的社会效果测试很难量化（Murray and Ma，2015）。另外，社会创业的组织形式比商业企业多很多，不同产品和不同组织形式的组合使得产品设计更加复杂。

融合设计思考和精益创业可以解决这些问题，这也是精益创业的一个新发展趋势（Müller and Thoring，2012；张凌燕，2015）。在开始的环节可以利用设计思考的同理心和问题导向来产生原始的想法，尽量做好充分的调研和准备，尽量了解客户和受益人的真正需求，避免没有必要的测试，降低成本。这样也许比多次循环和迭代更好，成本更低，而且更快速地接近用户需求。本章以精益创业的循环和迭代原理为基础，结合设计思考的同理心、社会创新的方法和社会创业需要解决社会问题的特点，提出了一个精益社会创业的PISO模型，如图13-2所示。PISO代表精益社会创业的核心环节和成果：问题（problem）、想法（idea）、服务（service）和组织（organization）。PISO模型包含了精益创业的循环迭代的核心内容，增加的社会调查和发现问题，社会创新和组织选择三个社会创业的独特环节。下面将详细介绍PISO模型各个阶段的概念、工具、方法和案例。必须指出的是，精益创业的迭代和PISO模型看起来是一步一步的线性过程，其实在应用过程中并非线性的，也不是只有一个大的循环，每一步都可能调整和修改，每一步都是先发散后收敛的菱形思维。设计思考的代表形象是双菱形，PISO模型融合了设计思考和精益创业，扩展到四个菱形，把发散后收敛的“钻石思维”（diamond thinking）融入精益社会创业的整个过程。PISO模型主要针对创业的准备、实施和增长阶段。

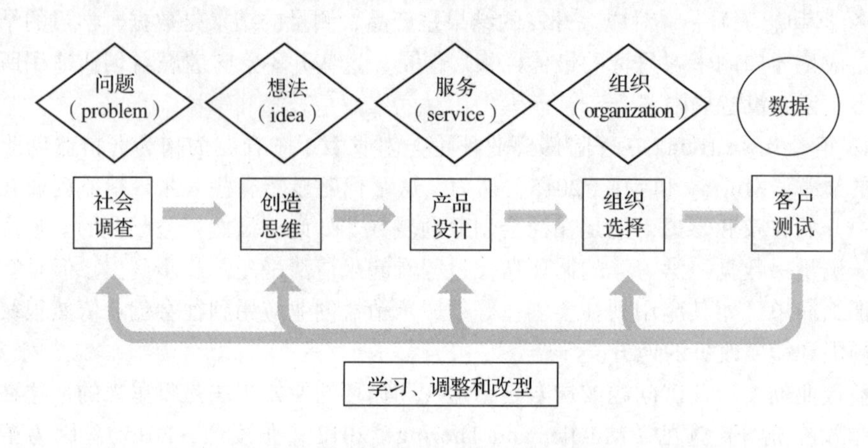

图13-2 精益社会创业PISO模型

13.2 精益社会创业和问题驱动

13.2.1 发现社会问题对社会创业的重要性

13.1 节我们曾经讨论过，精益创业迭代和循环的原始想法没有充分的论述。精益创业的大部分应用对象是有经验的 IT 人士，对于没有任何经验的大学生，尤其是对社会创业没有经验的人士，精益创业的方法是不容易启动的，或者原始想法完全脱离实践。精益社会创业就是利用精益创业的原理和方法来解决社会问题的过程。所以，精益社会创业的第一步不是设计最简可行产品，而是寻找和发现社会问题。明确问题比找到答案更重要。

如果社会问题不清晰，在商业模式开发的环节也会出现问题。本章重点讨论问题导向和商业模式画布。商业模式画布（Business Model Canvas）是由 Osterwalder 和 Pigneur（2010）提出来的开发新的商业模式或记录现有商业模式的模板式工具。它是一张描述公司价值主张、基础设施、客户和财务状况的可视化图表。它通过说明潜在的权衡关系来协助企业调整活动、资源和伙伴。商业模式画布以苹果、Skype 等技术驱动型企业为案例，缺乏客户问题等要素。Maurya 认为，“大部分新创企业会失败，并不是因为它们没能生产出它们原本计划生产的产品（或服务），而是它们浪费时间、金钱和努力生产了错误的产品。我认为其失败的重要原因是从一开始就对问题缺乏正确的理解”（Maurya，2012）。所以，Maurya 修改了伍斯特瓦尔德的商业模式画布，提出了精益画布（lean canvas），增加了“问题”和“解决方案”。精益画布是 Maurya 专为初创公司改编的商业模式画布版本，专注于解决广泛的客户问题和解决方案，并通过独特的价值主张将其交付给客户群体。社会创业的目的是为了解决社会问题。Maurya 的精益画布已经成为精益创业的主要工具之一，自然也是精益社会创业的主要工具之一。

社会问题不清晰，社会企业的认定就有问题。社会上有很多人甚至社会企业家自己，都会怀疑一个企业到底是不是社会企业？社会企业与传统业务有什么根本的区别？每个企业不都是在解决问题吗？但是，仅仅解决问题并不一定是社会企业。关键是，你是在为谁解决问题？你是如何为他们创造价值的？回答这些问题，社会企业家必须知道客户、用户和受益人之间的差异。

在创业领域，与“客户”（customer、clients）密切相关的一个概念是“用户”（end user）。付钱和采购的客户也许是用户，也不一定是用户，甚至是中间商。反之亦然。例如，很多儿童用品的客户是父母，而学生用品的客户是老师和学校。所以，产品测试和客户开发必须考虑客户和用户两个方面。在社会创业中，还有一个相关者，那就是受益者（beneficiaries）或服务对象。客户是愿意向你支付满足未满足需求的产品或服务的人或组织，因为你的产品或服务解决了他们的问题。受益人是从你的产品或服务创造的价值中受益的人或组织，尽管他们可能不一定是支付的人。受益者可能是客户或用户，也可能都不是，而是单纯的第三方受益者或组织。有些公益企业和受益者并没有直接关系，只是把钱捐献给慈善机构而已，有些社会企业是把产品交给学校。所以，社会创业的客户开发比一般商业创业要复杂。社会创业的客户开发和商业模式既要满足客户也要满足受益者，甚至要满足股东。所以社会创业家更伟大，更受人们的尊重。社会创业应该先确定和开发客户还是受益者呢？

有一个“超生游击队”的故事。1994 年 3 月，在广东做建筑工的 49 岁的农民梁二与

从贵州省平塘县过来打工的 19 岁陆红兰相识。那时候还没有搅浆机，梁二就安排陆红兰在建筑工地帮忙搅拌砌砖用的砖浆。陆红兰见梁二砌砖手脚麻利，比一般人砌砖砌得好、砌得快，心里十分佩服，渐渐地便产生了好感。相识，相恋，最终梁二和陆红兰水到渠成修成正果，并在 1995 年有了水灵灵的第一个女儿。现如今，72 岁的梁二和老婆共生了 15 个孩子！梁二毫不掩饰地对记者说："我违反了计生政策，但是政府依然对我不离不弃。我的 15 个孩子已经全部上了户口。3 个子女在读卫校，两个孩子正读初中，全家列入了教育资助、低保政策扶贫对象，每月有 2 000 多元的特困户补助。"自从媒体报道了梁二的故事之后，梁二一家成了名人，受到爱心人士的关注，隔三岔五就有爱心人士前来送衣服和食品，还热心地聊天照相。在这个案例里面，爱心人士关注的对象是谁？解决了什么社会问题？这些问题对中国的精准扶贫都有启发和借鉴。

13.2.2 发现社会问题

怎样发现社会问题？社会创业的机会和商业创业的机会不一样，到处都是。只要我们有爱心，真正关心社会，就会发现大量的社会问题。阅读社会创业的案例也会从其他地区的社会创业得到启发而找到本地区的社会问题。很多社会问题是世界共有的。2015 年 9 月，联合国大会通过了"可持续发展目标"（SDGs）（United Nations，2015），其中包括 17 项可持续发展目标。纲要建立在"一个都不能少"的原则基础上，强调实现所有人可持续发展的整体方案。2016 年签署的《巴黎协定》就是这份纲要其中的一个项目。这 17 项人类可持续发展的目标大部分涉及社会问题，包括：

目标 1：消除贫困（No Poverty）；

目标 2：没有饥饿（Zero Hunger）；

目标 3：健康和福祉（Good Health and Well-being）；

目标 4：教育质量（Quality Education）；

目标 5：性别平等（Gender Equality）；

目标 6：健康干净的水资源（Clean Water and Sanitation）；

目标 7：廉价干净的能源（Affordable and Clean Energy）；

目标 8：有尊严的工作和经济发展（Decent Work and Economic Growth）；

目标 9：工业化、创新和基础设施（Industry, Innovation and Infrastructure）；

目标 10：减少不平等（Reduced Inequality）；

目标 11：可持续发展的城市和社区（Sustainable Cities and Communities）；

目标 12：负责任的消费和生产模式（Responsible Consumption and Production）；

目标 13：应对气候变化的行动（Climate Action）；

目标 14：海洋生态（Life Below Water）；

目标 15：陆地生态（Life on Land）；

目标 16：和平和公正的机构（Peace and Justice Strong Institutions）；

目标 17：可持续发展全球伙伴关系（Partnerships to achieve the Goal）。

可持续发展原本包括经济、社会和环保三个方面。现在社会创业把社会问题和环保问题都统称为社会问题，可谓是广义的社会问题。所以，很多社会创业的案例实际涉及的是环保问题和可持续发展问题（Hall et al.，2010）。读者可以登录联合国经济和社会事务署

的网站详细阅读以上 17 个目标，对社会问题有更详细的了解。也可以根据本国的国情，寻找更具体的社会问题。中国经济的快速发展造就了很多百万富翁、千万富翁甚至亿万富翁，但是，因为经济发展的不均衡出现了很多相对和绝对的贫困社群以及相应的社会问题。地域的巨大差异和发展的不平衡，使得这些问题变得更加复杂。中国常见的社会问题包括：

- 贫困家庭问题；
- 贫困家庭儿童失学问题；
- 环保问题；
- 食物浪费问题；
- 精神健康问题；
- 孤寡老人、空巢老人；
- 偏远地区儿童亲情和心理问题；
- 恶劣气候问题；
- 残疾人就业问题。

解决社会问题，只有热情是远远不够的，还需要社会知识，需要对社会的关注，也需要因地制宜，立足国情、省情和地区特点。一个地方的社会问题，在另外一个地方可能不是什么问题，不同地区的社会问题也可能有明显的差异。中国的香港和台湾地区，社会企业关注的社会问题就有不同（官有垣等，2012）。香港社会企业关注的社会问题前五位分别是：妇女问题（50%）、低收入人群（45.2%）、智障人士（42.9%）、失业人士（35.7%）和慢性精神病患者（33.3%）；台湾社会企业关注的前五位社会问题分别是：智障人士（62.8%）、多重障碍人士（48.8%）、自闭症人士（39.5%）、肢体障碍人士（34.9%）和慢性精神病人士（27.9%）。在北欧国家，妇女问题根本就不存在。

西方国家的社会问题也有不同的特点（谢家驹和蔡美碧，2017）。例如，钻石是昂贵的奢侈品，怎么可能和社会企业有关系呢？“钻石恒久远，一颗永流传”，这是钻石巨商戴比尔斯于 1947 年创作的广告词。这句话让钻石自此成为订婚和结婚戒指的指定珠宝，令全球钻石需求飙升。然而，一部《血钻》（*Blood Diamond*）的电影几乎改变了钻石的命运。全球钻石市场总值 814 亿美元，涉及劳动人口大概 1000 万，非洲占了钻石出口市场的 65%。《血钻》讲述了非洲一些战乱国家非法开采和走私钻石的故事，揭示了美丽的钻石背后充满了战争、混乱和血腥的故事。在非洲内战地区，钻石的开采主要是用于战事双方购买所需武器。军队购买了武器后又用来抢夺钻石开采权，再以暴力发动战争。这些在战争地区开采并销往市场的钻石被称为“冲突钻石”。至此，西方富裕的人们良心发现，开始寻找干净的非冲突钻石。斯坦福大学的学生格斯坦（Gerstein）发现，市场上根本找不到干净的良心钻石，没有任何珠宝商能证明他们的钻石是来自没有冲突的国家，并且合乎道德和环保标准。即便是国际钻石认证组织也备受争议，战争双方到底哪一方的开采是合法的常常具有政治倾向。与此同时，斯坦福大学的另一个学生格罗斯伯格（Grossberg）做了一份关于非冲突钻石的研究报告，证明良心钻石首饰大有市场，有钱人愿出高价购买良心钻石。于是二人一拍即合，于 2005 年共同创办了一家珠宝网店，确保生产的产品不是来自非洲内战地区，而且符合环保、人权、公平交易等条件，为顾客提供清白的良心钻石。他们首先采用来自加拿大的钻石，稳定后逐渐扩展到非洲和平稳定的国家，比如纳米比亚。接着，为了突出自己的企业是社会公益企业，他们用 5% 的利润资助冲突地区的学童重新入学。

总之，社会创业的首要问题是找到你所关注的社会问题。关注社会、因地制宜、深入调查是精益社会创业的第一步，也是关键的一步。

13.3 社会创新和解决社会问题的新想法

在中文文献中，精益创业和创新并没有什么明显的关系。很少有人知道，《精益创业》这本书的英文版副标题是“今天的创业者是怎样用持续的创新快速地创造成功的商业”，很遗憾中文版本没有这个副标题。精益创业并不是沿用老的方法，而是快速地开发出新的产品和服务。精益创业恰恰是一种加速创新的方法。所以，精益社会创业不能没有创新，社会创业和社会创新是不可分的。从下面两个社会创业的例子可以看出，创新对社会创业是多么重要。

13.3.1 自闭症治疗方法的创新

在西方世界，儿童自闭症是发展最快的一种疾病（Banks，2016）。50 年前，每 1 万个儿童有不到一个儿童患自闭症；2000 年，每 500 个儿童就有一个自闭症患儿；今天，每 45 个儿童里面就会有一个自闭症患儿。这个数字还在增加。自闭症的症状在两岁之前就可能出现。这种儿童会回避任何身体的甚至眼神的接触，不接受任何社交和沟通。他们会不停地重复一些奇怪的行为，难以应付任何环境的变化，个人成长严重缓慢，通常的安慰或沟通完全不起作用。家长们发现很难做好家长的本分，大部分焦头烂额，一般自闭症儿童家长的压力是普通儿童家长的四倍。这样的儿童到学校之后，因为个人能力发展的延缓、沟通障碍和行为的怪异，完全影响了他们的学习以及与其他同学的相处。更麻烦的是，医学界现在还不知道自闭症的成因，也不知道自闭症怎么治疗。自闭症得不到及时的治疗将导致患儿终生残疾。家长、教师和医学界都迫不及待地想知道怎样才能帮助这些患自闭症的孩子。

西方医学目前都在采用心理学的方法治疗自闭症儿童，但是成效甚微。还有什么新的方法可以尝试呢？路易莎·席尔瓦（Louisa Silva）是学医的，她的一个朋友的孩子不幸得了自闭症，家长和孩子都很痛苦。她看到后非常同情她们。她回想起在医学院实习的时候，曾经遇到一个来自中国的针灸气功代表团，他们不用药物而是用针灸给手术的病人麻醉，让她感到非常神奇，印象深刻。这些中国的中医用针灸、草药及气功按摩给病人治病。她想，可不可以用气功按摩来治疗自闭症儿童呢？于是，她成立了气功敏感训练研究所（QSTI）。气功按摩治疗自闭症儿童果然效果明显，4 天的时间患者就可以接受眼睛的接触，可以自己玩皮球。现在 QSTI 每年接受上千的自闭症患者前来接受治疗。

在正统西医的环境里敢于采用中医气功疗法不是一件容易的事情。路易莎·席尔瓦在南非生活过，曾经在印度、爱尔兰和肯塔基郊区工作过，她的人生和工作经历让她更加能够接受不同的事物和想法。气功按摩法不是她发明的，但是把气功按摩应用到一个全新的领域也是创新。

13.3.2 “黑暗中对话”的创新

“黑暗中对话”（Dialogue in the Dark）是社会创业领域一个耳熟能详的例子（张瑞霖，2011）。设想一下，在一片漆黑中，用眼睛以外的感官活动和生活，你会觉得很难吗？会不知所措吗？别害怕，“黑暗中对话”有一系列活动，让你在“暗”中作乐、学习和生活。早期的“黑暗中对话”体验馆只是一间厨房，参访付费之后可以进去体验在厨房里准备一杯咖啡或者准备一套三明治等。人们会很容易地亲身体验到盲人的艰辛和不容易，因而产生对残障人士的关心和爱护。“黑暗中对话体验馆”几乎是瞬间获得成功，很快覆盖 40 多个国家，获得 1000 万人次的体验。中国的上海、成都和深圳也有这样的体验馆。

但是随着时间的推移，体验过一次的人们一般不会再去体验第二次，很少有回头客。体验馆的可持续性就成了个问题。为了吸引更多的人参观，体验馆也在不断创新，从原来的厨房扩展到很多其他的范围。例如，现在的体验馆设计成独特的公园、渡轮、市场、戏院和咖啡室等场景，让访客在黑暗中感受独有的质感、声音、气味甚至味道，用其他感官去探索周围的环境；其他活动还包括爱家乐体验之旅、暗中生日会、暗中夜宴、暗中品酒等。不断创新是企业生存的保障。利用创新方法，你能不能拓展出最少五款“黑暗中对话”的新产品？

有些社会创新借鉴了其他成功的社会创业，这就是类比创新。例如，有些残障人士腿脚有问题，走路不方便，不得不用轮椅。有些是手动轮椅，条件好的是电动轮椅，无论哪一种，你能体验到残障人士的艰辛吗？为了让普通人能够体验和了解这部分残障人士的不容易，某大学的学生申请到一笔经费，开发了一款电动体验轮椅和相应的轮椅体验馆。开发者利用虚拟环境系统让体验者可以在轮椅上体验怎样转、停车、问路、等待其他车辆等情况。目前这个项目虽然已经完成了技术功能的设计并进入产品试验，但是还处在实验室阶段。你觉得轮椅体验馆还要有什么新的产品或服务？

社会企业创新的例子很多。虽然精益创业和社会创新都非常重视创新，遗憾的是精益创业文献（Ries，2011；Fan，2012；Maurya，2012）和社会创新文献（Paramasivan，2016；Banks，2016；Douglas and Grant，2014）并没有系统地介绍创新的过程、方法、影响因素、环境等。篇幅的限制和分工的原因，本章不能对此一一介绍，有兴趣的读者可以参阅创造思维和创新培训的文献，并应用到精益社会创业（Wallis，1926；Couger，1995；孙洪义，2016）。

13.4 价值假设和最简可行产品

精益创业的产品开发方法是从价值假设和最简可行产品或最简可行产品开始。最简可行产品是指以最低成本尽可能展现核心概念的产品策略，即指用最快、最简明的方式建立一个可用的产品原型，这个原型要表达出产品最终想要的效果，然后通过迭代来完善细节。最简可行产品不是产品模型或图纸，而是具有核心功能并且可以使用的产品，它允许团队以最少的努力收集大量有关客户意见的有效学习，类似于试验性实验。最简可行产品的目标是测试基本的商业假设（或者对客户来说是价值假设），并帮助创业者尽快开始学习和改进的过程（Ries，2011）。举一个例子，Zappos 创始人 Nick Swinmurn 想测试这样的假设，即客户已经准备好并且愿意在线购买鞋子。Swinmurn 并没有建立一个网站和一个大型的鞋类数据库，而是走近当地的鞋店，拍下了他们的样品，在网上张贴了照片，在出售后以全价从商店里买了鞋子，然后将它们运出去直接邮寄给客户。经过试验，Swinmurn推断客户的这种需求是存在的，Zappos 最终根据在线销售鞋子的模式发展成为一个价值10 亿美元的网上业务。

在精益创业世界中，找到解决问题最佳方案的唯一方法就是客户反馈。按照精益创业，创业者不应把自己当成独来独往的英雄和闭门造车的工匠，而应成为认真倾听客户的伙伴。这是最简可行产品的重要部分，即潜在客户参与产品和业务的开发。最简可行产品是一种产品原型，具有足够的功能以满足早期客户的需求，并为未来的产品开发收集反馈。最简可行产品的主要目的是为了测试，因此必须具备核心功能，否则没法测试。最简可行产品的目的包括：

- 能够用最少的资源测试产品的假设；
- 加速学习；
- 减少浪费工程开发时间；
- 尽快将产品提供给早期客户；
- 是进一步开发其他产品的基础；
- 积累和培养初创企业开发相应产品的能力。

最简可行产品中很容易被忽略的部分是假设（hypothesis 或 assumption）。最简可行产品的主要目的是为了测试和检验价值假设，以便不断修改和开发产品。没有价值假设，最简可行产品就没有设计指引，测试就没有清楚的目的。精益创业的假设范围分为两类（Fan，2012）：价值假设和增长假设。

（1）价值假设（value hypothesis）。产品对用户来说是否有价值，用户是否会使用，是否会付费？

（2）增长假设（growth hypothesis）。产品提供的价值是普遍需求吗？用户规模能够快速增长吗？

Facebook 刚推出时，只为有限的几个大学社区提供服务，也没有做任何市场推广。但一个月以后，它已经吸引了 3/4 的哈佛大学本科生注册，而且超过半数用户每天都会访问Facebook，这两项数值充分说明了该产品满足增长假设和价值假设。这就是精益创业循证认知方法（evidence-based learning）(Frese et al.，2012）。

对于社会企业，除了客户价值和经济价值，社会价值更重要，尤其在问题发现环节和社会调查环节关注。如果调研和采访可以验证假设，就没有必要实验，因为任何实验都是有成本的，社会创业的实验有时候成本更高。Worldreader 团队从美国到非洲去验证那里的孩子会不会使用阅读器，从寻找对象，确定国家、飞机、酒店、吃饭等费用要几十万美元，对于一般的社会创业实验是不现实的。如果早点了解一下非洲采用普通电话激增，何苦测试 Kindle 阅读器。

对社会创业来说，主要问题是大部分案例根本没有分析一列产品然后选择一个最简可行产品。大部分只提出一个产品，根本不知道是不是最简的，只能说是唯一可行产品。关于这个问题有一个经典的辩论，有人说你能设计出来的是一个最简可行的汽车吗？如果你设计一款汽车的话，它一定是有轮子、有方向盘、有动力系统、有照明系统、有冷气系统等。精益创业的拥护者会说，我可以设计出了一款最简单的汽车，而不是豪华型汽车，是新材料制成的只卖几千块钱的汽车。其实，这根本不是最简可行产品，而是针对特定客户群的产品。这样的产品是不会用产品原型来测试和迭代的，了解机械和电子制造的人会知道，制作单件小批产品的工具和模具的成本太高，即便是 3D 打印和快速原型技术也不会降低制造汽车模具的成本，因此前期的市场调查和客户访问是开发产品的关键。不同款式的设计是选择最简可行产品的基础。社会创业很多时候没有实物产品，而是服务，没有物理原型的服务。服务产品怎样测试？什么样的服务是最简可行产品？这些都是精益创业还没有涉及的问题。下面，我们用贫困家庭的孩子用电脑这样一个社会问题来了解精益社会创业怎样设计和开发最简可行产品。

1. 简易电脑设计计划

在城市，电脑已经成为很多家庭不可或缺的必需品，但是在贫困偏僻的山区，电脑是可望而不可即的奢侈品，孩子们甚至都不知道什么是电脑。电脑可以让千里之外的孩子和在外打工的爸爸妈妈经常视频聊天，可以让孩子浏览世界各地的风景，查找他们需要的知识，开阔眼界，学习技能，好处多多。但是，怎样才能让贫困偏僻山区的孩子用上电脑呢？几位香港企业家发起一项简易电脑捐赠计划（Dino 计划），也叫“100 美元计划”。他们委托一家企业设计了一款很简单的电脑，只具有上网等简单的功能，使得成本很低。任何人如果捐赠 100 美元，这个协会就可以送出两台这样的 Dino 电脑。Dino 电脑似乎非常符合精益创业和最简可行产品的理念。但后来发现，山区根本没法上网，只能将电脑搁置。如果提早了解一下山区是否可以上网，根本没有必要做这款简易电脑。

2. 电脑捐赠计划

为促进社会共融及推广资源循环再用，新家园协会（新家园）在中国银行的全力支持下推出“中银香港新家园计算机捐赠计划”，捐赠 500 台再生电脑给新来港人士、少数族裔、本港基层家庭及长者。新家园协会与中银香港联同支持机构“互联网专业协会”和“青年 IT 网络”派出义工队伍，提供免费计算机教学课程，以协助受惠人士学习使用电脑，身体力行关爱社会。计划启动仪式在华德学校礼堂举行，约 200 名受惠对象参加了启动仪式。500 台电脑按贫困人口计算微不足道，这个方案能够持续吗？下一次捐赠还不知道是什么时候，怎样才可以让这样的计划持续下去呢？这个活动是测试吗？这是最简可行产品吗？

3. 电脑重生计划

国际十字路会（Crossroads Foundation）是一个非营利的国际慈善基金。该基金收购旧电脑，翻新之后以成本价卖给有需要的贫困家庭。这样的项目可以复制到各地各类的组织，甚至是学生创业计划、公益计划、公益组织、公益企业等。这个计划不仅具有社会公益的性质，还具有环保和可持续性的特征。

从这几个例子可以看出，很多社会创业的产品和服务并没有最简可行产品的概念，基本是唯一可行产品而已，也没有测试的想法。下面我们用精益社会创业工作坊的真实例子、普通市民访问项目，来说明怎样确定社会创业的价值假设和最简可行产品。

香港一些社会工作者偶然了解到来香港的有些游客很想了解香港普通市民的生活。有些游客从媒体听说过香港的围龙屋、地铺、棺材房等，但是完全想象不到，人均收入几万美元的香港高楼林立，一片繁华景象，可普通市民或底层市民的生活到底是什么样子。于是他们想做一个具有公益性质的旅游产品：让游客去参观普通市民的社区和家庭，用这个收入帮助这些贫困的市民。对于这样的原始想法，下一步应该怎么做？成立一家旅游公司？尽快招募员工？租一间办公室？调研？都不是！他们和旅游公司合作，在游客自由活动期间安排有意愿的游客额外支出费用参访当地居民家庭，重点是生活比较贫困的街区。扣除费用以及和旅游公司的分成，剩余的留给接受参访的市民家庭，用以补助这些贫困市民的日常生活。目前这个项目只雇用几个社会学科的学生做兼职导游，没有办公室，沟通主要靠手机和电子邮件以及旅游公司提供的信息，使成本降到最低，等待未来发展和市场需求的进一步验证，再决定是否成立正式的公司和雇用专职导游。这个公益项目的设计完全是按照精益社会创业的理念设计和运行的。其实这个项目就是香港精益社会创业培训计划孵化的项目，该项目要验证以下假设：

- 到底有多少游客有意愿了解香港普通市民的生活？
- 有多少香港普通市民愿意接受陌生游客来访？
- 被访市民收到多少钱才愿意接受访问？
- 这个模式能盈利或财务平衡吗？

这些问题不是通过简单的访谈就可以验证的，所以才需要实验，这就是精益社会创业的最简可行产品的验证和实验。这里的重点是，要先有假设，然后才能确定最简可行产品，因为最简可行产品的目的是为了检测和验证假设。这就是精益创业的循证认知理念。另外，以上电脑的例子和参访香港普通市民的例子都说明了组织形式的不同，产品和服务的形式也不同。下一节将结合组织形式对产品设计进行进一步讨论。

13.5 产品—组织组合图

社会创业和商业创业的一个主要区别在于组织形式。商业创业一般都是以注册的商业组织来实现创业计划，以求得可持续性和商业可行性，以及法律方面的合法性。但社会创业有很多不同而形式，繁简程度，成本高低，投资大小都不尽一样。与社会企业有关的组织形式包括：公益项目、公益企业、非营利组织、非政府组织、慈善机构、正式注册的社会企业、科研活动 / 科研机构、政府扶贫职能部门甚至教育活动等。有些组织的性质既有不同也有交叉。

因此，精益创业在社会创业中除了考虑产品的繁简程度，也要考虑组织形式的繁简程度，以及产品和组织的不同组合。产品和组织的不同繁简程度会有很多不同组合形式，因此社会创业的模式会比商业创业选择性更多、更复杂。表 13-1 介绍的产品—组织组合图（product-organization map，POM）可以帮助我们确定社会创业的简单测试模式。确定了产品和组织形式之后，才可以比较准确地进行产品测试或者讨论商业模式。POM 说明了创造思维的重要。只有通过发散性的创造思维，才会探索不同的解决方案和不同的产品设计，才有机会选择一个最简产品可行，避免唯一的可行产品。表 13-2 是以解决贫困家庭孩子没有电脑的社会问题为例来示范 POM 的用途。

表 13-1 产品—组织组合图

产品—组织	公益项目	非营利组织	公益企业	社会企业	其他（科研机构、网络）
产品 -1 产品 -2 产品 -3 产品 -4					

表 13-2　解决贫困家庭孩子拥有电脑问题的产品—组织组合图

产品—组织	公益项目	非营利组织	公益企业
简易电脑捐赠			长期捐赠
新电脑捐赠	银行一次性公益活动		
电脑重生计划		长期出售翻新电脑给需要人士	

表 13-3 是某大学二手书籍回收的产品—组织图的真实例子。教师和学生每年都要处理一些旧书，这些旧书的处理方法既涉及环保问题，也涉及社会问题和人文关怀，但不同部门的组织形式迥然不同。他们共同的假设是：会有教师和学生愿意捐赠图书吗？会有人来购买所捐赠图书吗？什么样的人购买二手图书呢？

如果你的学校有同样的问题，你会选择哪一种 POM 方式呢？

表 13-3　旧书回收的产品—组织图

产品—组织	公益项目	非营利组织	商业组织	其他
收书卖书	教师工会每年举办一次夏季旧书义卖，每次三天，收入全数捐给慈善机构			网店出售、微商
固定地点收书卖书		建议教师和学生把旧书送到童子军旧货店	学生自己开办二手书店，出售学生和教师捐赠的二手书店	网店、朋友交换
邮寄到指定地点	指定类别的图书送给服刑人员			其他二手书店

社会创业的分类很多（Zahra et al.，2009），但是，就选择和确定最简可行产品设计来讲，与社会创业的组织形式和经济来源的关系非常密切。就社会企业的经济来源和慈善事业的关系而言，社会创业至少有四种主要组织形式。假设心形代表公益或慈善活动，圆圈代表商业活动，小方块代表其他组织（如政府部门、学术单位、商业企业或有爱心的个人），四种社会创业组织形式如图 13-3 所示。第一种（a），代表单纯的慈善企业或慈善活动，本身没有经济收入，依靠其他组织和个人的捐赠，长久一些的设立基金，但是没有恒常的商业业务和固定的经济收入。这种叫外部输血型社会创业组织。第二种（b），有自己的商业经营活动，但是和社会活动没有直接关系，而是把收入的一部分用于公益或慈善事业，或者捐给其他组织做慈善事业。具有社会责任心、关注社会问题的商业企业或共益企业也属于这一类。这种叫内部输血型社会创业组织。第三种（c），是商业活动和慈善活动紧密结合的社会企业，企业的业务本身就是解决社会问题同时完成慈善或公益活动。这种叫内部造血型社会创业组织。第四种（d），是第三种的延伸，是广泛依靠合作伙伴的社会企业，尤其是融合三螺旋模型（Triple Helix Model）（Etzkowitz and Leydesdorff，2000），结合政府 / 科研机构和其他商业企业的社会创业企业。很多成功的社会企业都经历了从单纯的没有收入的慈善组织到建立广泛合作伙伴的拥有商业业务的社会创业企业，甚至可以孵化出更多的社会企业和稳定的基金。这种叫内外合作造血型社会创业组织。北京乐平公益基金等比较成功且可持续的社会创业组织就是这样的例子。

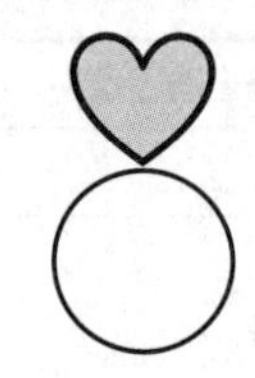

a) 外部输血型　b) 内部输血型　c) 内部造血型　d) 内外合作造血型

图 13-3　社会创业的几种组织形式

北京乐平公益基金于 2010 年成立，由中国具有公信力的学者和商界人士共同发起。基金会的愿景是让人人享有平等发展机会，主要关注缺乏机会的贫困人群，致力于促进改善这些弱势群体的福利，增加平等发展机会，以及促进社会公益发展。基金会的前身是在 2002 年创办的北京富平学校，现在已经是一家成功的社会企业。透过孵化和帮助富平学校找到运营模式之后，乐平公益基金开始致力于社会企业投资和培养社会创新者。

透过乐平公益基金孵化的社会企业有：北京富平家政服务中心，专门培训家务助理和提供家政服务；北京谷雨千千树教育咨询有限公司，为儿童提供早期教育；北京富平创源农业科技发展有限公司，发展生态信任农业和小额贷款；大邑县富平小额贷款有限公司，专门提供微型金融服务。

有鉴于此，基金会尝试运用集体影响力的方法连接社会各界人士，包括企业家、社会投资者、学者和政策制定者等，并于 2013 年推出社会创新合作伙伴项目。该项目将义工服务和捐赠相结合，集中和强调伙伴的资助，以陪伴的方式利用义工个人的时间和专业技能来长期支持慈善组织的发展。十多年，乐平公益基金希望能够帮助这些社会企业的发展，用规模化的成果来改变整个社会系统和生态，从而产生更大的社会影响力。同时，基金会也希望通过这种规模化的活动，让更多人看到创新思维和社会创业可以改变社会。

当你设计一个社会服务产品时，无论是开始时的测试，还是将来的运行，都要有一个组织形式。也许在测试阶段也可以选择一个最简可行组织，而长远运行的组织形式应该是造血型的社会创业组织。

实践之窗

食物浪费和食物短缺

人类社会有一个相当普遍的奇怪现象——食物浪费和食物短缺并存，英国、美国、中国等都是这样。联合国报告指出，全球食不果腹、营养不良的人口 2016 年有 8.15 亿，占全球人口的 11%。与此同时，联合国粮农组织的数据显示，全球每年生产 40 亿吨食品，但是约有 30% 大约 13 亿吨的粮食在生产和消费过程中被浪费或损失，总价值达 1 万亿美元。如果这些粮食中有 25% 得以保留或回收，就足以养活全世界 8.7 亿的饥饿人口。中国的粮食浪费情况也非常严重。中国农业大学的调查显示，全国一年餐饮浪费的粮食折合成蛋白质高达 800 万吨，脂肪 300 万吨，这相当于 2 亿人一年的口粮。如果加上食堂、家庭的食物浪费，全国每年浪费的食物总量可养活 2.5 亿～3 亿人。呼吁大家想办法减少食物浪费并充分利用这些粮食帮助饥饿的人群或用于其他用途。请用 POM 探讨怎样充分利用和回收剩余或多余的食物和粮食（见表 13-4）。

表 13-4　多余食物收集的产品—组织图

产品 – 组织	公益项目	非营利组织	商业组织	其他（科研、政府机构、其他企业的公益部门、校园活动）
餐厅饭店厨余				
餐厅或自助餐未被使用食物				
超市已经过期食物				
超市即将过期食物				
国库过期粮食				

13.6　社会创业的测试和调整

2013 年，史蒂夫 · 布兰克（Steve Blank）说，精益创业方法学是从探索式计划方法（discovery-based planning, McGrath and MacMillan, 1995）中得到灵感。探索式计划方法的核心是没有固定的目标结果，而是根据阶段结果不断调整，这就是迭代和调整理念。

简单来说，目标调整就是对实现设计好的路线进行修正，以便测试产品、策略和增长机制的基本假设。应用目标调整的经典例子是 2008 年在美国芝加哥创立的网上团购公司 Groupon，这也是精益创业和最简可行产品的经典案例。当公司刚初创时，它只是一个名为 The Point 的在线促销平台。在几乎没有交易的情况下，创始人开设了一个博客，并为位于大楼大堂的一家比萨店推出了第一张促销优惠券。虽然它只获得了 20 次购买，但创始人意识到他们的想法很重要，可以成功地促成人们协调团队采购行动，并帮助客户降低价格。到 2010 年 10 月，Groupon 在北美的 150 个城市以及欧洲、亚洲和南美的 100 个城市上线，拥有 3 500 万注册用户。截至 2015 年 3 月底，Groupon 在全球超过 500 个城市服务，拥有近 4 810 万活跃用户，并在全球 48 个国家和地区提供超过 42.5 万项活跃交易。三年后，Groupon 成长为 10 亿美元的业务，覆盖餐饮、旅游、住宅商品等行业。史蒂夫 · 布兰克把目标调整定义为改变该计划，而不是执行者，比如销售主管、市场营销人员甚至 CEO。

在本章开篇案例中，Worldreader 也是经历几次转型和调整。原本计划采用亚马逊的 Kindle 阅读器，却因为市场发展改用普通手机；原本计划面向贫困家庭，后来集中在发展中国家。这些都得益于不断的实验和迭代。Facebook 原本是哈佛大学内部的校友网页，最后变成了开放的社交平台。每次迭代结束，创业者可以有两个选择——继续或转型。如果分析结果表明之前的假设基本正确，在学习过程中实现的小改变让产品越来越趋向于假设中的理想状态，那么自然应当保持。Maurya（2011）的书《精益开发：精益创业实战》特别适合用来描述精益创业的修改和调整，也就是要一直迭代到一个可行的模式，如果不行尽快放弃。所以，精益的精髓就是两句话：低成本试错（fail cheap）；快速试错（fail fast）。

如果数据不理想，是继续坚持改进，还是放弃转型？决策应该取决于你是否通过这次精益迭代获得了有价值的“经证实的认知”。如果没有得到经证实的认知，就盲目放弃无疑是错误的。但如果再怎么努力，假设还是与现实渐行渐远，则可能需要通过转型对假设做一些本质性的改变，这种改变可能涉及创新的各个层面：核心技术、应用模式、目标市场、目标需求、增长模型、推广渠道等。至于到底哪些因素的改变会带来最佳效果，可以在下一轮迭代中验证。

为了处理有太多新想法需要验证的情况，创业者可以用之前某个较为稳定的产品版本作为基线，在此之上升级出多个平行版本，展开多个循环，分别验证新想法的合理性，剔除其中不佳的部分，并将较好的想法合并到下一个基线当中。修改和改型也不是完全没有规律可循。以下几个方面可供创业者参考：

- 市场放大转型；
- 市场缩小转型；
- 客户细分市场转型；
- 客户需求转型；
- 平台转型；
- 组织形式转换；
- 商业模式转型；
- 价值获取方式转型；
- 增长引擎转型；
- 渠道转型；
- 技术转型；
- 受益人的转型。

13.7 深度理解精益原理和方法

精益社会创业是个新名词，案例和文献都不多。在创业领域，特别是来自非营利领域和创业领域的专业人士，对精益原则还有些反弹。精益创业的“构建—测试—认知”的思维方式对某些熟悉创业和产品开发专业人士来说，可能既没有什么新奇也不算是什么革命。客户参与的产品研发、客户反馈、产品测试、产品修改、并行开发、产品成本评估等在很多商业管理和产品开发的教课里面都有，一点也不新奇。精益管理就更不用说了，已经是管理领域家喻户晓的概念和知名方法。那么精益创业的贡献到底在哪里？精益创业把这些方法系统地整合起来，并且专门应用到创业领域，做到实用、具体、系统，而不是停留在理论和科研的阶段，这是精益创业的一大贡献和特色，也是人们推崇精益创业的原因。就算把精益创业当作一个系统的提醒和模板也是有益处的，按照精益创业的思维方式和方法，创业者以正确的思维方式系统地解决社会企业的各种挑战，这对一个初次创业者来说无疑是一套难得的工具和思维方式。精益创业提供的系列创业工具和方法对于没有经验的年轻创业者尤为重要，对于大公司也有帮助和提示的作用。

当然，我们不能忽视精益创业的缺陷和不足，或者局限性。针对不同的行业，因地制宜，不断改进。精益创业失败和成功的案例都有；对精益创业拥护的和反对的人士都有。对于精益创业，我们必须公正客观地来看待，有必要深入地了解精益原则和精益思想。精益创业失败的案例往往是掌握了精益创业的方法，但是没有吃透精益原理和精髓。另外，精益创业的重点是用于创业阶段，其实精益原则在守业阶段的作用远远大于创业阶段，意义更大，更有价值。创业难，守业更难，很遗憾精益创业在守业阶段被忽视了。了解精益原则，包括精益制造、精益管理以及来龙去脉，对进一步认识精益原则，全面准确地开展精益社会创业实践、教学和开展精益创业领域理论联系实际的研究都有帮助（Hines et al., 2004）。

20 世纪 50 年代，日本的丰田英二考察了美国底特律的福特公司的轿车工厂。当时该工厂每个月能生产 9000 辆轿车，比日本丰田公司一年的产量还要多。但丰田在他的考察报告中却写道：“那里的生产体制还有改进的可能”。丰田英二和大野耐一结合福特大批量生产流水线原理，经过反复实验，终于形成了独特的丰田生产方式，使日本的汽车工业超过了美国，产量占世界汽车总量的 30% 以上。1990 年，麻省理工学院（MIT）沃麦克教授的团队经过 5 年的国际比较研究，在《改变世界的机器》一书首次使用“精益”（lean）一词来形容丰田的制造系统（Womack et al.，1990）。精益制造（精益生产，lean manufacturing, learn production）因此得名，并成为当时全世界制造业学习的典范。随着时间的推移，其理念由最初的生产系统的管理方法，逐步延伸到企业的各项管理业务，并形成比较完整的精益管理体系。应用领域包括精益服务、精益营销、精益软件开发、精益创新、精益产品管理、精益项目管理、精益建筑、精益品牌管理，精益创业，以及最近的精益社会创业等。丰田的精益制造和后来逐渐完善的精益管理包括十多条原则和方法，其中和精益创业有关的理念和方法包括以下几种（Womack et al.，1990；Naylor et al.，1999；Abdulmalek and Rajgopal，2007）。

1. 关于创造价值和减少浪费的理念

精益制造理念认为除非为客户创造了价值，否则任何投入和运作都是浪费资源。其节约程度令人震撼，完全颠覆了传统制造理念。例如，一个工件从 A 点搬运到 B 点，如果没有创造价值就是浪费。所以，生产过程必须尽量缩短。研究结果表明，和欧美相比，丰田用一半的时间生产出双倍的产品，因而效率是欧美汽车行业的四倍。精益制造认为客户的需求和价值第一重要，因此在满足客户需求的前提下，尽量减少投入，减少浪费，精打细算，使得企业得获经济价值。这一理念在精益创业里面运用得淋漓尽致，包括客户价值、价值假设、缩短产品研发周期等，这对新创企业尤为重要。

2. 关于质量和不断改进的理念

精益制造特别重视质量的不断改进（continuous improvement, CI）。精益制造认为次品不仅没有价值，还浪费了资源，因此必须杜绝，这就是零容忍、零次品的理念。精益制造的流水线上的实时质量控制检查点可以尽早发现组装过程中的错误并及时改进，以确保出错时间减少到最短，次品数量最少，浪费最低。精益制造不仅在制造过程而且在企业的方方面面实施不断改进的理念，这就是全面质量管理（total quality management, TQM），包括产品的设计和开发。精益制造在质量改进方面的一个主要工具是知名的 PDCA 循环。PDCA 循环的含义是将质量管理分为四个阶段，即计划（plan）、执行（do）、检查（check）和调整（action）。这一不断改进和循环的理念在精益创业的迭代模型和目标调整里面都有很明显的体现。但是，质量管理的概念在精益创业里面没有得到应有的重视，这是日后有待改进的。很多新创企业死在产品质量上。中国流行一句话叫“不创新则死，创新则死得更快”，其中一个原因就是虽然产品很有创意，但是开发成本很高，产品质量很差。

3. 关于需求拉动和及时生产的理念

精益管理系统的另一个重点是与客户保持紧密联系，准确及时地了解客户的需求，并根据需求信息逆推来安排生产，这样就可以减少整个装配线上的库存，并提高生产率，这就是著名的“准时制”（just in time, JIT）理念。这种需求拉动的理念在精益创业里面也有应用。不过我们必须知道，需求拉动只是创业启动的一种方式，还有技术推动、资源推动等方式。

4. 关于并行工程和迭代的理念

丰田的产品开发时间是欧美同行的1/2～2/3，这主要是利用了并行工程（concurrent engineering，CE）的理念和方法。并行工程是一种新的产品开发的方法。并行工程取代了传统的产品顺序设计流程，把在产品开发过程中的设计工程、制造工程和其他功能整合在一起，并在一定程度上同时进行，以减少将新产品推向市场所需的时间。在并行工程中，产品开发从用户需求开始，并逐步迭代或集成，这就是精益创业里面迭代思想的来源。虽然并行工程并不是丰田精益制造独有的方法，波音等公司很早就在用并行工程的概念和方法，但是丰田的产品研发完全符合并行工程，而且有很多具体的方法和工具，比如质量功能展开（quality function deployment, QFD)、实验设计（design of experiment, DOE)、价值分析（value analysis)、价值工程（value engineering）等方法。精益创业借鉴了并行和迭代的理念，尤其是从客户出发和产品迭代的融合，但是精益创业主要集中在产品开发和客户开发的并行，很少涉及产品制造工艺和业务流程的内容，另外精益创业的迭代和并行的具体方法和工具还是相对欠缺的。目前创业教育中的商业模式画布最缺乏的就是业务流程，缺乏物流、人流和信息流的具体描述。核心伙伴、核心资源、核心技术和核心活动都是在业务流程上具体体现的，这是精益创业可以提高和改进的一个地方。

5. 关于团队合作和学习的理念

团队工作法（team work）要求每位员工在工作中不仅要执行上级的命令，更重要的是积极地参与，起到决策与辅助决策的作用。团队成员强调一专多能，要求能够熟悉团队内其他工作人员的工作，保证工作协调地顺利进行。团队人员工作业绩的评定受团队内部评价的影响（这与日本独特的人事制度关系较大）。团队工作的基本氛围是信任，以一种长期的监督控制为主，从而避免对每一步工作的稽核，提高了工作效率。团队的组织是变动的，针对不同的事物建立不同的团队，同一个人可能属于不同的团队。

精益制造的基础是跨部门的团队合作。授权、人性化、激励、学习氛围等文化要素是保证团队合作的基础。值得一提的是，改革开放后，中国质量管理学者在访问日本和学习日本质量管理的时候了解到，日本的团队有借鉴中国的老中青三结合小组或技术攻关小组方式。这说明团队合作在中国文化环境是可行的。创业离不开团队，精益创业是为创业团队设计的武器系统，而不是个人单打独斗的单兵武器。创业开始阶段松散的团队能否密切合作，才是保障精益创业的关键。

精益管理要求企业的各项活动都必须运用“精益思维”。精益思维的核心就是投入最少资源，不断改进，最终创造出尽可能多的价值，为顾客提供新产品和及时的服务，这是管理学，经济学和任何运作模式的基本理念。无论是社会企业还是商业企业，抑或是政府部门、教育部门都适用，无论创建企业，还是运营企业都适用。

本章小结

精益社会创业就是用精益创业的原理和方法来解决社会问题。精益创业是一套系统实用的工具包和方法论，但是在社会创业领域的应用还很缓慢，没有成熟的模式。精益社会创业的PISO模型把精益创业的方法、设计思考的理念和社会创业的独特要素系统地整合起来用以指导社会创业实践。PISO模型的核心要素包括问题（problem）、想法（idea）、服务（service）和组织（organization）。PISO模型主要集中在创业准备阶段。商业模式和执行阶段参见其他章节。

精益社会创业的第一步是社会调查和发现社会问题，问题驱动是精益社会创业的一个特点。社会创业和商业创业的一个主要区别是解决了“谁”的问题，而不是解决了“什么”的问题。商业创业关注的是客户的问题和股东的利益，而社会创业关注的是受益人的问题和社会利益相关者的利益，既有社会利益也有经济利益。

精益社会创业需要社会创新，其想法和解决方案需要创造思维、发散思维，需要天马行空，需要新的想法。创新想法不都是灵感一闪，还有经验的积累、过程、系统、方法和工具。解决社会问题的想法才有社会价值。

精益创业循环迭代的核心是提出假设和设计相应的最简可行产品（或服务）。社会创业中服务更重要，即便有实物产品，最后也会落实到一项服务。最简可行产品不仅仅是为了减少成本，更是为了尽快进入实验阶段，了解潜在用户或受益人的反馈和需求，缩短产品开发时间。最终的产品不一定是最简可行产品，也可能是一个很复杂的产品和服务。对于社会企业，除了经济价值，社会价值更重要，尤其在问题发现的环节和社会调查的环节更需要关注。另外，对于社会企业，不是所有想法都值得测试，不是所有的假设都需要实地实验，如果能够在调研阶段以访问的方式验证一个假设，就没有必要实地实验。任何实验都是有成本的。

社会创业的受益人可能是客户，也可能不是客户，因此社会创业会有不同的组织形式。社会创业的产品和服务往往和组织形式相匹配。产品—组织组合图（POM）可以帮助创业者设计产品并选择相应的组织形式。输血型社会组织更适合开始时期的精益实验，内外合作造血型组织是可持续发展的形式和社会企业的最终目标和理想形式。

创业难，守业更难。精益创业不仅仅适用于社会创业的准备阶段，它的真正作用在于守业阶段。理解精益创业的精髓和原理是成功应用精益创业的根本。精益社会创业落地、可执行，强调实用性，虽然相应的研究还很少，也有很多局限和需要改进的地方，但是它有潜力成为一个新的教学和研究领域。精益管理、全面质量管理等来自企业一线的实用方法都经历了同样的发展路径。

复习思考题

1. 精益社会创业的PISO模型哪部分借鉴了设计思考的方法？
2. 社会创业往往是社会问题驱动的，既然已经有社会问题和对象，还需要客户开发吗？
3. 怎样评估客户意见反馈和产品测试的成本？
4. 最简可行产品模型和原型有什么区别？
5. 设计最简可行产品的目的是什么？
6. 价值假设和最简可行产品哪个在先？
7. 价值假设一定要现场测试吗？
8. 举例说明组织形式对产品设计的影响。
9. 精益社会创业需要考虑哪些中国文化和社会因素？

讨论案例

新生精神康复会

在经济发达的地区，人的精神健康未必得到提升，甚至恶化并造成重大社会问题。例如，根据2015年一份有关香港人精神健康的调查报告，平均每七个人之中就有一个人患有精神方面某种程度的疾病。香港新生精神康复会（原称“新生互助会”）

由一群离院精神病康复者于1959年创办，并于1961年正式注册。新生互助会于1965年改组，易名为“新生精神康复会”。1968年，新生会根据香港《公司条例》注册为有限公司。1969年成为世界心理卫生联盟的联会及香港社会服务联会的会员，其后于1970年成为香港公益金会员。多年来，新生会的服务不断发展，康复的目标也由简单的照顾服务，演变为重视个人优势、自我管理、充权、互相支持、维护人权。创新、创意、共融和专业一直是新生会坚守的工作态度。新生会初期旨在帮助精神病患者在心理方面得到康复，然后结合心理和生理健康，实践从精神康复到整个身心灵健康的理念，最终成为全面推广全民精神健康的平台。该平台是一个具有吸引顾客的独特卖点的平台，并最终成长为一个自负盈亏的社会企业。

新生会社会企业的成长与沈琳娜（Salina Shen）的传奇经历和阴错阳差分不开。沈琳娜于1980年被香港大学社工系录取，她原本计划攻读临床心理学专业，就在报名截至当天的最后一分钟，她取回了申请表，改为社工专业，希望服务社会上更多有需要的人。在她毕业的那一年，香港发生了一件令人震惊的幼稚园血案。一位精神病患者拒绝服药，与家人争执后乱刀斩杀了自己的母亲、妹妹和幼童，然后跑到幼儿园，造成6死44伤的特大惨剧。沈琳娜大学是学习社工专业的，原本申请进入政府的社工福利署工作，但是由于惨剧的发生，同界的社工系同学全都要求到精神病服务诊所或机构工作。她不太情愿地来到新生会，开始了她的第一份工作。

她印象最深刻的是家访一位患重度抑郁症的母亲。她发现这位母亲和三个孩子住在一间像棺材一样狭窄的出租屋里，家徒四壁，桌面上的食品盒子已经生了铁锈，小朋友拿死去的昆虫当玩具。原来这家的父亲是一个赌徒，连妻子的身份证也拿去典当，母亲无法承受家庭的压力患上了精神病。

每天接触形形色色的精神病患者，让沈琳娜心情非常压抑，她开始抗拒和不愿意承受这种工作，并一度想放弃在精神病领域工作。就在她提交辞职之际，她的上司患了癌症住院，上司在病床上语重心长地对沈琳娜说：“给你自己一个机会来认识你自己，也许精神康复者会改变你！”沈琳娜勉强留了下来，慢慢地她了解到精神病患者的康复与整个社会的安定和谐息息相关，因此坚持了下来。这一坚持就是30多年！

2009年，沈琳娜接任新生会行政总裁一职。除了专业服务之外，她带领大家走上了社会创业的商业发展道路。2010年，新生会重新检视了机构的愿景和使命，把企业的目标从原来的精神健康扩展到公众的全面健康，满足香港人对健康的渴求。沈琳娜策划了一系列社会企业以便支持公司的使命。首先以身心健康的产品为主。与当地的设计师合作，帮助下属社会企业理解机构的使命，改革品牌和形象，并开始注重全面健康的元素，主打有机健康产品，选用含有丰富维生素B、维生素D和欧米伽3等可以稳定情绪的食材，更坚固了原有的客户群体。新生会社会企业的产品不少都打入了主流市场，甚至获得五星级酒店的采购，并在高级连锁超市出售。其中有品牌的有机豆浆，价格比一般豆浆稍贵，但由于健康的卖点，以及特殊设计的耐高温瓶子不会释放有害物质，因此建立了品牌知名度并成功打入了中高端市场。

主打产品具有竞争力之后，新生会近年来集中发展零售及餐饮业务，凭借服务素质和特殊的商业模式不断取得成功。首先，新生会主要雇用精神病康复者，既解决了他们的就业问题，增加了企业的凝聚力和文化认同，也巩固了社会企业的根本形象和宗旨。在运营方面，新生会的零售及餐饮业务采用垂直整合策略，运用自设农场及工厂的优势，控制原材料成本之外，确保了食物的质量。目前，新生会已经成为一个自负盈亏的社会企业。新生会已经在零售服务、餐饮服务、直销服务、生态旅游、清洁管理和物业管理六个领域拥有15家企业。这些商业企业的收入足以支付它的主要核心服务。新生会目前提供八大类的社会核心服务，包括：临时住宿服务、职业康复服务、社区支持服务、家庭困难服务、自闭症服务、临床心理服务和经验分享服务。这八类服务在香港有上百个服务中心和办事

处。此外，新生会还开办有两家培训学院。

沈琳娜和创业团队也会定期评估每个生意是否有社会价值和商业价值，如果两种表现均欠佳，就会忍痛结束这个项目。香港的社会企业和其他中小企业一样，经营困难很多，往往是抵不过租金的增长，所以只能不断创新寻找更有商机的经营模式。

社工人士创办社会企业，一向被质疑缺乏商业知识。沈琳娜的秘诀是和当地企业合作，帮助企业了解精神问题对企业和员工的伤害，以及精神康复的方法，举办工作坊、培训班，请康复者现身说法，效果明显，因此企业乐意参与。洲际酒店、KO连锁店等知名企业都积极参与，并在人力、财力和技术等方面支持新生会的工作。结果，新生会的创业团队一半来自商界，还有财务、零售、企业管理甚至科技等跨界的顾问团队出谋划策。新生会帮助企业了解和预防员工精神问题，提升的知名度，并借助企业的力量发展自己的社会企业。新生会已经和几十家企业建立了伙伴关系。2017年，新生会成功提名48家合作企业及机构获得“商界展关怀”或“同心展关怀”公益企业标志。社会企业和商业企业合作促进了社会企业发展，同时带动了更多的商业企业关注社会，可谓是社会创业和商业创业双赢的典范。

资料来源：根据谢家驹和蔡美碧（2017）以及香港新生会公司网页整理编写，https://www.nlpra.org.hk/default.aspx。

讨论题：

用PISO模型简要介绍新生会的发展历程：

1. 新生会主要解决什么社会问题？
2. 新生会强调创意和创新，它的创新点是什么？
3. 新生会早期的最简可行产品是什么？
4. 新生会早期的最简可行组织是什么？
5. 用POM图分析新生会的产品和组织形式发生了哪些变化？
6. 新生会与商业企业的合作属于哪一类社会创业组织类型？对其他社会创业有什么借鉴意义？

文献研读

Design Thinking vs. Lean Startup: A Comparison of Two User-driven Innovation Strategies

【文献摘要】Article Summary: This article analyzes two different strategies that both aim at creating innovative design or business concepts based on a user-centered approach: design thinking and lean startup. Both approaches involve customers, potential users, or other stakeholders into their development process. Although there are significant differences in both strategies, there are also several similarities in methodology and process design. This article compares process models for lean startup and design thinking and highlights the specific differences and similarities, based on a structured literature review. As a result specific modifications of both strategies are suggested. This article contributes to a better understanding of both—design thinking and lean startup, and it may help to improve either of the two strategies to foster innovative concepts.

【文献评述】本章分析了两种创新创业的不同策略：设计思维和精益创业。这两种方法既有显著差异，又在方法论和流程设计方面有相似之处。这篇文章通过结构化的文献综述比较了精益创业和设计思维的流程模型，并突出了两者的具体差异和相似之处。最后提出了两种策略的具体修改建议。本章有助于更好地理解设计思维和精益创业，也有助于改善两种方法并提升创新概念，尤其两种方法的融合。

精益创业和设计思考两种方法都是以用户为中心，都遵循不断测试和循环迭代的开发过程，两种方法都是企业界开发总结的实用落地的方法。但是，两种方法也

有一些明显的差异，尤其是起点、终点和目的各有不同。设计思维和精益创业的根本差异在于其目的。根据创业的起源，创新创业和产品开发可以分为两大类，即市场拉动（market-pull）和技术推动（technology-push）。设计思维属于市场拉动型的方法，而精益创业早期的例子大部分是技术推动型的方法，尤其是网络技术和IT技术推动。设计思考的特点是问题驱动，更适合社会创业。市场导向的创业一般准备过程无外乎包括PIPE四个部分，即发现问题（problem）、提出解决想法（idea）、开发产品（product）和制订创业计划（enterprise plan）(孙洪义，2016)。设计思考的强项在前三个部分：发现问题、产生新想法和设计开发产品。设计思考有很多具体的工具和方法。但是，设计思考是解决问题和创新的通用性方法，严格地讲，设计思考不是创业的专门方法，里面没有创业计划、商业模式和创业团队等内容。精益创业的特长是后面的最简可行产品设计、快速测试，以及商业模式、创业的规模化和创业团队等。精益创业的特点是技术驱动，对社会创业来说其主要缺陷是问题发现和想法产生部分不足，这就是为什么精益创业在社会创业领域应用缓慢的原因，因为社会创业是经典的市场拉动或者问题拉动型。简言之，设计思考的起点是实际问题，终点是解决方案，所以一直是企业咨询的重要方法；精益创业的起点是比较成熟的有一定技术含量的商业想法，终点是商业企业和规模发展，是典型的创业工具。设计思维希望通过解决方案的设计创造性地解决特定人群的问题，关键词是“人”“问题”“解决方案”；精益创业关注的是如何把一个比较成熟的想法变成一门生意，关键词是“商业构想”“市场”“顾客”(张凌燕，2015)。

这篇文章的重要贡献是提醒我们这两种方法的异同以及可以合并的可能性和必要性。不过文章只停留在讨论阶段，没有讨论其合并模式的具体应用。精益创业和设计思考的结合是社会创业的未来发展趋势，在企业界已经有很多讨论，但毕竟是两个不同的流派，有不同的起源、不同的目的，所以目前还没有成型的模式，学术文献也很少。本章介绍的精益社会创业PISO模式和产品—组织组合图（POM），就是精益创业和设计思考相结合在社会创业领域应用的一个初步尝试。

【文献出处】Müller R M, Thoring, K. Design thinking vs. lean startup: A comparison of two user-driven innovation strategies[J]. in the proceedings of the 12th Design Management and Research Conference, Aug 8-9 2012, Boston, MA, USA.p.151-165.

本章作者

孙洪义，博士，香港城市大学系统工程及工程管理系终身副教授、博士生导师。教学和研究方向包括技术创新管理、供应链管理和制造战略、质量管理和创新创业教育等。担任*TECHNOVATION*编委和特刊编辑,《学习与变革国际期刊》和《质量和可靠性管理国际期刊》编委（2000～2016年)，在国际期刊发表论文70多篇。主编《创新创业基础》教材，研究专辑一本，开发创新创业基础慕课课程一套，在英国Future-learn、好大学在线、学堂在线平台播出。

孙洪义博士多年来致力于创新创业教育的研究和教学，他综合中国内地、欧洲和中国香港的教学经验和研究经历，开发出具有独立知识产权的3333®创新创业教育课程大纲和PIPE®教学方法。在香港城市大学为本科生开设“创新创业基础”“项目管理”课程，为研究生开设“技术创新创业”等课程。由于他在创新创业教育的研究和实践等方面的突出贡献，曾两度获得香港城市大学杰出教学奖。他开发的创新和创业教育课程模式曾荣获中国高等教育学会创新创业教育分会2010年度征文一等奖，Emerald创业教育2010年创业教育国际会议最佳实践和政策论文奖，2013年中国高等教育学会创新创业教育研究一等奖，2015年香港城市大学实践发展奖，2018年IEOM全球工程教育奖等奖项。

参考文献

[1] Abdulmalek F A, Rajgopal J. Analyzing the benefits of lean manufacturing and value stream mapping via simulation: A process sector case study[J]. International Journal of Production Economics, 2007, 107（1）: 223-236.

[2] Banks K. Social entrepreneurship and innovation: international cases studies and practice[M]. KogangPage, London, 2016.

[3] Blank S. Why the lean start-up changes everything[J]. Harvard business review, 2013, 91（5）: 63-72.

[4] Couger J D. Creative problem solving and opportunity finding[M]. Boyd & fraser publishing company, 1995.

[5] Douglas H, Grant S. Social Entrepreneurship and Enterprise[M]. Prahran, Victoria: Tilde Publishing and Distribution, 2014.

[6] Etzkowitz H, Leydesdorff L. The dynamics of innovation: from National Systems and " Mode 2" to a Triple Helix of university–industry–government relations[J]. Research policy, 2000, 29（2）: 109-123.

[7] Fan, Robbin. Lean Startup discussion, https://www.slideshare.net/robbinfan/ss-29058448, 2012.

[8] FresM, Bausch A, Schmidt P, Rauch A, Kabst R. Evidence-based entrepreneurship: Cumulative science, action principles, and bridging the gap between science and practice[J]. Foundations and Trends® in Entrepreneurship, 2012, 8（1）: 1-62.

[9] Hall J K, Daneke G A, Lenox M J. Sustainable development and entrepreneurship: Past contributions and future directions[J]. Journal of Business Venturing, 2010, 25（5）: 439-448.

[10] Hines P, Holweg M, Rich N. Learning to evolve: a review of contemporary lean thinking[J]. International journal of operations & production management, 2004, 24（10）: 994-1011.

[11] Maurya A. Running lean: iterate from plan A to a plan that works[M]. O'Reilly Media, Inc, 2012.

[12] McGrath R G, MacMillan I C. Discovery driven planning[J]. Harvard Business Review, 1995, 73（4）: 44–54.

[13] Müller R M, Thoring K. Design thinking vs. lean startup: A comparison of two user-driven innovation strategies[R]. In the proceedings of the 12th Design management and research conference, Aug 8-9 2012, Boston, MA, USA.p.151-165.

[14] Murray P, Ma S. The Promise of Lean Experimentation. Stanford Social Innovations Review[R].2015, Summer, 34-39.

[15] Naylor J B, Naim M M, Berry D. Leagility: Integrating the lean and agile manufacturing paradigms in the total supply chain[R]. International Journal of production economics, 1999, 62（1-2）, 107-118.

[16] Osterwalder A, Pigneur Y. Business model generation: a handbook for visionaries, game changers, and challengers[M]. John Wiley & Sons, 2010.

[17] Paramasivan C.（Ed.）. Social Entrepreneurship[M]. New Century Publications, 2016.

[18] Penenberg, Adam L. " Eric Ries is a Lean Startup machine " . Fast Company. Retrieved 4 June 2015. https://www.wired.com/2011/08/st-qareis/.

[19] Praszkier R, Nowak A. Social entrepreneurship: Theory and practice[M]. Cambridge University Press, 2011.

[20] Ries E. The lean startup: How today's entrepreneurs use continuous innovation to create radically successful businesses[M]. Crown Books, 2011.

[21] United Nations. Transforming our world: The 2030 agenda for sustainable development[R].

Resolution adopted by the General Assembly, 2015.

[22] Wallis, Graham. The Art of Thought[M]. NY: Harcourt, Brace, 1926.

[23] Womack J P, Jones D T, Ross D. The Machine that changes the world[M]. Rawson. New York. Elsinore, Denmark, 1990.

[24] Zahra S A, Gedajlovic E, Neubaum D O, Shulman J M. A typology of social entrepreneurs: Motives, search processes and ethical challenges[J]. Journal of business venturing, 2009, 24（5）: 519-532.

[25] 官有垣，陈锦棠，王仕图 . 社会企业：台湾与香港的比较 [R]. 台北：巨流图书股份有限公司，2012.

[26] 孙洪义 . 创新创业基础 [R]. 北京：机械工业出版社，2016.

[27] 谢家驹，蔡美碧 . 社创群英 [R]. 香港：云起文化出版公司，2017.

[28] 张凌燕 . 设计思维：右脑时代必备的创新思考力 [R]. 北京：人民邮电出版社，2015.

[29] 张瑞霖 . 黑暗中对话：经营社会企业的体悟 [R]. 香港：商务印书馆（香港）有限公司，2011.

第 14 章　公司社会创业

学习目标

☑ 理解公司社会创业的概念
☑ 了解公司社会创业的作用
☑ 理解公司社会创业的前因
☑ 掌握公司社会创业的测量

本章纲要

☑ 公司社会创业的定义
☑ 公司社会创业与企业社会责任
☑ 公司社会创业的特征与维度
☑ 公司社会创业的价值与意义
☑ 公司社会创业的测量量表

开篇案例

新城环保[⊖]

长兴新城环保有限公司（以下简称“新城环保”）成立于2000年，位于浙江省湖州市太湖西南岸的长兴县夹浦轻纺工业园区，早期是一家从事垃圾综合处理及开发利用的民营企业。2007年年初，面对各地日益增多的城市生活垃圾带来的环境污染，湖州市环保局出台相关政策，鼓励有能力、有条件的企业或个人积极参与投资全市生活垃圾处理项目，相关部门也承诺对竞标成功的企业给予政策支持和财政补贴。在了解政府的需求以及相关政策后，新城环保果断参与竞标，并在激烈竞争中脱颖而出，上马了新型垃圾焚烧项目。

新项目于2008年5月正式投产，总投资1.7亿元。新城环保投入2 000多万元与浙江大学等院校和科研机构进行技术开发合作，改进处理方式，显著提高了垃圾处理的效率和质量。经过综合化的处理之后，企业排放的气体已经远超国家气体排放标准要求，

⊖ 本案例改编自王晶晶，郭新东．企业社会创业动机的探索性研究——基于三家企业的案例分析[J]. 管理案例研究与评论，2015(4)：340-351.

甚至已经达到欧盟要求。公司对环保数据进行了实时的监测，即时发给政府及县环保局，并在公司门口的数据屏幕上滚动显示，接受媒体和公众的监督。

自该项目运作以来，新城环保的垃圾处理效率和供热能力逐年提高。现年处理生活垃圾14万多吨，发电2 700多万度，供热节约煤炭16万多吨。新城环保通过这一项目全面承担起长兴县全县生活垃圾焚烧处理及夹浦区集中供热任务，为实现生活垃圾无害化处理和完成阶段性节能减排目标做出了重要贡献。目前，新城环保的城市生活垃圾综合处理项目已跻身国内同行业前茅，成为国内该领域的一个示范项目，创造了极大的社会效益，同时也创造了一定的经济效益。

上述案例表明，在位企业内部的创业活动也是有效解决社会问题的重要手段。在本章中，我们将在位企业通过内部创业创造社会价值的现象称为“公司社会创业”。

随着企业对自身与社会关系理解的深入，践行企业社会责任逐步成为一种潮流。然而，随着我国改革开放进入深水期，深层次的矛盾和社会问题接踵而至。为了从根本上缓解甚至消除社会问题，以慈善捐赠等为代表的传统企业社会责任模式亟须“转型升级”。2011年，迈克尔·波特和克雷默提出“共享价值”的概念，强调企业有必要将社会问题作为机会，通过开发针对性的产品与服务，实现企业与社会的双赢。无独有偶，创业领域涌现出“社会创业”理念，强调“创造社会价值为主、经济价值为辅”的社会企业对于经济社会发展的特殊意义。在此背景下，不少企业特别是跨国公司开启了社会创业的新旅程。例如，法国达能集团为解决孟加拉国贫困儿童的营养不良症，推出了“格雷米达能”项目，在当地建立一所酸奶工厂，开发并生产一种廉价（售价7美分）但营养得到强化的酸奶，所有利润用于满足企业持续运营的需要。

类似现象也在我国出现。例如，2014年，我国万达集团在国内首创“企业包县、整体脱贫”的新模式，对口帮扶贵州省丹寨县。其切入点是，万达选择丹寨两个优势产业——硒锌茶叶种植和土猪养殖——进行投资，开发建设年加工1万吨茶青的茶叶加工厂、年出栏30万头土猪养殖场、年屠宰加工30万头的土猪屠宰加工厂以及年加工饲料20万吨的饲料加工厂。丹寨贫困人口自动获得上述产业的股权。万达招募当地居民从事生产，并协助企业通过万达商业系统在全国范围内完成产品销售，所获利润留给企业扩大再生产或分发给当地贫困人口。不仅如此，为提高劳动力素质，万达将建造一所规模为3 000人的万达职业技术学院，加强职业培训。此外，万达每年从丹寨招聘约1万名农民工到万达战略合作伙伴旗下施工企业务工……可以看出，万达丹寨扶贫是一个综合产业投资、教育培训、就业促进等手段的新型扶贫项目。这是一个有别于以往“输血式扶贫”的“造血式扶贫”项目，是一个给当地居民植入“致富基因”的工程。这一项目的出现，不仅表明万达在承担企业社会责任方面踏入更高境界，也表明近年来国外学术界热议的“公司社会创业”现象在我国的兴起。

“既不是简单捐款，也不只是投资建厂”，万达董事长王健林也意识到，他们正在从事一项开创性的事业。万达丹寨扶贫项目是企业承担社会责任的新型模式。传统的企业社会责任，主要目标是满足与企业直接相关的利益相关者的诉求，而“公司社会创业”是大型企业内部孵化社会企业或社会项目的行为，其主要目标在于惠及企业当前关键利益相关者之外的群体（戴维奇，2016）。从全球范围看，很多以盈利为目的的在位企业开始着手建立一些以解决社会问题为已任的“社会企业”（戴维奇，2016），从而使得“公司社会创业”个案不断涌现。

14.1　公司社会创业的内涵

作为横跨创业与企业社会责任两大领域的构念，“公司社会创业”是指在位企业特别是大企业通过商业化或市场化手段创造社会价值、解决社会问题、培育和孵化社会企业或社会项目的创业活动（Ghauri et al.，2016）。作为创业的一种具体类型，公司社会创业可被视为“公司创业”和“社会创业”的结合体。作为一种创新型的企业社会责任模式，公司社会创业与传统的企业社会责任在研究领域归属、行为的表现和结果、行为特征、主动性以及主体和客体五个方面存在差异。

14.1.1　“公司社会创业”是创业的一种具体类型

为理解创业的本质，以下三点值得强调。第一，创业的本质是机会的识别和利用。“创办新企业”只是创业的一种形式，或者说是狭义的创业概念。创业的关键词是“机会”，只要人们识别了机会，利用了机会，并且创造了价值，那么不论其是否创办新企业，都是在创业（Shane and Venkataraman，2000）。第二，创业的主体既可以是个体，也可以是包括在位企业在内的组织。创新经济学鼻祖熊彼特曾预测，组织凭借资源优势将有可能替代个体而成为创业的主力军。第三，创业目的有“商业性”和“社会性”之分。“商业创业”以获取商业价值 / 经济价值为主，兼顾社会价值创造；“社会创业”以创造社会价值为主，兼顾商业价值（Austin et al.，2006）。

如图 14-1 所示，如以创业主体和创业目的两个维度为基础，对创业进行细分，则可得到一个四分法。个体层次创业体现在第一、二象限，前者主要追求社会价值，即一般意义上的社会创业，其主体是“社会创业者”；后者主要追求商业价值，即一般意义上的个体创业。组织层次创业体现在第三、四象限，前者是以创造商业价值为主要目的的“公司创业”（魏江等，2009），而后者就是以创造社会价值为主要目的的“公司社会创业”。

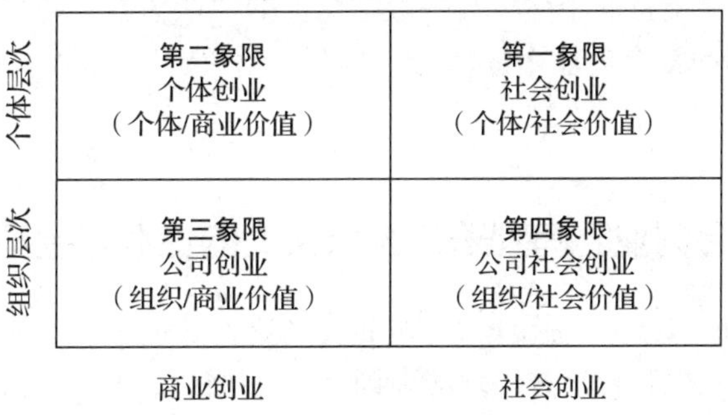

	商业创业	社会创业
个体层次	第二象限 个体创业 （个体/商业价值）	第一象限 社会创业 （个体/社会价值）
组织层次	第三象限 公司创业 （组织/商业价值）	第四象限 公司社会创业 （组织/社会价值）

图 14-1　基于主体层次和目的两个维度形成的创业分类

从创业研究的总体来看，个体创业、社会创业和公司创业都已有超过 20 年的历史，相对较为成熟。换言之，已有研究重点关注的是第一、二、三象限内的创业活动。迄今，学界对第四象限内的创业活动——“公司社会创业”——的研究才刚刚开始（戴维奇，2016）。

表 14-1 展示了以往研究对“公司社会创业”或“公司社会创业者”的界定，可以看

出，这些界定基本上具有一致的内涵。其中，Bode 和 Santos（2013）的定义具有代表性，他们指出“公司社会创业”由三个独立词汇构成，因而其内涵可逐词分开解释：“公司”刻画了这一举措发生的实际情境——正式的营利组织特别是大型企业；“社会”一词表示这一举措的宗旨具有社会意义，是为了给企业现有利益相关者之外的群体创造价值；“创业”一词表示企业以创新的、商业化的解决方案解决特定群体的社会问题或满足其需要，其最终可引致社会企业 / 社会项目的形成。

表 14-1 “公司社会创业”或公司社会创业者的内涵

学者 / 年份	内涵界定
Austin 和 Reficco（2009）	公司社会创业是一个旨在推动企业实践更高级、更有力的社会责任的过程
Bode 和 Santos（2013）	公司社会创业是指大企业孵化社会企业的举措，这些社会企业旨在为企业现有利益相关者之外的群体创造价值
Wikipedia（2013）	公司社会创业是企业内部员工依托企业的资源和条件，以“社会创业者”的姿态行事，识别社会创业机会，并倡导和开展有益于社会的活动
Hemingway（2005）	公司社会创业者，就是企业或组织内部受到社会价值驱使，以社会创业者姿态行事的人
Zaefarian 等人（2015）	企业从事的以创造社会价值为目的的创业活动

与公司创业相较，“公司社会创业”具有更为明显的“利他性”或“社会性”。公司创业的核心目的在于通过新产品、新业务或新市场的开发，实现创新和战略更新，突破企业发展瓶颈，实现绩效的提升和成长（魏江等，2009），因而，其落脚点是企业自身经济价值的创造；“公司社会创业”侧重于解决社会问题和创造社会价值（Bode and Santos，2013）。因此，两者关注的焦点是不同的。

与社会创业相较，“公司社会创业”的主体是不同的（Zahra et al.，2009）。一般意义上的社会创业，是指以社会创业者（个体）为行动主体，以满足社会需要、推动社会变革为根本归宿的创新与资源整合过程（Mair and Martí，2006）。“公司社会创业”是由在位企业完成的。尽管归根结底“公司社会创业”也是由个体来完成，但此时的个体是身处企业内部、得到组织资源支持的个体，与一般意义上的“社会创业者”存在差异。已有研究将这些处于企业内部的社会创业个体称为“社会内创业者”，从而与一般意义上的社会创业者相区别。

14.1.2 “公司社会创业”有别于传统意义上的企业社会责任

Austin 和 Reficco（2009）提出，“公司社会创业”是企业以一种更为高级和有力的形式去承担企业社会责任的过程。这一理解强调了“公司社会创业”与企业社会责任的联系，但也从一定程度上折射出“公司社会创业”与传统意义上的企业社会责任存在差异。

（1）从研究领域的归属来看，企业社会责任是管理伦理领域探讨的重要概念，强调企业要在顾及股东利益的同时，满足其他更为广泛的利益相关者的利益。“公司社会创业”是创业和战略管理领域讨论的概念，强调企业将社会问题视为创业机会并用商业化的方式加以解决。

（2）从行为的表现和结果来看，“公司社会创业”的主要表现是为社会问题提供商业化的解决方案，结果是形成了具有自主“造血”机制和可持续运转的社会企业或社会项目。承担企业社会责任则表现为履行经济、法律、伦理和慈善责任，结果是贡献一次性的或周期性的社会价值。

（3）从行为特征上看，承担企业社会责任就是“做好事”，是在获得商业利润之后将其中一部分返还给社会，它不涉及市场机会的识别和利用，因而与“创业”并无重叠之处。“公司社会创业”是将企业的资源用于社会创业机会的识别和社会价值的创造，是创业行为的典型表现。行为特征上的差异也引致了不同的风险：承担企业社会责任仅仅是减少了企业的利润，因此并无多少风险可言；“公司社会创业”改变了企业资源的投向，对企业其他业务或多或少存在影响，因而风险相对较大。

（4）“公司社会创业”是企业对于社会创业机会的一种积极的搜寻和利用，全然出于“自愿”，因此具有主动性。四种企业社会责任当中，经济责任、法律责任和伦理责任都是外部强制规定的，企业是被动执行；仅有慈善责任是企业“纯自愿的”，具有主动性。因此，企业承担社会责任既有被动的一面，也有主动的一面。

（5）两者的主体和客体也存在一定的差异。企业社会责任的承担通常由高层发起和执行，其客体主要是与企业直接相关的各种利益相关者。对“公司社会创业”来说，企业内部各级人员都可能成为行动者，且其客体主要是企业现有利益相关者之外的主体（Bode and Santos，2013）。

综上所述，作为一种创新性的企业承担社会责任的方式，“公司社会创业”与传统意义上的企业社会责任不是等同的概念。

14.2　公司社会创业的重要影响

公司社会创业是企业实现社会价值创造和经济价值获取的重要途径，所追求的是社会利益与经济利益的互补共生。公司通过社会创业将诸如贫穷、环境污染等一系列与人类发展相关的社会问题转化为发展机会，使企业在获得发展的同时承担社会责任、解决社会问题。因此，公司社会创业对企业和社会都具有重要的意义。总体而言，对企业来说，公司社会创业有利于其优化社会价值输出方式和顺利进入 BOP 市场；对社会来说，公司社会创业有助于构建多元社会服务体系以及促进地区持续减贫。

14.2.1　优化企业社会价值输出方式

对企业而言，公司社会创业是传统社会责任承担方式的一次“转型升级”，是企业社会价值输出方式的进一步优化。传统的企业理论认为企业的唯一目标应是通过不断满足市场需求获得尽可能多的利润，实现股东利益最大化。在该理论指导下，以往企业往往忽视了其他利益相关者的权益。然而，随着市场环境日渐复杂，越来越多的人慢慢意识到企业与其他社会主体紧密相关，其发展包含着各种社会因素，若不能有效平衡企业与其他利益相关者的关系，企业难以获得持续发展。因而，许多企业开始将社会责任提上企业议事日程，并将其视为企业发展战略规划的重要组成部分。但早期阶段的社会责任履行方式一般较为直接且形式单一，以参与一些慈善活动为主，表现为资助某公益事业、向贫困地区募捐和进行基础设施建设等，这种“输血式扶贫”方式目的性通常比较强，企业真正关注的往往只是社会责任的承担对于企业和品牌形象的影响，进而导致项目所产生的影响在时间和范围上都十分有限。因此，依靠传统企业社会责任承担方式无法发挥企业在社会价值创造上的突出作用，也不能为企业创造持续的经济价值。

依托公司社会创业，企业可以跳出传统社会责任所圈定的范围，转变以往“直给”方式，通过提供可持续的、创新性的社会服务和经济项目，实现企业经济价值获取与社会价值创造之间的平衡。例如，2000 年，山东横店草业畜牧有限公司利用自己龙头企业的优势，发挥当地政府与农民经济组织的作用，联合广大农民，通过订单种草、养牛、收奶，将该地区农户纳入自己的“草—畜—乳”一体化的产业链中，帮助当地农民发家致富（杨小庆，2016）。这使企业在为自身创造经济价值的同时创造了社会价值，解决了社会问题。除此之外，一些企业也通过向贫困地区传授技术和知识，或者向其授权将其纳入自己的生产、销售体系以及提供创业培训等方式，成功地为贫困地区植入了“致富基因”。

14.2.2 促进企业进入与开拓 BOP 市场

对企业来说，公司社会创业也是企业进入和打开 BOP 市场的重要钥匙。BOP（bottom/base of the pyramid）市场即金字塔底层市场，是指位于全球经济金字塔底层的低收入人群。美国学者普拉哈拉德曾在《金字塔底层的财富：为穷人服务的创新性商业模式》一书中指出，若按照每日 2 美元的标准来界定是否为金字塔底层人群，那么目前全球有 80% 的人属于该群体。虽然单从个人来看，其所呈现的经济价值微不足道，但从总体上计算，全球 40 亿的金字塔底层人群所代表的市场潜力却是巨大的，蕴藏着 5 万亿美元的购买力。因而，普拉哈拉德进一步强调蕴含着巨大商机的金字塔底层市场极有可能成为下一轮全球贸易和繁荣的重要引擎（Ghauri et al.，2016），重视和开发 BOP 市场是必要且重要的。尤其是在全球主流市场日益饱和的今天，开发和利用全球金字塔底层市场，对跨国公司未来的发展有着深刻的影响。

然而就目前而言，跨国公司要想进入 BOP 市场并非易事。一方面是因为该市场消费者相较金字塔顶端消费者而言，属于低收入群体，因而跨国公司以往所研发的产品与该市场消费者的需求即 4As 标准（可感知的、可承担的、可接受的、可获取的）不相符（Anderson and Markides，2007；London and Hart，2004）；另一方面是因为该市场发展十分不完善，基础设施建设落后——网络、电话、电视等传播媒体缺乏，市场信息阻塞，同时市场中的消费者广泛缺乏知识和技能，识字率低、文盲率高（Vachani and Smith，2008）。在这种情况下，跨国公司要想进入该市场需要面对许多阻碍和挑战。

公司社会创业为企业进入 BOP 市场创造了条件。随着实践的发展，越来越多的跨国公司认识到可以通过公司社会创业方式顺利进入 BOP 市场。可以说，公司社会创业正逐步成为跨国公司国际化的重要方式。Tasavori 等学者于 2014 年和 2016 年发表在《国际营销评论》(*International Marketing Review*) 杂志上的两篇文章《服务公司通过社会创业和建立网络关系实现国际化》（Ghauri et al.，2014）和《进入印度金字塔底层市场：基于公司社会创业视角》（Tasavori et al.，2016），通过对三大跨国公司进入 BOP 市场的案例分析发现，公司社会创业是跨国公司进入 BOP 市场的重要方式和渠道。具体而言，跨国公司通过实施公司社会创业活动，为当地提供可持续的脱贫方法，从而赢得当地志同道合的非政府组织的帮助。基于跨国公司与非政府组织创造社会价值、消除贫穷的共同目标，跨国公司往往能更大程度地获取非政府组织的资源和支持，如有关当地 BOP 市场的信息、非政府组织与当地建立的联系网络，以及这些非政府组织的人力资本和基础设施等。这不仅促进企业有效地了解 BOP 市场消费者的真实需求，确保产品达到 4As 标准（可感知的、可承担的、可接受的、可获取的），同时也有利于跨国公司快速地在当地获得合法性。例如，2004 年印度洋发生海啸时，保险公司 Co 抓住机会向受灾人民捐款，并利用这一契机，寻求当地非正式组织 Global Support 的帮助。最后通过与 Global Support 的合作，不但顺利地培养了印度 BOP 市场的保险意识，也借助该组织的网络关系实现了微型保险推广的目标。

类似地，2007 年，Alpha 公司为更好地了解并进入印度 BOP 市场，建立了非营利基金会——Alpha 基金会。该基金会的主要目的是为那些难以获取银行贷款的小微金融机构提供技术支持。在共同目标的驱动下，同样服务于该地金融机构的非政府组织 Dutch 与该基金合作，并于 2006 年一起启动了两个技术支持项目。除此之外，Alpha 公司也与 MF 咨询公司建立了合作关系，实现资源互补，一起为当地市场提供小微金融服务。凭借着与印度当地相关非政府组织的密切合作，Alpha 公司最终顺利地进入了印度 BOP 市场。同样地，电信公司也采用了这样的进入方式。电信公司先是在 2009 年与当地非政府组织合作，为该自治组织的妇女提供培训，通过她们在农村地区进行产品销售；接着，与 Access Money（NGO）小微金融机构合作，向 BOP 市场的手机购买者提供贷款；最后，与 Start Biz（NGO）合作，确保产品的可接受性，满足当地消费者的实际需求（Ghauri et al.，2016；Tasavori et al.，2016）。

当然，除了能获得非政府组织支持之外，从长远角度来看，实施公司社会创业也有利于提前在 BOP 市场上树立良好的企业形象和品牌形象，获得更多的潜在客户。总而言之，公司社会创业对于跨国公司顺利进入 BOP 市场并在未来获取回报具有重要的战略意义。

14.2.3 促进多元社会服务体系的形成

公司社会创业客观上对整个社会也产生了积极的影响。随着世界经济的快速发展，环境恶化、资源浪费、贫富差距拉大等社会问题日益突出。近些年来，作为主要负责解决这些社会问题的非营利组织却表现得越来越力不从心。一方面是由于全球经济高速但极度不平衡的发展方式，使得不管是国家之间还是国家内部各地区之间的贫富差距日益拉大。底层人民对于社会公共服务的需求不断增多，大大超出这些非营利机构的承受能力。另一方面则是因为这些非营利机构，如基金会、事业单位等，长期以来是以政府和社会资助为经费来源，但这种资助往往是有限的、不稳定的，尤其是在中国这样的发展中国家。再加之，许多非营利组织，如世界环保组织、中国民间环保组织、壹基金等，通常只聚焦于某一社会领域问题的解决，因而影响有限。以上这些原因都造成了目前非营利机构在解决社会问题上独木难支的局面。

在这种情况下，人们逐渐意识到仅仅依靠这些非营利组织来解决社会问题是不够的，需要调动更多的实体和组织参与到社会问题的解决上来。商业企业作为当前经济活动中最为重要的主体，往往可以利用其特有的成熟商业化、市场化运作模式以及高效资源整合能力等优势，在创造经济价值的同时带来社会价值。例如，百事（中国）投资有限公司在为公司寻找土豆生产基地、保障企业原材料来源过程中，响应中国西部大开发的号召，特意选取了西部地区作为自己的原料生产基地，并与当地研究机构开展技术合作研发和引进土豆种子培育和种植技术。除此之外，百事（中国）投资有限公司还借助先进仪器设备和专业技术对西部沙漠进行改良，这一系列的措施使得我国西部的一些沙漠地带得到了有效开发利用，成为土豆种植的高产良田。不仅如此，该公司还在市场上对土豆种植和培育技术进行推广，不仅使得企业有效地降低了原料成本，满足了市场需求，同时也使当地的薯农获得了经济利益。总言之，这些做法既为企业自身带来了经济效益，也带了生态和社会效益，实现了三者的有机统一（王晶晶和郭新东，2015）。

14.2.4 有效促进地区持续发展

与公司创业相较而言，公司社会创业具有更为明显的“利他性”或“社会性”。公司社会创业不再是仅仅追求企业的经济利益，而是将解决社会问题、创造社会价值放在同样重要的战略位置。

在以往的减贫行动中，社会各界往往是借助慈善、捐款等方式对贫困人群进行援助，但这些通常不能真正地提高低收入群体的素质和改变他们的命运，也无法从根本上消除贫穷。近些年来，公司社会创业的发展使许多人看到了从根本上消除贫困的希望。Tasavori（2015）从公司社会创业的角度指出，跨国公司可以通过增加社会附加值、授权、系统性变革和社会创新在BOP市场上创造社会价值，进而消除贫穷。例如，跨国公司可以通过利用专门知识来开发穷人负担得起的产品/服务，进而使其从产品或服务中受益，或者通过将穷人同步视为消费者和生产者，将其纳入自己的供应链来增强穷人自身的能力，找到为穷人创造价值的有效、可持续的模式，最终为贫困地区从根本上消除贫困提供可能性（Tasavori，2015）。

Tasavori等人（2014）在有关跨国公司社会创业的研究中发现，跨国公司为印度BOP市场提供的可持续的发展方案对于减贫有着重要的影响。例如，Alpha基金会通过民生计划，不仅教育穷人如何理财，而且还联合当地非政府组织Livelihood鼓励穷人创业并予以支持和相关培训，为当地农户脱贫提供了一个重要的渠道（Ghauri et al.，2014）。在中国，越来越多的企业通过实施社会创业达成了扶贫与创造社会价值的目标。例如，中国的宜信公司，该公司本身主要是利用大数据为中国高成长性和富裕阶层提供金融服务的，但在2009年该公司为了解决农村贷款难问题，推出了“宜农贷”信贷服务平台。该平台一方面帮助服务农村的贫困妇女筹措资金以进行创业或生产；另一方面帮助农户认识到资金的时间价值，盘活资金，有效地帮助该地区贫困农户发展致富（袁帅，2015）。

14.3 公司社会创业的形成机制

在社会创业实践中，存在各种因素驱动着企业开展社会创业活动，既有源于外部环境的因素，也有来自组织内部的因素以及企业家的个体特征。类似地，公司社会创业领域的学者通过研究，也识别出了外部环境因素、组织内部因素以及企业家个体价值观三大因素。

14.3.1 外部环境因素

企业所面临的外部环境影响企业的战略行为。外部环境往往给企业带来新的机遇（Zahra，1991），外部环境的变化是驱动公司创业的重要因素。公司社会创业同样受到外部环境因素的影响。在已有研究中已识别出的驱动公司社会创业的外部环境因素包括社会对新产品的需求（王晶晶和郭新东，2015）、政策支持（王晶晶和郭新东，2015）和利益相关者期望等。

（1）社会需求是驱动公司社会创业的一个重要环境因素。新的需求是刺激企业进行创新和创业活动的关键因素。当面临新的需求时，企业往往致力于开发新的产品/服务以满足新需求（王晶晶和郭新东，2015）。同理，有需求才有市场，有市场才会驱动企业进行社会创业。捕捉到社会需求是企业进行社会创业的前提，充分了解社会需求，能够帮助企业将社会创业活动的目标与满足社会需求协调一致，提高公司社会创业活动或项目的效率与效果。例如，中国一家上市公司"蒙草抗旱"，其所在地（内蒙古自治区）常年降水量少、植被严重退化、水土流失严重，从国外进口草皮成本非常高昂（王晶晶和郭新东，2015）。蒙草抗旱抓住所在地区生态环境和城市绿化中的问题与需求，提出了自己的解决方案，为当地生态问题和绿化事业做出了贡献。与此同时，该公司也在环保行业占据了一席之地。

（2）政策支持也是驱动公司社会创业的一个重要环境因素。公司社会创业活动不是"授人以鱼"式的表面善举，而是"授人以渔"、以创新的商业模式解决社会问题的系统的持久的活动。这就意味着，商业企业进入某些服务不足的市场领域需要政策的指引，需要相关配套政策法规的支持，如税收优惠政策和相关财政补贴。一些企业基于政策的指引和市场的需求在环保行业进行社会创业，既得到了当地政府环保部门的相应补贴，又得到了各类环保组织的大力支持。例如，东方惠乐公司通过响应国家积极应对老龄化、大力发展老龄服务事业的号召，大力发展养老事业，并与全国老龄办等部门进行合作建立了"健康养生示范基地"和"全国异地养老华东基地"。

（3）利益相关者的期望是影响公司社会创业的一个重要因素（Kuratko et al.，2017）。利益相关者理论解释了为何现实中一些企业的活动超出了它的商业惯例，以及为何一些组织从事意料之外的社会或环境活动。在社会中的各利益相关者中，管理者必须识别出那些需要关注的关键利益相关群体。企业在进行公司社会创业活动时，关键利益相关者群体包括社会创业活动的受益群体以及关注受益群体利益的相关政府组织与非政府组织。一方面，充分考虑利益相关者的期望，并确保利益相关者的认可和支持，可以为公司社会创业活动带来合法性；另一方面，除了获得合法性，通过将社会责任纳入公司战略，企业可以从主要利益相关者处获得有利的支持，从而带来竞争优势和长远的财务绩效（Kuratko et al.，2017）。例如，一些服务业跨国公司利用公司社会创业进入BOP市场时，充分考虑了金字塔底层人群和当地非政府组织减少贫困的期望，开发出适合BOP市场的产品和流程（Ghauri et al.，2016）。充分挖掘利益相关者的期望使跨国公司在BOP市场中抓住社会机遇，从先发制人的优势中获益，并通过为这个尚未开发的巨大市场提供服务而获得竞争优势。

14.3.2 组织内部因素

除了外部环境，组织因素也可以对公司社会创业的开展起到积极作用（Antoncic and

Hisrich，2004），同时也可能会对公司社会创业的发展起到阻碍作用。组织因素定义了参与社会创业活动的情境（Zahra，1991），主要包括组织条件、组织氛围和企业家个体价值。其中组织条件包括相关资源的可获得性和非政府组织的联盟，组织氛围主要包括组织价值观、组织支持和公开交流（Tasavori，2015；Tasavori et al.，2016）。

（1）时间和财务相关资源的可获得性是驱动公司创业和企业社会责任的关键因素。当组织拥有闲置资源时，更容易从事与企业社会责任相关的活动。由于社会创业具有高资源消耗和低回报率的特征，财务资源的可获得性对公司社会创业来讲是至关重要的，充足的财务资源使高层管理者能够将部分资源分配给公司社会创业活动，并接受长期性投资回报。此外，员工被允许花费一些工作时间来开发新想法也是十分重要的，企业应允许员工分配一定的时间投入到社会创业活动中（Kuratko et al.，2017）。当员工认为没有充足的与时间有关的资源可供使用时，他们往往不愿积极参与到社会创业中。

（2）与非政府组织联盟是有利于公司社会创业的一个组织因素。一方面，由于非政府组织比较了解社会问题，与社区和非政府组织的伙伴关系能够帮助企业获得关于社会问题的详细知识，帮助企业深入了解社会问题。例如，与非政府组织的合作可以更好地洞察金字塔底层的产品需求，开发新的产品或服务，帮助跨国公司顺利进入 BOP 市场。另一方面，与非政府组织的联盟关系可以帮助跨国公司获取资源，特别是获取那些不能通过购买而得到的资源。例如，由于针对 BOP 市场没有太多结构化的市场调查，因此跨国公司可以利用非政府组织对 BOP 人群的了解以及如何满足 BOP 人群需求的长期工作经验，从与非政府组织的合作中受益。

（3）组织支持是影响公司社会创业的关键因素之一（Gifford and Kestler，2008）。以管理支持、工作自主权、奖励或松散的组织内部界限为形式的组织支持，对公司社会创业至关重要（Gifford and Kestler，2008）。"管理支持"是指高层管理者愿意在组织中促进社会相关的创业活动。组织支持能够从物质资源基础和精神激励两方面推动新思想的产生、探索和发展以及企业从事与社会责任相关的活动。管理层的积极参与、最高管理层的支持、承诺以及人员的配置和奖励，都能够有效推动公司社会创业活动的开展。组织应创建支持社会创业的内部环境，强调公司社会创业的重要性。

（4）组织价值观是公司社会创业的驱动因素之一。组织价值观代表着管理者的理念和理想，指导员工的行为。创造社会价值、实现社会使命的组织价值观能够有效推动企业进行公司社会创业。在这样的价值观指导下，公司不仅要遵守法律，体现对利益相关者的责任，更应回应公众对企业公民的期待，以创新的商业模式参与解决社会问题，加速公司创业活动的进程。例如，组织中的社会价值观推动跨国公司参与公司社会创业，同时也为其打开了 BOP 市场。在公司社会创业的背景下，价值观不仅与创业精神的激励有关，也与企业的社会责任感密切相关。各组织应将社会使命作为其价值观的核心和组成部分。

（5）开放式的沟通和信息交流是组织中的关键因素。组织中的开放式沟通和信息交流有助于公司社会创业。开放的沟通促进了新思想的产生和引进，培养了员工的创新能力和创造力。沟通的数量和质量越高，公司就越能成功地启动和实施公司创业以及公司社会创业（Zahra，1991）。为了促进公司社会创业，管理者应该强调新思想对于解决组织各级社会问题的重要性。

14.3.3　企业家个体价值观

企业中的一些个人可能会基于个体价值观，利用其自由裁量权以一种社会企业家的方式行事。因此，公司社会创业也可能源自个人道德。具体来说，它也可能受到员工个体社会导向的价值观驱动。价值观的作用是双重的，既可能驱动个体追求自我利益，也可能促使个体增加社会福利。个体价值观存在一个普遍的二分法，即个人主义和集体主义。集体主义价值观促使个体在企业中倡导社会责任，追求社会价值（Hemingway，2005）。企业内部社会创业家就是既拥有创新、突破传统管理方法等创业导向，又拥有社会责任意识和社会责任导向的一个群体。这些人着力于培养和推动企业内部的变革与创新，使得企业在追求社会价值的进程中发挥更积极、深层次的作用。企业社会创业家或社会内部创业家被认为是企业创业家（或内部创业家）和社会企业家的结合。企业社会创业的过程是由各种变革驱动者或内部创业家所推动的，这一群体在公司社会创业的实践过程当中发挥着举足轻重的作用。

综上所述，公司社会创业的影响因素主要包括外部环境、组织内部因素和企业家个体价值观。这些因素驱动企业开展社会创业活动，取得了良好的社会效益，并得到了社会的认可，同时也为企业的可持续发展铺平了道路，为企业带来长期利益。

14.4　公司社会创业氛围的评价

要推动公司社会创业的开展并获得积极效果，有必要塑造有利的企业内部氛围。这就要求我们在确定影响公司社会创业内部因素的基础上进一步开发合适的评价工具。这方面，美国学者 Kuratko 等人的研究给出了很多有价值的启示。具体来说，2017 年，Kuratko 等人在已有的衡量企业内部创业氛围的工具——公司创业评估工具（CEAI）（Kuratko et al.，2014）的基础上，又加入了一些新的社会维度，从而提出了一个测量企业内部公司社会创业氛围的工具——公司社会创业量表（SCES）（Kuratko et al.，2017）。Kuratko、McMullen 和 Hornsby 等人首先回顾了企业社会责任和社会创业的既有研究，然后确定了社会价值创造中必不可少的其他维度，最终将利益相关者的突出性、社会主动性、公司治理安排、信息披露与透明度四个维度作为附加因素，从而将原有的公司创业评估工具发展为公司社会创业的评估工具。

14.4.1　利益相关者的突出性

某利益相关群体对企业决策影响的突出程度被称为利益相关者突出性。通过维持与多个利益相关者的关系，企业家能够了解他们的需求，并提高企业对所有利益相关者作用的理解，因此可以为新产品和服务的开发提供机会（Clarkson，1998）。由于管理者认识到企业拥有不同层次的利益相关者，企业不太可能给予每个利益相关者同等程度的关注，管理者需要识别对企业来说真正重要的利益相关者，以此确定如何将注意力分配给不同的利益相关群体。Mitchell 提出一种评分法，根据三个属性（即合法性、权力性和紧迫性）（Mitchell et al.，1997）来对利益相关者的突出性进行评分。合法性指利益相关者是否被赋予法律和道义上对企业的索取权；权力性是指利益相关者影响企业行为的能力；紧迫性是

指利益相关者的要求立即引起管理层注意的程度。

对商业性质的公司创业来说，企业的主要利益相关者通常是顾客、员工和投资者，但对更具社会性质的公司社会创业来说，社会价值的创造往往还会受到如政府环保部门、非营利性组织等更广泛的利益相关者关系的直接影响。因此，能够明确哪些利益相关者会对企业产生突出影响，即利益相关者的突出性，是评价公司社会创业氛围的重要因素之一。

14.4.2 社会主动性

组织姿态（organizational posture）是由利益相关者突出程度引起的评价结果，指的是组织对环境的反应，影响企业如何选择和解释环境，以及企业如何部署资源。组织姿态反映了企业与利益相关者的关系，在管理学研究中已被用来评估组织实现目标的总体方式。在环境管理文献中常运用姿态来处理生态问题与可持续发展问题，尤其是在社会问题的研究中，组织姿态可以反映企业对利益相关者的回应。

一个企业的姿态可以采取不同的形式。在社会问题的情境下，姿态的分类反映了组织对企业社会责任的态度。对社会责任的态度最常见的分类为被动型、防御型、宽松型和主动型。被动型企业否认对社会问题的责任，做得比要求的少；防御型企业勉强承认在社会问题上的责任，并对此做出了最低限度的回应；宽松型企业接受在社会问题上的责任，并采取必要的行动来解决；主动型企业预测责任，并力求在社会问题的解决上处于领先地位。

在社会问题层面上主动型企业力图影响和改变环境，而不是出于生存考虑仅仅做出必要的回应。在具有社会主动性的企业中，决策者会在被迫对环境威胁和机会做出反应之前就采取行动。因为涉及监控顾客和竞争对手，主动性大大有助于保持企业竞争力。具体来说，体现主动性的行为包括机会识别、挑战现状及创造有利条件，这些类似于公司创业者常用的做法，也可成为公司社会创业氛围评价的关键组成部分。

14.4.3 公司治理安排

公司治理（corporate governance）需要确定组织资源部署的广泛用途，并且解决组织中众多参与者间的冲突问题（Daily et al.，2003），公司治理机制旨在提供一些保证，使管理者努力实现与股东利益相一致的结果。这些机制包括鼓励预期活动与行为的薪酬合约，构建得当的董事会，以及道德和透明化行为的内部制衡。企业在实际中已经进行了许多治理改革，以确保企业内活动的合法性和有效性。其中一些改革包括在董事会中增设独立董事，将 CEO 和董事长的职位分离以及设定董事任期期限等。

公司社会创业活动不能忽视治理安排的影响。Daily 等人提出了一些正在推动公司治理的议题（Daily et al.，2003），如董事会对行政活动和结果的监督、更积极的股东影响力以及危机期间的治理机制等。显然，在如今不断变化的全球经济环境中，能在控制与协作两者间进行协调平衡的治理系统，最有利于企业在社会创业方面的活动。

14.4.4 信息披露与透明度

全面的透明度（transparency）和在环境、社会、经济等各个方面的绩效披露是任何企业社会创业事业的关键组成部分。披露是企业与关键群体（即利益相关者）建立联系的一种机制，并对识别新的商业机会的过程十分重要。强制性的环境和社会信息披露正在逐渐成为主流。在全球范围内，一些国家已要求企业持续地加以披露。例如，彭博公司（Bloomberg）在 2009 年推出的一款新产品，使其客户可在终端上搜索、展示和存储超过 3 000 家上市公司的可持续发展方面的信息。社交媒体的增加也逐渐开始模糊了披露和参与之间的界线，这为企业与外界的对话创造了新的机会，同时也无形当中给企业的信息披露和透明度带来了新的压力。社交媒体使互联网用户能够分享新闻，并实时地对企业的社会问题发表自己的看法，企业必须准备好在问题发生时公开和诚实地讨论社会影响问题。企业透明度和充分披露无疑将有助于促进企业内外信任的氛围，以及从事旨在创造社会价值的创业活动的意愿，因此也是评价组织中公司社会创业氛围的关键条件。

结合公司创业评估量表原有的维度以及上述四个维度，Kuratko 等人提出了完整的公司社会创业量表（见表 14-2）。

表 14-2 公司社会创业量表㊀

我们想了解您是如何看待您的工作场所和企业的。请阅读下列题项，并在每个题项的右边注明您同意或不同意的程度。这些问题并没有正确或错误的答案，所以请您在回答中尽可能的坦诚。所有答案将严格保密。感谢您的合作！

说明：1= 非常不同意；2= 不同意；3= 不确定；4= 同意；5= 非常同意。

管理支持

	非常不同意	不同意	不确定	同意	非常同意
1. 我的企业能很快地使用已改进的工作方法	1	2	3	4	5
2. 我的企业能很快地使用由员工开发的已改进的工作方法	1	2	3	4	5
3. 企业鼓励为企业的进步开发自己的想法	1	2	3	4	5
4. 上级管理者知道并非常接受我的想法和建议	1	2	3	4	5
5. 晋升通常来源于全新的、创新的想法	1	2	3	4	5
6. 那些自己提出创新想法的员工，往往能得到管理层对他们行动的鼓励	1	2	3	4	5
7. 企业允许“实干者”无须经过详细的解释和批准程序即可做出决策	1	2	3	4	5
8. 高层管理者鼓励创新者打破规则和僵化程序，使得有前景的想法得以发展	1	2	3	4	5
9. 很多高层管理者因其在创新过程中的经验而闻名	1	2	3	4	5
10. 可以从企业中获得启动新的项目、想法的财务支持	1	2	3	4	5
11. 拥有成功创新项目的个人因其创新想法和付出的努力，可获得超出标准奖励制度的额外奖励和补偿	1	2	3	4	5
12. 在企业中，个人可以有多种方式获得创新项目和想法的财务支持	1	2	3	4	5

㊀ 依据下文的相关内容编译：Kuratko, D. F., McMullen, J. S., Hornsby, J. S., Jackson, C. Is your organization conducive to the continuous creation of social value? Toward a social corporate entrepreneurship scale[J]. Business Horizons, 2017, 60(3): 271-283.

（续）

	非常不同意	不同意	不确定	同意	非常同意
13. 组织常常鼓励人们利用新的想法来计算风险	1	2	3	4	5
14. 无论最终成功与否，个人风险承担者往往因其支持新项目的意愿而被认可	1	2	3	4	5
15. 对我工作领域中的人们来说，“风险承担者”是一个积极的称号	1	2	3	4	5
16. 由于意识到有些项目将会失败，企业支持许多小型的实验项目	1	2	3	4	5
17. 一个有好想法的员工通常会被给予自由的时间来开发此想法	1	2	3	4	5
18. 企业中的员工极其渴望产生新的想法，而不必考虑跨部门或跨职能的界限	1	2	3	4	5
19. 企业鼓励人们与其他部门的员工讨论有关新项目的想法	1	2	3	4	5

工作自主性

	非常不同意	不同意	不确定	同意	非常同意
20. 我觉得我就是自己的上司，并且不需要与其他人一起再次确认我所有的决定	1	2	3	4	5
21. 严厉的批评和惩罚是由我在工作中所犯的错误造成的	1	2	3	4	5
22. 企业提供了机会，使其具有创造性，并使我可以在工作中尝试自己的工作方法	1	2	3	4	5
23. 企业给予了我利用自己判断的自由	1	2	3	4	5
24. 企业提供了机会，使我可以利用自己的能力做事	1	2	3	4	5
25. 我有决定自己在工作中做什么的自由	1	2	3	4	5
26. 决定如何完成工作基本上由我自己决定	1	2	3	4	5
27. 我几乎总能够决定我在工作中做些什么	1	2	3	4	5
28. 我对自己的工作有很多自主权，并且独自做自己的工作	1	2	3	4	5
29. 我很少需要每天都遵循同样的工作方法或步骤来完成我的主要任务	1	2	3	4	5

奖励

	非常不同意	不同意	不确定	同意	非常同意
30. 经理帮助我消除障碍来完成我的工作	1	2	3	4	5
31. 我收到的报酬取决于我在职位上的工作	1	2	3	4	5
32. 如果我的工作表现良好，我的上司会增加我的工作职责	1	2	3	4	5
33. 如果我的工作表现特别好，我的上司会给我特别的认可	1	2	3	4	5
34. 如果我的工作很出色，我的经理会告诉他的老板	1	2	3	4	5
35. 我的工作具有很多的挑战性	1	2	3	4	5

（续）

时间资源的可获得性					
	非常不同意	不同意	不确定	同意	非常同意
36. 在过去的三个月里，我的工作量使我无法花时间去开发新的想法	1	2	3	4	5
37. 我似乎总有充裕的时间去完成所有的事情	1	2	3	4	5
38. 我有充足的时间去做好每件事	1	2	3	4	5
39. 我的工作被安排好了，所以我很少花时间去思考更广泛的组织问题	1	2	3	4	5
40. 我觉得我的工作总是有时间限制	1	2	3	4	5
41. 我的同事和我总是找时间来解决长期问题	1	2	3	4	5
组织结构					
	非常不同意	不同意	不确定	同意	非常同意
42. 在过去的三个月里，我一直遵循标准的操作程序或惯例来完成我的主要任务	1	2	3	4	5
43. 为完成我的主要任务，存在许多书面的规则和程序	1	2	3	4	5
44. 在工作中，我曾怀疑过别人对我的期望	1	2	3	4	5
45. 我的工作没有什么不确定性	1	2	3	4	5
46. 在过去的一年里，我的直属上司经常和我一起讨论我的工作表现	1	2	3	4	5
47. 我的工作描述清楚地说明了工作绩效的评价标准	1	2	3	4	5
48. 我清楚地知道在产出的数量、质量和时间方面，企业期望我的工作绩效水平是多少	1	2	3	4	5
社会主动性					
	非常不同意	不同意	不确定	同意	非常同意
49. 我发现企业非常主动地为解决社会问题部署资源	1	2	3	4	5
50. 我的工作描述能清楚地识别出有社会影响力的活动	1	2	3	4	5
51. 我清楚地知道，我工作表现的质量和及时性直接关系到企业追求的一项社会事业	1	2	3	4	5
利益相关者的突出性					
	非常不同意	不同意	不确定	同意	非常同意
52. 在过去的一年里，我可以识别出企业认为重要的利益相关者	1	2	3	4	5
53. 我的工作描述清楚地说明了我所关注的利益相关者	1	2	3	4	5
54. 对我而言，企业力求满足的利益相关者总是显而易见的	1	2	3	4	5

（续）

公司治理安排					
	非常不同意	不同意	不确定	同意	非常同意
55. 企业的指挥和控制结构显然是为了合作而平衡的	1	2	3	4	5
56. 董事会由独立董事直接监督高级管理层	1	2	3	4	5
57. 经理的薪酬直接与包括社会影响在内的绩效挂钩	1	2	3	4	5
58. 我清楚地知道高层管理者所期望的社会创业活动	1	2	3	4	5
信息披露与透明度					
	非常不同意	不同意	不确定	同意	非常同意
59. 在过去的一年里，企业发表了有关社会参与的公开声明	1	2	3	4	5
60. 企业使用一些最新的社交媒体，就环境、社会和经济方面的表现与各利益相关者进行沟通	1	2	3	4	5
61. 我清楚地知道，我的工作成果与社会问题有关，并会由企业向公众传达	1	2	3	4	5

本章小结

- 公司社会创业是在位企业通过创业的方式解决社会问题、创造社会价值的现象。
- 作为学术概念，公司社会创业位于公司创业与社会创业两大构念的交界面上。
- “公司社会创业”与传统意义上的企业社会责任不是等同的概念。
- 对企业来说，公司社会创业有利于其优化社会价值输出方式和顺利进入BOP市场。对社会来说，公司创业有助于构建多元社会服务体系以及促进地区持续减贫。
- 外部环境因素、组织内部因素和企业家个体价值观是驱动企业从事公司社会创业的三大因素。
- 公司社会创业量表（SCES）是测量企业内部公司社会创业氛围的工具，是在公司创业评估工具中加入利益相关者的突出性、社会主动性、公司治理安排以及信息披露与透明度四个维度而形成的。

复习思考题

1. 结合现实中的案例，请你谈谈对公司社会创业这一概念的理解。
2. 除了教材提及的内容，你认为公司社会创业对企业和社会的影响还体现在哪些方面？
3. 你认为公司社会创业的驱动因素包括哪些？
4. 如何评价企业氛围是否有利于公司社会创业？

讨论案例

万达丹寨扶贫项目

中共十八大以来，以习近平同志为核心的党中央，把脱贫攻坚作为全面建成小康社会的重要任务，在全国范围内全面打响了脱贫攻坚战。习近平总书记强调，扶贫开发是全党、全社会的共同责任，要动员和凝聚全社会的力量广泛参与；要坚持专项扶贫、行业扶贫、社会扶贫等多方力量，多种举措，有机结合和互为支撑的三位一体大扶贫格局。习近平总书记指出，扶贫不是扶困救贫，而是引导和支持所有有能力的人，依靠自己的双手开创美好明天。精准扶贫不是简单的送钱送物，而是要变输血为造血，企业在这方面的帮扶具有明显的优势。万达集团积极响应习近平总书记关于举全社会之力打赢脱贫攻坚战的号召，在贵州人民决胜脱贫攻坚、同步全面小康的关键时期，创新企业包县、整县脱贫模式，结对帮扶丹寨县，探索了一条教育、产业、基金并举，长期、中期、短期兼顾的扶贫新路子。打造了万达帮扶丹寨的样板工程，有效带动贫困群众脱贫致富，为全国民营企业参与脱贫攻坚创造了宝贵的经验，树立了榜样。

其实自 1994 年起，万达就开始实施对口扶贫。截至 2015 年年末，万达捐赠现金扶贫累计超过 50 亿元，但并没有探索出成熟的经验。王健林曾参与定点扶贫了两个村，近 20 亿元注资投入的结果只是人均收入比全国平均水平略高，但村子没发生根本变化。他反思后得出结论：一个仅依靠注入资金的扶贫，哪怕提高了人均收入，但受益的往往还只是部分人，很难做到普遍受惠。万达意识到，帮扶计划必须创新，走出新路子。

2014 年，万达集团董事长王健林在与国务院扶贫办交流时提出，万达可以通过“企业包县、产业扶贫”的创新形式，帮扶西部地区的一个贫困县。当时，有关部门的领导推荐王健林到贵州去看看。于是，国务院扶贫办和万达集团组成了联合考察团，进驻贵州。综合考虑各县的贫穷程度、地理区位和发展意愿等诸多因素，双方认为黔东南的国家级贫困县——丹寨县——贫困人口比例大，是一块几任省长对口帮扶都没能啃下的扶贫“硬骨头”。当时，作为多民族聚居地，丹寨总人口 17 万余人，有贫困户 1.36 万户，贫困人口达 5.13 万人，其中 84.78% 分布在 6 个乡镇边远的深山区。

2014 年 12 月 1 日，万达集团与丹寨县签署了一笔投资 10 亿元的包县扶贫协议，王健林立下军令状：“五年内通过产业扶贫，实现丹寨人均收入翻番。”最初，万达提出的丹寨产业扶贫计划是投资深加工企业，建设 30 万头规模的土猪扩繁厂、屠宰加工厂和饲料加工厂；建设万吨规模的硒锌茶叶加工厂，对全县农户种植的硒锌茶叶订单收购等。但经过调研论证，又都放弃了这些计划。最终，万达结合自身优势，形成了一个长期、中期、短期相结合的教育、旅游产业、扶贫基金三位一体扶贫模式，投资额也追加为 15 亿元。

一、长期项目：“拔穷根”，靠教育

长期项目是指投资 3 亿元捐建贵州万达职业技术学院，该学院立足长远，通过教育提高丹寨人口素质，从根本上阻断贫困发生路径。学院地处丹寨金钟经济开发区，占地 300 亩，总建筑面积 5 万平方米，同时可容纳学生 2 000 名，硬件达到国内一流职业大专院校水平。专业设置与万达集团相关产业、职位需求相结合，开设护理、会计、旅游管理三个专业，第一届招生 404 人。万达集团承诺，将每年从学院毕业生中择优录取 50% 进入万达工作。据测算，未来万达职业学院将每年招收当地学生 700 人，按每个家庭三口人计，每年可帮助 2 100 人脱贫。

像很多贫困地区一样，丹寨县只有少数学生可以通过读书考学走出农门，大多数孩子在初中毕业后就选择外出务工。因为缺乏一技之长，他们往往只能从事低端工种，收入很难反哺家庭。学院考虑到学生的贫困状况，建立了立体的扶贫政策体系，通过精准扶贫、国家助学金、国家励志奖学金、校园创新创业岗位等，确保不发生学生因贫困而辍学的现象。

“职教一个，就业一人，脱贫一家”。万达这一长期扶贫项目将从根本上斩断贫困代际传递，有力地促进丹寨及周边地区经济社会的发展。

二、中期项目：旅游小镇建设

中期项目是指投资 7 亿元捐建丹寨万

达旅游小镇，旨在带动全县旅游产业发展，增加大量就业岗位。旅游小镇位于丹寨县城东湖东畔，占地400亩，建筑面积5万平方米。一条长1.5公里的步行街，将四大民族文化主题广场、三所非遗小院以及诸多商铺串联在一起。小镇建筑采用苗寨风格，引入丹寨特有的国家非物质遗产项目、民族手工艺、苗寨美食、苗医苗药等内容，并配套建设四星级万达锦华酒店、多家客栈和万达影城等，成为国内极具特色的综合旅游项目。

“游丹寨，就是扶贫”，这是万达为小镇、为丹寨提出的一个广告宣传语。旅游是一个产业综合性极强的产业。据中国旅游研究院《万达丹寨扶贫研究报告》测算，如果一年有100万游客来丹寨旅游，人均消费500元，仅此一项丹寨一年就能新增5亿元的收入。该报告还显示，小镇运营后可提供2 000个就业岗位，还可增加4 000个为旅游小镇配套的就业岗位。据旅游投资与创造就业之间关系等计算方式，一个丹寨万达旅游小镇，可间接带动丹寨1万人就业。游客来丹寨发生的吃、住、娱、购等一系列消费行为，必然会拉动丹寨经济的发展，贫困人口的直接或间接收入就会得以增加。事实上，据有关部门测算，万达小镇开业首月，即带动丹寨县旅游综合收入达3.46亿元，相当于2017年1～6月全县旅游综合收入的57.1%，真正实现了旅游收入爆发式增长。

通过就业岗位、销售扶贫合作社产品、带动贫困户产品销售等方式，小镇开业以来直接带动全县贫困人口2 859户11 437人增收，占全县贫困人口的37.25%，户均增收1 863元，全年户均增收15 649元；通过对周边村寨旅游和全县服务业的拉动，间接带动贫困户1 182户4 729人实现增收，占全县贫困人口的15.4%，户均增收260元，全年户均增收2 184元。

三、短期项目：扶贫基金

短期项目是指万达投入5亿元成立丹寨扶贫专项基金，一期扶持5年。基金每年收益5 000万元，用于丹寨兜底扶贫，旨在覆盖那些所有产业扶贫阳光照射不到的群体，分配给丹寨县特殊困难人群。首期5 000万元扶贫基金收益已发放到丹寨县3.83万特殊困难人群和贫困户手中，当年使丹寨贫困人口人均收入越过了国家贫困线。

万达在丹寨的扶贫效果非常显著。在贵州省扶贫开发工作成效考核中，丹寨县2014年的综合指数位于第23位，2016年已经上升到第二位，其中群众满意度居全省第一位。万达集团在贵州丹寨扶贫三年，让董事长王健林获得了全国脱贫攻坚创新奖；万达集团又获得了“万企帮万村”精准扶贫行动先进民营企业奖。万达丹寨扶贫模式的创新之处在于，通过市场方式，借助产业发展，让丹寨人靠自己勤劳奋斗走上致富脱贫之路。

万达丹寨扶贫在全国首次采用“企业包县，整体脱贫”模式，既不是简单捐款，也不只是投资建厂，而是注重长期与短期结合、产业与教育结合、提高人均收入与整县脱贫相结合，因而被广泛认为是中国扶贫模式的创新之举。著名学者马光远认为，万达丹寨扶贫有四点值得称道：第一，在中国扶贫史上第一次由一个企业通过多样的方式帮助一个县脱贫；第二，实施教育扶贫，通过职业技术教育，解决下一代人的贫困问题；第三，实施产业扶贫，结合丹寨优势产业，投资产业链，将利润作为扶贫基金；第四，实施人才扶贫——万达派驻一批高管到丹寨挂职，从而提高扶贫效率。万达这些创新性的做法克服了传统扶贫模式的很多弊端，将教育、产业与人才的培养结合起来，有助于从根上切除贫困的基因。

讨论题：

1. 结合案例，谈谈你对公司社会创业内涵的理解。
2. 结合万达集团近年来在贵州省的发展情况，谈谈丹寨万达扶贫项目给万达带来了哪些价值？

文献研读

The Entrepreneurship Process in Base of the Pyramid Markets: The Case of Multinational Enterprise/Nongovernment Organization Alliances

【文献摘要】Article Summary: Social entrepreneurship, or entrepreneurial activity with an embedded social purpose, has been on the rise in recent decades. A partial indicator of this surge is revealed by the growth in the number of nonprofit organizations, which increased 31% between 1987 and 1997 to 1.2 million, exceeding the 26% rate of new business formation (The New Nonprofit Almanac and Desk Reference, 2002). However, the dynamic is even more robust, as other forms of social entrepreneurship, beyond that occurring within the nonprofit sector, have also flourished in recent years. The recent boom in social entrepreneurial activity makes a comparative analysis between commercial and social entrepreneurship timely. Social entrepreneurship is still emerging as an area for academic inquiry. Its theoretical underpinnings have not been adequately explored, and the need for contributions to theory and practice are pressing. This article aims to open up some avenues of exploration for social entrepreneurship theory development and practice by presenting an exploratory comparative analysis of the extent to which elements applicable to business entrepreneurship, which has been more extensively studied, are transferable to social entrepreneurship. To a lesser degree, the authors also explore the reverse applicability or the ways in which insights from social entrepreneurship can contribute to a deeper understanding of business entrepreneurship. The authors offer a comparative analysis that identifies common and differentiating features between commercial and social entrepreneurship. This exploration develops new insights about social entrepreneurship and points to opportunities for further elaboration by researchers, as well as to practical implications for social entrepreneurs and funders on how to approach social entrepreneurship more systematically and effectively. Specifically, the authors discuss some of the key distinctions between social and commercial entrepreneurship as a modest step toward the development of a body of theory on social entrepreneurship. To analyze these theoretical propositions in depth and to draw out lessons for managers, the authors then set forth one prevailing model used to examine commercial entrepreneurship and to explore new ideas that emerge when it is applied to social entrepreneurship. The authors conclude by presenting implications for social entrepreneurial practice and research.

【文献评述】本研究着重讨论了制度距离和制度空洞的存在对跨国公司进入BOP市场各阶段的挑战，以及如何通过与非政府组织的联盟关系，缓和制度的负面影响，其理论论点对学者和管理者有一定的启示。首先，要明确许多跨国公司在BOP市场的活动都是出于财务考虑，但它们更应考虑其对社会福利和企业声誉的影响。换言之，要从社会创业的角度考量进入BOP市场的意义。其次，尽管跨国公司进入BOP市场同样会经历创业过程的各个发展阶段，但由于BOP市场的独特挑战（即制度间和制度内部存在较大距离，以及正式制度的空缺），跨国公司在从一个阶段转向另一个阶段过程中，需要更多的迭代。再次，从本质上讲，进入BOP市场的跨国公司不是在发现机会，而是在创造机会——要形成想法并不断地整合、反馈与学习情境知识，通过一个漫长的迭代过程将想法转化为机会。最后，这一机会的创造过程往往是多方共同努力的结果——是在BOP市场当地

个人和实体的参与下产生的，而BOP市场中的非政府组织在将跨国企业与这些地方个人和实体联系起来方面发挥着至关重要的作用。

【文献出处】 Webb J W, Kistruck G M, Ireland R D, Jr D J K. (2010). The Entrepreneurship Process in Base of the Pyramid Markets: The Case of Multinational Enter-prise/non-government Organization Alliances. Entrepreneurship Theory & Practice, 34(3), 555-581.

本章作者

戴维奇，浙江财经大学副教授、博士生导师，浙江大学管理学博士。浙江省高等学校中青年学科带头人，浙江省新世纪151人才。主要研究方向为战略与创业管理，独立或以第一作者身份在 *Asia Pacific Journal of Management*、*International Entrepreneurship*、*Management Journal* 和《管理世界》等中英文期刊上发表论文70余篇。

冯健、赵慢、王莉雅和黄婷婷四位浙江财经大学科技管理与成果转化研究中心成员做了出色的研究助理工作。冯健主要协助完成了案例的整理以及公司社会创业核心内涵的梳理；赵慢主要协助完成了“公司社会创业的重要影响”；王莉雅主要协助完成了“公司社会创业的形成机制”；黄婷婷主要协助完成了“公司社会创业氛围的评价”。

参考文献

[1] Anderson J, Markides C. Strategic Innovation at the Base of the Pyramid[J]. Mit Sloan Management Review, 2007, 49（1）: 83-88+93.

[2] Antoncic B, Hisrich R D. Corporate entrepreneurship contingencies and organizational wealth creation[J]. Journal of Management Development, 2004, 23（6）: 518-550.

[3] Austin J, Stevenson H, Wei–Skillern J. Social and Commercial Entrepreneurship: Same, Different, or Both?[J]. Entrepreneurship Theory and Practice, 2006, 30（1）: 1-22.

[4] Bode C S, Santos F M. The Organizational Foundations of Corporate Social Entrepreneurship[J]. Insead Working Papers Collection, 2013.

[5] Clarkson M B E.The Corporation and Its Stakeholders: Classic and Contemporary Readings[M]. University of Toronto Press, 1998.

[6] Daily C M, Dan R D, Cannella A A. Corporate Governance: Decades of Dialogue and Data[J]. Academy of Management Review, 2003, 28（3）: 371-382.

[7] Ghauri P, Rose E L, Tasavori M, Zaefarian R, Rammal H G. Internationalisation of service firms through corporate social entrepreneurship and networking[J]. International Marketing Review, 2016, 31（6）: 576-600.

[8] Ghauri P N, Tasavori M, Zaefarian R. Network, Social entrepreneurship, internationalization, base of the pyramid, corporate social entrepreneurship, service firms[J]. International Marketing Review, 2014, 31（6）: 576-600.

[9] Gifford B, Kestler A. Toward a theory of local legitimacy by MNEs in developing nations: Newmont mining and health sustainable development in Peru[J]. Journal of International Management, 2008, 14（4）: 340-352.

[10] Hemingway C A. Personal Values as a Catalyst for Corporate Social Entrepreneurship[J]. Journal

of Business Ethics, 2005, 60（3）: 233-249.

[11] Kuratko D F, Hornsby J S, Covin J G. Diagnosing a firm's internal environment for corporate entrepreneurship[J]. Business Horizons, 2014, 57（1）: 37-47.

[12] Kuratko D F, Mcmullen J S, Hornsby J S, Jackson C. Is your organization conducive to the continuous creation of social value? Toward a social corporate entrepreneurship scale[J]. Business Horizons, 2017, 60: 271-283.

[13] London T, Hart S L. Reinventing Strategies for Emerging Markets: Beyond the Transnational Model[J]. Journal of International Business Studies, 2004, 35（5）: 350-370.

[14] Mair J, Martí I. Social entrepreneurship research: A source of explanation, prediction, and delight[J]. Journal of World Business, 2006, 41（1）: 36-44.

[15] Mitchell R K, Agle B R, Wood D J. Toward a Theory of Stakeholder Identification and Salience: Defining the Principle of who and What Really Counts[J]. Academy of Management Review, 1997, 22（4）: 853-886.

[16] Porter M E, Kramer M R. Creating Shared Value[J]. Bestmasters, 2011, 89（1）: 62-77.

[17] Shane S, Venkataraman S. The Promise of Entrepreneurship as a Field of Research[J]. Academy of Management Review, 2000, 25（1）: 217-226.

[18] Tasavori M. A Corporate Social Entrepreneurship Approach to Market-Based Poverty Reduction[J]. Emerging Markets Finance & Trade, 2015, 51（2）: 320-334.

[19] Tasavori M, Ghauri P N, Zaefarian R. Entering the base of the pyramid market in India: A corporate social entrepreneurship perspective[J]. International Marketing Review, 2016, 33（4）: 555-579.

[20] Vachani S, Smith N C. Socially Responsible Distribution: Distribution Strategies for Reaching the Bottom of the Pyramid[J]. Social Science Electronic Publishing, 2008, 50（2）: 52-54.

[21] Zahra S A. Predictors and financial outcomes of corporate entrepreneurship: An exploratory study [J]. Journal of Business Venturing, 1991, 6（4）: 259-285.

[22] Zahra S A, Gedajlovic E, Neubaum D O, Shulman J M. A typology of social entrepreneurs: Motives, search processes and ethical challenges[J]. Journal of Business Venturing, 2009, 24（5）: 519-532.

[23] 戴维奇 . 理解“公司社会创业”：构念定位、研究梳理与研究议程 [J]. 科学学与科学技术管理，2016, 37（4）：35-44.

[24] 戴维奇，魏江，林巧 . 公司创业活动影响因素研究前沿探析与未来热点展望 [J]. 外国经济与管理，2009, 31（6）：10-17.

[25] 王晶晶，郭新东 . 企业社会创业动机的探索性研究——基于三家企业的案例分析 [J]. 管理案例研究与评论，2015, 8（4）：340-351.

[26] 魏江，戴维奇，林巧 . 公司创业研究领域两个关键构念——创业导向与公司创业——的比较 [J]. 外国经济与管理，2009, 31（1）：24-31.

[27] 杨小庆 . 我国社会创业的发展现状 [J]. 财讯，2016,（26）：9-10.

[28] 袁帅 . 企业社会创业机会识别影响因素的探索性案例研究 [D]. 合肥：安徽财经大学，2015.

第 15 章　社会创业的质化研究

学习目标

- ☑ 掌握质化研究的概念
- ☑ 了解社会创业质化研究的特点
- ☑ 掌握社会创业质化研究的步骤
- ☑ 掌握如何提升社会创业质化研究的质量

本章纲要

- ☑ 质化研究概述
- ☑ 社会创业与质化研究
- ☑ 如何开展社会创业质化研究
- ☑ 社会创业质化研究质量的提升

开篇案例

社会创业合法性研究

近年来，社会创业凭借其解决社会问题的创新方式在全球蓬勃发展，逐渐成为一种突破政府失灵、市场失灵、公益失灵，解决社会发展困局的创新思维和实践。西南交通大学刘玉焕博士对社会创业极为关注，她发现，社会创业企业（简称“社会企业”）打破了商业部门和非营利部门互不相容的边界，代表了一种全新的组织形态，在以商业手段创新解决社会问题的同时，其创立和发展过程中面临极高的“合法性缺陷”，如何获取合法性对社会企业的成长极为重要。在查阅文献时，刘玉焕发现，现有文献往往关注获取合法性的策略与手段，对社会企业获取合法性的动态过程关注较少，而事实上，社会企业合法性的获取不是一蹴而就的，通常伴随着复杂的动态过程。考虑到社会企业在国内刚刚兴起且研究问题涉及社会企业获取合法性的过程，她觉得案例研究方法能够最大限度地描绘和捕捉社会企业合法性获取的动态过程和特点。那么，怎样才能找到一个或多个合适的案例呢？刘玉焕把目光投向了国内的社会企业。

2010 年 12 月 3 日，“李连杰壹基金计划”在深圳市民政局获得全国公募资格，正式成立“深圳壹基金公益基金会”(以下简称“壹基金”)，成为中国第一家真正意义上的

民间公募基金会，吸引了国内公众的广泛关注，也引起了刘玉焕的兴趣。经过查看壹基金的创立过程，她发现，2007 年年初，壹基金还只能挂靠于中国红十字会名下，缺乏独立身份，没有公募资格，而短短三年时间，壹基金不仅获得了官方的合法身份，在公众和同行方面也积累了强大的公信力。壹基金合法性的成功获取不仅打破了民间草根组织无法获取政府官方身份的制度障碍，实现了制度创新，更重要是的壹基金以商业化手段实现专业化、高效率的运作，是一种典型的社会创业。"壹基金的成功经验对其他组织具有很好的参考和指导，是一个极具启发性的案例，适合从单案例角度归纳社会企业合法性获取的动态过程。"刘玉焕兴奋地想。于是，说做就做，她广泛收集了壹基金的媒体访谈与报道、年度工作报告、内部文件，对内部工作人员进行了半结构化访谈，多样化多渠道收集和验证数据，保证数据的真实性和可靠性。经过严谨的数据分析、编码，刘玉焕等学者对壹基金合法性获取过程归纳出理论框架，并很快发表到专业的学术期刊上。

作为一个新兴的研究领域，社会创业研究具有无限的潜力。当前，社会创业研究走出了理论思辨阶段，开始侧重从实证研究角度考察社会创业过程中的关键议题。在量化研究之前，我们需要通过质化研究（如案例研究、文本分析等）来认识和了解社会企业这种新兴的混合组织形态，揭开社会创业过程中的关键事件与过程。质化研究方法与研究现象保持密切联系，因此建立新概念或新理论方面占有重要地位，尤其适用于有较强社会嵌入性、复杂性和动态性的社会创业研究（Kistruck and Beamish，2010）。

本章分为以下几部分：首先，根据目前社会创业研究特点及质化研究的方法特征，进行量化研究与质化研究的比较分析，以解释社会创业使用质化研究的必要性及更适合采用质化研究方法的研究问题；其次，我们从研究设计提出，到数据收集与分析，再到文章写作，系统介绍社会创业质化研究的一般过程；再次，我们从数据资料的真实性、诠释的合理性以及研究者的开放性和反思性着手，提供提升社会创业质化研究质量的可行路径；最后，对本章内容进行总结，并提供案例和文献精读加深对社会创业质化研究的理解。

15.1　质化研究概述

质化研究也被称为"定性研究""质性研究""质的研究"。当谈到质化研究的定义与方法类型时，有学者用"一把大伞"一言蔽之（Bogdan and Biklen，2007）。由于质化研究的开放性、复杂性与灵活性，导致质化研究的概念定义及其方法策略多种多样，尚未形成共识（风笑天，2017）。Denzin 和 Lincoln 认为，质化研究是研究者在自然真实的背景下接近研究主题，捕捉情境的丰富性和多样性，试图从当事人角度理解和解释现象，这一过程涉及如何在研究中收集和使用各种经验素材，如案例、个人经历、生活故事、访谈、观察、历史、互动和视觉文本等（Denzin and Lincoln，1994）。不同于量化研究的寻求验证或证伪，质化研究是研究人员在自然状态下，运用各种方法收集并分析经验数据资料，对社会现象进行深入探索、理解与诠释（Strauss，1990），以及构建理论的研究活动。质化研究有以下几个特点。

（1）由于质化研究的高度灵活性与开放性，其具体方法类型也千姿百态、多种多样。Miller 和 Salkind 根据研究程序的系统性程度及在社会科学研究中的使用频率，将质化研究划分为叙事研究、现象学、扎根理论、民族志与个案研究五种类型（Miller and Salkind，

2002)。其中，案例研究在社会创业研究领域应用最广，越来越多的学者倾向于通过案例分析，获取对特定事件或现象的初步认识（Desa and Kotha，2006）。也有学者按照资料性质将质化研究分为：以口述资料为主的提纲访谈法、叙事法、小组访谈法；以观察资料和媒介资料为主的观察法、民族志法、文档分析等方法（Flick，2014）。这种仅仅根据数据资料属性进行的类型划分，忽视了质化研究的哲学根源，为弥补这一不足，生活史、行动研究、现象学、实地研究、历史比较研究等方法类型相继出现在许多教科书与著作中（Glesne and Peshkin，1992；Neuman，2013）。

（2）注重特定的社会情境与现象。质化研究倾向于在被研究者所处的情境或场所中，通过直接与他们交谈，或者观察其行为活动以寻求行为背后的意义及现象的本质，即在自然状态下对社会现象深入剖析，体现出质化研究以现象为导向的现实性要求（Flick，2014），质化研究极其注重特定现象的真实情境及其在自然情景中的因果关联与发展路径。在社会创业领域，社会创业活动总是嵌入于特定的社会环境中，如 Dart（2004）在研究为什么社会创业能够出现并迅速发展时，将社会创业现象与广泛的社会、政治动态和意识形态联系起来，发现了社会政治环境在社会创业发展中的影响。

（3）动态的研究过程。不管是通过“深入实地”收集资料的访谈法、观察法、民族志研究，还是以“现有文本”为主的叙事法、文本分析、历史比较研究，质化研究过程有高度的灵活性与变动性，可能会随着研究的逐步深入而发生调整和改变。例如，研究所处的实际情境发生变化，或者研究人员在观察或访谈过程中产生了一些新想法等，都会使得研究发生调整与改变（风笑天，2017）。

（4）追求意义的构建，主观性强。质化研究者非常关注某些行为 / 现象背后的意义，因为他们相信现实是被构建出来的（Glesne，1992）。因此，研究者会通过参与观察、访谈、历史回顾等方式获得真实情境下行为当事人的经验数据，并从研究对象的立场，试图去理解和解释行为者的心理状态和行为意义。但这一研究过程极易受到研究者个人的影响，研究者可能带有主观偏见与理论猜想切入主题、抽取样本、与当事人互动，对当事人行为表现的理解也会受到研究者个人经验、价值观念、意识形态、情绪等主观特征的影响（风笑天，2017），因此，我们呼吁质化研究学者在研究中保持开放性与反思性，认识到研究的局限性并不断改进。

15.2 社会创业与质化研究

15.2.1 社会创业研究概况

作为解决社会问题的新力量，社会创业受到各界的广泛关注，已成为复杂经济环境背景下极具理论价值与实践意义的研究领域（刘玉焕和井润田，2014）。然而，虽然社会创业日益得到创业与管理学领域主流期刊的关注，但由于社会创业研究兴起时间较短，仍处于初级探索阶段（刘振、杨俊和张玉利，2015）。社会创业研究具有如下具体特点。

（1）起步晚，发展时间短。社会创业运作模式虽然早在 19 世纪中后期就已经在英国出现，但关于社会创业的研究却在 20 世纪末才逐渐兴起，此后并未引起学界的热情回应，直至 2006 年，尤努斯创办格莱珉银行并获得巨大成功后，才掀起社会创业的研究热潮

（刘玉焕和井润田，2014）。从成熟度来看，社会创业研究仍然是一个极具研究价值与发展潜力的新兴研究领域。

（2）存在较多争议。以社会创业的概念为例，有学者将社会创业限制在政府或非营利组织的创业活动（Shor et al.，2009），或将社会创业视为商业企业践行社会责任的活动、公益事业及社会创新活动（Dacin et al.，2010）；一些学者则认可更宽泛的定义，将社会创业视为产生社会价值、实现社会目标的活动过程，并不限制社会创业的主体。诸如此类术语的差异反映了社会创业领域百花齐放、百家争鸣，但也成为阻碍构建该领域土著理论与合法性的难题（Dacin et al.，2010）。

（3）缺乏本土理论。现有社会创业研究多是借用其他领域的已有理论解释社会创业相关议题，例如，以西方的组织行为或战略领域理论为基础开展研究（Dacin et al.，2010），而属于社会创业领域的本土理论却少之又少。

一项最新的综述研究（刘志阳和庄欣荷，2018）显示，在18种国际主流管理学期刊中，2005年至2017年6月，共发表社会创业论文237篇。在社会创业文献不断增长的过程中，77篇是概念性文章，106篇是质化研究，54篇是量化研究。由此可见，质化研究仍然是社会创业研究中的主流方法。究其原因，质化研究主要依赖归纳推理，更有可能探索到新的概念类别与新的理论结构，较为适合社会创业这样的新兴领域（Suddaby et al.，2015）。

15.2.2 开展社会创业质化研究的必要性

在实际研究中，有些学者会在选择是质化研究还是量化研究上产生困惑。当我们在做方法选择时，首先要思考的是研究问题的性质与类型。社会创业在中国方兴未艾，社会创业研究仍处于初级探索阶段，理论成果也亟待开拓。以现象为导向的质化研究是在自然情境下对研究现象做整体探究与解释，有助于探索复杂的社会创业现象和动态过程，捕捉社会创业的真实面貌和本质特征，挖掘社会创业领域迄今未知的深度，以促进该领域发展。因此，质化研究更适合探索特定情境中的社会创业现象，抽象概念，进而为后续的量化研究提供假设和理论基础。

质化研究受建构主义、批判主义、诠释主义等思想的影响，强调对社会现象的主观认识与理解，旨在揭示复杂的社会现象的变化过程、内在联系以及某些行为、事件的意义，构建或发展理论（风笑天，2017）。它是在没有预先假设及变量设定的情况下进行的探索性研究，更适合探索“为什么”和“如何”的研究问题。社会创业学者开展了大量的质化研究，以现象为导向构建该领域理论，寻求有真正理论价值与实践意义的研究结果。以Ruebottom（2013）为例，作者对社会创业中修辞策略（rhetorical strategy）的微观结构进行探索性研究。作者关注的是社会企业如何在“讲故事”中通过适当的修辞策略来获取公众的认可，涉及社会创业者的语言及沟通能力等。作者以访谈、观察、互动的方式从10家社会企业获取数据，收集过程也比量化研究更为灵活、开放以及更具动态性。通过对访谈结果和档案资料进行编码，作者对经验数据进行抽象，形成概念，并揭示现象本质：社会企业采用修辞策略将本组织当作主角，将抵制变革者视为对手。这一策略的微观结构包括引用社会普遍接受的元叙事（meta-narratives）词汇集，将主角和对手的主题组合在一起，制造紧张局势，凸显行为人之间的对比，从而使受众相信组织的合法性。

15.3 如何开展社会创业的质化研究

15.3.1 研究设计

研究设计是研究者对整个研究过程的初步规划与设想。好的研究设计在一定程度上能够帮助研究者在研究过程中少走弯路，同时提高研究的信度和效度。在质化研究领域，不同哲学流派对研究设计的规范有不同的观点：后实证主义者认为，研究设计应尽可能详尽化、具体化、系统化；非实证主义者则认为研究设计就像计划一样，不能过于呆板，应根据具体研究情况适时改变，尤其是在数据收集过程中随时可能发现超出预料的、有价值的信息，灵活的研究设计有助于研究者重视这些信息并挖掘其价值（张梦中和马克，2001）。

质化研究设计包括提出研究问题、建立理论框架、确定抽样方案、明确研究方法、分析研究效度五大内容。

1. 提出研究问题

研究问题是研究的起点，也是整个研究设计的核心。好的质化研究会提出重要的、新颖的现实性问题，并且要在适当的范围内，以便研究者在资源允许的条件下操作执行（Colquitt and George，2011）。而且，质化研究更加关注的是“为什么”和“如何”的问题（Dougherty et al.，2008）。例如，一个社会创业质化研究者不应该是问什么使得社会企业存活下来，而应该思考为什么在商业逻辑与社会福利逻辑相冲突的情况下，作为混合型组织的社会企业仍然能够出现并崛起（Chandra and Shang，2017）。质化研究用于描述现象的状态成因及变化过程，而不是表述某一变量或变量间关系假设的量化问题。例如，在资源贫乏环境中的社会企业很少采取商业贷款的方式融资，为什么会形成这种状态（Sunley and Pinch，2012）？社会企业在实际运作过程中很可能受利益相关者的影响发生身份转变，由社会企业转变为商业企业（Nicholls，2010），那么这一转变过程是如何实现的呢？

要注意的是，当研究者提出研究问题后，对问题答案可以有一定的猜测，但不能“先入为主”，要保持研究的开放性，以保证研究的现实性。

2. 建立理论框架

多数研究都是基于现有理论来设定研究框架，包括明确研究目的、识别研究问题，并设计具体的研究步骤，理论指引着研究者从研究问题出发，按照工作步骤，找到研究出口（Dougherty et al.，2008）。在质化研究领域，人们期望研究者能够对那些复杂的社会现象有很好的理解与诠释，产生合理的概念，阐述不同概念间的关系，以改进或构建理论（Strauss and Corbin，1990）。这给了我们很好的启示，就是在质化研究中要清晰完整地描绘出理论贡献，并试图改良原理论或构建新理论。例如，Pache 和 Santos（2013）在研究社会企业合法化策略时发现，既有理论指出社会企业在面临两种制度逻辑（经济利益与社会福利）冲突时，“欺骗”或“谈判”的策略是获取合法性的两种有效途径。然而，作者发现很多拥有较高认可度的社会企业并未采取这样的策略。作者在发现理论无法对实际现象和研究问题提供细致、清晰的解释后，通过对四家法国社会企业的案例研究，指出社会企业可以采取“特洛伊木马”的策略获取合法性，即将商业逻辑与社会福利逻辑同时包装进来，以彰显自己的合法性。因此，与研究问题相关的现有理论指引着研究工作逐步展开，随着研究的逐步深入持续改进或创造新理论，体现研究价值。

3. 确定抽样方案

质化研究中抽样方案的选择多种多样，包括理论抽样、极端或典型案例抽样、完全抽样、最大变异抽样、方便抽样、分层抽样、同质性群体抽样等抽样策略。其中，理论抽样最为常见（Flick，2014），当研究者旨在发展或形成理论时，通常采取理论抽样策略，在数据收集与分析过程中做出抽样决定，即研究者对已收集的数据进行初步编码分析，并根据分析结果决定后续抽样的范围和方向，目的是为了形成或延伸理论（Glaser and Strauss，1968）。这种抽样策略是以理论为导向，在研究执行中逐步选择并确定样本。

抽样在质化研究中是极为重要的环节，研究者需要平衡理想中的研究与现有资源情况，以决定样本的数量和范围。其根本目的是为了回答研究问题，实现研究目标。例如，Ruebottom（2013）在进行社会创业修辞策略的微观结构研究时，基于以下原则选择 10 家社会企业进行理论抽样：①这些社会企业的内在动机旨在推动社会变革；②它们在所属行业、成立年限、地域位置和利润结构等特征上有所不同，从而构成理论的差异化。研究者应思考为更好地回答研究问题需要哪些类型的样本，是否需要提供极端或反面样本以发展现有理论，是否需要提供同质性样本以加强理论说明，或者其他可以增强研究发现的补充性样本。有时为了理论发展的需要，研究者也会选取典型的或同类型样本以便于概括出有效概念。例如，Sunduramurthy 等人（2016）在研究社会企业的拼凑与创新时，所选样本是那些典型的成功社会企业家，作者认为这些典型的社会企业家及其公司可以突出体现研究者感兴趣的特质。

4. 明确研究方法

虽然质性研究的方法很多，但具体到某一学科领域都有其主要应用的质性研究方法。例如，在心理学和哲学研究中，主要使用现象学；在人文科学研究中，主要使用叙事研究；在社会学研究中，主要使用扎根理论；在社会学和人类学研究中，主要运用民族志研究；案例研究在各个学科中都有应用，是运用范围最广泛的一种研究方法（Miller，2002）。

目前在社会创业研究领域，应用最多的是案例研究，包括多案例研究和单案例研究。根据对研究问题解释程度的深浅，可以将案例研究分为三大类：探索性、描述性和因果性案例研究（Yin，2009）。探索性案例研究是指，在现有研究成果较少、研究工具和方法不清楚、对当下现象或问题还没有系统解释的情况下进行的初步研究，目的是尽可能使研究成果为日后正式研究提供理论支持；描述性案例研究是指学界对某一研究问题已有一定的研究成果、对问题的属性也有了初步了解，研究者只需在现有理论的基础上进行更高层次和更高水平的探索，目的是获得对问题更深一步的理解；因果性案例研究主要探索的是现象和现象之间的因果关系（Dougherty et al.，2008），即 A 现象的发生为什么会导致 B 结果，这种案例研究类型更加细致，聚焦点也更加微观。此外，在社会创业领域，基于旨在构建或改进现有理论的扎根理论研究（Sunduramurthy et al.，2016），基于生活故事探索主体行为意义的生活史研究（Yitshaki and Kropp，2016），基于现有文档资料开展研究的文本分析（Chandra and Shang，2017）等质化研究，也陆续出现在高质量期刊中，促进了该领域的研究发展。

5. 分析研究效度

在质性研究中，研究效度比信度更受关注（Hammersley，1992；Seale，1999；Steinke，1999）。检验质性研究效度主要考虑两个问题：一是研究者给出的研究结果能否从其收集的资料中得到证明？二是研究者最后呈现的文章在多大程度上表现出了研究者研究的关系，即文章对研究关系阐述的有效性程度。

三角验证是提升质化研究效度最常用的方法（Eisenhardt，1989；Yin，2009），即从多重来源收集数据，并对所有数据来源进行了三角测量，相互验证。三角验证可以避免不同的资料来源影响效度，并检验证据间的逻辑性是否合理。例如，在研究壹基金合法化进程时，刘玉焕等人（2016）收集了媒体报道、壹基金的年度工作报告、网站新闻、内部工作文件、参与观察数据，以及对壹基金内部工作人员进行了半结构化访谈等。为进一步保证数据资料的真实性和有效性，作者对所有数据来源都进行了三角测量，相互验证。通过对媒体访谈报道、年度工作报告、内部文件、访谈数据和参与观察数据的交互验证，对数据的关键信息进行确认，保证研究结论的可靠性。

鉴于社会创业的复杂性，质化研究者还要考虑研究资源的可获取性、数据获取过程中的伦理问题等因素。此外，外部效度也是质化研究一个重要的概念。它的评估主要使用分析类推的方式，即本次质化研究结果能否在未来同类型研究中发现。

15.3.2 数据收集

质化研究的数据形式主要包括档案文件、访谈记录、音频、视频、观察笔记、照片、邮件、报刊、故事、备忘录等。其中，档案文件又包括会议记录、相关通知、企划书等形式。综合来看，质化研究数据类型可分为三大类。一是现成的文本资料，包括现有档案文件、图片、音频和视频等。二是访谈资料，包括正式访谈和非正式交流，正式访谈又包括焦点访谈、深入访谈、半标准化访谈等（Flick，2014）。访谈法可直接获得当事人对现象的深入解释，且易于把控数据和研究主题的拟合度。但是，它也存在一些劣势，例如，被访谈者提供的信息可能存在偏差（Yin，2009），关键访谈者（如高层领导者）难以接触等。三是观察资料，包括参与式观察和非参与式观察。参与式观察要求研究者以当事人的身份融入相关的情境中，甚至和被观察者进行必要的互动，切身体会在当时的情境下出现某种现象的原因。而在非参与式观察中，研究者更多的是作为旁观者。

Chandra 和 Shang（2017）利用现成的文档资料进行社会创业前因变量的研究，归纳了 Ashoka 和 Schwab 两个世界性社会创业基金会组织所认定并给予支持的社会企业家的履历叙述，发现利他主义、唯灵论、集体主义、思想主义、企业家精神、专业精神、资源和高等教育是影响社会创业动机的前因。该研究虽然具有较大新意，但数据收集方法过于单一，即来自档案文件。目前顶级学术期刊均提倡多数据获取源，单一数据源可能会使研究成果的适用性遭受质疑。此外，相对单人收集数据的方式，多人收集数据更能保证数据的可信度，可以在数据收集过程中，针对彼此收集数据的异同进行探讨，以把握更有价值的信息和研究议题。例如，Ruebottom（2013）除了对 10 家社会企业的高管、投资人、顾客等进行大量半结构化访谈外，还从各网站、博客、小册子、研究报告、公开文档、Twitter 等渠道采集这些社会企业的相关信息。作者对不同来源的数据进行三角验证，以确保数据信息的真实性和可靠性。可见，多数据获取源、多收集者正在成为未来社会创业质性研究最常用的数据收集方案。

此外，质化研究是一个自然的研究过程（Glesne，2013），忌“先入为主”，刻意设计或引导被采访者，往往难以获取真实的数据，研究成果也会失去价值。

15.3.3 数据分析

在质化研究初期所收集 / 观察的数据乍看起来毫无关联或者关联性很小，需要运用一定的方法对其进行整合、萃取、提炼，以发现各数据单元的内在规律。这一过程要遵循两条原则（Dougherty et al.，2008）。第一，关注研究问题。即使研究者意外发现其他有趣的东西，也要专注于目前的研究问题，挖掘与现有研究问题相关的数据信息；第二，忠于数据。即使通过分析发现已收集的数据不符合自己当初的预想，也不能对数据信息妄加揣测，赋予研究者的主观推测，更不能变更或编造数据资料。

质性研究最常通过编码方式对数据信息进行拆分、萃取、整合，从而使离散的数据资料升华成系统的概念与理论（Strauss and Corbin，1990）。编码的种类大致有三种（Strauss，1987）：开放式编码、轴心式编码和选择性编码。为了更形象地介绍这三种编码方式，我们在分别介绍三种编码的过程中以 Chandra 和 Shang 在 2017 年发表的“Unpacking the Biographical Antecedents of the Emergence of Social Enterprises: A Narrative Perspective”文章为例进行阐释。

1. 开放式编码

开放式编码又叫初始编码，通过对收集的海量信息进行初步处理，提炼出信息中的关键字或关键句，目的是尽可能详尽地剖析数据并识别其主题（Dougherty et al.，2008）。开放式编码的基本程序：针对数据提出问题；比较数据中的每个事件、突发情况和其他情况之间的异同点；研究者将相似的点进行组合命名并对其归类形成同一维度（Strauss and Corbin，1990）。为避免在编码过程中造成信息丢失，Chandra 和 Shang 尽可能采用保留一阶代码原始含义的方式进行编码，甚至直接用原数据的话语，同时将 Ashoka 和 Schwab 这两个网络资源的编码进行比较，以获得多的有价值的研究主题。最后得到 1316 个一级编码，例如：

- 总是为失败者奋斗；
- 在当地社区服务机构做志愿者；
- 作为年轻领队拜访英国教堂里年长者的家；
- 根系爱尔兰及当地社区；

……

2. 轴心式编码

轴心式编码是在开放式编码分析基础的进一步编码，对数据中相关概念或维度分类组合。这一步较开放式编码更加聚焦，研究者需要在开放式编码或者相关笔记的基础上找出对研究课题尤为重要的范畴，然后从已收集的数据中尽可能多地找出与这个范畴相关的信息加以证明，并且找出这些不同范畴之间的关系。因此，轴心式编码是对下级范畴与主范畴之间建立联系的过程（Flick，2014）。在 Chandra 和 Shang（2017）的研究中，作者经过初始编码，聚焦提炼出八个社会创业的前因，分别是：利他主义、唯心主义、集体主义、意识形态、创业经历、专业性、资源、高学历。其中，前四个可以被归类为社会技能，另外四个可以被归类为经济技能，这构成了社会创业的社会地位。这种在开放式编码基础上进一步的编码即是轴心式编码。

3. 选择性编码

选择性编码是在更高的抽象水平下继续轴心编码的过程，目的是为了找出整个研究的核心范畴，并用这个核心范畴来解释整个故事的核心现象，而在开放式编码和轴心式编码过程中总结出的下级范畴、主范畴都要围绕核心范畴进行整合和汇总。一般而言，一个研究结论只有一个核心范畴和一个核心现象，当研究者在资料信息中提炼出多个较为突出的现象时，研究者必须做出取舍，最终得到一个核心范畴和与其相关的下级范畴（Flick，2011）。在 Chandra 和 Shang（2017）的研究中，作者对个人在社交技能和社交地位的差异继续进行编码，开发了社交类型学，为社会创业提供了不同路径和划分线索。

15.3.4 质化研究的写作

写作最基本的功能是报告研究成果和关键性的细节信息，因此，研究者在写作过程中，应该完整地讲述一个有关研究问题如何被解决的故事。那么，如何讲好质化研究这个故事？

首先，研究问题和理论框架需要从案例数据中自然浮现，所有新的理论框架都是来源于强有力的案例数据支撑。例如，刘玉焕等人（2016）先以讲故事的方式对壹基金强大的公信力与红十字会的信任危机进行对比，自然而然地引起读者的兴趣，引出文章的研究问题。然后，作者分门别类地引用关键受访者的语录和其他支持性证据，故事与理论相互交融，由此揭示实证数据和理论之间的紧密联系。

其次，由于案例数据往往是文本性、描述性的，研究者要在写作时注意表格、图表的使用，尤其是在对原始信息编码提炼概念的过程中可借助其清晰地呈现出来，从而有利于读者理解理论框架。例如，为了体现壹基金在应对制度逻辑冲突方面的动态性与时间性，刘玉焕等人（2016）以图的形式展现壹基金在不同发展阶段所采取的制度行动，以及需要的资源与能力，来应对不同的制度逻辑冲突。这样的做法有利于将无结构化的文本数据变成结构化的证据，便于读者理解。

15.4 质化研究的质量提升

由于质化研究非常依赖研究者对特定情境中现象的理解与分析，有学者认为质化研究者的主观态度、观念等会影响研究结果的有效性与可靠性，这也是某些质化研究遭受质疑的关键原因。因而，质化研究者必须说服自己和读者，使自己和读者相信研究结果是真实合理、可相信的（Neergaard and Ulhøi，2007）。

15.4.1 资料的真实性

研究者不管是通过参与观察、民族志研究、深入实地研究等方法收集资料，还是以现有文本、档案等资料为主进行文本分析，都需要通过翔实的描述，向读者展示研究数据的真实性，即提高数据资料信度（Flick，2014）。此外，研究者需要注意记录的标准化与规范性，便于后期对话转录与诠释。

对于以现有文本、档案资料为主的质化研究，研究者应证明资料的真实性。例如，Chandra 和 Shang（2017）从叙事角度揭示了社会创业的崛起，考察了 Ashoka 和 Schwab 两大基金会中 317 名社会创业者的传记叙述，为了验证 Ashoka 和 Schwab 对这 317 位社会创业者的记录是否属实，Chandra 等人将两大基金会对这 317 名社会创业者的记录与其他公开在线资源（个人网站、社会网络官方网站、新闻报道和期刊文章等）进行比较对照，来验证叙述记录的一致性与准确性。基于文本资料的质化研究，为检验资料的真实性，也可以通过抽样的方式，与部分当事人进行访谈或互动交流，以评估资料真实度。

15.4.2　诠释的合理性

研究者还应注意对资料诠释的合理性，即将经验世界现象转换为理论的恰当性（Neergaard and Ulhøi，2007）。质化研究者所构建的理论或研究发现在多大程度上反映了真实的社会现象，以及研究结果在多大程度上被读者理解。这一方面取决于已收集的资料的效度，另一方面取决于写作者对现象的诠释与描述。前者可以在收集资料时通过人员培训、标准化程序、不断评估检验等以保证资料的真实性与准确性；后者则需要研究者提供更加丰富的细节描述。诸如扎根理论、民族志等质化研究，一般需要将繁杂的资料数据通过不同形式的编码提炼出各级概念，那么概念之间的联系、不同概念的边界条件及理论适用情境等内容，都是需要向读者和审稿专家重点展现的内容。

15.4.3　研究者的开放性与反思性

与量化研究不同，质化研究旨在开发关于自然情景中社会现象的概念或者增强对其理解，同时适当强调参与者的观点及意义。这就需要研究者始终秉持开放性的原则贯穿质化研究的全过程。尤其是民族志研究、参与式观察等，需要研究者深入实地与研究对象互动交流。研究者只有以开放的思想心态与研究对象接触，才能从当事人视角理解现象的本质及行为的意义。此外，有学者指出，质化研究者在文案撰写时也应秉持开放的心态，通过文本向读者公开自己在研究中的成功与挫折，从而与读者建立起信任关系（Neergaard and Ulhøi，2007）。

质化研究过程中可能无意间忽略掉一些关键信息和对话，或者关注虚假信息等问题，这也是为什么很多学者将“反思性”作为质化研究的重要特征的原因。质化研究者需要时刻反思，在研究过程中不断评估所收集信息的可信度，以及用于获取资料数据的技术方法与工具的恰当性。例如，当我们想了解社会企业家的某些行为初衷时，研究者要时刻反思谈话内容的真实性，以及自身对信息解读的合理性，因此有必要收集非人为情况下和日常生活中这些社会企业家的经验数据，在解决“什么是”和“如何做”的同时，重点关注“为什么”的问题，以求深刻理解社会创业精神（Neergaard and Ulhøi，2007）。

本章小结

社会创业是一个新兴的研究领域，尚未形成系统、成熟的本土理论，加之社会创业现象的复杂性、特殊性，急需通过质化研究揭示其发生、发展及变化的过程。

质化研究是开发一个新兴研究领域并促使其发展的最为适宜的方法，学者通常采用质化研究对新的或未被定义的现象强加概念，或者通过质化研究克服先前理论鸿沟、产生新的理论（Suddaby et al., 2015）。质化研究能帮助社会创业研究者更好地理解社会创业现象、开发社会创业领域本土理论。

社会创业的质化研究同样遵循研究设计、数据收集与分析及文案撰写这一程序。但与量化研究的运用绝对数据验证假设或变量之间关系不同，质化研究因其开放性、灵活性特征更适合研究“为什么”和“如何”等类型的问题，因此，在研究设计阶段，首先需要弄清研究问题的类型与方法的契合度，同时要注意研究方法对研究对象的适合性。在收集质化研究数据时，研究者应最大限度地保持开放性，可以通过访谈、观察等方式深入实地获取数据，也可利用已有的文本、档案等实物资料。对于质化研究数据，最常用的分析方法就是编码，为保证编码信息的有效性，还需要获取研究对象对编码结果的评价和反馈。最后，以讲故事的形式将研究过程及研究结论呈现给读者和审稿专家。在这整个过程中，研究者要时刻反思数据的真实性以及诠释的合理性。

复习思考题

1. 质化研究和量化研究的主要区别与适用性是什么？
2. 阐述社会创业质化研究的主要特征。
3. 如何提升社会创业质化研究的质量？

讨论案例

壹基金案例研究的历程

一、研究问题的发现

与实证研究一样，研究问题的发现也是质化研究的起点。壹基金研究问题的发现起源于作者独特的生活体验以及对制度理论的思考。在阅读制度理论文献时，我们发现制度理论的基本假设是制度环境会塑造和改变行动者的偏好与行为，但越来越多的学者认为行动者具有能动性，他们不仅仅被动地接受制度的影响，还有能力重塑制度或创造新制度（DiMaggio, 1988）。那么，一个值得深思的问题是：行动者是如何创造新制度的？创造新制度势必面临着较高的“合法性缺陷”，那么行动者将如何获取合法性？在对上述研究问题进行研究时，先前的志愿者经历帮助我们发现了一个极佳的案例样本。

2008年汶川大地震时，文章作者曾作为志愿者参与壹基金的地震灾区救援，在切身感受到壹基金的专业和强大号召力，以及壹基金在红十字会和地方政府双重领导下的矛盾与冲突后，对壹基金产生了兴趣，好奇作为一个民间无独立身份的社会组织到底如何才能生存并逐步增强公信力。2010年12月3号，壹基金从挂靠于中国红十字会下的专项基金成功转型为具有独立身份的民间公募基金会，打破了公募基金会的制度障碍，带来了中国社会组织管理制度的改革与创新。至此，我们惊喜地发现，壹基金就是一个典型地创造新制度的范例，特别是，以往研究大多关注商业企业的制度创新，而壹基金的案例恰好能揭示具有商业逻辑和社会公益逻辑的混合社会组织创造新制度的过程。

二、理论抽样与数据收集

与多案例抽样更多基于案例群对理论发

展的贡献不同，单案例研究的理论抽样是直接的，选择案例的原因或是因为它们非同寻常的启发性，或是它们是极端的范例，或是难得的研究机会（Yin，2004；Siggelkow，2007）。就本案例而言，我们发现壹基金是一个极具启发性且极端的案例，壹基金的创立与成功既代表了中国千万“草根民间组织”生存的困境与艰难，也凸显出壹基金团队在突破原有制度，创造新的组织形式过程中特有的经验与技巧。同时，壹基金丰富性、多样化的数据资料也满足了单案例研究对数据资料厚度的要求，保证在理论上和实践上能够提供耳目一新的洞见。

质化研究的数据资料包括文本资料、访谈资料和观察资料等。一般来讲，案例研究往往以访谈数据为主，以文本和观察资料为辅，但壹基金案例中，我们更多地以媒体访谈、工作报告数据为主，配合访谈数据和参与观察。原因在于，壹基金是一个创立和成长在媒体聚光灯下的“明星组织”。由于创始人李连杰的名人效应，壹基金从创立开始就备受媒体关注。从财经型、公益慈善型媒体到娱乐型媒体等，对壹基金创立和成长过程的关键议题进行了长期的追踪访谈和报道。媒体访谈和报道对象既包括创始人李连杰，也包括组织内部其他关键人物（如秘书长周彦宏），以及其他组织的知情者（相关企业家、官员），如此众多的访谈者在进行“事后诸葛亮”式的美化和印象管理的可能性微乎其微，从而保证了数据的真实性与可靠性。为了保持数据的多元性，除了媒体访谈报道，我们还收集了壹基金的年度工作报告、网站新闻、内部工作文件，以及对内部工作人员进行了半结构化访谈等。为进一步保证数据资料的真实性和有效性，我们对所有数据来源都进行三角测量，相互验证。通过对媒体访谈报道、年度工作报告、内部文件、访谈数据和参与观察数据的交互验证，对数据的关键信息进行确认，保证研究结论的可靠性。

三、数据分析与理论构建

与实证研究事先提出理论框架与假设不同，案例研究的理论构建是在数据收集、数据分析过程中慢慢浮现的。案例研究理论的构建就是通过在案例数据、形成的理论与现有文献三者之间反复循环而进行的。研究初始，我们的研究问题相对宽泛，关注行动者如何创造新的制度，在收集和分析数据资料的同时，理论问题与框架逐渐具体化。例如，我们发现壹基金在制度创新的过程中面临着多种制度逻辑的影响，组织层面的社会公益逻辑和商业逻辑，宏观层面的政府逻辑和公民社会逻辑，这四种制度逻辑交互影响使其创立和发展过程中充满不确定性。这种不确定性一方面给壹基金带来矛盾和冲突；另一方面也给壹基金提供了机会，使其逐步发展自己的能力与资源。所以，我们的研究问题逐渐聚焦到融合多种制度逻辑的混合社会组织是如何创立与发展的，链接社会创业和制度逻辑相关文献，确定“时间视角”（temporal perspective）的理论贡献。

在数据分析过程中，首先，我们依据关键事件和转折点把壹基金的发展划分为四个阶段——创意期、启动期、调整期和转型期（Hoffman，1999），识别出四种制度逻辑在每个组织阶段的体现与作用。其次，根据开放式编码、轴心编码、选择性编码三级编码对数据资料进行初步概念识别，寻找概念之间的关联，相近主题汇集核心维度。当然，我们的数据分析过程绝对不是一个简单的线性过程，而是“往复的，以过程为导向”，在理论与数据之间循环对话，直至我们对理论框架有一个清晰的把握，并且现有数据无法再揭示出新的概念联系为止。为保证数据分析的可靠性，我们采取了相应的措施。例如，作者先分别独立编码，然后对有分歧的地方进行相互讨论。最后，我们邀请熟悉质化研究的学者对我们的研究过程和成果进行审查，以增强研究结论的可靠性。

四、案例写作与提升

与多案例研究强调重现逻辑（replication logic），即在各案例之间反复寻找模式并在每个案例中验证，进而建立理论（Eisenhardt，1989）不同，在单案例研究中，故事一般是叙

述性的，这对如何讲好一个故事提出了更高的要求。就本案例而言，我们体会很深的一点是，案例写作最关键的一点是让研究的问题和理论框架从案例数据中自然浮现，所有的新的理论框架都来源于强有力的案例数据支撑。例如，我们文章一开头先以讲故事的方式对比壹基金强大的号召力和公信力与红十字会的信任危机，自然而然地引起读者的兴趣，引出文章的研究问题。然后，分门别类地引用关键受访者的语录和其他支持性证据，让故事与理论相互交融，由此揭示实证数据和理论之间的紧密联系。

另外，案例数据往往是文本性、描述性的数据，这些数据本身是没有结构的，为了让所有理论与数据建立自然的联系，就必须通过图表、比喻、解释等一些方式把无结构化的文本数据变成结构化的证据，从而有利于读者理解理论框架。例如，为了体现壹基金在应对制度逻辑冲突方面的动态性与时间性，我们专门画了一张图体现壹基金在不同发展阶段所采取的制度行动，以及需要的资源与能力，以应对不同的制度逻辑冲突。

总之，与实证研究采取演绎逻辑，所有的结果都暗含在理论假设中不同，案例研究的结果往往是事先不知道的，是在数据分析过程中自然浮现出的新知识，这是案例研究最具有挑战性也是最有趣的地方，如何通过写作来让读者觉得文章的理论创新真实、自然、有趣是一件至关重要的事情。

上述案例讲述了刘玉焕等学者以质化研究方法开展社会创业研究的过程，包括研究问题选择、抽样、访谈、文本分析、撰写研究报告等全过程。

讨论题：

1. 这项研究为什么选择质化研究方法？
2. 选择多渠道获取数据的原因是什么？
3. 为提升研究的可靠性与有效性，作者采取了哪些措施？

文献研读

The Microstructures of Rhetorical Strategy in Social Entrepreneurship: Building Legitimacy through Heroes and Villains

【文献摘要】Article Summary: Most research on social entrepreneurship with a change agenda has assumed unquestioning support for their social change goals, but recent work has shown that these organizations often face resistance from the broader community. We know very little about how these marginal organizations with limited resources overcome this barrier to successfully challenge the status quo. In the present research, I focus on how social enterprise builds the necessary legitimacy for social change, specifically looking at the rhetorical strategy used by these organizations and the microstructures that underlie this strategy.

Based on a case study of 10 social enterprises, the current study reveals that rhetorical strategy does aim to overcome this barrier. The findings suggest that the rhetorical strategy used by these enterprises casts the organization as protagonist and those that challenge the change as antagonists. The microstructures underlying this strategy include language that invokes socially-accepted, cultural meta-narratives, and rhetorical devices that heighten the positive of the protagonist meta-narratives and the negative of the antagonist meta-narratives. The rhetorical strategy thus weaves together the protagonist and antagonist themes to create tension, highlight the contrast between opposing actors and persuade audiences of the organization's legitimacy.

Consistent with prior work on rhetoric within institutional entrepreneurship, rhetorical strategy, and specifically the use of archetypal protagonist and antagonist characters, is found to be an important tool for changing perceptions and introducing new ideas. Within this context, it was found that the range of meta-narratives drawn on by these organizations goes beyond the typical understanding of social enterprise as a combination of business and charity. Sectors merged within these organizations, creating private sector social firms, and scientific charities and businesses, using the right approach with effective outcomes. In contrast, those impeding the social change were portrayed as antagonists, using the wrong approach, with ineffective outcomes. Similar to the entrepreneur in a new industry who wants to appear different, but not too much so (Aldrich and Fiol, 1994), these social enterprises drew on the legitimacy of the underlying meta-narratives as understandable and taken-for-granted, but created a unique framing by blending them to suit their own situation. And the negative antagonist creation emphasized the contradiction between the society's values and the status quo that, when woven together with the positive values within the protagonist theme, creates a tension that is solved by the proposed social change.

This study has implications for practice. Rhetorical strategy is not often included in organization capability development or strategic planning. In fact, in this study, enterprise leaders were not necessarily conscious of the language they employed or the cultural myths they drew on to create support for their organizations. This research indicates that rhetorical strategy should be addressed within the broader strategy of any organization involved in change and also developed as a core competency. Language represents an important and under-utilized tool that can be employed by social ventures who often have limited resources and power to persuade others. Further academic work in this area can help to elucidate the dynamics of legitimacy and social change, and the success factors of organizations whose very right to exist and operate is challenged by those interested in maintaining the status quo.

【文献评述】对试图改变现有社区实践的社会企业家来说，确立合法性的困难不仅是一项挑战，还可能降低他们创造可持续制度变革的能力。那些旨在促进社会变革或者试图改变现有社区实践的社会企业经常面临社区的广泛抵制，那么社会企业如何为社会变革建立必要的合法性？Ruebottom（2013）在对社会创业中修辞策略（rhetorical strategy）微观结构的研究中，通过对10家社会企业进行案例研究发现，修辞策略有助于社会企业克服这一障碍。作者发现，这些企业采用的修辞策略将本组织当作主角，将抵制变革者视为对手。这一策略的微观结构包括引用社会普遍接受的元叙事（meta-narratives）词汇集，将主角和对手的主题组合在一起，制造紧张局势，凸显行为人之间的对比，从而使受众相信组织的合法性。

（1）研究问题的提出。大多数关于具有变革议程的社会创业研究已经为其社会变革目标提供了无可置疑的支持，但近来研究表明，这些组织经常面临来自更广泛社区的抵制。我们对这些资源有限的边缘组织如何克服这一障碍、成功挑战现状知之甚少。因此，本篇文献主要关注社会企业如何为社会变革确立必要的合法性，尤其是这些组织所使用的修辞策略，以及构成这一策略基础的微观结构。

（2）研究方法。文章作者在介绍方法时，首先用一段文字简要介绍了案例研究在本领域的应用，以及单案例、多案例研究的特点。例如，“案例研究常用于社会创业领域，以发展有关社会变革过程的理论，因为这些方法可以更好地理解复杂的社会过程。单案例能为特定组织或特定事件提供启示，形成对潜在理论的初步认识。多案例研究虽然提供的细节较少，但有助于理论推广，消除其他解释，以增强研究结果的稳定性。因此，当在多种不同情况下确定某种模式，或者由于某些共同属性使得研究结果存在特异性的风险较小时，更适合采用多案例分析方法（Ruebottom，2013）”。

（3）样本和数据。本章选择了10家社会企业，样本是作者根据两个关键标准进行的理论抽样。这两个标准分别是：社会企业组织是否承担社会变革的任务；所选样本在部门、年龄、地域范围和利润结构等特征上存在差异，从而构成理论差异。随后，研究者与企业领导者进行半结构式访谈，在访谈过程中收集他们的言辞作为数据资料。此外，作者指出，“与大型组织的案例研究不同，这篇文献的样本都是小规模的组织，并且成员与领导者联系较为紧密，因此访谈只限于与领导者面谈”。访谈之外，还辅以多种类型的档案数据，包括来自网站、播客、博客、小册子、报告和组织的公共文件。

（4）编码。这篇文献的编码过程是基于访谈记录和档案数据，按照Eisenhardt（1989）在案例研究中的理论构建过程。首先，进行单个案例分析，分别确定每个案例包括的主题构念；其次，进行跨案例分析，确定统一模式；最后，通过分析最常用的修辞策略和最具概念性的文本资料，确定核心主题。作者在此处指出，对资料数据进行抽象的过程就是迭代的过程，可能需要重复某些步骤，逐个关注每个案例所提炼出的主题概念，并根据不同的主题概念对案例分组，以改变视角，统一概念。

（5）研究结果。根据对10家社会企业的案例研究，发现修辞策略确实能够克服社区抵制这一障碍，并确立企业的合法性地位。这些社会企业所使用的修辞策略是将组织当作主角，而那些挑战变革的角色则是对抗者。这种策略的微观结构包括引用社会接受的语言、文化元叙事以及提升主角元叙事的积极性和反对元叙事的消极性修辞手段。因此，修辞策略将主人公和对手主题结合在一起，形成紧张局势，凸显对立行为人之间的对比，并说服受众承认组织合法性。

【文献出处】 Ruebottom T. The MicrosTructures of Rhetorical Strategy in Social Entre-Preneurship: Building Legitimacy Through Heroes and Villains[J]. Journal of Business Venturing, 2013, 28(1): 98-116.

本章作者

厉杰，上海大学管理学院副教授。主要研究方向是社会企业合法性、社会创业动机等，讲授“创业管理”等课程。

刘玉焕，西南交通大学经济管理学院讲师、硕士生导师。主要研究方向是企业社会责任、社会企业成长机理与治理等。

张陈健，英国巴斯大学战略与创业助理教授。主要研究方向是中国社会企业场域的兴起、社会企业支持平台的战略、社会企业合法性等。

于晓宇，上海大学管理学院教授、博士生导师，上海大学战略研究院副院长。主要研究方向是创业失败、生态战略等，讲授“创业管理”“战略管理”等课程。

本章案例撰写：刘玉焕、厉杰。

本章文献评述：厉杰。

参考文献

[1] Bacq S, Alt E. Feeling capable and valued: A prosocial perspective on the link between empathy and social entrepreneurial intentions[J]. Journal of Business Venturing, 2018, 33（3）: 333-350.

[2] Bogdan R C, Biklen S K. Research for education: An introduction to theories and methods[M]. New York: Pearson, 2007.

[3] Chandra Y, Shang L. Unpacking the biographical antecedents of the emergence of social enterprises: A narrative perspective[J]. VOLUNTAS: International Journal of Voluntary and Nonprofit

Organizations, 2017, 28（6）: 2498-2529.

[4] Colquitt J A, George G. Publishing in AMJ—part 1: topic choice[J]. Academy of Management Journal, 2011, 54（3）: 432-435.

[5] Dacin P A, Dacin M T, Matear M. Social entrepreneurship: Why we don't need a new theory and how we move forward from here[J]. Academy of Management Perspectives, 2010, 24（3）: 37-57.

[6] Dimaggio P J. Interest and agency in institutional theory. Institutional patterns and organizations: Culture and environment, 1988, 1: 3-22.

[7] Eisenhardt K M. Building theories from case study research[J]. Academy of Management Review, 1989, 14（4）: 532-550.

[8] Flick U. An introduction to qualitative research[M]. Sage, 2014.

[9] Glaser B G, Strauss A L, Strutzel E. The discovery of grounded theory; strategies for qualitative research[J]. Nursing research, 1968, 17（4）: 364.

[10] Glesne C. Introduction to qualitative research (A. Ersoy, P. Yalçınoğlu, Trans.) [M]. Ankara: Anı Publishing, 2013.

[11] Glesne C, Peshkin A. Becoming qualitative researchers: An introduction[M]. White Plains, NY: Longman, 1992.

[12] Hammersley M. On feminist methodology[J]. Sociology, 1992, 26（2）: 187-206.

[13] Hammersley M. What's wrong with ethnography?[M]. Routledge, 2013.

[14] Hoffman A J. Institutional evolution and change: Environmentalism and the US chemical industry. Academy of Management Journal, 1999, 42: 351-371.

[15] Kistruck G M, Beamish P W. The interplay of form, structure, and embeddedness in social intrapreneurship[J]. Entrepreneurship Theory and Practice, 2010, 34（4）: 735-761.

[16] Liu Y, Zhang C, Jing R. Coping with multiple institutional logics: A process model of institutional work during the emergence of one foundation in China[J]. Management and Organization Review, 2016, 12（2）: 387-416.

[17] Miller D C, Salkind N J. Handbook of research design and social measurement[M]. Sage, 2002.

[18] Neergaard H, Ulhøi J P. Handbook of qualitative research methods in entrepreneurship[M]. Edward Elgar Publishing, 2007.

[19] Neuman W L. Social research methods: Qualitative and quantitative approaches[M]. 北京：人民邮电出版社，2010.

[20] Nicholls A. The legitimacy of social entrepreneurship: Reflexive isomorphism in a pre-paradigmatic field[J]. Entrepreneurship Theory and Practice, 2010, 34（4）: 611-633.

[21] Pache A C, Santos F. Inside the hybrid organization: Selective coupling as a response to competing institutional logics. Academy of Management Journal, 2013, 56（4）: 972-1001.

[22] Ruebottom T. The microstructures of rhetorical strategy in social entrepreneurship: Building legitimacy through heroes and villains[J]. Journal of Business Venturing, 2013, 28（1）: 98-116.

[23] Seale C. Quality in qualitative research[J]. Qualitative Inquiry, 1999, 5（4）: 465-478.

[24] Short J C, Moss T W, Lumpkin G T. Research in social entrepreneurship: Past contributions and future opportunities[J]. Strategic Entrepreneurship Journal, 2009, 3（2）: 161-194.

[25] Siggelkow N. Persuasion with case studies. Academy of Management Journal, 2007, 50（1）: 20-24.

[26] Steinke I. Kriterien qualitativer Forschung: Ansätze zur Bewertung qualitativ-empirischer Sozialforschung[M]. Juventa-Verlag, 1999.

[27] Strauss A L. Qualitative analysis for social scientists[M]. Cambridge University Press, 1987.

[28] Strauss A, Corbin J M. Basics of qualitative research: Grounded theory procedures and techniques[M]. Sage Publications, Inc, 1990.

[29] Suddaby R, Bruton G D, Si S X. Entrepreneurship through a qualitative lens: Insights on the construction and/or discovery of entrepreneurial opportunity[J]. Journal of Business Venturing, 2015, 30（1）: 1-10.

[30] Sunduramurthy C, Zheng C, Musteen M, et al. Doing more with less, systematically? Bricolage and ingenieuring in successful social ventures[J]. Journal of World Business, 2016, 51（5）: 855-870.

[31] Sunley P, Pinch S. Financing social enterprise: social bricolage or evolutionary entrepreneurialism?[J]. Social Enterprise Journal, 2012, 8（2）: 108-122.

[32] Yin R K. Case study research: Design and methods[M]. London and Singapore: Sage, 2009.

[33] Yitshaki R, Kropp F. Motivations and opportunity recognition of social entrepreneurs[J]. Journal of Small Business Management, 2016, 54（2）: 546-565.

[34] Dougherty D，苏筠，郑英健 . 质化研究及其数据分析 [M].// 陈晓萍、徐淑英、樊景立，组织与管理研究的实证方法 [M].2 版 . 北京：北京大学出版社，2008：272-296.

[35] 风笑天 . 定性研究概念与类型的探讨 [J]. 社会科学辑刊，2017（3）：45-52.

[36] 风笑天 . 定性研究：本质特征与方法论意义 [J]. 东南学术，2017（3）：56-61.

[37] 刘玉焕，井润田 . 社会创业的概念，特点和研究方向 [J]. 技术经济，2014，33（5）：17-24.

[38] 刘志阳，庄欣荷 . 社会创业定量研究：文献述评与研究框架 [J]. 研究与发展管理，2018，30（2）：123-135.

[39] 刘振，杨俊，张玉利 . 社会创业研究——现状述评与未来趋势 [J]. 科学学与科学技术管理，2015，36（06）：26-35.

[40] 张梦中，马克，霍哲 . 定性研究方法总论 [J]. 中国行政管理，2005（11）：39-42.